DIE ANFÄNGE DER FREIEN ADVOKATUR IN HANAU AM BEISPIEL DER EBERHARDS

WIR GEBEN MENSCHEN RECHT. SEIT 1817.

Impressum

Abbildung auf Einband: Der Neustädter Marktplatz um 1820, kolorierte Radierung von Friedrich Cornicelius (1787–1853). Das Bild hält das geschäftige Treiben der Bewohner Hanaus fest. Links erkennt man den Amtssitz des Bürgermeisters der Neustadt und später von ganz Hanau: das von 1725 bis 1733 erbaute Neustädter Rathaus. Abbildung: Historisches Museum Hanau Schloss Philippsruhe / Hanauer Geschichtsverein 1844 e.V.

Herausgeber:
Ludwig Wollweber Bansch – Partnerschaft
Rechtsanwälte, Notare, Steuerberater
Nußallee 24 · 63450 Hanau · Telefon 06181 271-0
Büdesheimer Ring 2 · 63452 Hanau · Telefon 06181 50703-0
Hanauer Landstraße 126–128 · 60528 Frankfurt am Main · Telefon 069 945029-0
E-Mail: info@ludwigwollweberbansch.de
Internet: www.ludwigwollweberbansch.de

ISBN-Nummer:
978-3-96049-008-1

Autoren:
Erhard Bus (Schriftleitung), Bernd Kannowski und Michael Müller

Herstellung:
United Power Fields UG · Hanau · Internet: www.upf.de
VDS Verlagsdruckerei Schmidt · 91413 Neustadt an der Aisch

Hanau · 2017

*„Der Kandidat der Rechte Bernhard Eberhard
aus Schlüchtern erhält die Advokatur und
Prokuratur bei dem hiesigen Hofgericht."*

Hanauer privilegierte Wochennachricht
vom 23. Januar 1817

GRUSSWORT

Liebe Leserinnen, liebe Leser,

die Anfänge unserer Kanzlei reichen 200 Jahre zurück und damit zählt sie zu den ältesten in unserem Land. Doch nicht nur diese Tatsache hebt die heute unter dem Namen Ludwig Wollweber Bansch, Rechtsanwälte in Partnerschaft firmierende überörtliche Sozietät gegenüber vergleichbaren Kanzleien in der Region heraus, auch die Person ihres Gründers macht sie zu etwas Besonderem.

Der Kanzleigründer Bernhard Eberhard (1795 – 1860) gehört sicherlich zu den bedeutendsten Persönlichkeiten Hanaus, ja Hessens, in der ersten Hälfte des 19. Jahrhunderts. Sein Wirken als Oberbürgermeister prägt die Stadt an Main und Kinzig bis heute. Als liberaler Märzminister mühte er sich jedoch mit seinen politischen Gegnern ab und opferte seine Gesundheit dem letztlich vergeblichen Kampf um die Durchsetzung uns heute selbstverständlich erscheinender bürgerlicher Rechte.

Neben dem Politiker und Juristen Bernhard Eberhard kommt in diesem Buch auch der Mensch mit seinen von tiefer Religiosität und großer Humanität geprägten Wertvorstellungen und Überzeugungen zur Geltung. Ähnliches gilt für seinen Sohn Ludwig Eberhard (1822 – 1903), der zwar in anderer Position, aber ebenso lange unter der Repression der reaktionären Kräfte in Kurhessen litt und erst spät als Anwalt und Notar so anerkannt wurde, wie er es verdiente.

Dem bewegten Leben und vielfältigen Wirken dieser beiden Anwälte der Familie Eberhard und damit der durchaus nicht immer einfachen Frühzeit unserer Kanzlei und ihrer Protagonisten widmet sich diese Publikation. Zugleich erhält der Leser einen Überblick über die Entwicklung der heutigen Berufe Rechtsanwalt, Notar und Steuerberater sowie über die Standorte der Rechtsprechung in Hanau im Laufe der letzten Jahrhunderte.

Grußwort

Die Nordseite des Neustädter Marktes in Hanau, Aufnahme aus dem späten 19. Jahrhundert. Im Rathaus, in der Mitte des Bildes, wirkte Bernhard Eberhard (1795–1860) ab 1828 als Bürgermeister, vier Jahre später als Oberbürgermeister und vermutlich versah er hier auch seine Nebentätigkeit als Notar, bis er 1848 in eine höhere Position nach Kassel berufen wurde. Abbildung: privat.

Das nach ihrem Gründer über drei Generationen als Einzelkanzlei geführte Büro entwickelte sich in den letzten viereinhalb Jahrzehnten zu der heute unter der Bezeichnung Ludwig Wollweber Bansch firmierenden Sozietät. Die Kanzlei beschäftigt zurzeit mehr als 100 Mitarbeiterinnen und Mitarbeiter, darunter 23 Rechtsanwälte, fünf Notare, zwei Steuerberater und einen Wirtschaftsprüfer. Sie ist von ihren Standorten in Hessen und Thüringen in nahezu allen Bundesländern und sowohl für inländische als auch für ausländische Mandanten tätig, wobei sie weiterhin fest mit ihrem Stammsitz Hanau verwurzelt bleibt.

Der Schwerpunkt ihrer Tätigkeit liegt in der Betreuung von mittelständischen und inhabergeführten Unternehmen. Daneben berät die Sozietät Großunternehmen, die öffentliche Hand und Privatmandanten.

Grußwort

Aktuelle Aufnahme des Hauptsitzes von Ludwig Wollweber Bansch, Rechtsanwälte in Partnerschaft in der Hanauer Nußallee 24. Unmittelbar nebenan entsteht ein Anbau, um den Wünschen der Klienten an die Kanzlei auch zukünftig gerecht zu werden. Weitere Niederlassungen von LWB befinden sich in Hanau im Büdesheimer Ring 2, in Weimar, in Frankfurt am Main und in Büdingen. Abbildung: marketingworkx GmbH.

Neben seiner klassischen Tätigkeit als Anwalts- und Notarbüro hat das Unternehmen im Bereich der Steuerberatung 1989 die Advotax Steuerberatungsgesellschaft mbH gegründet. Die Advotax ist in allen Gebieten der Steuer- und Wirtschaftsberatung tätig und hat ihren Schwerpunkt bei der Beratung von Kapital- und Personengesellschaften sowie Freiberuflern.

Die LWB Steuerberatungsgesellschaft mbH – als jüngstes Mitglied der Unternehmensgruppe Ludwig Wollweber Bansch – ist im Jahre 2013 aus der Advotax entstanden und auf land- und forstwirtschaftliche Betriebe spezialisiert.

Mit der Zulassung des Obergerichtsanwalts Bernhard Eberhard beim Hofgericht Hanau am 7. Januar 1817, die den Ursprung der bestehenden Sozietät darstellt, begann eine lange und positive Tradition, die allen Partnern und Angestellten Ansporn und Verpflichtung für die Zukunft ist.

Grußwort

Im Namen unserer Partner Eberhard Uhlig, Dirk Großkopf, Andreas Ludwig, Uwe Steinkrüger, Felix Löckle, Gerhard Klusmann, Thomas Krasselt-Priemer, Daniela Hörter, Dr. Mahmud Abu Taleb und Dr. Frederik Putzo sowie in unserem bedanken wir uns ganz herzlich bei den Autoren Bernd Kannowski, Michael Müller und Erhard Bus, dem außerdem die Gesamtleitung des Projekts oblag, für ihre Beiträge sowie dem Gestalter Volker Stelzner für das ansprechende Äußere dieses Buches.

Wir wünschen Ihnen viel Freude beim Blättern, Schauen und Lesen.

Hanau im September 2016

Dr. Tobias Kämpf
Dr. Norbert Reichhold

Inhaltsverzeichnis

Einleitung 9

Bernd Kannowski (Bayreuth):
Zur Geschichte der Rechtsanwaltschaft seit dem Ende der napoleonischen Zeit

Einführung 22
Restauration, Revolution und freie Advokatur 25
Die deutsche Anwaltschaft unter dem Nationalsozialismus 36
Anwaltschaft in zwei deutschen Staaten 40
Die Anwaltschaft im wiedervereinigten Deutschland 44
Gegenwart und Perspektiven 46
Zusammenarbeit mit Wirtschaftsprüfern und Steuerberatern 48
Großkanzleien 50

Erhard Bus (Nidderau-Windecken):
Die Anfänge und frühe Zeit der Kanzlei Eberhard in Hanau, 1817 – 1903

Eine Revolution mit weitreichenden Folgen 56
    Im Alten Reich, in alter Ordnung 56
    Die Französische Revolution und ihre Auswirkungen auf Hanau 65
    Abgaben und Dienste für die Grande Armée 72
    Die Schlacht bei Hanau und ihre Folgen 78
    Frühes Gewerbe und traditionelle Landwirtschaft um 1800 90
    Jubel, Freudenfeuer und neue Grenzen 96
Das Leben und Wirken des Kanzleigründers Bernhard Eberhard 101
    Bernhard Eberhards Herkunft 101
    Studienjahre in Marburg, Wetzlar und Gießen 105
    Die Gründung der Kanzlei in Hanau 111
    Als Staatsanwalt Hanau verlassen, als Bürgermeister zurückgekehrt 119
    Vielfältiges Gewerbe, verfehlte Politik und verbreitete Armut 124
    Hanauer Krawaller und revoltierende Bauern 138
    Stadtoberhaupt in schwierigen Zeiten 143
    Von Hanau nach Kassel und zurück 151

Inhaltsverzeichnis

Von der kurhessischen Gewerbe- zur preußischen Industriestadt 165
    Hanau wird preußisch 165
    Das neue Reich 176
    Von der frühen Fabrikstadt zur modernen Industriestadt 179
Ludwig Eberhard – ein langer Weg zur Anerkennung 189
    Karriere mit Hindernissen 189
    Etablierung als Rechtsanwalt und Notar in Hanau 198
    Wertschätzung von Staat und Kollegen 204
Bürgertum und Bürgerlichkeit am Beispiel der Eberhards 209
    Bürgerliche Werte – Erklärung und Entstehung 209
    Bernhard Eberhard – ein Liberaler zwischen allen Stühlen 214
    Begabung und Fleiß bei Ludwig Eberhard 225
    Ein Verein für Hanaus Bürger 229
    Einkommen und Lebensstil 240
Die Juristen der Hanauer Kanzlei Eberhard und ihre Ehefrauen 244

Michael Müller (Hanau): Eine historische Topografie der Justiz in Hanau

Viele Standorte der Rechtsprechung 248
Zur Lokalisierung der Hanauer Justizbehörden im Alten Reich
und in Kurhessen bis zum Organisationsedikt 1821 249
Die kurhessische und preußische Gerichtsorganisation
im 19. Jahrhundert 252
Das Justizgebäude und die Justizbehörden an der Nussallee –
ein städtebauliches Großprojekt der Gründerzeit 255
Das ehemalige Reichsbankgebäude 260
Die Kanzlei Eberhard/Ludwig Wollweber Bansch 262

Anhang

Dokumente

1. Erwiderung auf Advokatenschmäh – um die Mitte des 19. Jahrhunderts 266
2. Rudolf Gneist (1816–1895) zur „Freien Advocatur" in Preußen (1867), Auszug 268
3. Gesetz über die Zulassung zur Rechtsanwaltschaft vom 7. April 1933 270
4. Bernhard Eberhards Bitte an die Regierung der Provinz Hanau vom August 1818 272
5. Stellungnahme des Staatsanwalts Bernhard Eberhard zu einem Rechtsstreit vom 17. Juni 1824 272
6. Das Ultimatum der Hanauer an den Kurfürsten Friedrich Wilhelm I. von Hessen vom 9. März 1848 275
7. Zu Tod und Begräbnis von Bernhard Eberhard, 29. Februar und 2. März 1860 278
8. Zur Versorgung österreichischer Truppen in Hanau am 9. Juli 1866 280
9. Die Proklamierung der Besitzergreifung der kurhessischen Lande durch Preußen auf dem Neustädter Marktplatz am 8. Oktober 1866 281
10. Friedensdankfeier in der Johanniskirche am 18. Juni 1871 284
11. Beurtheilung der vom Rechtskandidaten Ludwig Eberhard aus Hanau zur Sache Budde wider von Meibom angefertigten Probe-Relation vom Oktober 1845 285
12. Bericht des Hanauer Polizeidirektors zum Verhalten von Ludwig Eberhard vom 21. Januar 1854 286
13. Schreiben von Ludwig Eberhard an das kurfürstliche Justizministerium von Anfang 1864 287
14. Bitte des Obergerichtsanwalts Ludwig Eberhard um Anstellung als Notar vom August 1867 288
15. Gesuch des Justizrats Eberhard um Beauftragung des Gerichtsassessors Böhm zur Hilfeleistung und Vertretung vom November 1877 289
16. Begriffserklärung „Bürger" 292

Inhaltsverzeichnis

Abkürzungen 294

Quellen und Literatur

Ausgewertete gedruckte und ungedruckte Quellen 300
    Archiv der Wallonisch-Niederländischen Gemeinde –
    Evangelisch-Reformierte Kirche zu Hanau 300
    Hessisches Staatsarchiv Darmstadt 300
    Hessisches Staatsarchiv Marburg 300
    Pfarrarchiv Kesselstadt 302
    Sammlung Werner Kurz 302
    Sammlung Andreas Ludwig 302
    Stadtarchiv Hanau 302
    Stadtverwaltung Hanau 303
Quellensammlungen, Memoiren, Statistiken und Nachschlagewerke 305
Literatur 307
    Darstellungen zur Geschichte der Rechtsanwaltschaft
    (hauptsächlich seit Ende der napoleonischen Zeit) 307
    Zeitgenössische Darstellungen zur Geschichte Hanaus
    und seiner Umgebung 314
    Neuere Darstellungen zur Geschichte Hanaus
    und seiner Umgebung 316
    Allgemeine Darstellungen und einzelne historische Aspekte 326

Die Autoren 336

Erhard Bus, Bernd Kannowski und Michael Müller

EINLEITUNG

Der junge Bernhard Eberhard (1795–1860) um 1830, Gemälde von O. Ulbrich nach einer Lithografie aus dem 19. Jahrhundert. Abbildung: Sparkasse Hanau/Medienzentrum Hanau

EINLEITUNG

Anfangs schien der Wunsch der Auftraggeberin, eine repräsentative Chronik aus Anlass des 200. Jahrestages der Gründung der Kanzlei durch Bernhard Eberhard (1795–1860) zu erarbeiten, als recht verwegen, wenn nicht gar als nahezu aussichtslos. Die Kanzlei Ludwig Wollweber Bansch Rechtsanwälte in Partnerschaft (LWB) verfügt über keine hauseigenen Altbestände, die zumindest für einen Teil der Kanzleigeschichte wichtige Informationen hätten liefern können. Doch zeigten sich bald einige Aspekte, die dem Vorhaben durchaus Chancen zur Realisierung geben sollten.

Schnell war man sich darüber einig, dass eine Darstellung der Entwicklung des Anwaltsberufs in Deutschland seit dem frühen 19. Jahrhundert am Beginn des Buches stehen sollte. Mit dieser Thematik beschäftigt sich der Artikel von Bernd Kannowski (Bayreuth). Darin beschreibt er die wichtigsten Stationen der deutschen Anwaltsgeschichte in den letzten 200 Jahren, wobei auch die Vielschichtigkeit des alten Rechts in Hanau und Kurhessen zum Tragen kommt. Von einer untergeordneten, quasi staats- oder gar gerichtsdienerartigen Unterprivilegierung ging es zu dem stolzen Anspruch einer freien Rechtsanwaltschaft (Advokatur). Träger dieser Forderung war eine bürgerliche Bewegung, die in der zersplitterten Kleinstaatenwelt des 19. Jahrhunderts nach einem geeinten, freien Deutschland strebte. Ein Jahrhundert später, nach dem wirtschaftlichen Niedergang der Weimarer Republik und der diktatorischen Vereinnahmung im Nationalsozialismus, nahm die Anwaltschaft in zwei deutschen Staaten unterschiedliche Wege, bis sie nach der deutschen Wiedervereinigung zu neuen Ufern aufbrach.

Für die Geschichte der Hanauer Kanzlei unter Bernhard und Ludwig Eberhard erwiesen sich zunächst die Bestände des Hessischen Staatsarchivs Marburg als unerwartet ergiebig. Den größten Nutzen brachten die Recherchen in Stadtarchiv Hanau. Hier vermochten die reichhaltigen Bestände an Zeitungen, Adressbüchern und anderen Archivalien manche Lücke in der Überlieferung zu schließen. Weiteres wichtiges Quellenmaterial erhielten die Autoren aus dem Archiv der Wallonisch-Niederländischen Gemeinde – Selbstständige Evangelisch-Reformierte Kirche zu Hanau.

Über Bernhard Eberhards Lebensweg, seine Wahrnehmung bestimmter Entwicklungen und die Motive seiner Entscheidungen informiert am ausführlichsten seine Autobiografie, deren ersten Teil er im August 1850 in Kassel abschloss. Das kürzere Schlusskapitel beendete er im Januar 1853 in Hanau. Der Druck beider Teile mit einem Umfang von 71 Seiten erfolgte erst 1911 unter dem Titel „Aus meinem Leben" im ersten Band der Hanauer Geschichtsblätter. Abbildung: privat.

Doch die Auswertung allein dieser Unterlagen hätte noch nicht dem oben formulierten Anliegen entsprochen, denn nach Ansicht der Repräsentanten der Kanzlei wie des Autors Erhard Bus war es notwendig, das regionale Geschehen mitsamt seinem übergeordneten historischen Kontext des 19. Jahrhunderts in die Darstellung einzubeziehen. Dabei ist festzuhalten, dass einige Bereiche, die in Zusammenhang mit der Kanzleigeschichte und ihren Protagonisten stehen, noch einer gründlichen Aufarbeitung in der lokalen Geschichtsschreibung harren, sodass es hin und wieder bei Andeutungen und Vermutungen bleiben muss. Zu diesen Desideraten zählen etwa das Jahr 1866 und die Folgen der preußischen Annexion, das Freizeitverhalten der Hanauer und speziell das örtliche Vereinswesen sowie eine genauere Beschreibung der teilweise schwierigen wirtschaftlichen und sozialen Verhältnisse jener Zeit.

Die Überlegung, die historischen Begebenheiten ausführlich zu berücksichtigen, stützten zwei Faktoren: die enge Verzahnung der Kanzlei mit der Region zwischen Frankfurt und Fulda und die Vita des Kanzleigründers Bernhard Eberhard.

Bernhard Eberhard war eine der wichtigsten Personen der hessischen Geschichte während der ersten Hälfte des 19. Jahrhunderts. Er nahm als erster Hanauer Oberbürgermeister entscheidenden Einfluss auf die Entwicklung der Stadt in jener Epoche. Ein Erfolg, der ihm als kurhessischer Minister im Kampf gegen die reaktionären Kräfte weitgehend versagt blieb. Wie auch sein Sohn Ludwig lange unter Benachteiligungen durch Vertreter der alten Ordnung zu leiden hatte und erst in preußischer Zeit die verdiente Anerkennung erhielt.

Quellencharakter für die frühe Phase besitzen die zeitgenössischen Beschreibungen und Statistiken, die in unterschiedlicher Weise hier ihren Widerhall finden. Zu nennen sind hierbei in erster Linie die Memoiren von Bernhard Eberhard[1] und die Bände der Ziegler'schen Chronik[2] im Stadtarchiv. In etwas geringerem Maße gilt dies u. a. auch für die Arbeiten von Bruno Hildebrand[3], Georg Landau[4], Johann Heinrich Kopp[5] und Peter Adolph Winkopp[6].

---

[1] Eberhard, Bernhard, Aus meinem Leben. Erinnerungen des † Oberbürgermeisters von Hanau und Kurhessischen Staatsrates Bernhard Eberhard. In: Hanauer Geschichtsblätter, Band 1, Hanau 1911, S. 1 ff.
[2] Ziegler, Johann Daniel Wilhelm, Chronik (Ziegler'sche Chronik), Hanau 1800–1877, Bände 1, 3, 4, 5, 6 und 7.
[3] Hildebrand, Bruno, Statistische Mittheilungen über die volkswirthschaftlichen Zustände Kurhessens, Berlin 1853.
[4] Landau, Georg, Beschreibung des Kurfürstenthums Hessen, Kassel 1842 (Neudruck 2000).
[5] Kopp, Johann Heinrich, Topographie der Stadt Hanau in Beziehung auf den Gesundheits- und Krankheitszustand der Einwohner, Frankfurt am Main 1807.
[6] Winkopp, Peter Adolph, Versuch einer topographisch-statistischen Beschreibung des Großherzogthums Frankfurt, Weimar 1812.

Einleitung

Im Mittelpunkt des vorliegenden Buchs steht die Geschichte der Kanzlei und ihrer Anwälte. Dargestellt werden deren persönliche Verhältnisse und ihre bürgerlichen Überzeugungen. Untersucht wird, worauf diese basierten.

Der Beitrag von Michael Müller widmet sich abschließend den Orten, an denen in Hanau in früheren Zeiten Recht gesprochen wurde, und setzt diese in Verbindung zum heutigen Standort und zur Geschichte der Kanzlei, des Standortes und der Justiz in Hanau.

Das Abkürzungsverzeichnis, ein informativer Dokumentenanhang, Kurzbiografien der Autoren und ein umfangreiches Literaturverzeichnis ergänzen diese Publikation. Die Literaturhinweise zum allgemeinen und regionalen Geschehen im 19. Jahrhundert sowie zur Geschichte der Rechtsanwaltschaft während dieser Epoche sind ein Angebot an die Leserinnen und Leser, die sich möglicherweise etwas intensiver mit einer Thematik beschäftigen möchten. Hinsichtlich der regionalen Ereignisse erwiesen sich einige Veröffentlichungen des Hanauer Geschichtsvereins 1844 e.V., die entweder im Rahmen der Geschichtsblätter oder des Neuen Magazins für Hanauische Geschichte erschienen sind, als sehr hilfreich.

Die Chronik versteht sich aber nicht nur als ein Buch zum Lesen, sondern auch als Bildband zum Schauen. Deshalb war es den Autoren und der Auftraggeberin wichtig, möglichst aussagekräftige Abbildungen zu veröffentlichen. Ihre Auswahl hat verschiedenen Gesichtspunkten zu dienen: Die Bilder sollen dokumentieren, illustrieren und auflockern. Sie belegen aber auch optisch einprägsam, welche Entwicklung die Kanzlei und die Region Hanau seit 1817 genommen haben. Und es sollte auch nicht verschwiegen werden, dass mancher Wikipedia-Artikel den Einstieg in die eine oder andere Materie erleichterte.

Zum Abschluss sei noch angemerkt, dass für Deutschland keine neuere Publikation, die sich mit entsprechender Thematik in vergleichbarer Form beschäftigt, recherchiert werden konnte. Im Jahr 1986 veröffentlichte der bekannte Wirtschafts- und Technikhistoriker Wilhelm Treue (1909–1992)[7] auf 84 Seiten die Geschichte einer 1822 gegründeten Hamburger Sozietät. Sie enthält neben Angaben zur Entwicklung des Anwaltsberufs in der Hansestadt hauptsächlich den beruflichen Werdegang und Alltag der in der Kanzlei tätigen Juristen.

---

[7] Treue, Wilhelm, Geschichte einer Hamburgischen Anwaltssozietät. Von der Gründung der Kanzlei im Jahre 1822 bis zur Gegenwart, Stuttgart 1986.

Einleitung

Die „Arche Noah" in der Französischen Allee diente als Klubhaus des Bürgervereins, dem auch die Anwälte der Kanzlei Eberhard angehörten. Diese frühe Aufnahme stammt von dem „Hofphotographen" Adolf Hommel (1824–1895), der von 1864 bis zu seinem Tod in der Neustadt (Altstraße 5) sein „Photographisches Atelier" betrieb. Abbildung: Sammlung Werner Kurz.

Der Dank der Autoren für wichtige Informationen und Hinweise, für die Bereitstellung von Bildmaterial sowie für die freundliche Überlassung von Unterlagen gilt Helmut Noll (Hanau), Bernd Ullrich (Schlüchtern), Andreas Ludwig (Hanau), Monika Rademacher und Angela Noe (Portal Stadtgeschichte Hanau), Angelika Schneider-Bergheuer und Roland von Gottschalk (Medienzentrum Hanau), dem Fachbereich Grundstücke & Logistik der Stadt Hanau, dem Museum der Stadt Hanau/Schloss Philippsruhe, dem Hanauer Geschichtsverein 1844 e.V., dem Heimat- und Geschichtsverein Klein-Auheim, Werner Kurz (Hammersbach-Marköbel), Landgerichtspräsidentin Susanne Wetzel und ihren Mitarbeiterinnen Wilfriede Roßbach und Ellen Steiner (Hanau), Dr. Frank Bansch (Bad Homburg), Dr. Carsten Lind (Universitätsarchiv Marburg), Carina Schmidt (Hessisches Hauptstaatsarchiv Wiesbaden), Barbara Nagel (Hanau) sowie den Mitarbeitern des Hessischen Staatsarchivs Marburg.

Erhard Bus, Bernd Kannowski und Michael Müller

Friedrich Carl von Savigny (1779–1861) im Alter von 30 Jahren, Zeichnung von Ludwig Emil Grimm (1790–1863). Abbildung: www.regiowiki.pnp.de

Bernd Kannowski (Bayreuth)

ZUR GESCHICHTE DER RECHTSANWALTSCHAFT SEIT DEM ENDE DER NAPOLEONISCHEN ZEIT[1]

---

[1] Dieser Beitrag beruht zum Teil auf meinem folgenden Aufsatz: Zur Geschichte des Anwaltsberufs in Deutschland. In: Hartmut-Emanuel Kayser (Hrsg.), Anwaltsberuf im Umbruch. Tendenzen in Deutschland und Brasilien (Schriftenreihe der Deutsch-Brasilianischen Juristenvereinigung 35), Aachen 2007, S. 43 – 67.

EINFÜHRUNG

Kein Geringerer als Friedrich Carl von Savigny (1779 – 1861) sprach der kurhessischen Justiz seinerzeit in seinem berühmten Werk „Vom Beruf unserer Zeit für Gesetzgebung und Rechtswissenschaft" ein großes Lob aus. In Hessen sei *„schon längst (…) die Rechtspflege gut und schnell, obgleich da gerade in demselben Verhältniß gemeines Recht und Landesrecht galt, wie in den Ländern, in welchen die Prozesse nicht zu Ende gehen".*[2] Dies äußert Savigny als Beispiel dafür, dass seiner Meinung nach die Ursache für astronomische Verzögerungen von Gerichtsverfahren nicht in der Komplexität der materiellen Rechtslage, sondern vielmehr bei Defiziten in der „Rechtspflege" zu suchen ist, womit wohl in erster Linie die Gerichte, vielleicht aber auch die Rechtsanwälte gemeint waren. Vermutlich wusste Savigny aus eigener Anschauung, wovon er sprach, hatte er doch für einige Jahre an der kurhessischen Universität Marburg als Lehrer der Rechte gewirkt. Als Bernhard Eberhard (1795 – 1860) sein Jurastudium in Marburg begann, war Savigny allerdings nicht mehr dort, sodass die beiden sich vermutlich nie begegnet sind.

Auf die Komplexität und Vielschichtigkeit des im Hanauischen geltenden Rechts werde ich an späterer Stelle noch einmal zu sprechen kommen, will hier allerdings nur so viel sagen, dass dort das gemeine Recht – d. h. das seit dem Mittelalter rezipierte, in erster Linie römische Recht – eine entscheidende Rolle spielte. Überall im Reich sollte – so steht es in einer wichtigen Passage der Reichskammergerichtsordnung von 1495 – subsidiär *„nach des Reichs gemainen Rechten"* geurteilt werden. Das spiegelt sich auch wieder in dem Inhalt der Lehrveranstaltungen, die Bernhard Eberhard während seines Studiums an hessischen Universitäten hörte und die in dem Beitrag von Erhard Bus in diesem Band im Einzelnen aufgezählt sind, teilweise unterbrochen durch ein kurzlebiges Intermezzo des französischen Rechts.

Als der Gründer der Kanzlei im Jahr 1817 die Zulassung zur Anwaltschaft erhielt, wies diese einige Charakteristika auf, die uns heute fremd sind. Ein wichtiger ist die Trennung von Advokat und Prokurator, der andere die Unterwerfung unter staatliche Kontrolle bis hin zu einer Art Beamtenstellung.

Die Trennung von Advokat und Prokurator ist mit einer Aufgabenteilung verbunden, wie der seit dem Mittelalter rezipierte gelehrte Prozess sie mit sich gebracht

---

[2] Savigny, Friedrich Carl von, Vom Beruf unserer Zeit für Gesetzgebung und Rechtswissenschaft, Heidelberg 1814, S. 41.

hat.[3] Der Prokurator durfte für die Partei vor Gericht auftreten, plädieren und Schriftsätze einreichen, wobei seine Bezahlung sich unter anderem nach deren Länge (Zahl der Bögen) richten konnte. Er war der Prozessbevollmächtigte. Der Advokat hingegen übernahm die außergerichtliche Beratung und vor allen Dingen die Anfertigung der Schriftsätze, die der Prokurator dann bei Gericht einreichte.[4] Dabei war der Advokat auf jeden Fall ein studierter Jurist, der Prokurator nicht unbedingt. Diese Trennung, die gewisse Ähnlichkeiten mit der in England heute noch anzutreffenden Unterscheidung von Solicitor und Barrister aufweist, galt in erster Linie für höchste Gerichte wie das von 1495 bis 1806 bestehende Reichskammergericht[5] und nicht alle regionalen Gerichte haben diese Trennung übernommen. Dennoch war diese Unterscheidung, auch wenn sie im Laufe des 18. Jahrhunderts allmählich verschwand, in den meisten deutschen Ländern bis in das 19. Jahrhundert hinein bekannt oder gar in irgendeiner Form präsent. Auch wenn diese Trennung in Kurhessen, wo Eberhard als Anwalt tätig war, spätestens ab 1821 nicht mehr bestand und die beiden Bezeichnungen synonym verwandt wurden,[6] brachte sie doch eine Konsequenz mit sich, gegen die Anwälte sich später mit der Forderung nach einer Freiheit der Advokatur richten sollten: Die Tätigkeit des Anwalts war im Allgemeinen an ein ganz bestimmtes Gericht gebunden, an dem er einzig und allein tätig werden durfte.[7] So war Bernhard Eberhard seit dem 7. Januar 1817 beim Hofgericht Hanau zugelassen, das seit dem Organisationsedikt von 1821[8] eines von fünf Obergerichten im damaligen Kurhessen war.[9]

Einen Rechtsanwalt als Staatsdiener zu betrachten ist eine dem liberalen Rechtsstaat nach unserem Verständnis ferne Vorstellung. Denn nach diesem Verständnis kann der Bürger ohne Weiteres mit anwaltlicher Hilfe gegen den Staat prozessieren und der Anwalt kann – oder muss sogar – eine von der (höchst-)richterlichen Meinung abweichende Rechtsposition einnehmen. Für einen (Nur-)Notar, der von Amts wegen

---

[3] Weißler, Adolf, Geschichte der Rechtsanwaltschaft, Leipzig 1905, S. 110 ff.; Ostler, Fritz, Die deutschen Rechtsanwälte 1871–1971, Essen 1971, S. 5 ff.
[4] Döhring, Erich, Geschichte der deutschen Rechtspflege seit 1500, Berlin 1953, S. 119 ff.
[5] Baumann, Annette, Advokaten und Prokuratoren am Reichskammergericht in Speyer (1495–1690). Berufswege in der Frühen Neuzeit, ZRG GA 117 (2000), S. 550 ff.
[6] Theisen, Frank, Zwischen Machtspruch und Unabhängigkeit. Kurhessische Rechtsprechung von 1821–1848 (Dissertationen zur Rechtsgeschichte 7), Köln, Weimar, Wien 1997, S. 158, Fn. 230.
[7] Huffmann, Helga, Kampf um freie Advokatur, Essen 1967, S. 15.
[8] Theisen, Zwischen Machtspruch und Unabhängigkeit, S. 208 ff.
[9] Die anderen vier waren: Fulda, Kassel, Marburg und Rinteln. Ausführlich zur damaligen Gerichtsorganisation: Theisen, Zwischen Machtspruch und Unabhängigkeit, S. 103 f.

gerade nicht parteiisch (gegebenenfalls auch gegen den Staat) sein darf, sondern neutral sein muss, ist das nicht nur möglich, sondern bekanntlich in einigen Bundesländern auch verwirklicht, für einen Anwalt heute aber undenkbar.

Im 19. Jahrhundert aber unterstanden Anwälte zum Teil nicht nur in ihrer privaten Lebensführung, sondern auch in der Sachdienlichkeit ihrer Prozessführung gerichtlicher Aufsicht. Gegen eine solche in seinen Augen unwürdige Einschüchterung und Gängelung der Advokaten vonseiten der Gerichte wendete sich in einer Fachzeitschrift ein anonymer Verfasser, dessen Aufsatz ich der Anschaulichkeit halber in Auszügen im Dokumentenanhang wiedergegeben habe (vgl. dazu: Dokument Nr. 1). Der Anonymus kritisiert einen Erlass, nach dem sich die Disziplinaraufsicht des Gerichts über die vom Landesherrn zugelassenen Anwälte nicht nur *„auf die pünktliche Erfüllung der für den besonderen Geschäftskreis der Procuratoren bestehenden Dienstvorschriften"* erstreckt, sondern auch *„auf deren bürgerlichen Lebenswandel und ihr politisches Verhalten"*. Das bedeutete, sie hätten insbesondere *„leichtsinniges Schuldenmachen, zur öffentlichen Kundbarkeit kommende Trunksucht"* und *„verbotenes Hazardspiel"* zu unterlassen. Dabei unterscheidet sich die Ausdrucksweise aus dem 1861 gedruckten Aufsatz in vielen Punkten von der heute gängigen, nicht zuletzt wenn dort das Bild eines *„Berufsmohren"*[10] Verwendung findet.

Ausdruck der vonseiten der Anwaltschaft beklagten Zustände war auch, dass ein Anwalt mit Strafe belegt werden konnte, wenn er eine Rechtsfrage anders beurteilte als der Richter. In einigen deutschen Ländern führten die Richter sogar geheime Listen über Advokaten mit abweichenden Rechtsansichten. Preußen hatte seine Anwälte, die dort *„Justizkommissare"* hießen, sogar zu *„wirklichen Staatsdienern"* gemacht. Vielleicht ist gerade im Abschütteln dieser beamtenähnlichen Position der Kern einer freien Advokatur zu erblicken.[11] In Kurhessen war die Situation in diesem Punkt anders als in Preußen. Als der antiliberale Minister Ludwig Hassenpflug (1794–1862) im Jahr 1832 den Versuch unternahm, den Advokaten die Beamteneigenschaft aufzuzwingen, passierte die entsprechende Gesetzesvorlage nicht den damaligen Landtag.

---

[10] Heute würden wir stattdessen vielleicht das Bild von einem „schwarzen Schaf" verwenden.
[11] Lewald, Walter, Freiheit der Advokaten – die wir meinen, NJW 1947, S. 2 ff.

Restauration, Revolution und freie Advokatur

Aufstieg und Fall Napoleons (1769–1821) hatten nicht nur für die Geschichte Preußens einen bedeutenden Einschnitt dargestellt.[12] Auf dem Wiener Kongress von 1815 erhielt Europa eine neue Ordnung. Die deutschen Länder schlossen sich im Deutschen Bund zusammen und es folgte eine Zeit der Restauration.

Der deutsche Vormärz, also die Zeit vor der Revolution von 1848, war für deutsche Anwälte und Advokaten von dem Bestreben geprägt, sich überregional zusammenzuschließen.[13] Ein Ziel dabei war ein Territorien-übergreifender allgemeiner deutscher Anwaltstag. Ein solcher war zunächst für das Jahr 1844 in Mainz geplant, wobei die Wahl wegen der symbolischen Bedeutung der Stadt für den Buchdruck auf Mainz fiel.[14] Die Veranstaltung scheiterte aber an dem Verbot der Regierungen von Preußen, Bayern und Kurhessen. Weil sie staatsgefährdende Umtriebe fürchteten, untersagten sie den aus ihrem Gebiet stammenden Advokaten die Teilnahme. Die Entrüstung darüber aber bestärkte die Anwälte nur in ihrem Vorhaben, und so ist es vor allem dem Engagement des Leipziger Anwalts Paul Römisch zu verdanken, dass im Jahr 1846 mit Billigung des Senats der Hansestadt der erste deutsche Anwaltstag in Hamburg stattfinden konnte. Dort wurde Gottlieb Wilhelm Freudentheil (1792–1869), der Vorsitzende der Stader Advokaten, zum Vorsitzenden gewählt. Ein Jahr später folgte ein zweiter Anwaltstag. Kurhessische Anwälte dürften nicht daran teilgenommen haben, stammten die Teilnehmer doch fast ausschließlich aus Hamburg, Schleswig und Holstein, Mecklenburg und Hannover.[15] Im Großherzogtum Hessen hatte sich allerdings vergleichsweise früh ein regionaler Zusammenschluss der Bezirksvereine zu einem Verbund für den gesamten Territorialstaat zusammengefunden.[16]

---

[12] Einen lebendigen Einblick in die Anwaltslandschaft eines ehemals französisch besetzten Gebiets gibt Krug, Günther, Die Advokat-Anwälte der Großherzoglich-Hessischen Provinzialhauptstadt Mainz. Geschichte der Mainzer Rechtsanwaltschaft von 1816 bis 1879 (Beihefte der Mainzer Zeitschrift 2), Mainz 1998.
[13] Krach, Tillmann, Jüdische Rechtsanwälte in Preußen. Über die Bedeutung der freien Advokatur und ihre Zerstörung durch den Nationalsozialismus, München 1991, S. 55.
[14] N. N., Der deutsche Anwaltstag von 1844 und die damaligen Bestrebungen für nationale Reform der Gesetzgebung, JW 1903, S. 208 f.
[15] Weißler, Geschichte der Rechtsanwaltschaft, S. 520.
[16] Klein, Susanne, Auf dem Weg zu einer freien Anwaltschaft. Die Entstehung der Rechtsanwaltsvereine am Beispiel des Advokatenvereins zu Hannover, Journal für juristische Zeitgeschichte 2010, S. 24.

„Der Sieg des Bürgertums oder der Kampf der neuen mit der alten Zeit", Lithographie von Andreas Daniel Kraus aus dem Jahr 1832. Veräußert wurde diese Lithografie in Hanau während des „Wilhelmsbader Fests", das an das Hambacher Fest anknüpfte und von einer bürgerlichen Opposition getragen wurde. Als Gendarmen den Verkauf schließlich unterbanden, waren bis auf zwei alle Exemplare bereits unter die Leute gebracht worden. Abbildung: Hanauer Geschichtsverein 1844 e.V./Historisches Museum Hanau Schloss Philippsruhe.

Zur Deutung des Bildes lieferte der Verleger folgenden von den politischen Aussagen des Vormärz gekennzeichneten Text:

Der als Lenker der Staaten und Völker dargestellte und personifizirte „Weltgeist" führt mittelst der freien konstitutionellen „Verfassungen", (welche durch die Inschrift einer Standarte angedeutet sind) den politischen „Staatenwagen der 5 Grossmächte Europas", – trotz allem Sträuben und Zurückhalten der „Absolutisten und Aristokraten", (angedeutet durch 10 verschiedene Individuen) – zum „Tempel des Heils und Friedens", dessen Säulen das „Gesetz" die „Gerechtigkeit" und ein wechselseitiges Vertrauen zwischen Fürst und Volk sind, und der von oben geschirmt ist durch den „Dom des wahren Christenthums", welches auf „Aufklärung" und „Gewissensfreiheit" beruht. – Unaufhaltsam eilen die Rosse des Staatenwagens, geleitet an den „Zügeln der Schwurgerichte, Volksvertretung, Pressefreiheit und Bürgerbewaffnung", dem erhabenen Ziele näher, und damit der Wagen auf seiner aufwärts gehenden Bahn nicht wieder zurückrolle in das hinter ihm liegende Grauen eines verfinsterten Zeitalters, – wo nur die drückenden Formen des „Feudalismus", der Zwinger der Inquisition", die „Geissel des Despotismus", und das „Erz der rohen Gewalt" die Völker beherrschte und zu Boden schlug – wälzt der „Genius der Freiheit" (unser Zeitgeist) durch seine gefeierten Organe (v. Rotteck, Jordan, Welker, und von Raumer) 4 gewaltige Steine hinter die Räder. – Es ist der Kampf des Lichtes, der Wahrheit und der Vernunft, mit den Mächten der Finsterniss, der Tyranney und des Despotismus, woraus endlich der Sieg des Bürgerthums, der Freiheit und des Rechtes – das Glück der Fürsten und Völker – hervorgeht, dessen Triumph in den lichten Wolken des Himmels erwartet und gefeiert wird, durch die verklärten Heroen der Vorzeit: die glanzumstrahlten Namen eines Julius Cäsar, Marcus Aurelius, Carl des Grossen, Heinrich des Voglers, Maximilian I., Dr. Martin Luther, und Joseph II.

**Nachzulesen bei:
Alfred Tapp, Hanau im Vormärz und in der Revolution von 1848–1849, Hanauer Geschichtsblätter 26 (1976), S. VI.**

Man darf sich die ersten Anwaltstage in Hamburg nicht allzu groß vorstellen. Im Jahr 1846 nahmen 85 Anwälte teil, wobei 54 von ihnen aus Hamburg und Altona kamen. Von einer repräsentativen Vertretung lässt sich hier keineswegs sprechen, machte diese Gruppe doch nur etwa zwei Prozent der deutschen Anwaltschaft aus. Im Folgejahr waren es dann immerhin 147 Teilnehmer. Sie diskutierten über Reformen wie Mündlichkeit und Öffentlichkeit des Verfahrens sowie die Einführung von Anwaltskammern. Einige deutsche Staaten hatten wiederum versucht, die Anwaltstage zu verhindern, weil sie erneut reformerisches oder gar revolutionäres Potenzial dahinter befürchteten. Diese Befürchtung erwies sich dann ja auch als nicht ganz unbegründet. Ab Mai 1848 tagte in der Frankfurter Paulskirche eine deutsche Nationalversammlung, die sich die Ausarbeitung einer gesamtdeutschen Verfassung zum Ziel gesetzt hatte. Hier bildeten Anwälte die stärkste Berufsgruppe, denn etwa ein Sechstel der Abgeordneten waren Advokaten.

Das sogenannte „Professorenparlament" aus diesem Grund als ein „Anwaltsparlament" zu bezeichnen würde allerdings den großen Einfluss der Professorenschaft verkennen. Denn trotz des Verhältnisses von 58 Professoren zu 90 Anwälten kam den Professoren erhebliches Gewicht zu.

In diesem Zusammenhang ist insbesondere der damals in Greifswald lehrende Hochschullehrer Georg von Beseler (1809–1888) zu nennen, dem im Verfassungsausschuss eine bestimmende Funktion zukam.[17] Bemerkenswert ist aber, dass nie wieder in der deutschen Geschichte Anwälte in so großer Zahl aufseiten der fortschrittlichen oder gar revolutionären Kräfte zu finden waren.

Die Verfassung der Paulskirche verdient nicht zuletzt deshalb Beachtung, weil hier erstmals in der deutschen Verfassungsgeschichte Grundrechte nicht nur als unmittelbar geltendes Recht kodifiziert worden waren, sondern auch im Wege von *„Klagen deutscher Staatsbürger wegen Verletzung der durch die Reichsverfassung ihnen gewährten Rechte"* gerichtlich eingefordert werden konnten.[18] Eine solche Justiziabilität von Grundrechten gab es weder im Kaiserreich (dessen Verfassung von 1871 gar keine Grundrechte enthielt) noch in Weimar (dessen Grundrechte aus

---

[17] Fichtmüller, Carl Peter, Liberalismus und Anwaltschaft im 19. Jahrhundert. In: Deutscher Anwaltverein (Hrsg.), Anwälte und ihre Geschichte. Zum 140. Gründungsjahr des Deutschen Anwaltvereins, Tübingen 2011, S. 110.

[18] Paragraf 126 g Verfassung des Deutschen Reiches vom 28. März 1849: „Zur Zuständigkeit des Reichsgerichts gehören: (…) Klagen deutscher Staatsbürger wegen Verletzung der durch die Reichsverfassung ihnen gewährten Rechte (…)" (zitiert nach: Blanke, Hermann-Josef (Hrsg.), Deutsche Verfassungen. Dokumente zu Vergangenheit und Gegenwart, Paderborn, München, Wien, Zürich 2003).

der Verfassung von 1919 nicht klagbar waren). Erst mit dem Bonner Grundgesetz vom 23. Mai 1949 erhielt jeder Bürger das Recht, seine Grundrechte im Wege der Verfassungsbeschwerde vor Gericht geltend zu machen.

Viele Anwälte der damaligen Zeit sahen es nicht allein als ihre Aufgabe an, die Interessen von Parteien zu vertreten. Sie sahen sich auch als Anwälte der Allgemeinheit. Ihrer politischen Überzeugung entsprechend wollten sie allen Deutschen zu ihren verfassungsmäßigen Rechten verhelfen und zugleich ihre Idee von einem geeinten Deutschland verwirklichen.[19] Nicht lediglich auf die berufliche Arbeit dürfe sich die Aufgabe des Anwalts als *„Wächter der Rechtlichkeit"* beschränken.[20] So berichtet der Ehrenpräsident des Anwaltstages von 1846, Gottlieb Wilhelm Freudentheil, *„der Gedanke an Anwaltstage"* sei angesichts der *„großen Fragen"*, die speziell Deutschland bewegt hätten und damit auch die *„Standesgenossen, deren Beruf es war, die Rechte und die Ehre des Volkes zu vertreten ... in den Hintergrund"* getreten.[21]

Das kam zum Tragen auf dem dritten Anwaltstag, der unter gänzlich veränderten politischen Voraussetzungen im August 1848 in Dresden stattfand. Nun war es ohne Weiteres möglich, ein vereintes Deutschland anzustreben, und entsprechende Gesuche wurden von hier aus auch an die Frankfurter Nationalversammlung herangetragen. Auch wurden Forderungen nach der Liberalisierung des Berufsbildes laut. Abzuschaffen sei das in einigen Staaten bestehende System einer Amtsprofession, ebenso der Numerus clausus. Ferner seien Anwaltskammern mit Ehrengerichten einzuführen. Zudem kam es hier zur Gründung des Deutschen Anwaltvereins (DAV), dem Dachverband eines Geflechts aus regionalen Bildungsvereinen und berufsständischen Vereinigungen. Er verfolgte nach seiner Satzung den Zweck, *„auf Vervollkommnung des Rechtszustands in Deutschland hinzuwirken und Ehre und Würde des gemeinsamen Standes aufrecht zu erhalten"*. Die Regierung von Hannover hatte bereits 1832 eine Bestimmung erlassen, nach der es Aufgabe der Anwälte war, *„das gemeine Beste ebenso sehr, als die Ehre und das Wohl des Advocatenstandes selbst zu fördern"*.[22]

---

[19] Scherner, Karl Otto, Advokaten, Revolutionäre, Anwälte. Die Geschichte der Mannheimer Anwaltschaft (Quellen und Darstellungen zur Mannheimer Stadtgeschichte 5), Sigmaringen 1997, S. 215.
[20] Siegrist, Hannes, Advokat, Bürger und Staat: Sozialgeschichte der Rechtsanwälte in Deutschland, Italien und der Schweiz (18.–20. Jh.), Studien zur europäischen Rechtsgeschichte 80, 2 Halbbände, Frankfurt am Main 1996, S. 366.
[21] Freudentheil, Gottlieb Wilhelm, Die Justizvorlage und der Anwaltstag in Celle, Stade 1858, S. 7.
[22] Freudentheil, Die Justizvorlage und der Anwaltstag, S. 7.

Zu einem vereinten Deutschland, wie es als Idee hinter alledem steht, ist es damals bekanntlich nicht gekommen. Die beschlossene Verfassung trat nie in Kraft, der preußische König lehnte die ihm von der Nationalversammlung angetragene Reichskrone ab. Er wollte sich diese nicht von einem demokratischen Gesetzgeber aufs Haupt setzen lassen. Das hatte auch Konsequenzen für die Vereinsbewegung der Advokaten, die mit der nationalen politischen Bewegung eng verknüpft war. Ihre Vereinigungen wurden aufgelöst und von den Staaten über einige Zeit nicht geduldet. Auch die seit 1844 deutschlandweit erscheinende „Anwalt-Zeitung" stellte Ende 1848 ihr Erscheinen ein.[23] So erfuhr die Professionalisierung der Rechtsanwälte zunächst einen Rückschlag und auf dem Weg zur Selbstverwaltung lagen wieder Hindernisse.

Auch wenn diese Bemühungen der Nationalversammlung also nicht von Erfolg gekrönt waren, kam es aber doch ab Mitte des 19. Jahrhunderts in vielen deutschen Territorien zu einer Liberalisierung der Anwaltsstruktur. Es wurden Anwaltskammern zur Selbstverwaltung ins Leben gerufen und die Advokatur freigegeben. Am 25. August 1871 kam es auf einem Anwaltstag in Bamberg zur (Neu-)Gründung des Deutschen Anwaltvereins.[24] Dieser setzte sich die Förderung des Gemeinsinns, die Belebung des wissenschaftlichen Geistes, die Erörterung von Gesetzgebungsfragen und die Vertretung von Berufsinteressen zum Ziel. Die Forderung nach einer „Freiheit der Advokatur" wurde nun überall laut. Maßgeblich mitbestimmt hat diese Reformdiskussion die 1867 erschienene, wohl bedeutendste Programmschrift zu Reformen im Anwaltswesen des 19. Jahrhunderts „Freie Advocatur. Die erste Forderung aller Justizreform in Preußen",[25] verfasst von dem Berliner Professor Rudolf Gneist (1816–1895). Die Monopolisierung der Rechtsanwaltschaft sei, so schreibt Gneist in seiner im Dokumentenanhang auszugsweise wiedergegebenen Schrift, *„ein Haupthinderniß des Fortschritts zu gesetzmäßiger Freiheit, zur constitutionellen Entwickelung in Gemeinde und Staat"* (vgl. dazu: Dokument Nr. 2).[26] Staatliche Eingriffe in die freie Konkurrenz der Anwälte sah er als Eingriff in die staatsbürgerlichen Grundrechte an. Ein wichtiger Grund für die preußischen Liberalen, sich für die Erneuerung der

---

[23] Kühne, Jörg-Detlef, Umbruch der Anwaltschaft: Beginn der Selbstorganisation – Deutschland und Frankreich. In: Deutscher Anwaltverein (Hrsg.), Anwälte und ihre Geschichte. Zum 140. Gründungsjahr des Deutschen Anwaltvereins, Tübingen 2011, S. 130.

[24] Es hatte – wie soeben erwähnt – schon zuvor einen nur kurzlebigen Vorläufer gegeben: Siegrist, Advokat, Bürger und Staat, S. 366.

[25] Neudrucke: Berlin 1911, Bonn 1979, Goldbach 1995. Auszüge des Werkes sind wiedergegeben auf der Homepage des Forums Anwaltsgeschichte e. V. (www.anwaltsgeschichte.de).

[26] Die hier zitierte Passage findet sich bei Gneist, Freie Advocatur, auf S. 58, und ist in dem im Anhang wiedergegebenen Auszug aus dem Werk (Dokument Nr. 2) nicht enthalten.

Anwaltschaft einzusetzen, lag darin, dass sie die Reform von Prozess und Justizverfassung als eng damit verbunden ansahen. So setzten sie sich für die Kodifikation des Anwaltsrechts auf Reichsebene ein, weil sie meinten, nur auf diese Weise sei den Missständen in Preußen abzuhelfen.[27]

Elf Jahre nach seiner Schrift wurden Gneists Ziele dann tatsächlich Gesetz auf Reichsebene. Am 23. Mai 1878 nahm der Reichstag mit großer Mehrheit die Reichsanwaltsordnung an. Sie gab der deutschen Anwaltschaft eine Form, die sich in Grundzügen bis in unsere Tage erhalten hat. Einiges davon erscheint uns heute selbstverständlich, war es aber aus damaliger Sicht keineswegs. Insbesondere folgende Punkte waren weichenstellend für die Zukunft:

Rudolf von Gneist (1816–1895), Fotographie von vor 1880 aus dem Archiv des Corps Teutonia Gießen. Abbildung: www.wikimedia.org

— Es gibt nur noch eine Anwaltschaft. Die Zweiteilung in Schriftsatzsteller und Prozessbevollmächtigte, wie sie im gelehrten Prozess seit dem Mittelalter bis weit in die Neuzeit hinein gang und gäbe war, ist endgültig aufgehoben.
— Der Rechtsanwalt wird zugelassen, ist aber – anders als das insbesondere in Preußen der Fall war – kein Beamter oder Staatsdiener.
— Die Zulassung setzt die Befähigung zum Richteramt voraus, nicht weniger, aber auch nicht mehr.
— Wenn diese Qualifikation erreicht ist, kann die Zulassung nicht mit dem Argument verweigert werden, der Bedarf an Anwälten sei gedeckt. Einen Numerus clausus für Rechtsanwälte gibt es nicht. Das bedeutet im Kern „freie Advokatur".

---

[27] Schubert, Werner (Hrsg.), Entstehung und Quellen der Rechtsanwaltsordnung von 1878 (Ius commune. Sonderhefte. Texte und Monographien 22), Frankfurt am Main 1985.

- Die Zulassung erfolgt bei einem bestimmten Gericht. Alle im Bezirk eines Oberlandesgerichts (OLG) zugelassenen Anwälte sind zu einer Kammer zusammengeschlossen.
- Die Rechtsanwaltschaft am höchsten deutschen Gericht, dem Reichsgericht, ist nicht freigegeben.

Bei alledem ist ein Grund, der aus damaliger Sicht eine ablehnende Haltung gegenüber der Freiheit der Advokatur begründet erscheinen ließ, nicht zu vergessen: Im Kaiserreich der 1870er-Jahre bestand eine aus heutiger Sicht kaum noch vorstellbare Rechtszersplitterung. Diese war ein wichtiger Grund dafür, dass die Reichsverfassung, die ursprünglich eine Gesetzgebungskompetenz des Reiches für das gesamte bürgerliche Recht nicht vorsah, im Jahr 1873 dahin gehend geändert wurde. Ein für das gesamte Reich geltendes bürgerliches Gesetzbuch trat allerdings erst am 1. Januar 1900 in Kraft, und bis dahin urteilte auch das 1879 geschaffene Reichsgericht weitgehend auf der Grundlage von Partikularrecht. Besonders vertrackt war die Rechtslage im Hanauischen,[28] wobei nicht nur hier eine komplexe, nur historisch zu erklärende und für einen Außenstehenden kaum zu durchschauende Rechtsvielfalt herrschte.

So galt bis zum Inkrafttreten des Bundesgesetzbuchs (BGB) am 1. Januar 1900 in den bis 1866 kurhessischen Teilen der königlichen preußischen Provinz Hessen-Nassau zunächst überall subsidiär gemeines Recht (das ist das bereits erwähnte, seit dem Mittelalter rezipierte römisch-kanonische Recht).[29] Dies erklärt die Studieninhalte Eberhards während seines Jurastudiums in Marburg und Gießen, die – wie bei einem Studium der Rechte im 19. Jahrhundert gemeinhin üblich – im Privatrecht auf römischem Recht basierten. In einem Teil des Amtsgerichtsbezirks Hanau galt dann primär Mainzer Landrecht (das „Churfürstlich Mayntzische Landrecht" von 1755), genau gesagt in Großauheim, Großkrotzenburg und Oberrodenbach. Der Grund lag darin, dass diese Landesteile bis zum Ende des Alten Reiches im Jahr 1806 mainzisch gewesen waren. Im größten Teil des Bezirks galt Solmser Recht („Gerichts- und Landordnung derer Graveschafften Solms und Herrschaft Minzenberg" von 1571) oder die Fränkische Landgerichtsordnung („Des Stifts Würzburgs und Herzogs zu

---

[28] Theisen, Zwischen Machtspruch und Unabhängigkeit, S. 52 ff. Dazu Karte Nr. 2 im Anhang von Theisens Buch.
[29] Roth, Paul von / Victor von Meibom, Kurhessisches Privatrecht, Marburg 1858, S. 31.

Franken Kayserliche Landt-Gerichts-Ordnung" von 1618) und anderes mehr.[30] Die Preußen hatten trotz der Annexion ihr eigenes Zivilgesetzbuch – das Allgemeine Landrecht für die preußischen Staaten (ALR) von 1794 – in ihrer Provinz Hessen-Nassau nie in Kraft gesetzt und das frühere Recht fortbestehen lassen, was für das 19. Jahrhundert nicht ungewöhnlich ist.[31] Unter diesen Gegebenheiten gewinnt das Argument, die Beschäftigung eines ortsansässigen Anwalts, der sich mit dem örtlichen Recht auskennt, sei im Interesse der Mandantschaft ratsam, vielleicht doch einiges an Gewicht. Es hat schon einen fundamental anderen Gehalt als die im Rahmen des Streits um die Singularzulassung zuweilen angeführte Erwägung, ein mit dem Gerichtsgebrauch vertrauter Anwalt sei gegenüber einem auswärtigen im Vorteil. Aus heutiger Sicht ist nur schwer vorstellbar, wie ein Jurist mit all den vielen im Alten Reich geläufigen (und nach dessen Ende fortgeltenden) partikularen Rechten zurande gekommen sein kann. Wir wissen aber, dass es irgendwie funktioniert haben muss.[32]

Die Position der Anwaltschaft in der Rechtspflege regelte die Rechtsanwaltsordnung (RAO) von 1878 nicht. Die in § 1 der heutigen Bundesrechtsanwaltsordnung (BRAO) zu findende Formulierung vom Rechtsanwalt als „Organ der Rechtspflege" wurde aber bereits wenige Jahre nach Inkrafttreten der RAO von der Rechtsprechung des neu geschaffenen Ehrengerichtshofs geprägt. Dieser äußerte sich in seiner ersten konstituierenden Sitzung zu seinem Selbstverständnis. Er verstand sich als *„Zubehör des Reichsgerichts, nicht als eine von letztem unabhängige selbständige Institution"*.[33] Die Besetzung dieses Gerichts spiegelt auch das Selbstverständnis der damaligen Anwaltschaft wider. Sie sah sich vornehmlich als Teil des Justizwesens, der allerdings mit weitgehenden Selbstverwaltungsrechten ausgestattet war. Der Ehrengerichtshof bestand aus sieben Mitgliedern, nämlich dem Präsidenten des Reichsgerichts als Vorsitzenden, drei Richtern des Reichsgerichts und drei dort zugelassenen Anwälten.

Die Freigabe der Advokatur hatte in der Kaiserzeit ein starkes Ansteigen der Anwaltszahlen zur Folge. 1880 gab es im Deutschen Reich knapp 4.000 Anwälte, im

---

[30] Deutsche Rechts- und Gerichtskarte. Mit einem Orientierungsheft neu herausgegeben und mit einer Einleitung von Diethelm Klippel, Goldbach 1996, S. 16 (unter „Hanau").
[31] von Roth/von Meibom, Kurhessisches Privatrecht, S. 27.
[32] Oestmann, Peter, Rechtsvielfalt vor Gericht. Rechtsanwendung und Partikularrecht im Alten Reich (Rechtsprechung. Materialien und Studien 18), Frankfurt am Main 2002.
[33] Zitiert nach: Prütting, Hanns, Anwaltliches Berufsrecht. In: Canaris, Claus-Wilhelm (Hrsg.), 50 Jahre BGH – Festgabe aus der Wissenschaft (in vier Bänden), Bd. III, München 2000, S. 839.

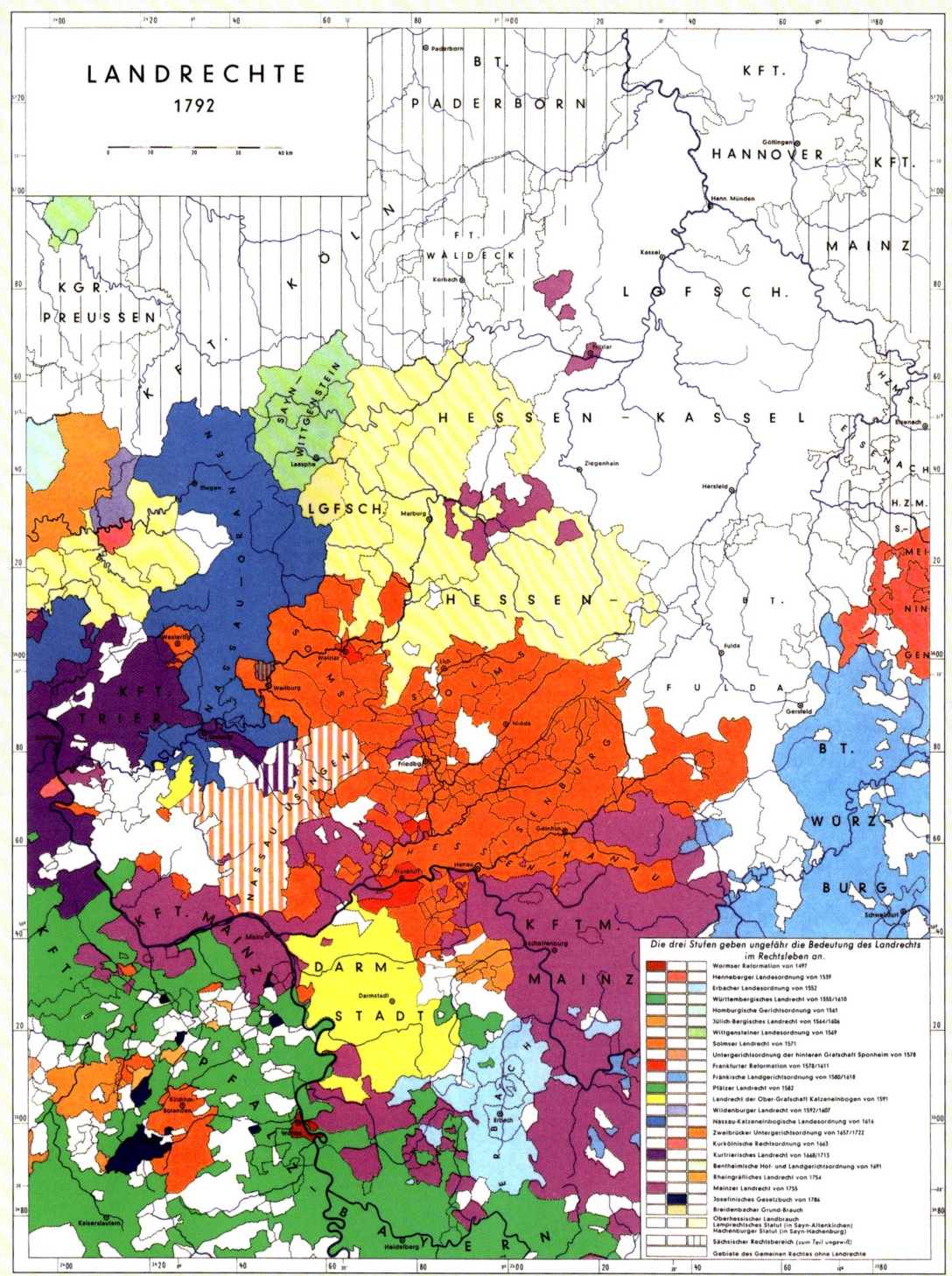

Übersicht der Landrechte und ihrer Bedeutung im Hanauer Raum und seiner Umgebung gegen Ende des 18. Jahrhunderts. Abbildung: Landrechte 1792, in: Geschichtlicher Atlas von Hessen, www.lagis-hessen.de; Erläuterungstext unter: www.lagis-hessen.de

Jahr 1913 waren es mehr als 12.000.[34] Am schnellsten stiegen die Zahlen in den Städten, besonders stark in den preußischen Gebieten, insbesondere in Berlin.[35] Das preußische Justizministerium forderte aus diesem Grund seit 1894 eine Beschränkung der Anwaltszahlen. Diese Forderung wurde vonseiten der Anwaltschaft zunächst ganz überwiegend abgelehnt.

Die höheren Anwaltszahlen waren Anlass für den Ausbau neuer Betätigungsfelder. Traditionellerweise ist der deutsche Anwalt in erster Linie ein Gerichtsanwalt. Er führt Prozesse, ob er nun die Parteien berät und Schriftsätze anfertigt oder auch selbst vor Gericht plädiert. Während des wilhelminischen Kaiserreichs und der Weimarer Zeit kam es nun zu einer Ausweitung rechtsberatender Tätigkeit außerhalb von Prozessen sowie zum Entstehen und Erstarken neuer Rechtsgebiete. Als solche sind vor allen Dingen das Wirtschafts- und Arbeitsrecht, das Steuerrecht und überhaupt das öffentliche Recht zu nennen. Diese Tendenzen nahmen unter den verschärften ökonomischen Bedingungen nach dem Ersten Weltkrieg während der Zeit der Weimarer Republik zu und resultierten in der Einführung von Fachanwaltsbezeichnungen.[36] Die Zulassung von Fachanwaltsbezeichnungen war seit 1919 Gegenstand vermehrter Diskussion. Der Ehrengerichtshof am Reichsgericht sah Fachanwaltsbezeichnungen in einer Entscheidung von 1923 als standeswidrig an.[37] Die standesrechtliche Auffassung änderte sich erst, als der Deutsche Anwaltverein im Jahr 1929 Richtlinien für die Fachanwaltschaft erließ.

Im Jahr 1922 ermöglichte der Gesetzgeber endlich die Zulassung von Frauen in der Anwaltschaft. Im gleichen Jahr wurde mit Maria Otto in München erstmals eine Frau zugelassen. Es gab in der Folgezeit allerdings nur wenige Frauen in der Rechtsanwaltschaft. Im Jahr 1929 waren es in Berlin acht und in München vier Juristinnen.[38]

---

[34] Ostler, Die deutschen Rechtsanwälte, S. 60.
[35] Döhring, Geschichte der deutschen Rechtspflege, S. 154.
[36] Näheres dazu unten.
[37] JW 1923, S. 609.
[38] Diese Zahlen nennt: Krach, Tillmann, Eine kleine Geschichte der deutschen Anwaltschaft. Erster Abschnitt: Von den Anfängen bis 1945. In: Deutscher Anwaltverein und Institut für juristische Weiterbildung der Fernuniversität Hagen (Hrsg.), DAV-Anwaltausbildung. Bd. 2: Die theoretische Ausbildung. Die Anwaltskanzlei, Bonn 2005, S. 68; vgl. auch Deutscher Juristinnenbund e.V. (Hrsg.), Juristinnen in Deutschland. Die Zeit von 1900 bis 2003 (Schriftenreihe Deutscher Juristinnenbund e.V.), Baden-Baden 2003, S. 22 f.

Die deutsche Anwaltschaft unter dem Nationalsozialismus

Die Herrschaft der Nationalsozialisten stellt einen deutlichen Einschnitt in der Geschichte der Anwaltschaft dar. Die Ernennung Hitlers zum Reichskanzler am 30. Januar 1933 brachte es schnell mit sich, dass Juden der Zugang zur Anwaltschaft zunächst erheblich erschwert und alsbald ganz verschlossen wurde. Offenbar lag hierin ein besonderes Anliegen des Nationalsozialismus. Eines der ersten sogenannten „Gesetze" nach Erlass des Ermächtigungsgesetzes vom 24. März 1933[39] war das „Gesetz über die Zulassung zur Rechtsanwaltschaft" vom 7. April 1933. Nach § 1 des Ermächtigungsgesetzes war das Verabschieden von Gesetzen nicht mehr dem Reichstag vorbehalten. Dies durfte (entgegen der Weimarer Reichsverfassung) danach auch die Reichsregierung, das heißt Hitler und sein Kabinett (wobei dieses eine immer untergeordnete Rolle spielte). So heißt es dann zu Anfang des besagten Rechtstextes im Reichsgesetzblatt: *„Die Reichsregierung hat das folgende Gesetz beschlossen, das hiermit verkündet wird: ..."* (vgl. dazu: Dokument Nr. 3).

Danach war seit dem 7. April 1933 grundsätzlich die „arische Abstammung" Voraussetzung für die Zulassung als Rechtsanwalt. Juden durften ihre Zulassung nur behalten, wenn sie die Zulassung seit 1. August 1914 innehatten, Frontkämpfer im Ersten Weltkrieg oder Väter oder Söhne Gefallener waren. Im Jahr 1938 wurden sie ganz aus der Anwaltschaft ausgeschlossen. Bereits am 1. April 1933 führte das neue Regime Juden mit einem sogenannten „Boykotttag" seine Ablehnung vor Augen: Vor den Gerichten wurden SA-Wachen postiert, die jüdische Anwälte am Betreten der Gerichtsgebäude hinderten.[40] Augenscheinlich wurde der Beginn des damit verbundenen Terrors bereits durch das, was dem jüdischen Rechtsanwalt Michael Siegel am 10. März 1933 geschehen war. An diesem Tag ging er zur Münchner Polizei. Dort wollte er Anzeige erstatten, weil nationalsozialistische Schlägertrupps das Kaufhaus eines Mandanten zerstört hatten. Er wurde so sehr geschlagen, dass er Zähne verlor und ihm ein Trommelfell platzte. Dann trieb die SS ihn mit abgeschnittenen Hosen über den Stachus mit einem Schild um seinen Hals. Darauf stand: *„Ich werde mich nie mehr bei der Polizei beschweren."*

---

[39] Gesetz zur Behebung der Not von Volk und Reich, RGBl. I 1933, S. 141.
[40] Krach, Jüdische Rechtsanwälte in Preußen, S. 180 ff.

Der jüdische Rechtsanwalt Michael Siegel wird nach schweren Misshandlungen durch SS und Polizei am 10. März 1933 über den Münchener Stachus getrieben, Foto von Heinrich Sanden, Bundesarchiv. Abbildung: www.wikimedia.org

Die Anwaltskammern protestierten nicht, sie unterstützten die nationalsozialistische Agitation. Sie stellten Bescheinigungen mit „Ariernachweisen" aus, sodass die nicht jüdischen Anwälte von der Aussperrung verschont blieben.[41] Das war nicht die einzige Unterstützung nationalsozialistischer Diskriminierung durch anwaltliche Selbstverwaltungsorgane. Der DAV schloss im November 1933 jüdische Mitglieder aus, die Reichsrechtsanwaltskammer verbot im Juli 1933 Sozietäten von Ariern und Nichtariern. Am 18. Mai 1933 beschloss der DAV den korporativen Beitritt zum Bund nationalsozialistischer deutscher Juristen (BNSDJ), 1936 umbenannt in „Nationalsozialistischer Rechtswahrerbund".

Der Widerstand gegen den Nationalsozialismus in Justiz und Anwaltschaft war gering.[42] Die Diskriminierung von Juden stieß kaum auf Gegenwehr. Als Gründe

---

[41] Landau, Peter, Justiz und Rechtsanwaltschaft in der nationalsozialistischen Diktatur, BRAK-Mitt. 2003, S. 111.
[42] Krach, Geschichte der deutschen Anwaltschaft, S. 75; Landau, Justiz und Rechtsanwaltschaft, S. 112; Schröder, Friedo, Die anwaltliche Tätigkeit während der nationalsozialistischen Herrschaft. Eine Analyse der anwaltlichen Argumentation in Zivilprozessen anhand der vorhandenen Prozeßakten der Landgerichte Frankenthal, Wiesbaden, Limburg und Frankfurt und der Handakten der jüdischen Konsulenten des OLG-Bezirks Frankfurt am Main (Rechtshistorische Reihe 235), Frankfurt am Main u. a. 2001, S. 65.

lassen sich eine weitverbreitete reaktionäre Einstellung und antidemokratische Ressentiments anführen, daneben dürften aber auch wirtschaftliche Gründe eine Rolle gespielt haben.[43] Die Wirtschaftskrise während der Weimarer Zeit hatte sich auch auf den Anwaltsstand ausgewirkt. Im Jahr 1932 lag das Einkommen von 30 Prozent der deutschen Anwälte unter dem Existenzminimum.[44] Der DAV hatte sich in Anbetracht dessen im gleichen Jahr mit 127 zu 19 Stimmen für eine Zulassungssperre ausgesprochen.

Die Aufhebung des freien Zugangs zur Advokatur lag also aufgrund der angespannten ökonomischen Lage in der Luft. Ihre Befürworter argumentierten, nur durch eine Zulassungsbeschränkung ließe sich die Unabhängigkeit des Rechtsanwalts aufrechterhalten. Die dafür erforderliche wirtschaftliche Unabhängigkeit sei allein durch eine Beschränkung der Anwaltszahlen zu gewährleisten. Ein großer Teil der 19 Gegenstimmen kam von jüdischen Anwälten. Das vermeintliche Überfüllungsproblem erledigte sich nun im Wege des Berufsverbots für Juden durch die nationalsozialistische Regierung von selbst. Die Ausschaltung jüdischer Anwälte machte sich auch zahlenmäßig durchaus bemerkbar, denn der Anteil von Juden an der Anwaltschaft war im Verhältnis zu ihrem Anteil an der Gesamtbevölkerung (ca. ein Prozent) in Deutschland hoch. Im Jahr 1933 waren mehr als 16 Prozent der deutschen Anwälte jüdischer Herkunft,[45] in großen Städten wie Berlin, Frankfurt am Main und Breslau stellten sie sogar die Hälfte der lokalen Anwaltschaft.[46] Das vollständige Ende der freien Advokatur brachte die Reichsrechtsanwaltsordnung (RRAO) von 1936.[47] Danach waren nicht mehr Anwälte zuzulassen, als für eine geordnete Rechtspflege erforderlich sei (§ 15 II RRAO). Wie viele das waren und wer als Rechtsanwalt zugelassen wurde, entschied der Reichsjustizminister.

Das nationalsozialistische Verständnis vom Anwaltsberuf unterschied sich fundamental von dem der Weimarer Zeit. Nach liberalem Selbstverständnis waren Anwälte bei der Entwicklung des Rechts tätig. Dafür war eine Auseinandersetzung, ein „Kampf um das Recht" notwendig, wie der bedeutende Jurist Rudolf von Jhering

---

[43] Landau, Justiz und Rechtsanwaltschaft, S. 112.
[44] Rüping, Hinrich, Die Beseitigung der freien Advokatur im Nationalsozialismus. In: AnwBl 2002, S. 616; genauere Zahlen bei Thalheim, Karl, Die Einkommenslage der deutschen Rechtsanwälte, JW 1931, S. 3497–3500.
[45] Landau, Justiz und Rechtsanwaltschaft, S. 110.
[46] Krach, Geschichte der deutschen Anwaltschaft, S. 74. In Berlin waren es im Jahr 1933 60 Prozent, in Wien im Jahr 1938 80 Prozent: Schröder, Die anwaltliche Tätigkeit, S. 59 f., Anm. 136.
[47] Dazu: Ostler, Die deutschen Rechtsanwälte, S. 257 ff.

(1818–1892) es in einer seiner berühmtesten Arbeiten einmal ausgedrückt hat. Eben diesen Kampf auszufechten war Aufgabe des Rechtsanwalts. Ganz anders nach nationalsozialistischer Ideologie. Hier hatte der Anwalt eine „*völkische Treuepflicht gegenüber der Volksgemeinschaft*". Es galt nicht, das Recht in Auseinandersetzungen zu entwickeln, es galt, das Recht zu wahren. Der Anwalt war nun „Rechtswahrer" und focht mit Staatsanwälten und Richtern an der gleichen Rechtsfront.[48] Deshalb hatten Rechtsanwälte auch keine eigene Standesorganisation. Sie bildeten nur eine sogenannte „Fachgruppe" im BNSDJ. Auf diese Weise mutierte der Anwalt zu einer Art Staatsbeamten. Zwar kam es nicht zur Einführung einer staatlichen Besoldung, wohl aber zur Unterstellung unter staatliche Disziplinaraufsicht und Dienststrafrecht anstelle der selbstständigen anwaltlichen Ehrengerichtsbarkeit.[49] Befürchtungen der Anwaltschaft, es werde zu deren Verbeamtung kommen, suchte das Reichsjustizministerium durch den Hinweis zu zerstreuen, die Änderungen auf dem Gebiet des Anwaltsrechts seien allein der Umformung des Berufsstandes zum Typus des nationalsozialistischen Rechtswahrers geschuldet.[50]

Im Hinblick auf die Rolle von Frauen in der Anwaltschaft ging die in der Weimarer Zeit gerade erst begonnene Emanzipation unter dem Nationalsozialismus einen umgekehrten Weg. Nach nationalsozialistischer Ideologie hatte die Frau – wie sich vielleicht am Beispiel des Anwaltsberufes ganz besonders gut deutlich machen lässt – eine ganz andere Stellung als zuvor in der Weimarer Zeit. Seit 1922 hatten Frauen – wie zuvor bereits erwähnt – einen Anspruch auf Zulassung zur Anwaltschaft. Wie so vieles änderte sich das de jure auch nicht, als 1936 die neue Reichsrechtsanwaltsordnung in Kraft trat. Nur waren danach nicht mehr Anwälte zuzulassen, als man für eine geordnete Rechtspflege für erforderlich hielt, und wie viele das waren und wer als Rechtsanwalt zugelassen wurde, entschied der Reichsjustizminister. Die RRAO sah als Voraussetzung für die Anwaltszulassung ferner eine anwaltliche Probezeit vor (§§ 2 ff. RRAO). Wer diese ableisten durfte, entschied ebenfalls der Reichsjustizminister. Frauen ließ er unter Hinweis auf den Willen Adolf Hitlers nicht zur anwaltlichen Probezeit zu. In einer Rede von 1936 hatte Hitler die Juristin als Negativbeispiel für die berufstätige Frau hervorgehoben: „*Wenn heute eine weibliche*

---

[48] Landau, Justiz und Rechtsanwaltschaft, S. 112.
[49] Rüping, Beseitigung der freien Advokatur, S. 619; Landau, Justiz und Rechtsanwaltschaft, S. 113; Müller, Lothar, Die Freiheit der Advokatur. Ihre geschichtliche Entwicklung in Deutschland während der Neuzeit und ihre rechtliche Bedeutung in der Bundesrepublik Deutschland, Diss. jur., Würzburg 1972, S. 81.
[50] Hornig, Neue Vorschriften für den Rechtsanwaltsberuf. In: DJ 1943, S. 261 ff.

Juristin noch so viel leistet und nebenan eine Mutter wohnt mit fünf, sechs, sieben Kindern, die alle gesund und gut erzogen sind, dann möchte ich sagen: Vom Standpunkt des ewigen Wertes unseres Volkes hat die Frau, die Kinder bekommen und erzogen hat und die unserem Volke damit das Leben in die Zukunft wieder geschenkt hat, mehr geleistet, mehr getan!"[51] So kam es zwar nicht zu einem Verbot, aber doch zu einer Zurückdrängung von Rechtsanwältinnen. Ihre Zahl nahm in der Zeit des Nationalsozialismus kontinuierlich ab. Die Anzahl der Juraabsolventinnen war ebenfalls gering. Trotz im Verhältnis zu den Männern besserer Examensergebnisse wurden sie nur in bestimmten Betätigungsfeldern geduldet, die nach nationalsozialistischer Auffassung der weiblichen Natur entsprachen. So gab es im Nationalsozialistischen Rechtswahrerbund eine *„Beauftragte für die Rechtswahrerinnen"*. Diese vertrat den Standpunkt, die intuitiven Kräfte und Gefühlswerte der Frau würden eine besondere Eignung im familien-, sozial- und fürsorgerechtlichen Bereich mit sich bringen. Das waren nach ihrer Auffassung *„der Frau wesensmäßige Rechtsaufgaben"*.[52]

Anwaltschaft in zwei deutschen Staaten[53]

Mit der bedingungslosen Kapitulation Deutschlands am 8. Mai 1945 endeten der Zweite Weltkrieg und die nationalsozialistische Diktatur. Deutschland wurde von den alliierten Siegermächten in vier Besatzungszonen eingeteilt. Die Militärregierungen ließen zunächst alle Gerichte schließen und verboten jede Tätigkeit als Richter, Staatsanwalt oder Rechtsanwalt.[54] Diese Berufe sollten nur politisch Unbelastete ausüben, das heißt vor allem Personen, die nicht Mitglied der NSDAP gewesen waren.[55]

---

[51] Der Führer spricht zur deutschen Frauenschaft. In: Zentralverlag der NSDAP (Hrsg.), Reden des Führers am Parteitag der Ehre 1936, 3. Auflage, München 1936, S. 43. Dazu Dölemeyer, Barbara, Die Zulassung von Frauen zur Rechtsanwaltschaft im Nationalsozialismus und ihr Ausschluß in der NS-Zeit. In: Mario Ascheri u. a. (Hrsg.), „Ins Wasser geworfen und Ozeane durchquert". Festschrift für Knut Wolfgang Nörr, Köln, Weimar, Wien 2003, S. 159.

[52] Eine Auseinandersetzung mit nationalsozialistischer Terminologie und ein Beitrag zur Rolle der Frau in der Anwaltschaft in der jüngeren Vergangenheit mit lokalem Bezug ist zu finden bei: Kaup, Wolfgang, Als die Advokatur noch ein Männerberuf war. Frau Rechtsanwältin Sonja Uth setzt eigene Maßstäbe. In: Anwaltsverein für den Landgerichtsbezirk Aschaffenburg e.V. (Hrsg.), 1948–1998. 50 Jahre Anwaltsverein für den Landgerichtsbezirk Aschaffenburg e.V., Neustadt an der Aisch o.J., S. 48–53.

[53] Busse, Felix, Deutsche Anwälte. Geschichte der deutschen Anwaltschaft 1945–2009, S. 43 ff.

[54] Ostler, Die deutschen Rechtsanwälte, S. 307.

[55] Vgl. dazu: Kißener, Michael, Personeller Neubeginn. Die Anfänge der badischen Justiz 1945/46. In: Pauli, Gerhard/Thomas Vormbaum (Hrsg.), Justiz und Nationalsozialismus – Kontinuität und Diskontinuität. Fachtagung in der Justizakademie des Landes NRW, Recklinghausen, am 19. und 20. November 2001 (Juristische Zeitgeschichte Abt. 2, Forum juristische Zeitgeschichte 14), Berlin 2003, S. 183 ff.

Ob eine Mitgliedschaft vorlag, prüften im Rahmen der Entnazifizierung Ausschüsse, die die Militärregierungen einsetzten. In vielen Bezirken wurden allerdings die Kriterien für die Zulassung bald abgemildert.[56] Eine erhebliche Anzahl der Juristen war Parteimitglied gewesen, doch beim Wiederaufbau der Rechtspflege war ein großer Bedarf an Arbeitskräften zu decken. So massiv war dieser Bedarf, dass die Wiederzulassung zum Rechtsanwalt zum Teil von einer ein- oder zweijährigen Tätigkeit als Richter oder Staatsanwalt abhängig gemacht wurde. So waren viele nach dem Krieg zu Landgerichts- und OLG-Präsidenten bestellte Juristen zuvor Rechtsanwälte gewesen.

Bereits zu Anfang der 50er-Jahre herrschte in den Westzonen allerdings kein Mangel an Anwälten mehr. Anders war die Situation in der sowjetischen Besatzungszone, der späteren DDR. Die dortigen Behörden waren konsequenter in ihrer Weigerung, frühere NSDAP-Mitglieder in den Justizdienst zu übernehmen oder als Anwälte zuzulassen. Um den großen Personalbedarf zu decken, wurden Personen ohne juristisches Studium zu sogenannten „Volksrichtern" ausgebildet.[57] Das erforderte einen kurzen Lehrgang, der unter maßgeblicher Beteiligung von Rechtsanwälten durchgeführt wurde. Zum Teil erhielten auch Personen ohne juristisches Staatsexamen die Zulassung zum Rechtsanwalt und Notar.

So verlief die Geschichte des Anwaltsberufs in den beiden deutschen Staaten sehr unterschiedlich. Während sich im Westen die Zahl der Rechtsanwälte rapide erhöhte, war in der DDR eine kontinuierliche Schrumpfung zu verzeichnen.[58] 1937 waren auf dem Gebiet der späteren DDR über 3.000 Anwälte tätig, 1948 waren es weniger als 1.200, im Jahr 1953 war die Zahl auf 840 zurückgegangen. Als 1989 die Mauer fiel, standen den etwa 55.000 Anwälten aus der alten Bundesrepublik nur noch 600 Kollegen aus der DDR gegenüber. Das lässt sich zum Teil durch die marxistische Auffassung vom Recht erklären. Das Rechtswesen ist danach Bestandteil des gesellschaftlichen Überbaus. Seine Blütezeit habe es unter dem Kapitalismus, mit zunehmendem Aufbau des Sozialismus soll auch das Recht verschwinden.[59]

---

[56] Hagenkötter, Andreas, Eine kleine Geschichte der deutschen Anwaltschaft. Zweiter Abschnitt: Von 1945 bis heute. In: DAV-Anwaltausbildung II, S. 86 f.
[57] Schümann, Dietrich, Ein Beitrag zur Geschichte der mecklenburgischen Anwaltschaft (Schriftenreihe der Bundesrechtsanwaltskammer 11), München 2000, S. 20.
[58] Vgl. dazu: Krach, Tillmann (Hrsg.), Anwaltsalltag in der DDR (Rechtsgeschichte und Rechtsgeschehen. Kleine Schriften 4), Münster (Westfalen) 2005.
[59] Zweigert, Konrad/Hein Kötz, Einführung in die Rechtsvergleichung. I. Grundlagen, Tübingen 1984, S. 332 ff. In der 3. Auflage (1996) ist der Abschnitt „Der sozialistische Rechtskreis" weggefallen.

Die Anwaltschaft sollte im Arbeiter- und Bauernstaat ihre Funktion, den Bürger mithilfe des Rechts vor staatlichen Übergriffen zu schützen, verlieren; ein Gegensatz zwischen Bürger und Staat sollte nicht mehr bestehen.[60] Das zwang den Anwalt zu einem Spagat: Er vertrat einerseits die Interessen des Mandanten, andererseits die des sozialistischen Staates.

Die geringe Zahl der Rechtsanwälte in der DDR erklärt sich auch dadurch, dass andere Berufsgruppen anwaltliche Aufgaben übernehmen. So bearbeiteten Justiziare in allen Betrieben, Kombinaten, sozialistischen Genossenschaften, Ministerien etc. alle Rechtsangelegenheiten ihrer Auftraggeber.[61] Der Mandantenkreis wurde damit im Bereich der Wirtschaft für Rechtsanwälte zusehends kleiner. Und nicht nur dort. Die Prämisse, ein Interessengegensatz zwischen Bürger und Staat existiere nicht mehr, führte dazu, dass die Fälle von Anwaltszwang vor Gericht stark begrenzt waren. Hinzu kam, dass bei den Kreisgerichten Rechtsauskunftsstellen eingerichtet wurden, wo Richter kostenlos Rechtsrat zu erteilen hatten. Auch die stark ausgeprägte Laiengerichtsbarkeit durch die „gesellschaftlichen Gerichte"[62] schränkte das anwaltliche Tätigkeitsfeld ein. Rechtsanwälte waren hier nicht zugelassen.

Immer wieder wurde die politische Bedeutung des Anwaltsberufs beim Aufbau des Sozialismus betont.[63] Nach dem Siebenjahresplan von 1960 liegt die Aufgabe des Anwalts unter anderem darin, *„die Massen zur sozialistischen Umwälzung zu mobilisieren"*. So war der Rechtsanwalt politischer Umerzieher auf Grundlage einer dahinwelkenden, eigentlich schon der Vergangenheit angehörenden Erscheinung („Recht"), dabei Verdächtiger und Hoffnungsträger zugleich. Seine nach Auffassung des DDR-Regimes durch und durch politische Aufgabe sollte im Rahmen von anwaltlichen Genossenschaften, sogenannten „Anwaltskollegien", ausgeübt werden. Diesen haben die meisten Anwälte der DDR sich angeschlossen. Der größte Teil von ihnen war

---

[60] Baier, Erich, Zur Eigenverantwortlichkeit der Mitglieder der Kollegien der Rechtsanwälte, NJ 1981, S. 544 ff.
[61] Bruhn, Hans-Henning, Die Rechtsanwaltschaft in der DDR. Stellung und Aufgaben, Köln 1972, S. 144; Heusinger, Hans-Joachim, Anforderungen an die weitere Vervollkommnung der Rechtsarbeit in der Volkswirtschaft, NJ 1980, S. 242 ff.; Bergmann, Siegfried/Kurt Hildebrandt, Aufgaben und Methoden der betrieblichen Rechtskontrolle, NJ 1982, S. 10.
[62] Zu Geschichte und Hintergrund: Sahr, Siegfried, Eine weitere Etappe in der Arbeit der Konfliktkommissionen, NJ 1982, S. 151; Heusinger, Hans-Joachim, Neues Gesetz über die gesellschaftlichen Gerichte. Begründung des Gesetzesentwurfs in der Tagung der Volkskammer der DDR, NJ 1982, S. 146 f.
[63] Brand, Peter-Andreas, Der Rechtsanwalt – ein gesellschaftliches Organ der sozialistischen Rechtspflege. Zur Stellung des Rechtsanwalts in der DDR, AnwBl 1985, S. 612–615; Schümann, Geschichte der mecklenburgischen Anwaltschaft, S. 26 ff.; Ostler, Die deutschen Rechtsanwälte, S. 381 f.

Mitglied der SED, allerdings bei Weitem nicht alle. Der Anteil an Parteimitgliedern in der Anwaltschaft der DDR stieg stetig und lag 1985 bei 65,5 Prozent.

Werfen wir nun einen Blick auf die Nachkriegsgeschichte des westdeutschen Staats. In der 1949 gegründeten Bundesrepublik war die Einheit der Anwaltschaft zunächst verloren und blieb das auch für die nächsten zehn Jahre. In den Besatzungszonen der drei westlichen Siegermächte war ein jeweils unterschiedliches Anwaltsrecht entstanden. So galt in der französischen und der amerikanischen Zone weitgehend wieder die RAO von 1878, wobei es Zulassungsbeschränkungen gab. In der französischen Zone fanden auch Bedarfsprüfungen statt, bis das Bundesverfassungsgericht diese im Herbst 1956 für verfassungswidrig erklärte. In der britischen Zone galt hingegen eine eigene Rechtsanwaltsordnung, die die Zulassung prinzipiell freigab.[64]

Diskussionen über ein bundeseinheitliches Anwaltsrecht gab es seit 1949. 1950 wurde der DAV wieder gegründet, der sich rege an diesen Diskussionen beteiligte. Es ging unter anderem um die Trennung von Kammerwesen und Ehrengerichtsbarkeit, ferner um eine Klausel, nach der ein Bewerber abgelehnt werden konnte, wenn er die verfassungsmäßige Ordnung gefährden könnte. Diese Bestimmung haben die Organisationen der Anwaltschaft übereinstimmend zurückgewiesen.[65] Weiterhin wurden Fragen im Zusammenhang mit dem Recht, Prozessvertretungen vor Land- und Oberlandesgerichten wahrnehmen zu dürfen (Postulationsfähigkeit), kritisch erörtert. In Kraft trat schließlich eine Regelung, nach der jeder Anwalt nur entweder an einem bestimmten Landgericht oder an einem bestimmten OLG zugelassen sein konnte. Es dauerte über 40 Jahre, bis das Bundesverfassungsgericht die Singularzulassung am OLG für verfassungswidrig erklärte.[66]

Aufgrund der kontroversen Diskussion trat erst am 1. August 1959 nach siebenjähriger Beratung die BRAO in Kraft, die mit einigen Änderungen bis heute gilt. Der Bundesgerichtshof hatte nach seiner Gründung 1950 zunächst keine Kompetenz für das anwaltliche Berufsrecht. Die wenigen Entscheidungen in diesem Bereich betreffen im Allgemeinen wettbewerbsrechtliche Fragestellungen.[67] Die BRAO von

---

[64] Douma, Eva, Deutsche Anwälte zwischen Demokratie und Diktatur. 1930–1955, Frankfurt am Main 1998, S. 58.
[65] Zu politischen Aspekten in der bundesrepublikanischen Anwaltsgeschichte vgl. Brunn, Hellmut / Thomas Kirn, Rechtsanwälte, Linksanwälte, Frankfurt am Main 2004.
[66] Entscheidung vom 13. Dezember 2000; BVerfGE 103, 1.
[67] Prütting, Anwaltliches Berufsrecht, S. 841.

1959 knüpfte in wichtigen Punkten an die RAO von 1878 an[68] und schuf wiederum einen berufsrechtlichen Senat, der beim höchsten Gericht angesiedelt ist. Der Senat für Anwaltssachen beim Bundesgerichtshof (BGH) besteht aus dessen Präsidenten als Vorsitzendem, drei Richtern am BGH und drei Rechtsanwälten als Beisitzern (§ 106 BRAO), ist also sehr ähnlich aufgebaut wie der Ehrengerichtshof nach der RAO von 1878. Der Anteil dieses Senats an der Rechtsprechungstätigkeit des BGH ist nicht ganz unbeachtlich. Bei Durchsicht allein der amtlichen Sammlung bis in das Jahr 1986 zählt man 265 Entscheidungen. Davon betreffen 166 Fragen der Zulassung, 80 die Verletzung von Berufspflichten und 19 Fragen der Organisation der Anwaltschaft. Die Bedeutung des Senats steigt in hohem Maße weiter an.[69] Der Senat hat allein im Jahr 2015 in über 76 Sachen entschieden.

Die Anwaltschaft im wiedervereinigten Deutschland[70]

Die jüngste Anwaltsgeschichte im geeinten Deutschland ist maßgeblich von einem massiven Anwachsen der Anwaltszahlen gekennzeichnet. Zum Zeitpunkt der deutschen Einheit 1990 waren im gesamten Bundesgebiet 56.000 Anwältinnen und Anwälte zugelassen, fünf Jahre später waren es bereits 74.000, weitere fünf Jahre später dann 105.000. Heute sind über 160.000 Anwältinnen und Anwälte zugelassen. In etwa 25 Jahren hat sich die Zahl der Anwälte also fast verdreifacht. Mit dieser Situation des Anwaltsmarkts gehen Änderungen des Berufsrechts und des Berufsbilds einher.

1994 trat eine Neufassung der BRAO in Kraft. Diese führte zu Änderungen, die in vorherigen Dekaden der Nachkriegsgeschichte undenkbar erschienen. Werbung für Rechtsanwälte ist heute erlaubt, soweit sie über die berufliche Tätigkeit in Form und Inhalt sachlich unterrichtet und nicht auf die Erteilung eines Auftrags im Einzelfall gerichtet ist (§ 43 b BRAO). Ausgangspunkt der Liberalisierung waren zwei Entscheidungen des Bundesverfassungsgerichts, die ein uneingeschränktes Werbeverbot wegen Verstoßes gegen das Grundrecht der Berufsfreiheit (Art. 12 I GG) für verfassungswidrig erklärten.[71]

---

[68] Schubert (Hrsg.), Entstehung und Quellen, S. 76.
[69] Deppert, Katharina, Die Rechtsprechung des Senats für Anwaltssachen des Bundesgerichtshofs im Jahre 2004, BRAK-Mitt. 2005, S. 206–212.
[70] Ausführlich dazu: Busse, Deutsche Anwälte, S. 531 ff.
[71] 1 BvR 537/81 und 1 BvR 362/79, beide vom 14. Juli 1987. Zur anwaltlichen Werbung Römermann, Volker, Beck'scher Online-Kommentar BORA, § 6 Rn. 54 f.

Ferner ist nach heutigem Recht die Berufsausübung in Form einer Kapitalgesellschaft möglich.[72] Seit 2000 ist die frühere Beschränkung der Postulationsfähigkeit auf ein einziges Landgericht entfallen,[73] seit 2001 auch die Singularzulassung beim OLG aufgehoben. Ferner haben sich in Honorarfragen einschneidende Veränderungen ergeben. Noch im Jahr 1982 galten Abrechnungen nach Stundensätzen, wie sie heute gang und gäbe sind, als standeswidrig.[74]

Das Berufsbild des Rechtsanwalts ist heute nicht mehr so einheitlich und eindeutig, wie es das vielleicht in der frühen Bundesrepublik war. Die Formulierung aus § 1 BRAO, ein Rechtsanwalt sei ein *„unabhängiges Organ der Rechtspflege"*, wird zunehmend mit Skepsis betrachtet.[75] Inzwischen dürfte sich für viele die Auffassung dahin gehend gewandelt haben, dass der Rechtsanwalt nicht in erster Linie der Rechtsordnung, sondern dem Mandanten dient. Dieser Gedanke kommt in § 1 Abs. 3 der Berufsordnung für Rechtsanwälte[76] zum Ausdruck, die allerdings weniger als die vom parlamentarischen Gesetzgeber beschlossene BRAO ein allgemeines Bild vom Anwalt in der Gesellschaft und stärker ein anwaltliches Selbstbild wiedergeben dürfte: *„Als unabhängiger Berater und Vertreter in allen Rechtsangelegenheiten hat der Rechtsanwalt seine Mandanten vor Rechtsverlusten zu schützen, rechtsgestaltend, konfliktvermeidend und streitschlichtend zu begleiten, vor Fehlentscheidungen durch Gerichte und Behörden zu bewahren und gegen verfassungswidrige Beeinträchtigung und staatliche Machtüberschreitung zu sichern."* Andererseits heißt es in dem davorstehenden Absatz 2 der Vorschrift demgegenüber: *„Die Freiheitsrechte des Rechtsanwalts gewährleisten die Teilhabe des Bürgers am Recht. Seine Tätigkeit dient der Verwirklichung des Rechtsstaats."*

Deutsche Anwälte waren bis vor nicht allzu langer Zeit vom Ideal her Generalisten.[77] Das mag mit der langen Tradition einer allgemeinen, am Richteramt orientierten Ausbildung zusammenhängen. In deutschen Gerichten werden die Fälle ja grundsätzlich auch nicht nach Sachgebieten verteilt. Im Rahmen einer Entscheidung von 1981 gab das Bundesverfassungsgericht zu bedenken, ein Hinweis auf

---

[72] Lewinski, Kai von, Grundriss des anwaltlichen Berufsrechts (Berliner Schriften zum Anwaltsrecht 1), Baden-Baden 2006, S. 107 ff., 125 ff.
[73] Entscheidung des BVerfG vom 13. Dezember 2000; BVerfGE 103, 1.
[74] Hagenkötter, Andreas, Geschichte der deutschen Anwaltschaft, S. 122.
[75] Jaeger, Renate, Rechtsanwälte als Organ der Rechtspflege – Notwendig oder überflüssig? Bürde oder Schutz? In: NJW 2004, S. 1–7; Hellwig, Hans-Jürgen, Der Rechtsanwalt – Organ der Rechtspflege oder Kaufmann? Nationale und internationale Entwicklungen in der Anwaltschaft. In: AnwBl 2004, S. 213–222; Lachenmaier, Dieter, Das Marketingkonzept einer Anwaltskanzlei. Vom Organ der Rechtspflege zum Dienstleistungsunternehmen. In: AnwBl 1998, S. 236–240.
[76] BORA (Stand: 1. Juli 2015).
[77] Siegrist, Advokat, Bürger und Staat II, S. 566 (für diese Zeit: 1870–1930).

fachliche Spezialisierungen könne den Tätigkeitsbereich der Anwälte einschränken und damit dem einheitlichen Berufsbild entgegenstehen: *"Gegen die Einführung des Fachanwalts für Verwaltungsrecht lassen sich ebenfalls gewichtige Gründe anführen: Die Bundesrechtsanwaltsordnung geht von einem einheitlichen Berufsbild des Rechtsanwalts aus (vgl. § 3 BRAO); für diesen ist kennzeichnend, daß er grundsätzlich vor Gerichten aller Zweige der Rechtspflege auftreten kann. Ein Hinweis auf fachliche Spezialisierungen könnte den Tätigkeitsbereich der Anwälte, die für Rechtsberatung und -vertretung auf allen Gebieten offen sind, einschränken. Eine Zulassung von Spezialanwälten könnte das Gefälle zwischen den Großstädten und dem Lande sowie zwischen den schon anerkannten Anwälten und Berufsanfängern vertiefen."*[78]

Diese Bedenken teilte der damalige Justizminister: Eine Aufspaltung des einheitlich geprägten Berufsbilds des Rechtsanwalts in eine Vielzahl von Fachanwaltsbezeichnungen mit beruflichem Ausschließlichkeitsanspruch, wie etwa im Facharztwesen, widersprach nach seiner Auffassung dem gesetzlichen Leitbild des Anwaltsberufs.[79]

Es gab allerdings schon damals, Anfang der 1980er-Jahre, Stimmen, die dem Standpunkt von Bundesverfassungsgericht und Justizminister widersprachen. Danach war die Form des *"allwissenden, auf allen Gebieten kompetenten Rechtsanwalts den Anforderungen der industriellen Wirtschafts- und verrechtlichten Problemgesellschaft nicht mehr gewachsen"*. Sie befinde sich *"aus der Sicht der großstädtischen Notwendigkeit, bereits im Museum des 20. Jahrhunderts"*.[80] Und in der Tat hat sich seither die allgemeine Auffassung in diesem Punkt wie auch in anderen gewandelt.

Gegenwart und Perspektiven

In dreierlei Hinsicht haben sich Charakteristika des Anwaltsberufs in unseren Tagen dem alten Berufsbild gegenüber besonders auffällig und zugleich besonders zukunftsweisend verändert:[81]

---

[78] BVerfG, Beschluss vom 13. Mai 1981; BVerfGE 57, 121.
[79] Meisel, Bernd Stefan, Geschichte der deutschen Wirtschaftsprüfer. Entstehungs- und Entwicklungsgeschichte vor dem Hintergrund einzel- und gesamtwirtschaftlicher Krisen, Köln 1992, S. 89 ff. und 63 ff.
[80] Paul, Wolf, Anwaltsberuf im Wandel. Rechtspflegeorgan oder Dienstleistungsgewerbe? Fakten und Überlegungen zur empirischen Verdeutlichung des Verhältnisses von Anwaltschaft und Gesellschaft in Deutschland. In: Kübler, Friedrich (Hrsg.), Anwaltsberuf im Wandel. Rechtspflegeorgan oder Dienstleistungsgewerbe. Verhandlungen der vereinigten Fachgruppen für Zivilrechtsvergleichung und für Grundlagenforschung anläßlich der Frankfurter Tagung für Rechtsvergleichung, Frankfurt am Main 1982, S. 11 ff., 30.
[81] Weitere Aspekte bei: Redeker, Konrad, Rechtsanwaltschaft zwischen 1945 und 1995 – Ein Berufsstand im Wandel, NJW 1995, 1243 ff.

– Es ist eine zunehmende Spezialisierung, insbesondere eine wachsende Bedeutung von Fachanwaltschaften, zu verzeichnen.
– Zu beobachten ist ein Anwachsen der Zusammenarbeit mit anderen Berufsgruppen, insbesondere mit Wirtschaftsprüfern und Steuerberatern.
– Überregionale Kooperationen mit den damit einhergehenden Strukturen, insbesondere Großkanzleien, weiten sich aus.

Schon seit Langem ist in der Anwaltschaft eine immer stärkere Spezialisierung zu verzeichnen, die nach und nach auch berufsrechtlich ihre Auswirkungen hatte. In der Tat ist der zunehmende Abschied vom Idealbild des Rechtsanwalts als Generalist zugunsten eben dieser Konzentration auf ein Rechtsgebiet keine ganz neue Erscheinung. So wurde der Grundstein für die sich über bald ein Jahrhundert hinziehende wechselhafte Geschichte über die Anerkennung von Fachanwaltschaften in der Weimarer Zeit gelegt. Im Jahr 1929 beschloss die Abgeordnetenversammlung des DAV, Fachanwaltschaften zuzulassen. Im folgenden Jahr ließ die Anwaltskammer dann etwa 150 Fachanwälte für die Gebiete Steuerrecht, Urheberrecht, gewerblicher Rechtsschutz, Staats- und Verwaltungsrecht, Verlagsrecht, Auslandsrecht und Arbeitsrecht zu. Diese Praxis gab die Anwaltskammer jedoch ab 1933 wieder auf. Ab 1937 allerdings durften Rechtsanwälte sich nach einer vierwöchigen Zusatzausbildung „Fachanwalt für Steuerrecht", später dann „Rechtsanwalt-Steuerberater" nennen. In der Bundesrepublik wurde diese Bezeichnung abgeschafft, da eine Verwechselung mit dem Beruf des Steuerberaters vermieden werden sollte.

Nach hitzigen Auseinandersetzungen beschloss die Bundesrechtsanwaltskammer dann im Jahr 1964 – anknüpfend an den zuvor genannten Beschluss des DAV von 1929 – Richtlinien für den von ihr befürworteten Fachanwalt für Steuerrecht, wobei Spezialkenntnisse und eine mindestens dreijährige einschlägige Berufspraxis Voraussetzung sein sollten. Erst 1986 aber ermöglichte die Bundesrechtsanwaltskammer durch eine Änderung ihrer Richtlinien die Fachanwaltsbezeichnungen für Steuer-, Verwaltungs-, Arbeits- und Sozialrecht. Nachdem im Jahr 1990 über 3.500 Fachanwälte zugelassen worden waren, erklärte der Anwaltssenat des BGH die Verleihung von Fachanwaltsbezeichnungen allerdings für unzulässig, weil hierfür die gesetzliche Grundlage fehle. Daraufhin hat der Gesetzgeber dann im Jahr 1992 die BRAO entsprechend geändert.[82]

---

[82] Ausführlich dazu: Busse, Deutsche Anwälte, S. 253 ff.

Den ursprünglich nach Gerichtszweigen eingeteilten Fachanwaltschaften für Steuer-, Sozial-, Verwaltungs- und Arbeitsrecht sind 1996 noch der Fachanwalt für Familien- und der für Strafrecht an die Seite getreten. Hinzu kamen dann die Bereiche Versicherungs- und Insolvenzrecht. Im November 2004 wurde die Einführung sechs weiterer Fachanwaltschaften beschlossen (Bau- und Architekten-, Erb-, Medizin-, Miet- und Wohnungseigentums-, Transport- und Speditions- sowie Verkehrsrecht).[83] Damit war es noch nicht zu Ende. Die Debatte um die Spezialisierung der Anwaltschaft setzte sich fort, und immer ausdifferenziertere Bestimmungen in Bezug auf die Anforderungen, die *„besonderen Kenntnisse und Erfahrungen"* (§ 43 c BRAO), traten in Kraft.[84] Zurzeit sind 22 Fachanwaltschaften zugelassen, wobei es einem Rechtsanwalt erlaubt ist, bis zu drei Fachanwaltsbezeichnungen gleichzeitig zu führen. Die Zahl der Fachanwaltstitel wird in Anlehnung an gegebene Erfordernisse weiter steigen. So hat die Satzungsversammlung der Bundesrechtsanwaltskammer am 9. November 2015 in Reaktion auf die aktuelle Situation den Fachanwaltstitel für Migrationsrecht beschlossen. Über 53.000 Anwälte führen heute mindestens eine Fachanwaltsbezeichnung. Das ist etwa ein Drittel aller deutschen Rechtsanwälte.

Zusammenarbeit mit Wirtschaftsprüfern und Steuerberatern

Eine ebenfalls neuere Erscheinung ist die zunehmende Zusammenarbeit von Rechtsanwälten mit Wirtschaftsprüfern und Steuerberatern („Multidisziplinarität"[85]), was zu Zusammenschlüssen im Kanzleiverband führt. Diese Entwicklung dürfte in Zukunft noch rascher voranschreiten, hat doch das Bundesverfassungsgericht durch eine jüngere Entscheidung eine Hürde beseitigt, die sich für die Zusammenarbeit der genannten Berufsgruppen in Form einer Kapitalgesellschaft bis dato stellte.[86]

Die Berufsbilder hängen historisch allerdings nicht zusammen. Der Beruf des Wirtschaftsprüfers hat seinen Ursprung in der Tätigkeit der Buchrevisoren, die als selbstständige Berufsgruppe in Deutschland seit der Mitte des 19. Jahrhunderts auf-

---

[83] Dazu im Einzelnen: Hartung, Wolfgang (Hrsg.), Anwaltliche Berufsordnung. Fachanwaltsordnung, Europäische Berufsregeln – CCBE, Bundesrechtsanwaltsordnung (§§ 43 – 59 m BRAO), München 2006.
[84] Ausführlich dazu: Busse, Deutsche Anwälte, S. 582 ff. und 586 ff.
[85] Pöllath, Reinhard/Ingo Saenger (Hrsg.), 200 Jahre Wirtschaftsanwälte in Deutschland. Bearbeitet von Markus Heukamp, Baden-Baden 2009, S. 19.
[86] BVerfG, Beschl. vom 14. Januar 2014 (1 BvR 2998/11. In: NZG 2014, 258).

```
┌─────────────────────────────────────────────────────────┐
│ Ich habe mich als Rechtsanwalt    Wir üben unsere Praxis gemeinsam aus │
│ in Hanau niedergelassen                                                │
│                                   Dr. Heinrich A. Ludwig               │
│         Rechtsanwalt              Notar und Rechtsanwalt               │
│                                                                        │
│   Dr. jur. Frank Bansch           Dr. Klaus Becker                     │
│                                   Steuerberater und Wirtschaftsprüfer  │
│                                                                        │
│   645 Hanau, Hospitalstraße 2     Dr. Heinz Rudolf Knebel              │
│         (Transchelhaus)           Steuerberater und Wirtschaftsprüfer  │
│    Telefon 0 61 81/2 47 71                                             │
│                                   Dr. Gottfried Wollweber              │
│           Sprechstunde:           Rechtsanwalt                         │
│      täglich von 15 bis 18 Uhr                                         │
│     außer mittwochs und samstags  Dr. Frank Bansch                     │
│      sowie nach Vereinbarung      Rechtsanwalt                         │
│                                                                        │
│                                   645 Hanau, Hospitalstraße 2          │
│                                   (Transchelhaus)                      │
└─────────────────────────────────────────────────────────┘
```

Anzeige einer interdisziplinären Kooperation in vergangenen Zeiten: In einer Zeitungsannonce aus dem Jahr 1972 gibt die Sozietät Ludwig Wollweber Bansch ihre Gründung bekannt. Abbildung: privat.

kamen und mit der wachsenden Anzahl größerer Unternehmen in Form von Kapitalgesellschaften immer mehr an Bedeutung gewannen, wobei die Berufsbezeichnung „Wirtschaftsprüfer" erstmalig in einer Ländervereinbarung von 1931 vorkommt.[87] Die Geburtsstunde steuerberatender Tätigkeit in unserem Sinne ist hingegen für das Gebiet der heutigen Bundesrepublik Deutschland in den Jahren 1891/1893 anzusiedeln, als die nunmehr deklarationspflichtige Einkommen-, Vermögens- und Gewerbesteuer zu einem Anstieg des Beratungsbedarfs im Steuerwesen führten. Steuererklärungen konnten durch „Bevollmächtigte" abgegeben werden, in Steuerstreitsachen war es möglich, einen „Vertreter" zu bestellen.[88] Die hierfür prima facie prädestinierten Rechtsanwälte befassten sich aber schwerpunktmäßig mit dem (reformierten) Zivil-, Straf- und Prozessrecht. Folglich waren es in erster Linie betriebswirtschaftlich ausgebildete Bücherrevisoren, die Steuerberatung betrieben.[89] Dieser Berufszweig entwickelte sich aus dem mittelalterlichen Schreiber, der sich zunächst als „Buchhalter" und „Rechenmeister" auf das sich mit zunehmender Ausbreitung neuer Unternehmungsformen entwickelnde kaufmännische Rechnungswesen einstellte.[90]

---

[87] Ausführlich dazu: Meisel, Geschichte der deutschen Wirtschaftsprüfer, S. 63 ff., S. 89 ff. und 184 f.
[88] Pausch, Alfons/Jutta Pausch, Kleine Weltgeschichte der Steuerzahler – Steueruntertanen, Steuerrebellen, Steuerbürger, 1988, S. 86.
[89] Pausch/Pausch, Kleine Weltgeschichte, S. 86.
[90] Mittelsteiner, Karl-Heinz (Hrsg.), Illustrierte Geschichte des steuerberatenden Berufes, Köln 1984, S. 82.

Hauptsächlich solche Buchsachverständige waren bei der Unterstützung in Angelegenheiten steuerbehördlicher Buchprüfungen tätig, auch wenn diese Qualifikation nach dem Einkommensteuerrecht zu Anfang des 20. Jahrhunderts nicht zwingend vorgeschrieben war.[91] Innerhalb der steuerberatenden Hauptberufe wurde bis 1972 zwischen „Steuerberatern" und den weniger akademisch ausgebildeten „Helfern in Steuersachen" (ab 1961 sogenannten „Steuerbevollmächtigte") unterschieden.[92] Seither gibt es nur noch einheitlich den Beruf „Steuerberater".

Die Beobachtung, dass das Berufsbild des Steuerberaters sich unabhängig von der Anwaltschaft entwickelte, trifft nicht nur für Deutschland zu. Für Großbritannien lässt sich sogar sagen, dass der neue Berufszweig der „Buchsachverständigen" (Chartered Accountants) Rechtsberater wie Lawyers, Barristers und Solicitors aus dem steuerrechtlichen Bereich immer mehr verdrängt. Dies geschah etwa seit Mitte des 19. Jahrhunderts aufgrund der überlegenen kaufmännischen Kenntnisse. Die Einführung gesetzlicher Pflichtprüfungen (z. B. 1844 für Eisenbahn-Aktiengesellschaften) beschleunigte neben regionalen Zusammenschlüssen in Berufsverbänden diese Entwicklung.[93]

Großkanzleien

Parallelen im Hinblick auf die Anwaltslandschaft zur internationalen, insbesondere angloamerikanischen Entwicklung gibt es nicht nur beim Verhältnis der Berufsfelder des Rechtsanwalts und des Steuerberaters. Augenfälliger ist vielmehr ein anderer Punkt: Es geht um Umfang und Rechtsformen anwaltlicher Kooperation.

Unter „Sozietät" verstehen wir heute eine Gesellschaft bürgerlichen Rechts oder eine Partnerschaft, die außer unter Rechtsanwälten – wie bereits erwähnt – auch mit Steuerberatern oder Wirtschaftsprüfern begründet werden kann. Trotz der Haftungsrisiken ist sie weiterhin die am weitesten verbreitete Form der Zusammenarbeit von Rechtsanwälten. Vom Begriff nicht erfasst sind anwaltliche Kapitalgesellschaften wie etwa die Zusammenarbeit in Form einer GmbH.

---

[91] Zu politischen Aspekten in der bundesrepublikanischen Anwaltsgeschichte vgl. Brunn/Kirn, Rechtsanwälte, Linksanwälte.
[92] Pausch/Pausch, Kleine Weltgeschichte, S. 96.
[93] Pausch/Pausch, Kleine Weltgeschichte, S. 86.

Allein schon dieser Begriff von Sozietät mit verschiedenen Berufsgruppen und einer Wahlmöglichkeit in der Rechtsform hätte vor noch nicht allzu langer Zeit höchste Verwunderung, wenn nicht gar Empörung ausgelöst. So waren deutsche Anwälte bis vor wenigen Jahrzehnten ganz überwiegend allein tätig. Im Jahr 1961 gab es in Frankfurt am Main etwa 80 Sozietäten. Nur zwei davon hatten mehr als drei Sozien. Als eine davon eine Anzahl von sieben Sozien erreichen sollte, war das eine Größe, *„die einem damals doch eher unheimlich war"*.[94] Die Sozietät wurde in freundschaftlichem Einvernehmen in zwei Kanzleien aufgespalten. 1967 gab es in Deutschland nur eine einzige Sozietät, die mehr als sieben Mitglieder hatte, 1987 waren es dann 121.[95] Überörtliche Sozietäten waren allerdings bis 1989 nicht zulässig. Das änderte sich durch eine Entscheidung des Senats für Anwaltssachen von 1989,[96] auch als *„Urknall der deutschen Anwaltschaft"* bezeichnet,[97] die zu einer Gründungswelle überörtlicher Sozietäten führte. Dies brachte auch neue Rechtsformen der Zusammenarbeit mit sich. Im Verhältnis zur Konstanz der vorherigen Jahrzehnte oder gar Jahrhunderte ereigneten sich die neuen Umwälzungen aber in einem geradezu rasenden Tempo. Erfolgte das Zusammenwirken mehrerer Anwälte zuvor in Form einer Bürogemeinschaft oder Sozietät als Gesellschaft bürgerlichen Rechts, so existiert seit 1995 die Partnerschaft im Sinne des Partnerschaftsgesetzes. Seit 1998 können auch Gesellschaften mit beschränkter Haftung als Rechtsanwaltsgesellschaften zugelassen werden (§ 59 c I BRAO). Dies widersprach zum damaligen Zeitpunkt der früheren Praxis, wonach sich die Unabhängigkeit des Anwalts und das Vertrauensverhältnis zum Mandanten in einer Kapitalgesellschaft nicht verwirklichen ließen. Den Meinungsumschwung hatte eine Entscheidung des Bayerischen Obersten Landesgerichts[98] ausgelöst, die vor dem Hintergrund des Gleichbehandlungsgrundsatzes (Art. 3 I GG) und der Berufsfreiheit (Art. 12 I GG) ergangen war.[99]

Bald kamen andere haftungsbeschränkende Rechtsformen hinzu, die – wie heute so vieles – ihren Ursprung im angelsächsischen, genauer gesagt US-amerikanischen

---

[94] Rasor, Alexander, Vom Einzelanwalt zur überörtlichen Sozietät. In: Rechtsanwaltskammer Frankfurt am Main (Hrsg.), Rechtsanwälte und ihre Selbstverwaltung 1878–1998, Frankfurt am Main 1998, S. 183.
[95] Hagenkötter, Geschichte der deutschen Anwaltschaft, S. 105.
[96] BGHZ 108, 290; NJW 1989, S. 2890.
[97] Pöllath/Saenger (Hrsg.), 200 Jahre Wirtschaftsanwälte, S. 18.
[98] BayObLG NJW 1995, S. 199, anknüpfend an BGHZ 124, S. 224, zur Zahnbehandlungs-GmbH.
[99] Brüggemann, Rüdiger, in: Feuerich, Wilhelm/Weyland, Dag (Hrsg.), Bundesrechtsanwaltsordnung, 9. Auflage, 2016, vor § 59 c Rn.1.

Rechtsraum haben (LLP, LLC).[100] Im Jahr 2013 hat der Gesetzgeber als Alternative zur Limited Liability Partnership (LLP) die Partnerschaftsgesellschaft mit beschränkter Berufshaftung eingeführt, die für die freien Berufe eine partielle Beschränkung der Berufshaftung mit dem Privatvermögen ermöglicht,[101] ohne dass hierzu die Gründung einer Kapitalgesellschaft erforderlich wäre. Die Partnerschaft stellt einen besonderen, auf die Bedürfnisse der freien Berufe zugeschnittenen Gesellschaftstyp dar, der an die offene Handelsgesellschaft angelehnt ist. Ihr Vorteil gründet in der Haftungsausgestaltung, welche die Lücke zwischen der Gesellschaft bürgerlichen Rechts (GbR) und Kapitalgesellschaften zu schließen sucht: Die Gesellschafter haften zwar grundsätzlich für alle Verbindlichkeiten der Gesellschaft. Für die Pflichtverletzung eines bestimmten Partners indes haftet neben dem Gesellschaftsvermögen nur der Partner, der „nicht nur untergeordnet" mit der Bearbeitung des Auftrags befasst war. Im Dezember 2014 nutzten etwa 10.000 Anwälte diese Rechtsform. Die zunehmende Gründung von Anwaltskanzleien in der Rechtsform LLP beruht demgegenüber auf Entscheidungen des Europäischen Gerichtshofs (EuGH) zugunsten der gesellschaftsrechtlichen Gründungstheorie, wonach sich Unternehmen auch in Rechtsformen des EG-Auslands kleiden dürfen, sofern sie die dafür bestehenden Voraussetzungen des ausländischen Gründungsstaats einhalten.[102]

Die einschneidenden Veränderungen in der Anwaltslandschaft, die damit in kurzer Zeit einhergingen, haben ihren Grund allerdings nicht allein darin, dass nunmehr die rechtliche Basis für internationale Großkanzleien geschaffen war, sondern auch darin, dass die Nachfrage sich verändert hat. Für die zahlungskräftige und beratungsbedürftige Mandantschaft der multinationalen Großkonzerne ist Recht eben nicht mehr eine rein nationale Angelegenheit. Komplexe Vertragswerke regieren hier die wirtschaftlichen und rechtlichen Beziehungen. Maßgeblich ist in erster Linie vereinbartes, nicht mehr staatlich gesetztes Recht. Vornehmlich der Vertrag schafft das Recht, und dieser ist heute in großem Maße angelsächsisch dominiert.[103] Auch erfordert die Transaktion eines großen Unternehmens eine umfassende Prüfung

---

[100] Pöllath/Saenger (Hrsg.), 200 Jahre Wirtschaftsanwälte, S. 21. Aus heutiger Sicht bereits ein Stück Rechtsgeschichte erzählt die Arbeit: Römermann, Volker, Entwicklungen und Tendenzen bei Anwaltsgesellschaften: Eine vergleichende Studie zu EWIV, Sozietät und Kapitalgesellschaft, Köln 1995.
[101] Leitzen, Mario, Die Partnerschaftsgesellschaft mit beschränkter Berufshaftung, DNotZ 2013, S. 598.
[102] EUGH, Slg. 1999, I-1459 (NJW 1999, S. 2027 ff., Centros); EuGH, Slg. 2002, I-9919 (NJW 2002, S. 3614 ff., Überseering); EuGH, Slg. 2003, I-10155 (NJW 2003, S. 3331 ff., Inspire Art).
[103] Pöllath/Saenger (Hrsg.), 200 Jahre Wirtschaftsanwälte, S. 10.

von Risiken (Due Diligence), bei der die anwaltliche Aufgabe darin besteht, alle erwerbsrelevanten Daten genau zu durchleuchten. Das können etwa Risiken von Altlasten bei einem Grundstückserwerb, Pensionslasten und mögliche Reputationsverluste im Rahmen von Kündigungsschutzprozessen, Miet- und Pachtverträge und deren Laufzeit, Finanzierung des Kaufs oder steuerliche Optimierungsmöglichkeiten sein. Dabei sind so unterschiedliche Fachgebiete wie Umwelt-, Arbeits-, Immobilien- oder Finanzierungs- und Steuerrecht betroffen. Das lässt sich ohne eine gewisse anwaltliche Personaldecke und Spezialisierung nicht bewerkstelligen, da Transaktionen von gewisser Größe ohne eine größere Zahl im Team arbeitender Anwälte nicht zu schultern sind. Einen Full Service dieser Art bieten nur Großkanzleien.

Heute international betriebene Großkanzleien blicken zum Teil auf eine weit über 200-jährige Geschichte zurück, wobei bereits zu Beginn eine Konzentration auf das zu verzeichnen war, was man heute als Wirtschaftsrecht bezeichnen würde. Die ältesten Kanzleien finden sich im angelsächsischen Raum wie etwa Freshfields mit ihrem Gründungsjahr 1743. In Deutschland war im 19. Jahrhundert Hamburg wegen seiner engen Verbindung zum internationalen Seehandel ein Schwerpunkt von Wirtschaftskanzleien. Viele dieser alten Kanzleien wurden zu Anfang und noch lange Zeit als eine Art Familienunternehmen betrieben,[104] bei denen der Sohn dem Beruf des Vaters folgte, wie ja auch im Fall der Kanzlei Eberhard (heute Ludwig Wollweber Bansch). Die älteste in Deutschland nachgewiesene Kanzlei von Wirtschaftsanwälten datiert ihre Gründung auf das Jahr 1822.[105] Bereits fünf Jahre zuvor allerdings erhielt Bernhard Eberhard, als erster einer Reihe von Anwälten einer heute noch existierenden Hanauer Kanzlei, vom hessischen Kurfürsten sein Anwaltspatent. Er löste damals keine international angelegten Fälle im Seehandelsrecht im Verband mit anderen, sondern war – wie ein Anwalt es damals und noch lange üblicherweise war – allein tätig. Wir wissen nicht genau, welche Sachen er bearbeitete. Seine Akten sind nicht erhalten und leider spezifiziert er nicht, welche „causes célèbres" es waren, die er laut seiner Lebensbeschreibung zu vertreten hatte. Wir können aber sagen, dass es sich bei Ludwig Wollweber Bansch – rechnet man von Bernhard Eberhards Anwaltszulassung im Jahr 1817 an – jedenfalls um eine der ältesten Kanzleien Deutschlands handelt.

---

[104] Pöllath/Saenger (Hrsg.), 200 Jahre Wirtschaftsanwälte, S. 14 und 66.
[105] Pöllath/Saenger (Hrsg.), 200 Jahre Wirtschaftsanwälte, S. 12.

Der Paradeplatz um 1830, handkolorierte Lithografie von Johann Heinrich Fiedler (1801–1857). Im Vordergrund erkennt man Bürgerinnen und Bürger, die auf dem Paradeplatz (heute Freiheitsplatz) promenieren, und Personen, die ihren Tagesgeschäften nachgehen. Im Hintergrund sieht man von links das Stadttheater, den Turm der Marienkirche, die Hohe Landesschule, das Zeughaus und das Kollegiengebäude. Abbildung: Medienzentrum Hanau.

Erhard Bus (Nidderau-Windecken)

DIE ANFÄNGE UND FRÜHE ZEIT DER KANZLEI EBERHARD IN HANAU 1817–1903

EINE REVOLUTION MIT WEITREICHENDEN FOLGEN

Im Alten Reich, in alter Ordnung

Johann Bernhard Eberhard (6. April 1795 – 29. Februar 1860) wurde in eine der unruhigsten und kriegerischsten, aber zugleich fortschrittlichsten Epochen der europäischen Geschichte hineingeboren, die mit viel Idealismus in Frankreich begann und in Strömen von Blut auf Schlachtfeldern in ganz Europa endete, wobei die Gegend an Main und Kinzig für kurze Zeit im Brennpunkt des Geschehens stand. In unserem Kontext interessieren speziell die Ereignisse und Lebensbedingungen in dem Landstrich zwischen Hanau und Schlüchtern während der frühen Jahre des Kanzleigründers. Damals wurde viel Gewohntes infrage gestellt, manches Althergebrachte veränderte sich und die Menschen sahen sich mit vielerlei und wechselnden Belastungen konfrontiert, unter ihnen auch der zeitweise in Lebensgefahr schwebende junge Bernhard Eberhard.[1]

Die Ideen der Französischen Revolution von 1789 und ihre Auswirkungen gerade auf die Gegend um Hanau sollten Eberhards Werdegang, seine Auffassungen und seine Handlungsweise entscheidend mitbestimmen, sowohl positiv als auch negativ. Mehr noch: Diese neuen Vorstellungen beeinflussten die Entwicklung des Rechtssystems in vielen Ländern unseres Kontinents und darüber hinaus nachhaltig, weshalb es zuerst eines ausführlichen Blicks auf die Geschehnisse der Jahre um 1800 bedarf.

Nach dem Siebenjährigen Krieg (1756 – 1763) durfte man für ein paar Jahrzehnte eine friedlichere Phase genießen. Währenddessen bestimmten für die Menschen in den meist nur einige Hundert Bewohner zählenden Dörfern und den wenigen kleinen Städten in unserer Region weitgehend die Notwendigkeiten der Landwirtschaft und des traditionellen Handwerks, die Anforderungen der Obrigkeit, die Gebote der Kirche sowie die Vorgaben der Natur den Lebensrhythmus. Eine Ausnahme bildete lediglich Hanau, das sich mit seinen zahlreichen Manufakturen und

---

[1] Eberhard, Bernhard, Aus meinem Leben. Erinnerungen des † Oberbürgermeisters von Hanau und Kurhessischen Staatsrates Bernhard Eberhard. In: Hanauer Geschichtsblätter, Band 1, Hanau 1911, S. 7 f.

Hanau von Osten, kolorierter Kupferstich von Johann Jacob Müller um 1790. Die markantesten Gebäude sind von links die Wallonisch-Niederländische Kirche, das Neustädter Rathaus, die Hohe Landesschule, die Marienkirche, die Johanneskirche und das Stadtschloss. Davor sieht man Bauern bei der Feldarbeit in der Nähe der Kinzig. Abbildung: Historisches Museum Hanau Schloss Philippsruhe / Hanauer Geschichtsverein 1844 e.V.

den rund 12.000 Einwohnern, wovon gut zwei Drittel in der Neustadt lebten, deutlich von den Orten in der Umgebung abhob.

Zwar besaßen die beiden damals noch selbstständigen Gemeinwesen Alt- und Neuhanau eine unabhängigere Verwaltung und Rechtsprechung als Dörfer und ein Teil ihrer Bewohner war von manchen Abgaben und Dienstleistungen befreit, doch bestanden dort markante Unterschiede zwischen Bürgern und Nichtbürgern, zu denen zumeist das Dienstpersonal, die Tagelöhner oder Arbeiter zählten. Diese Angehörigen der städtischen Unterschicht hatten weder die gleichen Rechte noch konnten sie in den kommunalen Angelegenheiten mitsprechen oder bestimmte Vergünstigungen genießen wie die Bürger.

Allen gemeinsam war, dass sie sich der damals in Europa herrschenden Ständeordnung anzupassen und unterzuordnen hatten.[2] Diese teilte jedem Menschen seinen Platz in der Gesellschaft und daraus resultierend seine Lebenschancen zu. Mit der Geburt war man Adliger, Bürger, Bauer oder Standesloser. Die Standeszugehörigkeit bestimmte in aller Regel Vermögen, Prestige, Berufsaussichten, Verhalten und soziale

---

[2] Oexle, Otto Gerhard / Werner Conze / Rudolph Walther, Stand, Klasse. In: Geschichtliche Grundbegriffe. Historisches Lexikon zur politisch-sozialen Sprache in Deutschland. Hrsg. von Brunner, Otto / Werner Conze / Reinhart Koselleck, Band 6, Stuttgart 1990, S. 155–284.

Stellung. Das Leistungsprinzip kam nur selten zur Anwendung. Die Aussicht auf sozialen Aufstieg war deshalb äußerst gering. Im Allgemeinen blieb jeder im gleichen Status verhaftet wie seine Vorfahren. Das galt für die hörigen Bauern wie für Handwerker, Manufakturarbeiter, Knechte, Mägde und Kaufleute. Vor allen anderen waren die schollengebundenen Bauern mit ihren Familien in ihrer Zukunftsplanung unfrei und unterstanden quasi der Vormundschaft ihrer Grundherren.

Dagegen besaßen der erste und zweite Stand, die Geistlichkeit und die Aristokratie, besondere Vorrechte. Führende Positionen in Kirche, Staat und Militär blieben fast ausschließlich Adligen vorbehalten, die zudem von den direkten Steuern und anderen Pflichten befreit waren.

Diese Vorrangstellung hing maßgeblich vom Grundeigentum ab (Feudalismus), das sich meist in den Händen dieser beiden Stände befand. Ihre dominierende Position wurde durch die Ereignisse der Französischen Revolution von 1789[3] erschüttert und in ihrer Folge entweder ganz oder teilweise beseitigt. Bis dahin bearbeiteten die Bauern Land, das ihre Familien zwar seit Generationen in ihrem Besitz hatten, das aber nicht ihr Eigentum war. Für seine Nutzung mussten sie Abgaben sowie Fron (unbezahlte Arbeit) leisten.

Bis 1800 blieb zwar die Agrarwirtschaft noch weitgehend dominant, doch in den Städten waren bereits Manufakturen und Gewerbeanlagen mit verschiedenen Beschäftigungsmöglichkeiten entstanden. Andere Stadtbewohner übten handwerkliche, öffentliche oder kaufmännische Berufe aus. Viele betrieben nebenbei eine kleine Landwirtschaft oder lebten als Ackerbürger hauptsächlich von Feldbau und Viehzucht.

Bis zur Französischen Revolution waren nahezu alle Staaten Europas auf der Idee des Gottesgnadentums basierende absolute Monarchien. Die Mitte des Kontinents, das Heilige Römische Reich Deutscher Nation, bildete einen mehr oder weniger lockeren Bund aus Hunderten von Reichsständen (Fürsten, geistliche Herren, Grafen, Reichsritter und Reichsstädte). An der Spitze stand der gewählte Kaiser, dessen Position mit dem Westfälischen Frieden (1648) nochmals eingeschränkt

---

[3] Vgl. einige der wichtigsten Titel zur Französischen Revolution: Bergeron, Luis/François Furet, Europa im Zeitalter der europäischen Revolutionen (Fischer Weltgeschichte, Band 26), Frankfurt am Main 1981; Furet, François/Denis Richet, Die Französische Revolution, dt. München 1981; Lefèbvre, Georges, 1789. Das Jahr der Revolution, dt. München 1989; Schulin, Ernst, Die Französische Revolution, 4. Auflage, München 2004; Soboul, Albert, Die Große Französische Revolution, 2. Auflage, Frankfurt am Main 1977; Thamer, Hans-Ulrich, Die Französische Revolution. 3. Auflage, München 2009.

Der Sturm auf das Staatsgefängnis „La Bastille" in Paris am 14. Juli 1789 symbolisiert den Beginn der Französischen Revolution und des bürgerlichen Zeitalters, Gemälde von Jean-Pierre Houël (1735–1813). Abbildung: wwwikimedia.org

worden war. Die mächtigeren Reichsfürsten betrieben, weitgehend unabhängig vom Kaiser, ihre eigene Interessenpolitik, während sich die kleinen Territorialherren und Städte an das zumeist habsburgische Reichsoberhaupt anlehnten, da der Fortbestand des Reichs gleichermaßen ihre Existenz sicherte.

Allerdings zeigten sich gegen Ende des 18. Jahrhunderts, schon vor den Ereignissen in Frankreich, Tendenzen zur Aufweichung dieses fest gefügten Systems. Der moderne Verwaltungsstaat und seine aufgeklärten Bürokraten griffen in immer mehr Bereiche des Daseins, speziell der dörflichen Gemeinschaften, ordnend, gleichfalls auch dirigierend und bevormundend ein und begrenzten ihren gewohnten innerörtlichen Handlungsspielraum. Dieser Modernisierungsprozess wurde in der napoleonischen Epoche beschleunigt und noch lange danach fortgesetzt. Vieles, was bis dato etwa Gewohnheitsrecht oder nach altem Brauch praktiziert wurde, befand sich nun auf dem Prüfstand. Vielfach standen hier die Interessen des Staats und die der

Gemeinden im Widerspruch. Hingegen blieb in vielen Bereichen manches ungeklärt, was noch Jahrzehnte später zu einer Reihe von Verfahren unter Beteiligung der Kanzlei Eberhard als Rechtsvertreter des Fiskus führen sollte.

Insgesamt, so lässt sich feststellen, hat sich die staatliche Einflussnahme auf die Belange der Gemeinden seit dem Spätabsolutismus in der zweiten Hälfte des 18. Jahrhunderts deutlich verstärkt und vieles nivelliert. Trotzdem führte dies nicht zu einer radikalen Veränderung der vertrauten Lebensumstände und dörflichen Strukturen, weil sich die Herrschaft und ihre Bürokratie gegenüber dem ausgeprägten genossenschaftlichen Element in den Dörfern nicht vollständig durchsetzen konnten.[4]

Die Ursachen der beunruhigenden Entwicklungen für die Angehörigen der herrschenden Stände und viele ihrer Untertanen lagen außerhalb der Reichsgrenzen. Deshalb sei der Blick zunächst über die Grenzen des alten Reichs gerichtet. In Bernhard Eberhards Geburtsjahr 1795 wurde Polen gerade zum dritten und letzten Mal unter seinen Nachbarn Russland, Preußen und Österreich aufgeteilt. Zum letzten Mal, weil es danach nichts mehr zu verteilen gab, denn das Land verschwand dann, sieht man von dem kurzen Zwischenspiel namens Herzogtum Warschau zu Zeiten Napoleons ab, für gut 120 Jahre von der politischen Landkarte. Das dürfte damals an Main und Kinzig freilich kaum jemanden interessiert haben, wenn man überhaupt davon wusste.

Dagegen begann im Westen ab 1789 eine Entwicklung, die man sich wenige Jahre zuvor kaum hatte vorstellen können und die sich bald gravierend auf Hanau und seine Umgebung auswirken sollte. In Frankreich, dem mit damals gut 25 Millionen Einwohnern bevölkerungsreichsten Land Europas, beseitigte eine erfolgreiche Revolution die alte feudale Ordnung. Eine neue, auf den idealistischen Überzeugungen von „Freiheit, Gleichheit, Brüderlichkeit" fußende Gesellschaft sollte das überlebte, auf ständischen Vorrechten beruhende System ablösen.

Diese Vorgänge schreckten die Mächtigen im gesamten Abendland auf. Das neue und bald republikanische Frankreich musste sich deshalb von Anfang an gegen Angriffe der europäischen Monarchien verteidigen und betrieb wenig später selbst eine expansive Politik. Hinzu kamen die Ausrufung der Republik, die Hinrichtung des Königs, innere Konflikte, Bürgerkrieg in einigen Provinzen des Landes sowie der

---

[4] Fleck, Peter, Agrarreformen in Hessen-Darmstadt. Agrarverfassung, Reformdiskussion und Grundlastenablösung (1770–1860), Darmstadt, Marburg 1982, S. 22 ff.

Die Hinrichtung von König Ludwig XVI. (geb. 1754) am 21. Januar 1793 in Paris, Kupferstich aus dem Jahr 1793. Abbildung: www.uncp.edu

staatliche Terror unter dem grausamen Rechtsanwalt und selbst ernannten Tugendwächter Maximilien Robespierre (1758 – 1794) gegen Oppositionelle oder solche, die man dafür hielt. Was vielerorts seit Jahrhunderten als Teil einer fest gefügten und unumstößlichen göttlichen Ordnung gegolten hatte, verschwand hier oft über Nacht. Neues brach sich Bahn und Altes wurde – zeitweise oder auf Dauer – zur Seite gefegt. Im Anschluss an die Französische Revolution von 1789 blieben die politischen Verhältnisse in Europa fast zweieinhalb Dekaden lang unbeständig und mitunter explosiv.

Die mit dem Sturm auf die Bastille am 14. Juli 1789 in Gang gesetzte Revolution beseitigte nicht nur Althergebrachtes, sie schuf zudem die Voraussetzungen für unsere modernen Auffassungen von Liberalismus, Rechtsstaat und Demokratie. Speziell der Artikel 1 der bereits wenige Wochen später, am 26. August, von der französischen Nationalversammlung verkündeten Menschen- und Bürgerrechte brach rigoros mit allen bis dahin geltenden Normen des gesellschaftlichen Zusammenlebens. Dort heißt es: *„Die Menschen werden frei und gleich an Rechten geboren und bleiben es. Gesellschaftliche Unterschiede dürfen nur im allgemeinen Nutzen begründet sein."*

Und in Artikel 3 wird das Prinzip des Gottesgnadentums durch das der Volkssouveränität ersetzt: *„Der Ursprung jeder Souveränität liegt ihrem Wesen nach beim Volke. Keine Körperschaft und kein Einzelner kann eine Gewalt ausüben, die nicht ausdrücklich von ihm ausgeht."*[5] Diese heute als selbstverständlich geltenden Passagen erschienen den damals herrschenden Eliten Europas als ungeheuerlich und revolutionär. Die Ideen der Menschen- und Bürgerrechte von 1789 verbreiteten sich in den folgenden Jahren über nahezu ganz Europa und stellten die 1815 auf dem Wiener Kongress weitgehend restaurierte alte Ordnung noch lange über das Ende Napoleons hinaus infrage. Hinzu kam der Gedanke der Nation als Willensgemeinschaft von rechtsgleichen Staatsbürgern, der sich in der modifizierten Form der Kulturnation bald auf Deutschland übertrug und bis zur Reichseinigung von 1871 als politische Forderung virulent bleiben sollte.[6]

Die revolutionäre Umgestaltung Frankreichs mit den Vorstellungen von der Freiheit und Gleichheit aller Bürger, der Beseitigung feudaler Vorrechte und der nationalen Idee fanden unter vielen Gebildeten in Deutschland anfangs zahlreiche Sympathisanten. Dagegen stießen die Exzesse der Schreckensherrschaft seitens der radikalen Jakobiner während der Jahre 1793 und 1794 viele von ihnen bald wieder ab. Das idealistische Gedankengut der Revolution hat die Überzeugungen des späteren liberalen Kommunal- und Landespolitikers Bernhard Eberhard beeinflusst und sein Handeln mitbestimmt.

Auch in Hanau, das damals noch aus den beiden unabhängig voneinander bestehenden Kommunen Alt- und Neustadt bestand, stießen die Gedanken der Französischen Revolution bei einigen ortsansässigen „Jakobinern" auf Sympathie. Und diese Anhänger der Revolution dürften es gewesen sein, die den Löwen, die das hessische Wappen am Röhrenbrunnen auf dem Marktplatz der Neustadt in ihren Tatzen hielten, in der Nacht auf den 4. Oktober 1792 rote Mützchen aufgesetzt hatten. Der damalige Schultheiß, Johannes Hassenpflug, erkannte darin – wohl mit Recht – die *„elende Nachahmung"* einer Jakobinermütze, die seit der Revolution als Freiheitssymbol galt. Es wurde zudem eine aufrührerische Schrift am Tatort aufgefunden. Trotzdem stellten die Behörden keine Nachforschungen an; man wollte die

---

[5] Wikipedia-Artikel „Erklärung der Menschen- und Bürgerrechte" (abgerufen am 16. Mai 2014). Hinzuweisen ist an dieser Stelle aber darauf, dass diese Rechte zunächst nur den Männern zugestanden wurden.
[6] Vgl. dazu: Meinecke, Friedrich, Weltbürgertum und Nationalstaat. Studien zur Genesis des deutschen Nationalstaates, München 1907; Dann, Otto, Nation und Nationalismus in Deutschland 1770 – 1990, München 1993.

Angelegenheit nicht publik werden lassen. Nicht zufällig ereignete sich dieser Vorfall in einer Phase, als französische Revolutionstruppen kurzfristig ins Untermaingebiet eingerückt waren.

Landgraf Wilhelm IX. (1743–1821)[7] versuchte, die *„Pariser Moden"*, wie er die Vorgänge in Frankreich abfällig nannte, zu unterdrücken. Dazu gehörten seit dem 17. Januar 1792 das Verbot des Verkaufs sämtlicher fortschrittlicher Zeitungen sowie die Einführung neuer Straftatbestände. Nunmehr galt als Hochverräter, wer die Sicherheit des Landesherrn gefährdete, Ruhe und Sicherheit störte oder die uneingeschränkte Herrschaft des Fürsten infrage stellte.[8]

Trotz dieser Einschränkungen und der angedrohten Strafverschärfungen scheint das Gros der Bevölkerung im Fürstentum Hanau bis 1806 mit der bestehenden Situation zufrieden gewesen zu sein.[9] Jedenfalls lässt die folgende Passage aus einem Bericht eines hohen Beamten und späteren Mitbegründers der „Wetterauischen Gesellschaft" darauf schließen.

Rotes Käppchen von 1792. Als die Revolutionstruppen im Rhein-Main-Gebiet auf dem Vormarsch waren, wurde dieses Käppchen in der Nacht zum 4. Oktober 1792 an einem Brunnen auf dem Neustädter Marktplatz aufgehängt. Der damalige Schultheiß Johannes Hassenpflug (1755–1834) erkannte darin die „elende Nachahmung" einer Jakobinermütze, die als Freiheitssymbol galt. Die Behörden stellten keine Nachforschungen an; man wollte die Sache nicht publik werden lassen. Abbildung: Hessisches Staatsarchiv Marburg.

---

[7] Vgl. den Artikel „Wilhelm IX. Landgraf von Hessen-Kassel" von Hermann von Petersdorff. In: Allgemeine Deutsche Biographie, hrsg. von der Historischen Kommission bei der Bayerischen Akademie der Wissenschaften, Band 43 (1898), S. 64 ff.; Losch, Philipp, Kurfürst Wilhelm I., Landgraf von Hessen. Ein Fürstenbild aus der Zopfzeit, Marburg 1923.

[8] Zimmermann, Ernst J., Hanau. Stadt und Land. Kulturgeschichte und Chronik einer fränkisch-wetterauischen Stadt und ehemaligen Grafschaft, 2., erweiterte Auflage, Hanau 1919, Neudruck Hanau 1978, S. 770; Tapp, Alfred, Hanau im Vormärz und in der Revolution von 1848–1849. Ein Beitrag zur Geschichte des Kurfürstentums Hessen (Hanauer Geschichtsblätter, Band 26), Hanau 1976, S. 12 f.

[9] Zimmermann, Hanau. Stadt und Land, S. 770.

Carl Caesar Leonhard (1779–1862), gewiss kein Anhänger des fürstlichen Absolutismus, schrieb Ende 1806 an einen Repräsentanten der kurz zuvor eingerückten französischen Besatzungsmacht: *„Es vereinigen sich Natur und Gewerbefleiß, um die Bewohner zu glücklichen Menschen und, wenigstens in gewisser Hinsicht, unabhängig von Deutschlands Produkten zu machen."* [10]

Doch zurück zu den politischen und militärischen Ereignissen außerhalb Hanaus: Nach dem gescheiterten Versuch der alten Mächte Preußen, Österreich und einiger kleinerer deutscher Staaten mit dem Feldzug von 1792 die Revolution zu eliminieren und die traditionelle Ordnung in Frankreich zu restaurieren, gingen die Revolutionstruppen ihrerseits in die Offensive. Zwar konnten sie bald wieder aus den kurzzeitig besetzten Gebieten, darunter Mainz und Frankfurt, vertrieben werden, doch 1795 marschierten sie wiederum ins Rheinland ein. Dabei sangen sie im Überschwang patriotischer Begeisterung die gerade zur Nationalhymne erklärte „Marseillaise". Währenddessen war in Frankreich erneut eine Hungersnot ausgebrochen und ein junger, aus Korsika stammender und ursprünglich des Französischen nur bedingt mächtiger Artilleriegeneral namens Napoleon Bonaparte (1769–1821) hatte eine royalistische Erhebung niedergeschlagen.

Aufgrund der militärischen Erfolge Napoleons und der daraus resultierenden französischen Expansion mit der Eingliederung linksrheinischer Reichsgebiete (1801) wurden im Reichsdeputationshauptschluss von 1803 die territorialen Verhältnisse

Landgraf Wilhelm IX. von Hessen-Kassel (1743–1821) regierte zunächst als Erbprinz die Grafschaft Hanau-Münzenberg, danach herrschte er als Landgraf Wilhelm IX. und ab 1803 als Kurfürst Wilhelm I. in Kassel. Unter seiner Regentschaft blühte Hanau von 1764 bis 1785 letztmals als Residenz auf. Abbildung: Medienzentrum Hanau.

---

[10] Zitiert nach: Lapp, Heinrich, Das Fürstentum Hanau vor und unter der französischen Herrschaft in den Jahren 1806–1810 (Hanauer Geschichtsblätter, Band 12), Hanau 1936, S. 10.

im rechtsrheinischen Deutschland neu geordnet. Man verringerte die Zahl der Reichsstädte und der kleineren weltlichen Herrschaften drastisch, indem man sie größeren Territorien zuschlug (Mediatisierung). Von den vormals rund 300 Territorien mit Reichsstandschaft, das heißt mit Sitz und Stimme im Reichstag, und den etwa 1.400 Herrschaften ohne Reichsstandschaft blieben 1803 nur noch 39 mit Reichsstandschaft übrig und von 51 Reichsstädten vorerst nur noch sechs mit dem alten Status. Außerdem löste man fast alle geistlichen Staaten auf und verteilte sie unter die verbliebenen weltlichen Herrscher auf, gleichzeitig verstaatlichte man vielerorts den umfangreichen kirchlichen Besitz (Säkularisierung). Im Zuge dieser Reichsreform erfuhr die Landgrafschaft Hessen-Kassel eine Standeserhöhung und mutierte zum Kurfürstentum und infolgedessen die Grafschaft zum Fürstentum Hanau. Aus dem Landgrafen Wilhelm IX. wurde der Kurfürst Wilhelm I.

Die Französische Revolution und ihre Auswirkungen auf Hanau

Im Herbst 1806 zogen erneut Kriegswolken auf. Zuvor, im Januar, waren französische Truppen ins Großherzogtum Hessen-Darmstadt einmarschiert und hatten hier Quartier genommen.[11] Schließlich eskalierten die Spannungen zwischen Preußen und Frankreich in einen offenen Konflikt. In der Doppelschlacht von Jena und Auerstedt in Thüringen (14. Oktober 1806) wurde die einst ruhmreiche preußische Armee besiegt und in die Flucht geschlagen.

Als Folge des französischen Sieges veränderte sich die politische Landkarte Mitteleuropas erneut. Das in Napoleons Augen mit den Preußen sympathisierende Kurfürstentum Hessen-Kassel verschwand ganz. Während der größere Teil im neu gegründeten Königreich Westfalen aufging und von nun an von Jérôme Bonaparte (1784–1860), einem Bruder Napoleons, den die Kasseler aufgrund seines lockeren Regierungsstils „König Lustik" nannten, regiert wurde, kam das Fürstentum Hanau ab dem 1. November unter direkte französische Militäradministration. Dabei wurde aus dem „Fürstentum Hanau" das „Departement Hanau", die „Ämter" wandelte man in „Distriktmairien" um und die „Bürgermeistereien" in „Mairien". An der Spitze des Departements stand der „Präfekt". Die Gemeinden verwaltete ein „Maire",

---

[11] Vgl. Franz, Eckart G./F. Kallenberg/Peter Fleck, Großherzogtum Hessen (1800) 1806–1918. In: Handbuch der hessischen Geschichte, hrsg. von Walter Heinemeyer, 2. Teilband des 4. Bandes, Marburg 2003, S. 730 ff.

der in kleineren Orten nun ebenfalls als Zivilstandsbeamter fungierte und u. a. Heiraten, Todesfälle und Geburten beglaubigen musste. Offizielle Amtssprache war Französisch, dessen Anwendung freilich mit kaum zu überbrückenden Schwierigkeiten verbunden gewesen sein dürfte.

Hinter all diesen gravierenden Veränderungen stand der nicht allein wegen seines militärischen Genies an die Spitze Frankreichs gelangte Napoleon Bonaparte. Napoleon, auf Korsika in eine Familie des niederen Adels geboren, übte nicht nur als Feldherr starken Einfluss aus, sondern auch als Bewahrer grundlegender Errungenschaften der Revolution und als Modernisierer, und zwar weit über das Ende seiner Herrschaft hinaus. Zudem erwies er sich schon in jungen Jahren als zielbewusster Machtmensch, weshalb hier ein Blick auf seine einzigartige Karriere notwendig ist.

Nach dem Staatsstreich vom 9. November 1799 (18. Brumaire des Jahres VIII nach dem französischen Revolutionskalender) beseitigte der junge General Napoleon, dem seine erfolgreichen Italienfeldzüge zu enormer Popularität verholfen hatten, das bis dahin herrschende politische und finanzielle Chaos in Frankreich. Als Erster Konsul erklärte er die Revolution für beendet. Damit beruhigte er hauptsächlich das wohlhabende Bürgertum, das bei fortschreitender Inflation, einer weiteren Eskalation der innerfranzösischen Fraktionskämpfe und einer möglichen Stärkung der egalitären Radikalen um seinen Besitz und Status fürchten musste. Wichtige Reformen der Revolution, wie die Abschaffung feudaler Privilegien oder die Rechtsgleichheit der Bürger, ließ Bonaparte vorerst unberührt. Im Laufe seiner Herrschaft führte er zahlreiche Reformen durch und stellte die von vielen Bürgern vermisste Ordnung im Land her.

Zu den von Napoleon durchgeführten Neuerungen zählten u. a. die Zentralisierung der Verwaltung, die Verbesserung der Verkehrswege, eine Währungsreform und der Erlass des Gesetzbuches Code civil im Jahr 1804, das auch als Code Napoléon bekannt ist.[12] Dieses mittlerweile mehr als 200 Jahre alte Zivilrecht beeinflusst die Rechtssysteme vieler Länder bis heute und blieb in einigen Teilen Deutschlands bis 1900 in Kraft. Es garantierte die Freiheit der Person, den allgemeinen Zugang zu Stellen im Staat, die Gleichheit aller vor dem Gesetz, die Gewissensfreiheit, die Gleichberechtigung aller Konfessionen, die Gewerbefreiheit, Zivilehe und Scheidung

---

[12] Zum Zustandekommen und Inhalt des Code civil: Weis, Eberhard, Der Durchbruch des Bürgertums 1776–1847, Frankfurt, Berlin, Wien 1982, S. 222 ff., insb. S. 232.

sowie nicht zuletzt die Garantie des Eigentums und die Trennung von Staat und Kirche. Damit waren die rechtlichen Grundlagen für eine bürgerliche Gesellschaft geschaffen. Zudem führte Napoleon ein neues Strafgesetzbuch, den Code pénal, ein.[13]

Doch kann man Frankreich unter Napoleon keineswegs das Attribut einer Demokratie zubilligen. Denn die Gewaltenteilung, eine der grundlegenden Errungenschaften von 1789, hatte er praktisch außer Kraft gesetzt. Sein halbdiktatorisches Regime ließ der französische Kaiser – wozu er sich 1804 in Anwesenheit des Papstes in der Kathedrale Notre Dame selbst krönte – durch Volksentscheide legitimieren. Oppositionelle Regungen versuchte Napoleon bereits im Keim zu ersticken. Zur Absicherung seiner Herrschaft schuf er nicht nur einen neuen Adel, wozu zahlreiche seiner hohen Offiziere gehörten, sondern er betraute überdies einige Verwandte, die Napoleoniden, mit relevanten Positionen oder setzte sie auf vakant gewordene Throne.

Napoleon Bonaparte (1769–1821) beim Überqueren der Alpen am Großen Sankt Bernhard, Gemälde von Jacques-Louis David (1748–1825) aus dem Jahr 1800. Abbildung: www.wikipedia.org

Zahlreiche der in der Folge der Revolution eingeführten und der von Napoleon angeregten Reformen wurden ab 1806 mit unterschiedlichem Nachdruck und oft mit gewissen Nuancen auch in den Staaten des Rheinbunds verwirklicht.

Der Rheinbund, dessen Gründung am 1. August 1806 zusammen mit der nur wenige Tage danach erfolgten Niederlegung der Reichskrone durch den Habsburger Franz II. (1768–1835) das Ende der tausendjährigen Existenz des seit Langem in

---

[13] Vgl. zu Fragen der Rechtsentwicklung und des Anwaltsberufs in den letzten 200 Jahren den Beitrag von Bernd Kannowski ab Seite 20 dieses Buchs.

Agonie liegenden Heiligen Römischen Reiches Deutscher Nation bedeutete, umfasste 1810 mit vier Königreichen, fünf Großherzogtümern, 13 Herzogtümern und 17 Fürstentümern die Mehrzahl der deutschen Staaten. Österreich, Preußen und einige kleinere Territorien vor allem im Nordosten sowie das Kurfürstentum Hessen gehörten diesem Staatenbund jedoch nicht an.[14]

Zum Zeitpunkt seiner größten Ausdehnung lebten knapp 15 Millionen Einwohner im Rheinbund. Er war eine lose Föderation mit dem aufgeklärten Kirchenmann Carl Theodor von Dalberg (1744–1817), dem bis 1803 amtierenden letzten Kurfürsten von Mainz, als Fürstprimas an der Spitze.[15] Napoleon fungierte als Protektor des Bundes und bestimmte damit dessen Militär- und Außenpolitik. Die Rheinbundstaaten dienten für ihn als militärisches Glacis, Durchmarsch- und Aufmarschgebiet gegen potenzielle Gegner. Auch waren die Rheinbundmitglieder in die im Herbst 1806 durch den französischen Kaiser verhängte Kontinentalsperre gegen England eingebunden, die jeden Warenverkehr mit der Insel verhindern sollte. Zudem mussten sie Napoleon eine festgesetzte Zahl von Soldaten stellen.

Einer dieser Rheinbundstaaten war das 1810 aus der Taufe gehobene Großherzogtum Frankfurt. Es wurde von Carl Theodor von Dalberg regiert. Sein Herrschaftsgebiet setzte sich aus dem Fürstentum Aschaffenburg, der Grafschaft Wetzlar, dem Fürstentum Hanau, Teilen des Fürstbistums Fulda und der ehemaligen Reichsstadt Frankfurt zusammen. Im Großherzogtum Frankfurt lebten etwa 300.000 Menschen. Frankfurt selbst zählte gut 40.000, Hanau 12.000 und Aschaffenburg 6.000 Bewohner. Dieses ahistorische Territorium war wirtschaftlich und konfessionell sehr uneinheitlich und als Rheinbundstaat stark abhängig von Napoleon.[16]

---

[14] Vgl. dazu: Fehrenbach, Elisabeth, Vom Ancien Régime zum Wiener Kongreß, München 1981.

[15] In der Geschichtswissenschaft erfuhr Dalberg eine unterschiedliche Wertung. Während ihn die kleindeutschen Historiker als Parteigänger Napoleons brandmarkten, folgte seit 1945 eine ausgewogenere Beurteilung. Vgl. dazu: Aretin, Karl Otto von, Carl von Dalberg. Staatsmann und Bischof in schwierigen Zeiten. In: Spies, Hans-Bernd (Hrsg.), Carl von Dalberg 1744–1817. Beiträge zu seiner Biographie, Aschaffenburg 1994, S. 9 ff.; Hein, Nils, Der Staat Karl Theodor von Dalbergs: Theoretischer Führungsanspruch und politische Ohnmacht im Alten Reich und im Rheinbund (1802–1813), Frankfurt 1996; Hömig, Herbert, Carl Theodor von Dalberg: Staatsmann und Kirchenfürst im Schatten Napoleons, Paderborn 2011, S. 471–530; Rob, Klaus, Karl Theodor von Dalberg (1744–1817). Eine politische Biographie für die Jahre 1744–1806, Frankfurt 1984.

[16] Zum Großherzogtum Frankfurt: Bilz, Wolfram, Die Großherzogtümer Würzburg und Frankfurt. Ein Vergleich, Würzburg 1968; Darmstädter, Paul, Das Großherzogtum Frankfurt: Ein Kulturbild aus der Rheinbundzeit, Frankfurt a. M. 1901; Klueting, Harm, Dalbergs Großherzogtum Frankfurt – ein napoleonischer Modellstaat? Zu den rheinbündischen Reformen im Fürstentum Aschaffenburg und im Großherzogtum Frankfurt. In: Aschaffenburger Jahrbuch für Geschichte, Landeskunde und Kunst des Untermaingebietes 11/12 (1988), S. 359–380; Rob, Klaus, Regierungsakten des Primatialstaates und des Großherzogtums Frankfurt: 1806–1813 (Quellen zu den Reformen der Rheinbundstaaten, Band 3), München 1995.

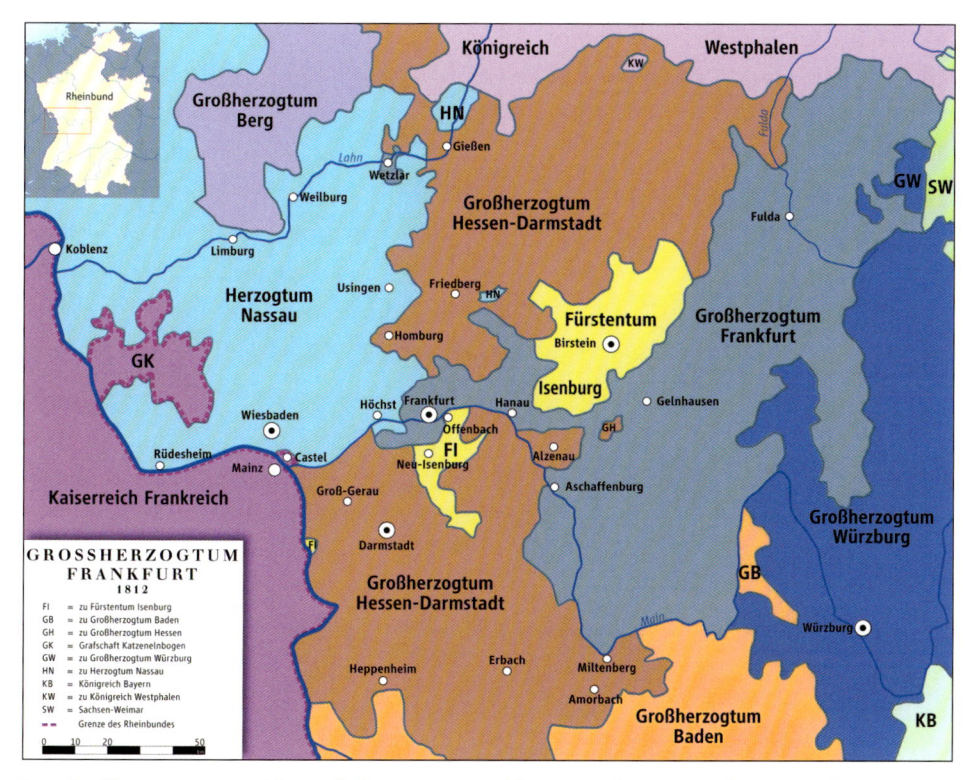

Das Großherzogtum Frankfurt existierte von 1810 bis 1813. Es bestand anfangs aus den Fürstentümern Aschaffenburg und Regensburg, der Grafschaft Wetzlar, der ehemaligen Reichsstadt Frankfurt sowie einigem Streubesitz. Im Februar 1810 musste der Fürstprimas Regensburg an Bayern abtreten, wofür er die französisch besetzten Provinzen Fulda und Hanau erhielt. Damit bildeten es ein zusammenhängendes Territorium (Ausnahme Wetzlar), das nach seiner Hauptstadt den Namen Großherzogtum Frankfurt trug. Es erstreckte sich über 5.000 km² und zählte rund 300.000 Einwohner. Abbildung: www.wikipedia.org

Der Übergang von einer Herrschaft zur nächsten wurde in unserer Region vor gut 200 Jahren recht unproblematisch vollzogen. Unmittelbar nach dem Regierungsantritt Dalbergs begann ein „Kommissär" am 18. Mai 1810 damit, die einzelnen Ämter des neu geschaffenen Großherzogtums Frankfurt zu bereisen, um dort von allen weltlichen und geistlichen Amtsträgern den Huldigungseid für den neuen Regenten abzunehmen. Dabei beschränkte man sich in den Ämtern darauf, die alten lokalen Eliten in ihren Funktionen zu belassen, wenn sie nur den Eid auf den nunmehrigen Herrscher leisteten. Dieser Verpflichtung kam man allerorten ohne jeglichen Widerspruch nach.[17]

---

[17] Hessisches Staatsarchiv Marburg: 86 Hanau 25368 Protokoll des Fiskalrats Wörishoffer über die Besitzergreifung der Ämter Bücherthal, Windecken und Bergen, Eintrag vom 18. Mai 1810.

In Hanau wurden während der französischen Besatzungszeit von 1806 bis 1810 eine Reihe von Reformen (Judenemanzipation mit der Öffnung des Gettos in der heutigen Nordstraße, freie Religionsausübung für die Katholiken und Erleichterungen im Wirtschaftsleben) realisiert, ansonsten ging die Erneuerung nach französischem Vorbild im Rheinbundstaat Großherzogtum Frankfurt recht verhalten vonstatten.[18] Die Neuregelung des Schulwesens wie die Modernisierung der Justizverfassung nahm man erst recht spät in Angriff.

Die Verfassung (Organisationspatent) des Großherzogtums, die von Dalberg am 16. August 1810 *„aus eigener Machtvollkommenheit"*[19] – und nicht etwa auf Druck Napoleons hin – erlassen wurde, war für das Fürstentum Hanau, das nie eigene Landstände besessen hatte, ein ausgesprochenes Novum.[20] Die Konstitution enthielt liberale Grundsätze wie etwa *„die Gleichheit aller Unterthanen vor dem Gesetze"*, Religionsfreiheit (§ 11) – beides sollte die Juden mit einschließen – und die Aufhebung sowohl der Leibeigenschaft (§ 13) als auch der Adelsprivilegien (§ 14). Ebenfalls verkündete man die Einführung eines

Carl Theodor von Dalberg mit dem Orden der Ehrenlegion, 1811/13, Öl auf Leinwand, Franz Theodor Berg (um 1766–1820) zugeschrieben. Abbildung: Museen der Stadt Aschaffenburg.

---

[18] Zu den Reformen im Großherzogtum Frankfurt: Klueting, Harm, Dalbergs Großherzogtum Frankfurt, S. 359 ff. Dazu und zur Eingliederung Hanaus in das Großherzogtum: Schumacher, Ralf, Die politische Integration des Fürstentums Hanau in das Großherzogtum Frankfurt. In: Hanauer Geschichtsverein 1844 e.V. (Hrsg.), Hanau in der Epoche Napoleons. Zur Erinnerung an die Schlacht bei Hanau am 30. und 31. Oktober 1813 (Hanauer Geschichtsblätter, Band 47), Hanau 2014, S. 137–186.

[19] Schumacher, Die politische Integration, S. 152.

[20] Dietrich, Reinhard, Die Landes-Verfaßung in dem Hanauischen. Die Stellung der Herren und Grafen in Hanau-Münzenberg aufgrund der archivalischen Quellen (Hanauer Geschichtsblätter, Band 34), Hanau 1996, S. 159 f.

einheitlichen Steuersystems. Ferner nennt die Konstitution ausdrücklich dem Kaiser zu stellende Truppenkontingente, die Tributzahlungen und zu leistende Abgaben aus den fürstlichen Domänen. Überdies sollte der Stiefsohn Bonapartes nach Dalbergs Ableben dessen Nachfolge antreten, was die Bindungen an Frankreich noch wesentlich verstärkt hätte.

Als Regierung des Großherzogtums fungierte der Staatsrat. Er setzte sich aus drei Ministern und sechs Staatsräten zusammen (§ 19). Der in der Verfassung verankerten Ständeversammlung sollten die Gesetzentwürfe des Staatsrats zur Beratung vorgelegt werden (§ 22). Eine weitere Funktion kam ihr nicht zu, was die stark reglementierte Befugnis dieses lediglich 20 Personen starken Verfassungsorgans verdeutlicht. Die Mitglieder der Ständeversammlung wurden von den sogenannten Departementskollegien der vier einzelnen Landesteile gewählt. In diesen Gremien saßen die vom Großherzog ernannten Wahlmänner (§ 32), wobei ein Wahlmann auf 1.000 Einwohner kam. Die Departementskollegien hatten je *„drei Güterbesitzer, einen Handelsmann oder Fabrikanten, einen Gelehrten oder Künstler"* (§ 35) zu nominieren; vom Mengenverhältnis her setzten sich die Wahlmänner auf die gleiche Weise zusammen.[21]

Am 25. Juli 1810, also noch vor dem Erlass des Organisationspatents, dekretierte Dalberg, dass der Code Napoleon *„vom 1ten Januar 1811 an nach seinem ganzen Inhalte [...] als allgemeines bürgerliches Gesetzbuch anzusehen sey"*. Eine passende Gerichtsorganisation sowie eine Prozessordnung folgten wesentlich später; sie erlangten erst Anfang 1813 Gültigkeit. Die Mitglieder des Staatsrats – in der Mehrzahl *„römisch-rechtlich geschulte Juristen und Verwaltungsbeamte des 18. Jhs."* – waren intensiv an der Ausarbeitung beteiligt. Sie wollten wie Dalberg *„das Großherzogtum vor allzu abrupten Änderungen in der Justiz bewahren"*. Diese Konstruktion zeigt Dalbergs Vorsatz, sich nicht um eine wie auch immer geartete „Verfassungskultur" zu bemühen, weil er die vorhandenen Strukturen möglichst unangetastet lassen wollte.[22]

Doch die Franzosenzeit hatte neben diesen überfälligen und von vielen begrüßten Reformen auch ihre Schattenseiten, die für die Bewohner des Großherzogtums Frankfurt immer spürbarer und bedrückender wurden. Vornehmlich die militärischen Unternehmungen des Franzosenkaisers waren mit vielen Belastungen und Gefahren für die Bevölkerung an Main und Kinzig verbunden.

---

[21] Die in der Verfassung des Großherzogtums Frankfurt vorgesehene Ständeversammlung trat nur ein einziges Mal zusammen, und zwar vom 15. bis zum 26. Oktober 1810 im Hanauer Stadtschloss.
[22] Schumacher, Die politische Integration, S. 152 ff.

Abgaben und Dienste für die Grande Armée

Die alte, durch das Kinzigtal führende Reichsstraße von Frankfurt nach Leipzig verwandelte sich zwischen 1806 und 1813 von einer Handels- mehr und mehr zu einer Heerstraße. Die zentrale Lage unserer Region, verbunden mit recht ertragreichen Böden, bedeutet im Frieden einen Segen. Diese Vorzüge wurden nun erneut, wie schon während anderer kriegerischer Konflikte zuvor, zum Fluch für die hier ansässigen Menschen. Zu nennen ist hier in erster Linie der Dreißigjährige Krieg, als der Landstrich an Main und Kinzig den Söldnerheeren wiederholt als bevorzugtes Durchzugs- und Einquartierungsgebiet diente.[23] Nun marschierten wiederum die Soldaten nicht nur durch die Gegend zwischen Hanau und Schlüchtern, entweder von Westen nach Osten oder umgekehrt, sondern sie hatten auch massive Forderungen. Die Spannbreite der mit diesen Durchzügen verbundenen Dienste und Verpflichtungen, die von der Zivilbevölkerung für die Grande Armée und später für Truppen der Alliierten zu leisten waren, erwies sich dabei als überaus vielfältig. Vieles erinnert dabei an die aus der Leibeigenschaft der vorrevolutionären Epoche herrührende Fronarbeit, obwohl diese gerade durch das kaiserliche Dekret vom 12. Dezember 1808 im Departement Hanau aufgehoben worden war.

Die Soldaten und ihre Pferde mussten versorgt werden. Zu Fuhr- oder Spanndiensten nötigten Militär und Obrigkeit die Pferde- und Kuhbauern mit ihren Tieren und Wagen, um Kriegsmaterial, Verwundete oder Baumaterial zu transportieren sowie zur Belieferung der Magazine in Hanau, Gelnhausen und Schlüchtern. Dort wurden Hafer, Stroh und Heu für die Pferde und Transporttiere der Franzosen gespeichert, Getreide, das die Bauern der Umgebung zu liefern hatten. Dazu musste das Land nach dem Einmarsch der Grande Armée eine hohe Kontribution aufbringen. Aus diesem Grund und aufgrund der fortgesetzten Kriegslasten verlangte die Obrigkeit erhebliche Abgaben und Steuern von der Bevölkerung.

Als am bedrückendsten erwiesen sich jedoch die permanenten Einquartierungen. Oft lagen Hunderte von Soldaten über mehrere Tage in einem Ort und mussten bei den Bewohnern untergebracht und von diesen verpflegt werden. Dazu kam u. a. noch die Instandhaltung oder Reparatur der stark strapazierten Fuhrwerke, Uniformen, Schuhe sowie der extrem beanspruchten Sättel.[24]

---

[23] Vgl. dazu: Hanauer Geschichtsverein (Hrsg.), Der Dreißigjährige Krieg in Hanau und Umgebung (Hanauer Geschichtsblätter, Band 45), Hanau 2011.
[24] Bus, Erhard, Die Nöte der Bauerndörfer um Hanau während der Napoleonischen Epoche. In: Hanau in der Epoche Napoleons, S. 95 ff.

Hierbei dürften gerade die Wochen im ersten Halbjahr 1812 und 1813 für die Menschen in und um Hanau besonders bedrückend gewesen sein, als Zehntausende von Soldaten der Grande Armée an Hanau vorbei durch das Kinzigtal auf dem Weg nach Russland beziehungsweise nach Sachsen zogen. Die Intervalle der Belastungen wurden von Mal zu Mal kürzer. Dauernd kamen und gingen die Truppenzüge, oft löste der eine den anderen ab. Der Amtmann des Bezirks Bücherthal, Sartorius, schilderte die Situation kurz und anschaulich in einem Schreiben an den Staatsrat und Präfekten Freiherr von Auer am 26. März 1813 mit den Worten: „*Alle und jede Ortschaften sind verhältnißmäßig gleichstark mit Einquartirung belegt, und so gehet es tag-täglich – wenn des morgens früh die Einquartirung ausmarschirt so ist die andere schon vor dem Ort im Anmarsch.*"[25] Die hauptsächlich von diesen Belastungen betroffenen Orte des hanauischen Amtes Bücherthal waren Bruchköbel, Dörnigheim, Hochstadt, Kesselstadt, Kilianstädten, Mittelbuchen, Roßdorf, Niederrodenbach, Nieder- und Oberissigheim, Oberdorfelden, Rüdigheim, Rumpenheim sowie Wachenbuchen, westlich davon und ebenfalls stark in Mitleidenschaft gezogen lag das hanauische Amt Bornheimerberg. Weniger mit Einquartierungen konfrontiert, aber dafür mit höheren Abgaben und der Durchführung von Fuhrdiensten beschwert, waren die Bewohner des etwas weiter nördlich von Hanau gelegenen Amtes Windecken.[26]

Eine ungemein bedeutungsvolle Quellensammlung für die Jahre von 1800 bis 1877 hat der Hanauer Musiklehrer und Chronist Wilhelm Ziegler (1809–1878) zusammengetragen. Ziegler sammelte alles, was er für die Zeitgeschichte seiner Vaterstadt für bedeutsam hielt. Er trug Bücher, Zeitungen, Bilder, Flugblätter, Plakate, Programme, Handschriften, Tabellen und Briefe zusammen, ordnete sie chronologisch und verfasste hierzu zumeist kurze erläuternde Bemerkungen. Die Ziegler'sche Chronik von 1825 bis 1877 besteht aus neun Foliobänden mit fast 4.000 handgeschriebenen Seiten. Die Informationen für seinen „Vorband" mit den Ereignissen von 1800 bis 1825 stellte er aus Erinnerungen, Erzählungen, offiziellen Mitteilungen und Zeitungsberichten zusammen.[27] Auf den Inhalt der Chronik wird im Nachfolgenden mehrfach zurückgegriffen.

Ziegler schilderte auch die negativen Folgen der französischen Besatzung für die Stadtbewohner. Bereits für Anfang November 1806 heißt es in seiner Niederschrift:

---

[25] Hessisches Staatsarchiv Marburg: 86 Hanau 15202.
[26] Bus, Die Nöte, S. 100 f.
[27] Zu Ziegler: Siebert, Karl, Hanauer Biographien aus drei Jahrhunderten. Hrsg. zu seinem 75jährigen Bestehen vom Hanauer Geschichtsverein (Hanauer Geschichtsblätter, Band 3/4), Hanau 1919, S. 218 ff.

Diese Auflistung zeigt den Stand der Verschuldung der Gemeinden des Amtes Bücherthal zum Jahresende 1817 an. Hauptursachen dafür waren die hohen finanziellen Belastungen während der napoleonischen Epoche zur Befriedigung der Bedürfnisse der Truppen der Grande Armée. Abbildung: Hessisches Staatsarchiv Marburg.

„Es kamen nun fast täglich größere und kleinere Züge Franzosen in die Stadt, denen die Bürger Kost und Wohnung und zwar ohne Entschädigung geben mußten." Und weiter unten beklagt er sich: „Niemand war mehr Herr in seinem Hause – Alles erlag unter der Last der Einquartierung. Tausende von Bewohnern verarmten."[28]

Welche Dimensionen die Truppenstationierungen während der napoleonischen Ära für einen einzelnen Ort angenommen hatten, darüber informiert die vom Mittelbuchener Schultheißen Ruppel zusammengestellte „Einquardirungs Liste" vom 2. März 1821. Die Auflistung berücksichtigt den Zeitraum vom 13. November 1806 bis zum 18. November 1814. Sie enthält auf 14 Seiten die Bezeichnung der jeweiligen Truppe, die Anzahl der Einquartierten, unterteilt in Offiziere, Unteroffiziere und Mannschaften, sowie die Tage der Verweildauer in der Gemeinde. Auf der vorletzten Seite sind die einzelnen Angaben in der „Recapitulation" und unter „Summa Summarum" zusammengezählt, und auf der letzten Seite versichert Ruppel die Richtigkeit seiner Aufzählung.

Aus der Übersicht geht hervor, dass im Lauf der Jahre Soldaten unterschiedlicher Nationalität und aller Truppengattungen (Artillerie, Kavallerie und Infanterie) sowie gleichfalls „blessierte Franzosen" und „Franzosen ohne Waffen", vermutlich Gefangene, in Mittelbuchen, das im Oktober 1813 gut 500 Einwohner gezählt haben dürfte, lagerten. Die Einheiten blieben zumeist nur einen oder wenige Tage im Dorf, aber auch Aufenthalte von 31, 40 oder gar 64 Tagen sind verzeichnet. Insgesamt befanden sich im Zeitraum von ziemlich exakt acht Jahren 25.087 einzelne Soldaten

---

[28] Ziegler'sche Chronik, Band 3, 1800–1825, S. 7 f. (Druck) und S. 16 (Druck).

im Dorf. Multipliziert man diese Zahl mit den Tagen der Verweildauer, dann ergeben sich daraus 1.470 Übernachtungen für Offiziere plus 61.435 für Unteroffiziere und Gemeine. Die „Einquardirungs Liste" von 1821 gibt leider keinen Hinweis darauf, ob sie wirklich nur die Soldaten aufführt, die in einem Gebäude untergebracht waren, oder auch diejenigen, die im Freien im Dorf oder in seiner Gemarkung biwakierten.[29] Ähnlich erging es Mittelbuchens Nachbarort Wachenbuchen. Dieses Dorf musste zwischen 1811 und 1813 eine Einquartierungslast von 54.274 Mann ertragen, davon allein 1813 exakt 38.172.[30]

Bei der Lieferung von Pferdefutter (Fourage) oder Lebensmitteln an die Truppen hatten die Gemeinden den Bauern den Wert zu ersetzen, wie sie ebenfalls die Rechnungen für Ärzte, Apotheker oder Handwerker, die zeitweilig für die Franzosen arbeiteten, finanzieren mussten. All das ging nicht ohne die Aufnahme von Krediten. Eine Entschädigung erfolgte selten. Der Abtrag dieser kriegsbedingten Verbindlichkeiten sollte in einigen Fällen oft Jahrzehnte dauern.[31]

Wie es mit dem Aussehen der Orte um Hanau in der Ära Napoleons stand, darüber machte ein Zeitzeuge nähere Angaben. Der holländische Geistliche Hebelius Potter (1768–1824) trat 1810 seine Pfarrstelle bei der niederländischen Gemeinde in Hanau an und hielt während der Reise dorthin seine Eindrücke fest. Seiner 1811 in Amsterdam veröffentlichten Reisebeschreibung ist Folgendes zu entnehmen: *„Einen schauderhafteren Platz als dies alte Windecken habe ich, abgesehen von einem Nest wie Lichtenau, unter den Orten der Welt noch nicht gesehen. Alles hat da ein so verfallenes, elendes, düsteres und schwermütiges Aussehen, daß das Herz bei dem ersten Hinkommen gleichsam einen Stich bekommt. Eine dunkle Spelunke von einer reformierten und eine ebensolche lutherische Kirche sind die bedeutendsten Gebäude. Von dem Schloß über der Stadt, auf der Spitze eines Berges, in dem früher die Grafen von Hanau ihren Wohnsitz hatten, ist nur noch eine kleine Ruine übrig geblieben. Wie stark, dachte ich, müßte die Liebe zu meinem Geburtsort sein, wenn ich, hiergeboren, in einem so dunklen und schwermütigen Nest zufrieden leben sollte. Oh, was sind doch unsere heimischen kleinen Orte für lachende, fröhliche Paradiese!"*[32] Nun wissen wir nicht, ob Potters Schilderung

---

[29] Stadtarchiv Hanau: E 3 Mittelbuchen VIII 3/10 Quartierliste von 1806 bis Ende November 1814, 1821.
[30] Zimmermann, Hanau. Stadt und Land, S. 772.
[31] Bus, Die Nöte, S. 89 ff. und Tabelle S. 86.
[32] Potter, Hebelius, Die Fahrt des Pfarrers Hebelius Potter von der niederländischen Gemeinde in Hanau von Friedberg nach Hanau 1810 ist zuletzt abgedruckt in: Hanauer Historische Hefte 1 (2010). Auf Seite 6 findet sich die wenig schmeichelhafte Beschreibung Windeckens.

Windecken um 1800, Gouache von Ludwig Wörner. In den Dörfern und Kleinstädten in der Umgebung Hanaus dominierte um 1800 die Landwirtschaft, daneben gab es das traditionelle Handwerk und Familien, die in Heimarbeit für Hanauer Verleger arbeiteten. Auf dem Bild erkennt man links die reformierte, rechts die lutherische Kirche und das Kilianstädter Tor, davor Bauern bei der Heuernte. Abbildung: Historisches Museum Hanau Schloss Philippsruhe / Hanauer Geschichtsverein 1844 e.V.

lediglich den ersten Eindruck einer kurzen Durchreise widerspiegelt oder ob ihr eine genauere Kenntnis der Kleinstadt zugrunde lag. Jedenfalls dürfte der Holländer aus seiner nicht zuletzt durch den Ostindienhandel reich gewordenen Heimat her ansprechendere Fassaden gewohnt gewesen sein, als er sie hier vorfand. Der Niedergang Windeckens jedenfalls setzte nicht erst im frühen 19. Jahrhundert ein, sondern er begann lange vorher mit dem Dreißigjährigen Krieg.[33] Aber die Beschwernisse der napoleonischen Epoche begünstigten natürlich auch hier keine Wende zum Besseren.

Aufgrund des zwangsläufig engen Kontakts zwischen Militär und Zivilisten kann es nicht überraschen, dass sich Übergriffe von Soldaten gegenüber der Bevölkerung ereigneten und Krankheiten übertragen wurden.

---

[33] Vgl. dazu: Bus, Erhard, Die Folgen des Großen Krieges – der Westen der Grafschaft Hanau-Münzenberg nach dem Westfälischen Frieden. In: Der Dreißigjährige Krieg in Hanau und Umgebung, S. 277 ff., insb. S. 311 ff.

Allerdings zeigte eine andere Maßnahme des französischen Kaisers schon zuvor ihre für Hanau katastrophalen Folgen. Die im Herbst 1806 von Napoleon verhängte Kontinentalsperre, die jeglichen Handel mit Großbritannien unterbinden sollte, traf das hiesige Gewerbe außerordentlich hart. Gerade der Export der Produkte des gehobenen Bedarfs, die bis dahin einen ausgezeichneten Ruf besaßen, ging merklich zurück. Dies führte zu erhöhter Arbeitslosigkeit mit der Folge, dass sich die soziale Notlage vieler Familien verschärfte.

Außerdem kam es im Dalbergstaat wie in allen mit Frankreich verbündeten Rheinbundstaaten zu verstärkten Truppenaushebungen. Dies führte zu zahlreichen Desertionen bei den zwangsweise Eingezogenen und zu Widersetzlichkeiten der Bevölkerung.[34]

Das Ausmaß und die Dauer der Bedrückungen kulminierten während der letzten beiden Jahre der Existenz des eng mit Frankreich verbündeten Großherzogtums Frankfurt derart, dass die mit der Revolution und dem Zeitalter Napoleons verbundenen Reformen für die Bevölkerung dagegen immer deutlicher in den Hintergrund traten.

Nahm der größte Teil der Menschen in Hanau und Umgebung die französische Besatzung anfangs mit einer gewissen Gleichgültigkeit hin und verbanden einige damit vielleicht sogar Sympathien und Hoffnungen, so stärkten die vielfältigen Belastungen bald den Argwohn, ja den Hass gegenüber der Fremdherrschaft, ihren Folgen und ihren Repräsentanten.[35] Doch das Schlimmste stand den Menschen noch bevor.

Die Schlacht bei Hanau und ihre Folgen

Mit dem Russlandfeldzug von 1812 begann Napoleons Niedergang. Nur ein kleiner Teil seiner anfangs mehr als 500.000 Mann starken Grande Armée mit Kontingenten aus vielen Nationen, darunter auch aus den Staaten des Rheinbunds, überlebte den Feldzug und kehrte zurück.[36]

---

[34] Vgl. zum Militärwesen des Großherzogtums Frankfurt: Schumacher, Die politische Integration, S. 169 ff.
[35] Beispielhaft dafür sind die Belege, die der Hanauer Chronist Wilhelm Ziegler gesammelt hat. Vgl. dazu: Bus, Erhard, Hanau unter französischer Herrschaft, 1806–1813. In: Hanau in der Epoche Napoleons, S. 133 ff.
[36] Vgl. dazu: Zamoyski, Adam, 1812. Napoleons Feldzug in Russland, dt. München 2012.

In den nun beginnenden Befreiungskriegen wechselten zunächst Preußen und Österreich, später und mit Verzug die meisten vormaligen Rheinbundstaaten auf die russische Seite über. Napoleons Absicht, mit einer neuen Armee seine alte Position zurückzugewinnen, scheiterte in der Völkerschlacht bei Leipzig vom 16. bis 19. Oktober 1813 an der Überlegenheit der Koalition von Truppen aus Russland, Preußen, Österreich und Schweden.[37] Danach versuchte Bonaparte, mit dem Rückzug nach Westen einen möglichst großen Teil seiner Armee in einer Stärke von rund 80.000 Soldaten über den Rhein zu retten. Die Alliierten in seinem Nacken wissend, wählte er bei Kälte, Dauerregen und zeitweisem Schneefall den kürzesten Weg entlang der Kinzig.

Viele der oft sehr jungen französischen Soldaten befanden sich aufgrund der Strapazen in einem erbarmungswürdigen Zustand. Nicht allein die unmittelbaren Kampfhandlungen hatten den Männern zugesetzt, sondern viele waren wegen der miserablen hygienischen Verhältnisse und der schlechten Ernährung erkrankt.

Während also die Franzosen und ihre verbliebenen Verbündeten von Nordosten in Richtung Hanau zogen, marschierte ein bayerisch-österreichisches Korps in der Stärke von gut 50.000 Mann unter dem Kommando des bayerischen Generals Carl Philipp von Wrede (1767–1838) von Süden kommend auf die Stadt zu, um ihnen den Weg zu versperren.[38]

Am Nachmittag des 28. Oktober erreichte Napoleon Schlüchtern. Etwa zur selben Zeit wurden in Hanau einrückende bayerische Reiter von der Bevölkerung jubelnd begrüßt.

Bernhard Eberhard, der Gründer der Kanzlei, wurde als ganz junger Mann in seinem Heimatort Schlüchtern Zeuge des Rückzugs der geschlagenen Franzosen. In seinen Memoiren erzählt er davon, dass man nach den ersten Nachrichten vom Ausgang der Leipziger Schlacht aus Angst vor Plünderungen die wertvollsten Dinge des Familienbesitzes, darunter *„zwei Stückfaß Wein, die unser Vater im Jahr 1804 oder 1806 zu Bergen und Bischofsheim angekauft hatte"*,[39] versteckt habe.

---

[37] Vgl. dazu einige neue Veröffentlichungen: Fesser, Gerd, 1813. Die Völkerschlacht bei Leipzig. Jena, Quedlinburg, Leipzig 2013; Platthaus, Andreas, 1813. Die Völkerschlacht und das Ende der Alten Welt, Berlin 2013; Thamer, Hans-Ulrich, Die Völkerschlacht bei Leipzig. Europas Kampf gegen Napoleon, München 2013.

[38] Zum Geschehen zwischen Schlüchtern und Hanau Ende Oktober, Anfang November 1813 sehr detailliert: Picard, Tobias, Die Schlacht bei Hanau und Bayerns Ausdehnung an Main und Kinzig. In: Hanau in der Epoche Napoleons, S. 216 ff.

[39] Eberhard, Aus meinem Leben, S. 3.

Das Kampfgeschehen im Zentrum der Schlacht von Hanau am 30. Oktober 1813,
Gouache von L. Wehner von 1847. Abbildung: Historisches Museum Hanau Schloss Philippsruhe/
Hanauer Geschichtsverein 1844 e.V.

In Schlüchtern begann bei miserablem Wetter mit Dauer- und Schneeregen der Rückzug der bei Leipzig geschlagenen französischen Armee durch das Kinzigtal. Bei Hanau stellte sich den Franzosen unter dem Kommando von Kaiser Napoleon eine bayerisch-österreichische Armee unter Führung von General Wrede in den Weg. Am Nachmittag des 30. Oktober begann die Schlacht. Napoleons Plan, gegen Wredes linken Flügel überlegene Kräfte zu konzentrieren und danach mit der Kavallerie das Zentrum zu sprengen, glückte. Dadurch gerieten große Teile der alliierten Armee in Panik und flüchteten. Insbesondere viele bayerische Soldaten stürzen in die angeschwollene Kinzig und ertranken.

Zu den Opfern der Schlacht zählten auch viele Zivilisten, die sich direkt oder indirekt über Uniformen, Decken oder andere Ausrüstungsgegenstände Gefallener angesteckt hatten. Allein im Dezember 1813 starben 248 Hanauer an eingeschleppten Krankheiten. Noch schlimmer grassierten die Seuchen in den umliegenden Dörfern.

Den Anblick der Besiegten skizziert er mit den Worten: „*Gräßlich war der Anblick, der sich darbot. Verhungerte Pferde schleppten sich im Hofe hin und her, tote und sterbende Soldaten aller Waffengattungen lagen im Hofe, auf der Straße und selbst auf der Treppe des Pfarrhauses, und nirgends waren in der nächsten Umgebung noch Einwohner zu finden.*"[40] Einer, der aus Sachsen kommend über Schlüchtern nach Westen zurückeilte, war der Kaiser selbst. Doch er vermittelte Eberhard einen gänzlich anderen Eindruck, und zwar begegnete er ihm in „*anscheinend ganz ruhiger Haltung*".[41]

Der zwangsläufige Kontakt mit französischen Soldaten hatte für Bernhard Eberhard schlimme Folgen. Wie so viele Zivilisten entlang der Rückzugsstrecke erkrankte auch er am „Lazarettfieber", das er trotz anfänglich nur zögerlicher ärztlicher Hilfe und nach „*vielen Wochen ohne alle Besinnung*" glücklich überstand, während sein Vater Andreas am 19. Dezember 1813 im Alter von 49 Jahren der Seuche erlag.[42] Zu den Ursachen dieser Epidemie und ihren Auswirkungen in der Hanauer Gegend unten mehr.

Doch zurück zu den militärischen Ereignissen: Am 29. Oktober standen die Spitzen der Franzosen bei Langenselbold, wo der Kaiser im dortigen Schloss Quartier genommen hatte. An diesem Tag kam es dann zu den ersten Zusammenstößen zwischen beiden Armeen.

Am Nachmittag des 30. begann die eigentliche Schlacht bei Hanau. Napoleons Plan, gegen Wredes linken Flügel überlegene Kräfte zu konzentrieren und danach mit der Kavallerie das Zentrum des Gegners zu sprengen, glückte. Dadurch gerieten Teile der alliierten Armee in Panik und flüchteten. Dabei stürzen viele bayerische Soldaten in die angeschwollene Kinzig und ertranken in dem eiskalten Wasser.

In der Nacht zum 31. Oktober ließ der Kaiser Hanau beschießen. Wrede räumte daraufhin die Stadt. Als die Vorstadt, Hospital- und Judengasse brannten, zogen die meisten Franzosen dicht an der Stadt vorbei nach Westen. Napoleons Ziel war nicht die Vernichtung von Wredes Armee, sondern der rasche Abzug in Richtung Mainz. Am Nachmittag des 31. nahmen die Alliierten Hanau erneut in Besitz und gingen über die Kinzigbrücke gegen die feindliche Nachhut vor, wobei Wrede verwundet wurde.

---

[40] Eberhard, Aus meinem Leben, S. 4.
[41] Eberhard, Aus meinem Leben, S. 5.
[42] Eberhard, Aus meinem Leben, S. 7 f.

Bei den Kämpfen in der Schlacht bei Hanau am 30. und 31. Oktober 1813 dürften nahezu 15.000 Soldaten ihr Leben verloren haben. Viele starben danach noch in Lazaretten.

Unabhängig von militärischen Überlegungen bot die Schlacht bei Hanau dem Königreich Bayern, das sich erst wenige Tage vor der Leipziger Völkerschlacht aus dem Bündnis mit Frankreich löste und zu den Alliierten überwechselte, die Gelegenheit, einen Bündnisbeweis zu liefern, dem Tausende zum Opfer fielen. Die Schlacht trug dazu bei, dass Bayern in späteren Verhandlungen sein Staatsgebiet bis Aschaffenburg ausdehnen konnte.[43]

Mit der Niederlage Napoleons in Sachsen verschwand, nach nur gut dreijähriger Existenz, das Großherzogtum Frankfurt von der politischen Landkarte. Sein Regent, Carl Theodor von Dalberg, hatte sich rechtzeitig vor der Schlacht bei Hanau nach Regensburg abgesetzt.

Bald nach dem Abzug der Franzosen erreichten die in der Völkerschlacht bei Leipzig siegreichen Truppen der Alliierten die Gegend um Hanau. Dabei gab das Verhalten einiger Einheiten, besonders der Kosaken, in den damals zu Hessen-Darmstadt gehörenden Orten Großauheim und Großkrotzenburg vielfach Grund zur Klage.[44] Eindrucksvoll und beklemmend schilderte der Steinheimer Amtmann Gros[45] die Situation in den Tagen nach der Schlacht bei Hanau: *„Die Leiden der Bevölkerung erreichten ihren Höhepunkt, als die Verbündeten als Befreier unser Gebiet überfluteten. Die ganze Großauheimer und Großkrotzenburger Gemarkung ist ein Lager. Zu Tausenden strömten die Kosaken und andere Völker in die unglücklichen Orte, um Lebensmittel, Holz und sonstige Bedürfnisse zu requirieren. Alle Scheunen und Speicher wurden geleert. Ganze Herden von Rindvieh und Schweinen wurden ins Lager getrieben oder in den Dörfern totgeschlagen und gestochen. Als die Kosaken nach mehrmaligen Überfällen nichts mehr fanden, gaben sie die Losung zu einer allgemeinen Plünderung, die mit einer*

---

[43] Zu den bayerischen Annexionsabsichten: Picard, Die Schlacht bei Hanau, S. 262 ff.
[44] Nachdem das Fürstentum Isenburg Hessen-Darmstadt zugeschlagen worden war, kam es im Juni 1816 zwischen Kurhessen und dem Großherzogtum Hessen-Darmstadt zum Hauptauseinandersetzungsvertrag. Kassel verzichtete auf einigen Hanauer Altbesitz (z. B. Rodheim, Ortenberg, Babenhausen) und bekam dafür günstiger gelegenen isenburgischen Besitz, darunter Langenselbold, Wächtersbach und Meerholz, und mit Oberrodenbach, Großkrotzenburg und Großauheim ehemals kurmainzisches Gebiet.
[45] Sehr wahrscheinlich handelt es sich hierbei um Franz Gros, der sich nach der Schlacht bei Hanau um die Erhaltung des Waldes um Steinheim große Verdienste erwarb und der 1834 verstarb. Er war bis 1821 Amtmann und seitdem Justizamtmann von Steinheim, vgl.: Hessisches Staatsarchiv Darmstadt, S 1 (Biografische Informationen), und Bus, Die Nöte, S. 115 f.

gränzenlosen Härte und unter den fürchterlichsten Mißhandlungen vollzogen wurde. Schon damals lagen 150 Einwohner an dem epidemischen Nervenfieber in Großauheim darnieder. An Schonung der leidenden Menschheit war nicht zu denken. Halbtote wurden aus den Betten gerissen und mißhandelt. So ist nun das schöne Großauheim total ruiniert und die Bewohner zu der harten Jahreszeit dem äußersten Mangel und Elend preisgegeben."[46]

Die hier zuletzt erwähnten Misshandelten waren offensichtlich mit der „Kriegspest" infiziert, wie u. a. Bernhard Eberhard und der Kesselstädter Pfarrer Johann Friedrich Brand (1764–1834) die epidemische Krankheit nannten.[47]

Bei dieser „Kriegspest", diesem „Nerven-" oder „Lazarettfieber", wie die Erkrankungen von den Zeitgenossen ansonsten bezeichnet wurden, handelte es sich vornehmlich um Typhus und Fleckfieber. Dazu gesellten sich Syphilis und Ruhr. Beim Typhus handelt es sich um eine Salmonelleninfektion, die durch verunreinigtes Wasser oder Essen hervorgerufen wird. Das Fleckfieber überträgt sich durch den Stich der Kleiderlaus und durch deren Kot auf Kleidern, Möbeln, Nahrungsmitteln usw.[48]

Die oftmals sehr jungen unterernährten und verschmutzten Soldaten der Grande Armée Napoleons konnten diesen Infektionskrankheiten kaum Abwehrkräfte entgegensetzen. Die Infizierten verbreiteten die Krankheiten dann entlang ihrer Marschstrecke unter der Zivilbevölkerung. Die Ansteckung erfolgte nicht nur auf direktem Weg von Mensch zu Mensch, sondern vielfach durch gefledderte Kleidung oder andere von arglosen Zivilisten gestohlene Ausrüstungsgegenstände.

Zu den Auswirkungen der eingeschleppten Epidemie auf die einheimische Bevölkerung im Bücherthal und zum Ausmaß ihrer Verbreitung gibt ein Schreiben vom 14. November 1813 einen eindeutigen Hinweis. Darin bittet ein Oberst der Alliierten namens Dressery *„das löbliche Militär Platz Commando zu Hanau"* um Verschonung der Ortschaften Wachenbuchen, Mittelbuchen, Bruchköbel, Niederissigheim und Roßdorf vor erneuter Belegung mit Truppen und Transporten. Als Grund nennt er die in den Dörfern herrschende Armut sowie die dort ausgebrochene Krankheit. Die Einquartierung einer größeren Anzahl von Soldaten hielt er deshalb für

---

[46] Der Text hängt als Objekterläuterung im Museum Großkrotzenburg.
[47] Bus, Erhard, Kriegspest nach der Schlacht bei Hanau. In: Stadtzeit Kesselstadt, Hanau 2009; 950 Jahre Ersterwähnung. Schlaglichter auf zwei Jahrtausende, Hrsg. v. Richard Schaffer-Hartmann im Auftrag der Stadt Hanau, Hanauer Geschichtsverein, Hanau 2009, S. 104 ff.; ders., Epidemie und Euphorie – Hanau in den ersten Monaten nach der Schlacht vom 30. und 31. Oktober 1813. In: Hanau in der Epoche Napoleons, S. 322 ff.
[48] Der britische Neurologe William Jenner (1815–1898) entdeckte 1847, also mehr als 30 Jahre nach Kopps Aufzeichnungen, dass es sich beim Fleckfieber um eine eigenständige Erkrankung handelt, die nicht mit dem Typhus verwandt ist. Vgl. Wikipedia-Artikel „Fleckfieber" und „William Jenner", abgerufen am 18. August 2015.

Kampf an der Kinzigbrücke, kolorierte Aquatinta von Johann Lorenz Rugendas (1775–1826). Nachdem am Nachmittag des 31. Oktober die Mehrzahl der Franzosen die Stadt passiert hatte, nahmen die Alliierten Hanau durch das Nürnberger Tor kommend erneut in Besitz. In der Vorstadt und an der Kinzigbrücke kam es zu Gefechten mit der feindlichen Nachhut. Abbildung: Historisches Museum Hanau Schloss Philippsruhe / Hanauer Geschichtsverein 1844 e.V.

unmöglich, weil „beynahe die Hälfte der in diesen [Dörfern] sich befindlichen Häuser wegen ansteckender Krankheiten nicht beleget werden kann".[49]

Aber es blieb nicht bei Erkrankungen. Viele der Angesteckten erlagen schließlich dem Leiden. Dies dokumentieren die Einträge in den Kirchenbüchern, wodurch der markante Anstieg der Beerdigungen in Hanau und den Dörfern der Umgebung rasch ersichtlich wird.

So starben in Kesselstadt allein im Dezember 1813 unter der reformierten Bevölkerung des Ortes 21 Personen an der „Kriegspest", während in normalen Monaten durchschnittlich ein bis zwei Beisetzungen stattfanden. Im gesamten Jahr

---

[49] Hessisches Staatsarchiv Marburg: 86 Hanau 15684 Gesuch des Obersten Dressery um Verschonung der Ortschaften Wachenbuchen, Mittelbuchen, Bruchköbel, Nieder-Issigheim und Rossdorf von Einquartierung Transporten, [etc.] wegen gänzlicher Armuth dieser Orte, sowie wegen einer dort herrschenden Krankheit vom 14. November 1813.

1813 fanden insgesamt 44 Bestattungen statt, während es 1797 lediglich neun, 1800 nur 16, 1803 nur zwölf, 1806 gerade mal fünf, 1809 wiederum 19, 1810 lediglich acht, 1811 wieder 16 und 1812 ein Dutzend waren. 1814 stieg die Anzahl der Beerdigungen erneut auf 27, davon allein zwölf im Januar.[50]

Zu den Folgen der Seuche für das Dorfleben ist im Kesselstädter Kirchenbuch zu lesen: *„Die große Sterblichkeit zu Ende des Jahres 1813 und zu Anfang des Jahres 1814 währte von dem bösartigen Nervenfieber oder der sogenannten Kriegspest her, welche die Kriegsschrecken sowohl als die Einquartierung der kranken französischen Soldaten so sehr verbreiteten, dass (in Hanau, Seckbach und in allen umliegenden Ortschaften) besonders auch in unserem guten Kesselstadt auf einmal einige hundert Menschen an dieser Epidemie darniederlagen. Fast alle hiesigen Häuser waren Hospitäler, und in mancher Familie war niemand mehr, welcher dem anderen aufwarten konnte. Ich selbst, der zeitige Pfarrer Brand, musste bei den täglichen zahlreichen Krankenbesuchen, beim geistlichen Zuspruch, bei dieser Seelennahrung, manchem Kranken auch leibliche Erquickung zu seiner Erhaltung reichen. Dennoch aber wurden viele meiner besten Gemeindeglieder und Pfarrkinder hingerafft, und viele zu Witwen und Waisen gemacht, für deren Unterstützung wir, unter Gottes Beistand, nach Vermögen sorgten. Gestalten Sachen nach wurden die Leichen in der Stille, jedoch unter Begleitung des Geistlichen auf unseren Gottesacker beerdigt, und jedes Mal am nächsten Sonntag eine Totenfeier und Leichenabkündigung auch zum Troste der Hinterbliebenen zu Ende der Kirche gehalten und der öffentliche Gottesdienst mit dem rührenden Trauergesang ‚Nun ihr Erlösten schlaft in Ruh' beschlossen. Ja, mit dir, Herr Jesu, haben sie die namenlosen Leiden dieser Kriegszeit gottgelassen erduldet: nunmehr erquickst du sie in deiner Himmelsherrlichkeit mit Freude und Wonne, mit Friede und Seligkeit ewiglich!!!"*[51]

In Kesselstadts Nachbarorten sah es nicht besser aus: Für Mittelbuchen listet das dortige Kirchenbuch für die Monate von Mai bis Oktober 1813 nur sieben Beerdigungen auf, hingegen allein für November und Dezember 32.[52] Die Seuche befiel alle, unabhängig von Alter oder Geschlecht. In Bruchköbel bestattete man von Mai bis Oktober lediglich fünf Personen. Im gleichen Zeitraum von November bis März waren es indessen 65.[53]

---

[50] Pfarrarchiv Kesselstadt: Protocollum der evang.reformierten Kirche zu Kesselstadt. Vgl. zu Kesselstadt: Bus, Erhard, Vom Großen Krieg bis zu Napoleon, 1618–1813. In: Stadtzeit Kesselstadt, S. 74 ff.
[51] Pfarrarchiv Kesselstadt: Protocollum der evang.reformierten Kirche zu Kesselstadt, S. 75.
[52] Vgl. Bus, Die Nöte, S. 105 f. Ich danke Ernst Gimplinger (Hanau-Mittelbuchen), der das örtliche Kirchenbuch zu diesem Zweck auswertete. Vgl. Bus, Die Nöte, S. 105 f.
[53] Vgl. Bus, Die Nöte, S. 107. In diesem Zusammenhang danke ich Georg Ruth (Bruchköbel), der die örtlichen Kirchenbücher zu diesem Zweck auswertete und die Grafik erstellte.

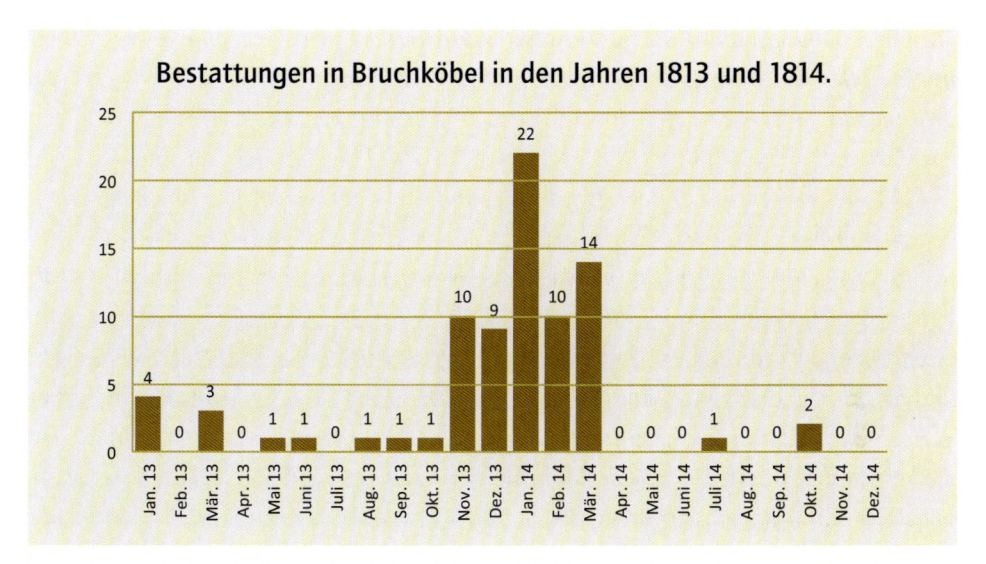

Bestattungen in Bruchköbel in den Jahren 1813 und 1814. Grafik: Georg Ruth, Bruchköbel.

Ähnlich drastische Angaben, wie sie für das Amt Bücherthal vorliegen, hat der dortige Amtmann Johann Heinrich Usener für das Amt Bornheimerberg festgehalten. Am 31. Dezember 1813 bilanzierte er die Bevölkerungsentwicklung des abgelaufenen Jahres. Danach kamen in seinem Bezirk auf 536 Todesfälle nur 275 Geburten. Wegen der „großen Sterblichkeit" wurden viele Kinder zu Waisen, weshalb der Amtmann innerhalb von drei Monaten „*167 Waisen-Vormünder*" zu verpflichten hatte.[54] Das ehemalige hanauische Amt Bornheimerberg umfasste zahlreiche heutige Frankfurter Stadtteile. Im Einzelnen gehörten dazu: Bergen, Berkersheim, Bischofsheim, Bockenheim, Eckenheim, Enkheim, Fechenheim, Gronau, Massenheim, Praunheim, Preungesheim und Seckbach.

Der Vergleich der Einwohnerzahlen der Orte um Hanau für die Jahre 1812 und 1820 belegt die schlimmen Folgen der „*epidemischen Krankheiten*". Hauptsächlich die Orte entlang der Kinzig, aber ebenso die Gemeinden des Bücherthals sowie Bergen und Bischofsheim mussten etliche Opfer beklagen. Dagegen zeigte sich im etwas abseits von der Marschstrecke und dem Schlachtfeld gelegenen Amt Windecken sowie in der Obergrafschaft eine andere Tendenz: In Marköbel, Ostheim, Schlüchtern, Steinau und Windecken stieg die Zahl der Bewohner in diesem Zeitraum an.

---

[54] Usener, Johann Heinrich, Cronick vom Amt Bornheimerberg angefangen 1796, bearbeitet von Walter Reul, Arbeitsgemeinschaft Heimatmuseum Ffm.-Bergen-Enkheim e.V., 1998, S. 54.

Tabelle 1: Die Einwohnerzahlen einiger Städte und Dörfer im heutigen Main-Kinzig-Kreis in den Jahren 1812 und 1820[55]

Ort	1812	1820
Altenhaßlau	460	434
Bellings	345	292
Bergen	1.431	1.338
Bernbach	364	329
Bieber	1.176	1.136
Bischofsheim	647	509
Bruchköbel	559	478
Dörnigheim	559	479
Gelnhausen	2.613	2.552
Großauheim	1.152 (1806)	1.114
Hochstadt	569	442
Kesselstadt	330	436
Kilianstädten	689	608
Marköbel	830	1.071
Mittelbuchen	518	464
Niederdorfelden	588	508
Niederrodenbach	596	514
Niederissigheim	236	171
Oberdorfelden	280	228
Oberissigheim	279	258
Ostheim	780	925
Roßdorf	447	380
Rüdigheim	447	390
Schlüchtern	1.425	1.518
Schwarzenfels	482	596
Somborn	991	790
Wachenbuchen	407	442
Windecken	1.084	1.160

[55] Die Zahlen für 1812 sind entnommen: Winkopp, Versuch, S. 264 ff. Die Angaben für 1820 nach: Arnd, Carl, Geschichte der Provinz Hanau und der unteren Maingegend, Hanau 1858, S. 382 ff. Die Angabe für Großauheim 1806, vgl.: Hessisches Staatsarchiv Darmstadt: E8A 352/4 Verzeichnis der Ämter, Orte, Häuser, Einwohner (drei Druckexemplare und ein handschriftliches Exemplar), 1806.

Der erste Eintrag des Chronisten Wilhelm Ziegler über die auch in der Stadt Hanau ausgebrochene Seuche datiert vom 8. November und klingt recht lapidar: *"Es starben viele Menschen am Nervenfieber."*[56] In einer Beilage und in dem Vermerk zum 1. Januar 1814 quantifiziert er diese Angabe. Dort sind die Heiraten, Taufen und Beerdigungen der Hochdeutsch-Evangelisch-Reformierten Gemeinde (Marienkirche in der Altstadt) für 1813 notiert. Danach stieg die Anzahl der Bestattungen ab Oktober mit 25 merklich an und erreichte im Dezember mit 96 Personen ihren Höhepunkt, in den Monaten unmittelbar zuvor waren es lediglich zwischen 13 und 19 Beigesetzte gewesen. Insgesamt standen 1813 in dieser Gemeinde 128 Geburten 342 Todesfälle gegenüber.[57]

Der Hanauer Mediziner Dr. Johann Heinrich Kopp, gleichfalls ein Initiator der Wetterauischen Gesellschaft für die gesamte Naturkunde von 1808, terminierte den Ausbruch der Epidemie auf die Tage unmittelbar nach der Schlacht bei Hanau. Als Überträger des Typhus, wie er die Ursache für die Epidemie klassifizierte, erkannte er die von der Völkerschlacht bei Leipzig kommenden und dabei speziell die nach der Hanauer Bataille gefangen genommenen Franzosen, die sich aufgrund ihrer äußerst schlechten körperlichen Verfassung als sehr anfällig für Ansteckungskrankheiten gezeigt hatten.[58] Ab Ende Oktober schnellte die Sterblichkeitsrate rasch nach oben. Bei Kopp heißt es dazu: *"Am größten war die Mortalität im December dann vom 1sten Decbr. bis 4ten Jan. starben 248 Menschen, also täglich 8. Die Normalzahl für den December aber ist 30, es verschied mithin das Achtfache mehr als gewöhnlich. Die Menge der Verstorbenen dieses einzigen Monates war nicht sehr von der Zahl der Beerdigten eines ganzen Jahres in guten Zeiten verschieden, denn im Jahre 1786 starben hier nur 287 Menschen."* Innerhalb von vier Monaten erlagen allein in Hanau 613 Menschen einer Ansteckungskrankheit. Danach sank die Mortalitätsrate deutlich.[59]

Neben diesen ereignisgeschichtlichen Begebenheiten in und um Hanau während der frühen Lebensjahre des späteren Kanzleigründers Bernhard Eberhard gilt es nun, den Blick den wirtschaftlichen und sozialen Verhältnissen in der Region zuzuwenden.

---

[56] Ziegler'sche Chronik, Band 3, S. 278.
[57] Ziegler'sche Chronik, Band 3, S. 278. Der Titel der Tabelle lautet: „Summarische Vorstellung aller Personen, welche in dem nächst verwischenen Jahre 1813 in der hiesigen hochdeutsch evangel. reformierten Kirche sowohl ehelich eingesegnet, als auch getauft worden und gestorben sind, Hanau, den 1. Jänner 1814".
[58] Kopp, Johann Heinrich, Beobachtungen über den ansteckenden Typhus, welcher im Jahre 1813/14 in Hanau epidemisch war. In: Journal für die Praktische Heilkunde 38 (1814), S. 1–40, hier S. 2 f.
[59] Kopp, Beobachtungen, S. 8 f.

Frühes Gewerbe und traditionelle Landwirtschaft um 1800

Das Stadtgebiet Hanaus – oder besser gesagt von Alt- und Neuhanau – bestand beim Einmarsch der französischen Truppen im Jahr 1806 aus 70 größeren und kleineren Straßen, wobei für diese die Bezeichnung „Gassen" wohl zutreffender ist. Die rund 1.490 Häuser der Stadt, darunter elf herrschaftliche Gebäude, fünf Kirchen, fünf Schulhäuser, 13 Rats- und Gemeindehäuser sowie 15 Scheunen und Stallungen, zu deren Feuerung *„man sich durchgängig des Holzes"* bediente, waren noch von den Befestigungsanlagen mit sechs Toren aus dem frühen 17. Jahrhundert umgeben.[60]

Die Einwohnerzahl beider Städte Hanau betrug um 1800 zusammen rund 12.000, darunter befanden sich genau *„72 in Militair- und 403 in Zivildiensten, 76 treiben Landwirthschaft, 222 Handwerke und 98 Künste, Handel p.p. , 976 sind Knechte, Gesellen und Lehrjungen"*.[61] Die Bewohner der beiden Hanaus verfügten 1806 über einen veritablen Viehbestand. In Ställen, auf Koppeln und Weiden lebten 254 Pferde, 86 Ochsen, 430 Kühe, 95 Rinder, 1.123 Schafe und 1.039 Schweine.[62] Folglich dürfte die vormalige Residenz- und frühe „Fabrikstadt" in manchen Vierteln einen nicht zu übersehenden und ebenso wenig zu überriechenden dörflichen Charakter besessen haben.

Trotzdem zählte Hanau seit der Anlegung der Neustadt um 1600 dank der ursprünglich aus den Spanischen Niederlanden – was weitgehend dem heutigen Belgien entspricht – stammenden innovativen und oft wohlhabenden Handwerkern und Kaufleuten zu den frühen „Fabrikstädten" des Reiches.

Die infolge des 1568 ausgebrochenen Spanisch-Niederländischen oder Achtzigjährigen Krieges geflohenen calvinistischen Glaubensflüchtlinge (Refugiés) aus den ökonomisch fortschrittlichen Landstrichen Wallonien und Flandern hatten sich als einen der ersten Zufluchtsorte Frankfurt ausgewählt. In der lutherischen Reichsstadt stießen ihr liberaleres Wirtschaftsverhalten und ihr religiöses Bekenntnis allerdings auf Ablehnung. Der Rat der Reichsstadt verbot ihnen den reformierten Gottesdienst, weshalb sich eine größere Anzahl dieser Refugiés in Hanau niederlassen wollte.

---

[60] Kopp, Johann Heinrich, Topographie der Stadt Hanau in Beziehung auf den Gesundheits- und Krankheitszustand der Einwohner, Frankfurt 1807, S. 64.
[61] Kopp, Topographie der Stadt Hanau, S. 88 und 93.
[62] Kopp, Topographie der Stadt Hanau, S. 67.

Der Bau der Neustadt begann, unmittelbar nachdem sich Graf Philipp Ludwig II. von Hanau-Münzenberg (1576–1612) im Jahr 1597 mit Vertretern der Refugiés in der „Capitulation" über die Niederlassungsmodalitäten geeinigt hatte. Nach der Aufhebung des Edikts von Nantes durch Ludwig XIV. (1643–1715) im Jahr 1685, das den französischen Calvinisten bis dahin weitgehende Freiheiten garantiert hatte, ließen sich geflohene Hugenotten in der Neustadt nieder, wo sie weiterhin ihren Glauben in ihrer Muttersprache praktizieren konnten. Der Gewerbefleiß der reformierten Glaubensflüchtlinge zeigte sich in der hohen Qualität einzelner Erzeugnisse sowie in der Vielfalt der hier ansässigen Firmen.[63]

Goethe, Gemälde von Joseph Karl Stieler 1828. Johann Wolfgang von Goethe (1749–1832) lobte am Ende der napoleonischen Ära Hanaus Rang als Gewerbestadt und hob einige ihrer Erzeugnisse wegen ihrer Einzigartigkeit hervor. Abbildung: www.wikipedia.org

So existierten in der Stadt um 1800 zehn Strumpffabriken, sieben Betriebe für Camelottwaren (Textilien aus Kamel- oder Ziegenhaar), Plüschmanufakturen, Teppichfabriken und Kattundruckereien. Ansonsten wurden Hüte, Fayencegegenstände, Papierwaren und Spielkarten hergestellt. Auf ähnlich hoher Stufe stand auch die Produktion von Seidenwaren. Daneben gab es Tabak-, Wagen- und Chaisefabriken. Führend waren jedoch die Schmuckwarenprodukte (Bijouteriewaren), die Hanaus weltweiten Ruf begründeten.[64] Niemand Geringerer als Johann Wolfgang von Goethe (1749–1832) lobte am Ende der napoleonischen Ära den beachtlichen Rang Hanaus als Gewerbestadt, das Können seiner Arbeiter und hob einige ihrer Fabrikanten

---

[63] Grundlegend und sehr materialreich zur Gründung der Neustadt: Bott, Heinrich, Gründung und Anfänge der Neustadt Hanau, 1596–1620, zwei Bände, Hanau 1970 und 1971 (Hanauer Geschichtsblätter, Bde. 22 und 23).
[64] Lapp, Das Fürstentum Hanau, S. 9.

NEUER PLAN,
DER STADT
HANAU.
Gezeichnet, Gestochen und Verlegt, von
Johann Jacob Müller,
1809.
Kinzig Fluſs.
Strasse von Gelnhausen
die Fallbach
Explication.
A. Die Altstadt.
B. Die Neustadt.
C. Reformirt Kirche.
D. Lutherische Kirche.
E. Französche Kirche.
F. Holländisch Kirche
G. Hospital Kirche.
H. Das Schlos.
I. Regierungsbau.
K. Collegienbau.
L. Der Marstall.
M. Das Zeughaus.
N. Hohe Landes-schule.
O. Gymnasium.
P. Zeichenakademie
Q. Altstädter Rathhaus u. Stadtwage.
R. Neustädter Rathh.
S. Stadtwage.
T. die Münze.
U. Armenhaus.
V. Reformirt Waisenhaus.
W. Luther. Waisenh.
X. Franz. Waisenh.
Y. Arbeithaus.
Z. Altstädter Hospital.
Neustädter Hosp.
a. Altstädter Fleisch Scharne
b. Neustädter Fleisch Scharn.
c. Tabaksmühle.
d. Frankfurter Thormühle
e. Canalmühle.
Maasstab von 200 Schritt.
Deutscher Kirchhof
Kinzig Fluſs.

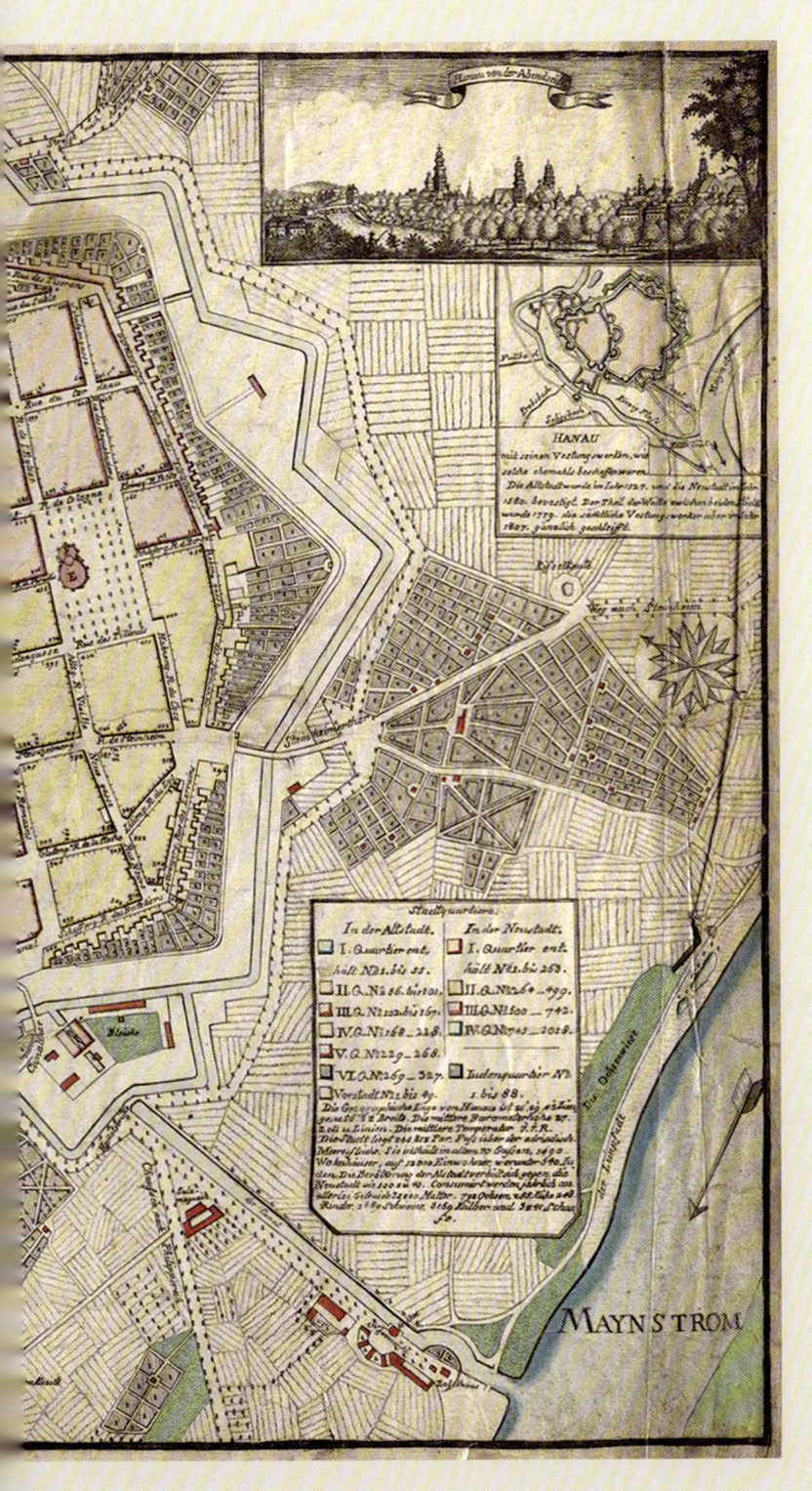

Nach Osten ausgerichteter Plan der Stadt Hanau von Johann Jacob Müller aus dem Jahr 1809. Die Straßen und Gassen sind sowohl in deutscher als auch in französischer Sprache bezeichnet. Das Stadtgebiet von Alt- und Neuhanau bestand beim Einmarsch der französischen Truppen im Jahr 1806 aus 70 größeren und kleineren Straßen, wobei für diese die Bezeichnung „Gassen" wohl treffender ist. Die Stadt zählte rund 1.490 Gebäude, darunter elf herrschaftliche Gebäude, fünf Kirchen, fünf Schulhäuser, 13 Rats- und Gemeindehäuser sowie 15 Scheunen und Stallungen. Abbildung: Hessisches Staatsarchiv Marburg.

wegen der Einzigartigkeit ihrer Erzeugnisse hervor: *„Die Hanauer Arbeiter genießen eines sehr vorteilhaften Rufes; überall werden sie gesucht. Die jetzigen bedeutendsten Chefs, Gebrüder Toussaint, Souchai und Collin, Buri, Müller und Jünger, erhalten die Fabriken nicht nur in ihrem Rufe, sondern sind zugleich bemüht, solche mit jedem Tage zu vervollkommen, und so läßt sich mit Wahrheit behaupten, daß Hanau Arbeiten liefert, die man weder in Paris noch in London zu fertigen weiß, ja die nicht selten jene des industriösen Genf übertreffen."*[65]

Die Hanauer Erzeugnisse, voran die Schmuckwaren, fanden im letzten Drittel des 18. Jahrhunderts ihre wohlhabenden Käufer überwiegend im Ausland. Freilich warfen kriegerische Ereignisse Hanau bei der Entwicklung zu einer bedeutenden Gewerbestadt mehrfach zurück. Viele der hier häufig arbeitsteilig in zumeist kleineren oder mittelgroßen Manufakturen hergestellten Waren zählten zum Segment der Luxusgüter, deren Absatz gerade in Krisen- und Kriegszeiten ins Stocken geriet. So waren gegen Ende der Rheinbundzeit und damit der französischen Vorherrschaft nur noch 13 Gold- und zwei Silberfabrikanten in Hanau tätig.[66]

Zu den kleineren Gewerben in der Stadt zählten die Hut- und Handschuhmacher, die Färber, die Bierbrauer und die Posamentierer, die fertige Textilien mit Quasten, Borten, Fransen oder Spitzen verzierten.[67]

Daneben gab es in den beiden Hanaus zahlreiche Meister, Gesellen und Lehrlinge des traditionellen Handwerks. Viele Bürger und Arbeiter betrieben vor den Toren der Stadt noch eine kleine oder umfangreichere Landwirtschaft. So rührt die Bezeichnung „Hanauer Gäleriewe" daher, dass hier vornehmlich im 18. Jahrhundert größere Mengen Gelbe Rüben (Karotten) angebaut und geerntet wurden, die das Marktschiff nach Frankfurt und sogar bis nach Mainz brachte.[68]

Das quantitativ bedeutendste Gewerbe Hanaus am Ende des 18. Jahrhunderts war die Textilindustrie, die seit dem Anfall an Hessen-Kassel prosperierte. Um die Jahrhundertmitte wurden verschiedene Stoffarten verarbeitet. In diesen Gewerbezweigen waren mindestens 500 weitere Arbeiter und Gesellen beschäftigt. Außerdem arbeiteten 1764 in der Stadt sieben Tuchmacher- und 45 Wollstrumpfwirkerbetriebe.

---

[65] Goethe, Johann Wolfgang von, Sämtliche Werke, Band 29, Reisen an Rhein, Main und Neckar, 1814 und 1815, München 1963, S. 85 f.
[66] Brandt, Harm-Hinrich, Wirtschaft und Wirtschaftspolitik im Raum Hanau, Hanau 1963, S. 60.
[67] Brandt, Wirtschaft und Wirtschaftspolitik, S. 36 f.
[68] Brodt, Hans Peter, Volkskundliches aus Stadt und Landkreis Hanau. In: Hanau. Stadt und Land. Ein Heimatbuch für Schule und Haus, hrsg. vom Hanauer Geschichtsverein mit Unterstützung der Stadt und des Kreises Hanau, Hanau 1954, S. 301.

Diese Branche ernährte allein in der Stadt mehr als 1.000 Beschäftigte und dazu etwa 2.000 Weber und Spinner in Dörfern der Umgebung bis hin in die Obergrafschaft.[69] Um 1812 war dieser Wirtschaftszweig noch von eminenter Bedeutung. In einer Beschreibung des Großherzogtums Frankfurt ist dazu zu lesen: *„Fast an allen Orten trifft man Weberstühle an – im ganzen Departement mehr als 10.000 – auf welchen das im Lande gesponnene, so wie auch das vom Auslande gekaufte Garn zu Leinwand aller Art verfertigt wird. Die vorzüglichsten Sorten sind: Linnen zu Hemden und Futtertuch; gewöhnliches Leinentuch (...) feine Damaste, Tischzeug aller Art, feine und Mittelhandtücher, Packtücher, Sacktuch, auch Bettzwillich und Barchent."*[70]

In diesem Zusammenhang ist bei dem zeitgenössischen Hanauer Gelehrten und Chronisten Johann Balthasar Hundeshagen (1734–1800) bezüglich Ostheims für das Jahr 1782 zu lesen: *„Unter den Einwohnern sind viele Wollenspinner, welche für die hanauischen Fabriken arbeiten."*[71] Bei diesen Ostheimer „Wollenspinnern", wie wohl bei den meisten Webern und Spinnern auf dem Land, handelte es sich sicherlich ursprünglich um Kleinbauern, denen die Erträge aus der Landwirtschaft zur Versorgung ihrer oft kinderreichen Familien alleine nicht ausreichten. Deshalb arbeiteten ganze Familien im Hausgewerbe auf Verlagsbasis, indem sie gegen Stücklohn die von einem Verleger gelieferte Rohware weiterverarbeiten. Nach Fertigstellung sammelte der Verleger die produzierten Güter gegen einen zumeist geringen Stücklohn wieder ein und vermarktete sie. Dieses System führte dazu, dass die Produzenten in den Dörfern in aller Regel in starkem Maße von dem Verlagsunternehmer aus der Stadt abhängig waren.[72]

Aber bald sollte das Textilhandwerk aufgrund der Konkurrenz maschinell gewebter Stoffe aus England und später Belgien in eine schwere Krise geraten. Je mehr sich die industrielle Produktionsweise durchsetzte, desto geringer wurde die Zahl solcher (schein-)selbstständiger Existenzen.

Eine Ursache für diese auf den Dörfern vielfach praktizierte Heimarbeit war die im Südwesten Deutschlands in der Landwirtschaft übliche Realerbteilung. Dieses System hatte im Laufe der Generationen eine Zersplitterung des Grundbesitzes unter allen erbberechtigten Nachkommen mit einer unübersehbaren Zahl von kleinen und

---

[69] Brandt, Wirtschaft und Wirtschaftspolitik, S. 37.
[70] Winkopp, Versuch, S. 55.
[71] Hundeshagen, Johann B., Geographische Beschreibung der Grafschaft Hanau-Münzenberg, Hanau 1782, S. 21. Vgl. dazu auch: Arnd, Geschichte der Provinz Hanau, S. 405 f.
[72] Brandt, Wirtschaft und Wirtschaftspolitik, S. 38.

kleinsten Parzellen zur Folge gehabt. Der Spruch „*Viele Brüder, kleine Güter*" beschreibt die Lage deshalb sehr treffend. Folglich führten viele Kleinbauern und Tagelöhner ein ärmliches Leben, das zudem von Missernten bedroht war. Aufgrund dessen sahen sich viele Landwirte zu zusätzlicher Heimarbeit oder zusätzlichem Kleingewerbe gezwungen, ohne dass sie später ernsthaft mit den nun verstärkt angebotenen industriell gefertigten Produkten konkurrieren konnten. Die im Nebenerwerb von vielen Bewohnern betriebene Leinenweberei verschwand wegen mangelnder Konkurrenzfähigkeit seit Beginn des 19. Jahrhunderts allmählich und der Verlust dieser Erwerbsmöglichkeit verschärfte die soziale Not.[73] Wohlhabendere Bauern konnten ihren Überschuss auf den lokalen Märkten, aber auch in Frankfurt oder Hanau verkaufen. Andere Dorfbewohner arbeiteten als Handwerksmeister oder Gesellen für den örtlichen Bedarf.

Doch sei nun wieder der Blick auf die nach der Beendigung der französischen Vorherrschaft über Deutschland zunächst mit vielen Hoffnungen verbundene politische Entwicklung in Kurhessen und speziell in Hanau nach 1813 gerichtet.

Jubel, Freudenfeuer und neue Grenzen

Trotz der neuen Bedrückungen und Übergriffe alliierter Einheiten stellte sich Ende 1813 unter der Bevölkerung bald spürbare Erleichterung, ja sogar überschwängliche Freude über die Vertreibung der Franzosen ein. Man hoffte, dass die jahrelange Fremdherrschaft mit ihren vielfältigen Belastungen sowie den ungeheuren Opfern an Soldaten, aber vor allem auch an Zivilisten endlich vorüber sei. Hinzu kamen mehr oder minder starke Gefühle eines aufkeimenden gesamtdeutschen und des vertrauten partikularen Patriotismus sowie eine hoffnungsvolle Verbundenheit mit dem vormaligen, nunmehr zurückkehrenden Landesherrn. Anlässe genug, um dies in Stadt und Land Hanau noch über Jahre hinaus mit Volksversammlungen und Freudenfeuern zu feiern.[74]

Entsprechend emphatisch schilderte deshalb der Kesselstädter Pfarrer Johann Friedrich Brand am 2. Dezember die drei Tage zuvor erlebte Stimmung während der

---

[73] Brandt, Wirtschaft und Wirtschaftspolitik, S. 59 ff. und 72 f.; Tapp, Hanau im Vormärz, S. 215 ff.
[74] Vgl. dazu: Bus, Die Nöte, S. 166 ff.; ders., Epidemie und Euphorie – Hanau in den ersten Monaten nach der Schlacht vom 30. und 31. Oktober 1813. In: Hanau in der Epoche Napoleons, S. 332 ff.

Rückkehr des Kurfürsten Wilhelm I.: *„Nichts glich wohl der Freude, mit welcher derselbe in allen Städten und Dörfern empfangen wurde. Er kam von Kassel und über Frankfurt am Main. Die Treue und Anhänglichkeit seines biederen deutschen Volksstamms äußerte sich bei dem Wiedersehen in dem lautesten Ausbruche seiner Herzlichkeit schon an der Mainkuhr oder dem Mainanker (Knallhütte genannt), wo die Geistlichen aus Bergen, Seckbach und dem ganzen Amt Bornheimerberg an der Spitze ihrer sämtlichen Gemeinden, nebst den Beamten, mit dankbaren Freudentränen den Allerhöchsten lobten, dass er ihr Flehen erhört und sie der milden Regierung ihres deutschen Landesfürsten wieder anvertraut habe, und den feierlichen Gesang ‚Nun danket Alle Gott' mit tiefer Rührung anstimmten."*[75]

Doch vorerst blieb es offen, ob der alte nun wieder der neue Landesherr im Hanauischen werden konnte, denn das Königreich Bayern hatte hier ganz eigene Ambitionen.[76] Doch die zwischen Österreich und Bayern im Juni 1814 vereinbarte Vergrößerung des Königreichs um Mainz, Frankfurt und Hanau scheiterte auf dem Wiener Kongress am entschiedenen Widerstand Preußens. Gemäß der Wiener Schlussakte (Artikel 44) musste Bayern Tirol, Salzburg und das Innviertel an Österreich abgeben; im Gegenzug wurden ihm das Großherzogtum Würzburg ganz, vom Großherzogtum Frankfurt dagegen nur das Fürstentum Aschaffenburg zugesprochen, was ungefähr dem ehemals mainzischen Spessart entsprach.[77] Das Fürstentum Hanau und das Fürstentum Fulda kamen an den wiedereingesetzten hessischen Kurfürsten Wilhelm I. Letzteres ohne Brückenau, das Bayern erhielt.

Das Fürstentum Isenburg wurde gemäß einem Staatsvertrag zwischen Österreich, Preußen und dem Großherzogtum Hessen(-Darmstadt) am 30. Juni 1816 dem Großherzogtum zugesprochen. Hessen-Darmstadt nutzte diesen Anfall für ein Kompensationsgeschäft mit Kurhessen. Hessen-Kassel verzichtete auf einigen Hanauer Altbesitz (z. B. Rodheim, Ortenberg und Babenhausen) und bekam dafür günstiger gelegenen isenburgischen Besitz (u. a. die Ämter Langenselbold, Meerholz, Wächtersbach) und ehemals kurmainzisches Gebiet mit den Dörfern Oberrodenbach, Groß-

---

[75] Pfarrarchiv Kesselstadt: Protocollum der evang.reformierten Kirche zu Kesselstadt.
[76] Picard, Die Schlacht bei Hanau, S. 260 ff.
[77] Vgl. dazu: Bethke, Gerd S., Territorialveränderungen im Rhein-Main-Gebiet seit 1787. In: Rad und Sparren. Zeitschrift des Historischen Vereins Rhein-Main-Taunus e.V., 16 (1988), S. 3–34; Spieß, Hans-Bernd, Von Kurmainz zum Königreich Bayern. Änderungen der territorialen und landesherrlichen Verhältnisse im Raum Aschaffenburg 1803–1816. In: Mitteilungen aus dem Stadt- und Stiftsarchiv Aschaffenburg, 2 (1987–1989), S. 263–287.

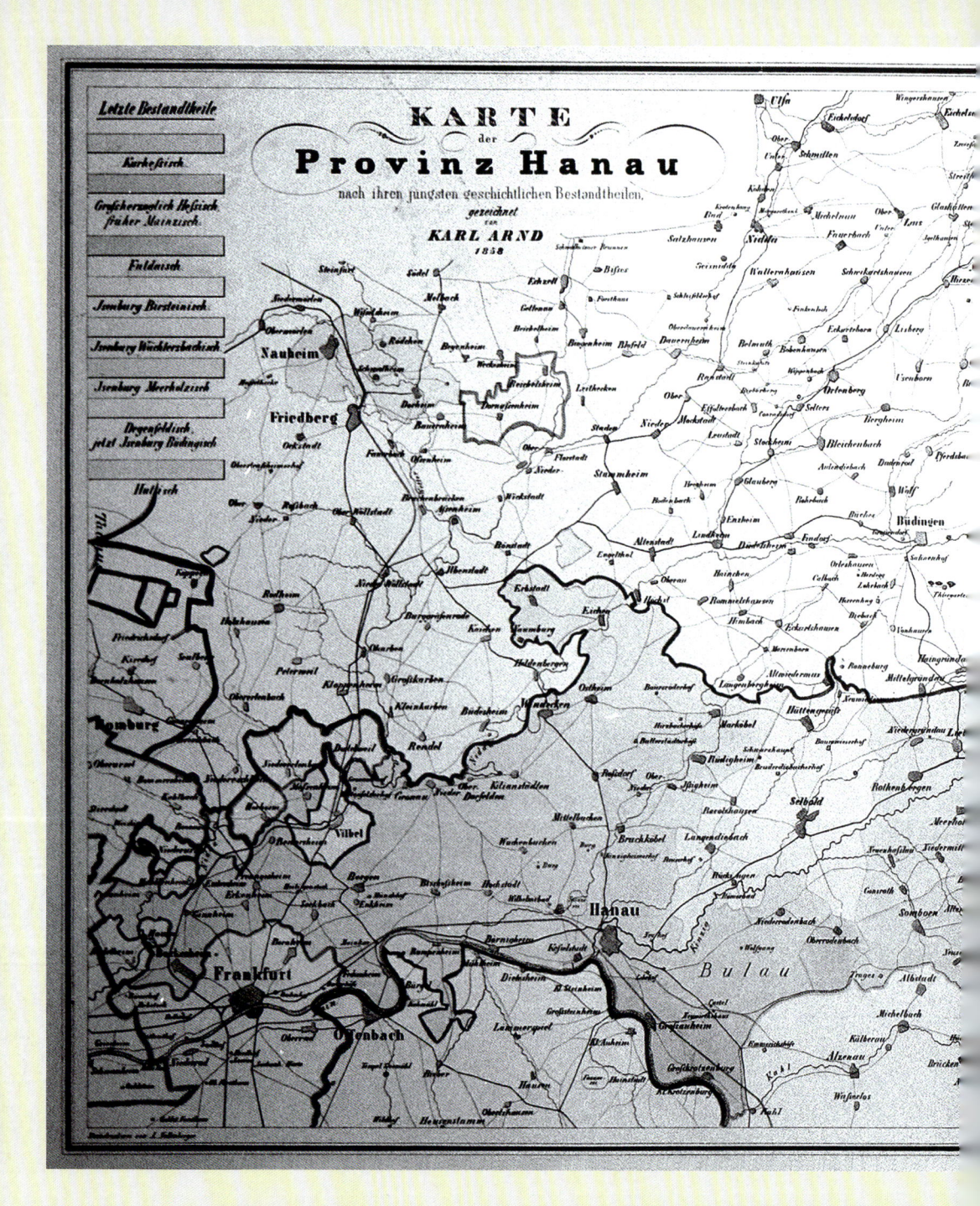

Die Provinz Hanau zur Mitte des 19. Jahrhunderts. Damals gehörte noch eine ganze Reihe von heutigen Frankfurter Stadtteilen zu Provinz und Kreis Hanau. Das Amt Nauheim/Dorheim sowie die Dörfer Rumpenheim und Massenheim wurden 1866 ausgegliedert. Bockenheim, Berkersheim, Eckenheim, Eschersheim, Ginnheim, Praunheim, Preungesheim und Seckbach fielen im Jahr 1886 an Frankfurt. Mit diesen Zuwächsen konnte Frankfurt sein Stadtgebiet fast verdoppeln! Das stark industrialisierte und damit gewerbesteuerkräftige Fechenheim kam 1928 ebenso zur Mainmetropole wie 1977 Bergen-Enkheim. Abbildung: Medienzentrum Hanau.

Vogelsberg
Schlüchtern
Steinau
Salmünster
Wächtersbach
Orb
Orber Reisig
K. BAIR. KURHESS. GEMEINDSCHAFT
Bad Brückenau
Bieber
Lohrhaupten
Spessart
Flieden
Neuhof
Rommerz
Begrenzungen
Bairisch
Darmstädtisch
Nassauisch
Homburgisch
Frankfurtisch
Provinz Fulda

krotzenburg und Großauheim.⁷⁸ Damit erhielt Hanau eine Landverbindung zu den nordhessischen Stammländern des Kurfürstentums.

Mit der kurhessischen Justiz- und Verwaltungsreform von 1821 (Organisationsedikt) sollten die Grundlagen geschaffen werden, um das Land nach preußischem Muster regional zu gliedern. Als oberste Regierungsstelle diente das Staatsministerium mit den vier Departements Justiz, Inneres, Finanzen und auswärtige Angelegenheiten. Dem Innenministerium waren die vier Provinzialregierungen in Kassel, Marburg, Fulda und Hanau als Mittelinstanzen nachgeordnet. Ferner ersetzten von nun an die Kreise oder Kreisämter die Ämter und parallel dazu führte man die Trennung von Justiz und Verwaltung ein. Die alten Ämter dienten seither lediglich noch als Justizverwaltungseinheiten.

Die Provinz Hanau umfasste die neu eingerichteten Kreise („Kreisämter") Hanau, Gelnhausen, Salmünster und Schlüchtern. Diese Verwaltungseinteilung erfuhr 1830 durch die Auflösung des Kreises Salmünster eine teilweise Revision. Die Gemeinden des Justizamts Salmünster kamen zum Kreis Schlüchtern, die Gemeinden der Gerichte Birstein und Wächtersbach wurden dem Kreis Gelnhausen zugeschlagen, vom Kreis Gelnhausen gingen die Orte des Gerichts Langenselbold mit dem gleichnamigen Ort sowie Langendiebach, Ravolzhausen, Rückingen, Hüttengesäß und Neuwiedermus an den Kreis Hanau.⁷⁹

In der Provinz Hanau lebten 1827 rund 105.000 Menschen. Gut 84.000 Personen gehörten einer protestantischen Glaubensrichtung an, etwas mehr als 16.000 waren Katholiken und knapp 3.900 Juden. Das Verhältnis von Stadtbewohnern zur Landbevölkerung betrug etwa eins zu drei.⁸⁰

So viel zunächst zu den politischen, gesellschaftlichen und wirtschaftlichen Verhältnissen in und um Hanau zu Anfang des 19. Jahrhunderts, die der junge Anwalt Bernhard Eberhard vorfand, als er 1817 seine Juristenlaufbahn begann.

---

⁷⁸ Picard, Die Schlacht bei Hanau, S. 263 ff.
⁷⁹ Zu den einzelnen Reformmaßnahmen und den Besonderheiten der Provinz Hanau: Meise, Eckhard, Das Altstädter Rathaus zu Hanau als Sitz des Kurfürstlichen Landgerichts (1822–1850), zugleich ein Beitrag zur Geschichte der Hanauer Behörden im Vormärz. In: Hanauer Geschichtsblätter, Band 30 (1988), S. 557 f.
⁸⁰ Hildebrand, Statistische Mittheilungen, S. 62 f.

DAS LEBEN UND WIRKEN DES KANZLEIGRÜNDERS BERNHARD EBERHARD

Bernhard Eberhards Herkunft

Bernhard Eberhard, der „Stammvater" der heutigen Kanzlei Ludwig Wollweber Bansch, zählt sicherlich zu den bedeutendsten Oberbürgermeistern und historisch sowohl zu den interessantesten als auch zu den einflussreichsten Persönlichkeiten Hanaus. Über seinen Lebensweg, seine Wahrnehmung bestimmter Entwicklungen und die Motive seiner Entscheidungen informiert am ausführlichsten seine Autobiografie, deren ersten Teil er im August 1850 in Kassel abschloss. Das wesentlich kürzere Schlusskapitel beendete er im Januar 1853 in Hanau. Der Druck beider Teile mit einem Umfang von 71 Seiten erfolgte 1911 unter dem Titel „Aus meinem Leben" im ersten Band der Hanauer Geschichtsblätter.[81]

Das dem Hanauer Geschichtsverein von den Nachkommen Bernhard Eberhards zur Veröffentlichung überlassene Manuskript seiner Aufzeichnungen befindet sich im Hessischen Staatsarchiv in Marburg.[82] Es ist bezüglich der Schilderung seiner frühen Jahre mit der gedruckten Ausgabe fast identisch. Aber eben nur fast, zudem lässt die vorangestellte Titulatur die Vermutung zu, dass er seine Aufzeichnungen gar nicht einer größeren Öffentlichkeit zukommen lassen wollte. Dort heißt es nämlich: *„Einige der wichtigsten Momente aus meinem Leben; aufgezeichnet für meine Kinder und Enkel"*. Und dass nur diese als die eigentlichen Adressaten seiner Lebensbeschreibung ausersehen waren, hat er dann mehrfach in seinem Text wiederholt.[83] Ähnliches geht auch aus einer erhaltenen Nachschrift von einer kurzen Nachricht von Bernhard Eberhard an seine Tochter Luise („Wisa") hervor. In der in Hanau verfassten Notiz vom 9. März 1850 erfährt man, dass er seine Erinnerungen in mehreren „Abteilungen" seinen Kindern zur Kenntnis gab, dass sie ihnen Freude

---

[81] Eberhard, Bernhard, Aus meinem Leben, S. 1–74. Eine kurze Zusammenfassung des Lebenswegs von Eberhard findet sich in: Siebert, Hanauer Biographien, S. 44 ff., und Kurz, Werner, Diese mit Liebe gepflegte Anstalt... Oberbürgermeister Bernhard Eberhard und die Idee einer städtischen Sparkasse. In: Unser Geld. Vom römischen Denar zum Euro, 2000 Jahre Geldgeschichte, hrsg. von der Sparkasse Hanau, Hanau 2001 (Stadtzeit 4), S. 61 ff.
[82] Hessisches Staatsarchiv Marburg: Slg 1, 121i Selbstbiographie Bernhard Eberhard, Hanau 1853, 2 Hefte mit 3 dazugehörigen Stücken, 1853.
[83] So beispielsweise auf den Seiten 42 und 44 mit der Formulierung „meinen lieben Kindern".

Aktuelle Aufnahme des ehemaligen zweiten Pfarrhauses in Schlüchtern. In dem Gebäude wurde Bernhard Eberhard am 6. April 1795 geboren. Abbildung: Stadtarchiv Schlüchtern (Bernd Ullrich).

bereiteten und dass er das Beste seiner Erlebnisse, nämlich das Familienleben, noch zu schreiben gedachte.[84]

Insgesamt erweist sich die mehr als 50 Jahre nach seinem Tod gedruckte Version hinsichtlich seines Studiums der Rechtswissenschaften und zu seiner ersten Zeit in Hanau in einigen Punkten als geringfügig ausführlicher. Hinweise auf seine familiären Verhältnisse kommen – zumeist verstreut – recht spärlich vor. Vielleicht auch deshalb, weil er seine Memoiren in erster Linie für seine nächsten Angehörigen verfasste, die damit natürlich vertraut waren.

Doch erst einmal sind einige Angaben zu Bernhard Eberhards Herkunft voranzustellen. Der spätere Anwalt und Politiker entstammt einer Pfarrersfamilie. Zumindest

---

[84] Sammlung Andreas Ludwig: Nachschrift des Schreibens vom 9. März 1850.

schon sein Urgroßvater Johann Heinrich, sein Großvater Philipp Heinrich, geboren 1734 in Hochstadt, amtierten als evangelisch-reformierte Pfarrer in Hochstadt und in dem damals hanauischen Ort Ober-Eschbach.[85] Philipp Heinrichs Ehefrau Rahel war eine gebürtige Jessoy. Diese Familie kam in den 1720er-Jahren aus ihrer Heimatstadt Metz in Lothringen nach Hanau und ließ sich in der Neustadt nieder.[86]

Bernhards Vater Andreas Ludwig Eberhard (1764–1813) wirkte als reformierter Geistlicher von 1792 bis zu seinem Tod in Schlüchtern, wo Bernhard als zweites von vier Kindern, zwei Töchtern und zwei Söhnen, im Pfarrhaus auf dem Kapellenberg, das ehedem als Gästehaus für Pilger und Bedürftige diente, geboren wurde.[87] Der Mädchenname seiner in Hanau geborenen Mutter Marianne (1769–1845) lautet Toussaint. Andreas Ludwig war zuvor von 1789 bis 1792 Pfarrer in Hanau an der dortigen Marienkirche, wo er seine Frau im Jahr 1792 geheiratet hatte.[88]

Bernhard Eberhard, der zweite Sohn der Familie, die *„durch Hugenottenblut und Kenntnis der fremden Sprache ein französischer Anhauch umgab"*,[89] besuchte in seinem Geburtsort Schlüchtern, der um 1800 rund 1.400 Einwohner zählte,[90] das Gymnasium im ehemaligen Kloster. Sein Vater vermittelte ihm über den Unterrichtsstoff hinausgehende Kenntnisse.

Mit 16 Jahren wurde Eberhard im Juli 1811 *„zum Besuch der Universität für reif erklärt"*. Dieser Umstand war Grund für eine Feier im Gymnasium mit nahen Angehörigen und den *„versammelten Honoratioren des Städtchens Schlüchtern und der Umgebung"*. Bei diesem Anlass hatte der vor Aufregung an Arm und Bein zitternde Eberhard eine *„sorgfältig memorierte Abschieds- und Danksagungsrede"* herzusagen. Am Ende erhielt er vom *„Rektor nach damaliger Sitte einen Stahldegen"* überreicht, den der angehende Student daraufhin nach altem Brauch an zwei hintereinander folgenden Sonntagen an einem bestimmten Platz in der Kirche während des Gottesdienstes zu tragen hatte. Den Abschluss der heimischen Feierlichkeiten bildete

---

[85] Urkunden zum Ahnenpass Karl Ludwig Jakob Eberhard, Dr. jur. Rechtsanwalt + Notar, Hanau a/M Landgrafenstr., pag. 16* und 32*.
[86] Urkunden zum Ahnenpass Karl Ludwig Jakob Eberhard, 16*, und Zimmermann, Hanau. Stadt und Land, S. 644.
[87] Die Angabe zum Geburtshaus stammt aus: Praesent, Wilhelm, Schlüchterner Gestalten aus sieben Jahrhunderten, Schlüchtern 1978, S. 58. Zur Geschichte des damaligen Schlüchterner Pfarrhauses: Praesent, Wilhelm/Bernd Ullrich, Das ehemalige Benediktiner-Kloster Schlüchtern. Eine Kurzfassung zur Geschichte und heutigen Nutzung, Schlüchtern 2011, S. 42 f.
[88] Pfarrergeschichte des Sprengels Hanau („Hanauer Union") bis 1968, nach Lorenz Kohlenbusch, bearb. von Max Aschkewitz, 2. Teil, Marburg 1984, S. 668 f.
[89] Praesent, Wilhelm, Historische Ecken in Schlüchtern, o. O., o. J.
[90] Winkopp, Versuch, S. 299.

Blick auf das ehemalige Kloster Schlüchtern um 1850. Das Kloster diente nach der Reformation als Gymnasium. Hier legte Bernhard Eberhard seine Reifeprüfung ab. Abbildung: Stadtarchiv Schlüchtern (Bernd Ullrich).

der Studentenschmaus im Hause Eberhard, bei dem es Bernhards eigener Aussage zufolge recht ungezwungen zugegangen ist.[91]

Seine anschließenden Studienjahre sind in Bernhard Eberhards Retrospektive recht kurz und die Aufnahme der Tätigkeit als Rechtsanwalt gar nur mit wenigen Sätzen wiedergegeben. Bezüglich der Motive für die Wahl dieses Studienfachs weist Eberhard darauf hin, dass er damit dem Wunsch seines Vaters und einer Familientradition entsprochen habe. Diese sah *„schon seit mehreren Menschenaltern"* vor, dass der älteste Sohn der Familie Religionswissenschaften studiert und anschließend das Amt eines Pfarrers im Hanauischen ausübt.[92] Philipp (1793–1859),[93] der ältere Bruder von Bernhard, nahm deshalb das Studium der Theologie auf, während für den nachgeborenen Sohn das Studium der Jurisprudenz vorgesehen war. So machte sich der

---

[91] Eberhard, Aus meinem Leben, S. 9 f.
[92] Eberhard, Aus meinem Leben, S. 9.
[93] Pfarrergeschichte des Sprengels Hanau („Hanauer Union") bis 1969, nach Lorenz Kohlenbusch bearb. von Max Aschkewitz, 1. Teil, Marburg 1984, S. 34. Philipp Eberhard war von 1813 bis 1833 Pfarrer in Wetzlar und danach erster Pfarrer und Superintendent in Hanau (Marienkirche).

noch sehr junge Mann – oder besser gesagt: der Heranwachsende – im Juli 1811 auf den Weg, um an der Universität in Marburg das Studium der Rechte aufzunehmen.[94]

Die Reise dorthin bewertet Bernhard Eberhard als seinen *„ersten Gang in die Welt"*, da ihm zuvor, abgesehen von zwei Besuchen in Hanau, lediglich Schlüchtern und seine unmittelbare Umgebung vertraut gewesen waren. Erwähnenswert erscheint ihm dabei, dass die Tour in die Universitätsstadt an der Lahn in einem alten Postwagen stattfand und ihm seine Mutter neben Geld und Esswaren einen *„großen Radaunekuchen"* als Wegzehrung mitgegeben hatte, den er gemeinsam mit den anderen Passagieren unterwegs verzehrte. Die Fahrt führte über Gelnhausen und Frankfurt, wo die Reisegesellschaft jeweils Zwischenstation machte. In der alten Reichsstadt am Main übernachtete er bei der Familie Passavant, wo sein Vater früher als Hauslehrer tätig war und *„in sehr gutem Andenken stand"*.[95] Erst am dritten Reisetag erreichte Eberhard sein Ziel Marburg, wo er auf einige alte Bekannte aus seiner Heimat traf.[96]

Studienjahre in Marburg, Wetzlar und Gießen

An welchem Tag Bernhard Eberhard in Marburg ankam, ist nicht bekannt, sicher ist aber, dass er sich am 25. Oktober 1811 immatrikulierte.[97] Mehr allerdings erfahren wir aus dem Marburger Universitätsmatrikel kaum. Wie es bis weit in das 19. Jahrhundert hinein an Universitäten (also nicht nur in Marburg) üblich war, sind darin nur Vorname, Nachname und Herkunftsangabe verzeichnet. Nicht aufgenommen sind zumeist das studierte Fach, das uns in diesem Fall freilich bekannt und in Marburg sogar verzeichnet ist, und insbesondere nicht der Tag der Exmatrikulation. Aus Eberhards Vita geht jedoch hervor, dass er die Universität Marburg nach einjährigem Studium vorübergehend verließ,[98] um seine Ausbildung an der

---

[94] Eberhard, Aus meinem Leben, S. 9.
[95] Bei Eberhards Gastgeber handelte es sich vermutlich um Jakob Ludwig Passavant (1751–1827), dem Pfarrer der deutsch-reformierten Gemeinde in Frankfurt. Er war Goethes Reisebegleiter, bei dessen erster Reise durch die Schweiz vom 9. bis 26. Juni 1775. Vgl.: https://de.ia.org/wiki/Passavant#Frankfurter_Linie_.28Auswahl.29, abgerufen am 23. Oktober 2015.
[96] Eberhard, Aus meinem Leben, S. 10.
[97] http://dspace.ut.ee/bitstream/handle/10062/24860/g_1913.pdf?sequence=1 unter Matrikel-Nummer 62. Unter den drei Spalten „Nomina – Patria – Studia:" ist dort Folgendes verzeichnet: „Bernh. Eberhard" – „Francof:" – „Jurissc:".
[98] Eberhard, Aus meinem Leben, S. 10. Für die nachfolgenden Ausführungen zu Bernhard Eberhards Studienzeit danke ich dem Mitautor Bernd Kannowski.

Ansicht von Marburg um 1815, kolorierte Aquatinta von Friedrich Christian Reinermann.
Abbildung: www.lagis-hessen.de

Rechtsschule Wetzlar fortzusetzen. Über sein dortiges Eintrittsdatum ist nichts bekannt, da sämtliche Unterlagen der Rechtsschule Wetzlar verschwunden oder jedenfalls aus irgendwelchen Gründen nicht überliefert sind.[99]

Die Rechtsschule Wetzlar war überhaupt eine merkwürdige Bildungseinrichtung, die mit Napoleons Herrschaft aufkam und mit ihrem Ende ebenso schnell wieder verging. Was hat es mit der kleinen Reichsstadt als Ort des Rechts überhaupt auf sich? Vor dem Ende des von Bonaparte in die Knie gezwungenen Heiligen Römischen Reiches Deutscher Nation war Wetzlar in dieser Hinsicht in der Tat überaus bedeutend. Die Stadt war der Sitz des Reichskammergerichts, – des neben dem Kaiserlichen Reichshofrat in Wien höchsten Gerichts im Alten Reich. Und eben dieses Reichskammergericht mit all seinem Personal war für die kleine Reichsstadt ein wichtiger Wirtschaftsfaktor. Man kann sogar so weit gehen, zu sagen, dass die

---

[99] Biermer, Magnus, Die Rechtsschule in Wetzlar, Mitteilungen des Oberhessischen Geschichtsvereins N. F. 12 (1903), S. 106.

Stadt, nachdem das Gericht im Jahr 1689 seinen Sitz nach Wetzlar verlegt hatte, beträchtlich an Einwohnern hinzugewann und so klein gar nicht mehr war. Wetzlar, ursprünglich ein „*erbärmliches Nest*",[100] mauserte sich auf diese Art im Jahr 1804 zu einer Stadt mit etwa 4.200 Einwohnern, von denen etwa jeder vierte Bewohner in irgendeiner Verbindung zum Reichskammergericht stand.[101]

Als Kaiser Franz II. am 6. August 1806 die Reichskrone niederlegte, bedeutete das gleichfalls das Ende für das Reichskammergericht. Damit verloren die dort beschäftigten Richter und ortsansässigen Anwälte auf einen Schlag ihre Arbeit beziehungsweise ihre Mandate. Die empfindlichen ökonomischen Konsequenzen dieser Ereignisse für Wetzlar zeigten sich nicht zuletzt daran, dass die dortigen Immobilienpreise um die Hälfte sanken.[102]

Zur Abfederung dieser wirtschaftlichen Misere betrieb der umsichtige Fürstprimas des Rheinbunds und Großherzog von Frankfurt Carl Theodor von Dalberg eine Förderungspolitik der besonderen Art. Er initiierte eine Rechtsschule, an der jeder, der im Großherzogtum Frankfurt Richter werden wollte, einen Abschluss erwerben musste.[103] Eberhard spricht gar von „*Studienzwang*"[104] durch die großherzogliche Regierung. Dalberg begründete diese Schritte wie folgt: „*Nebst dem Zwecke zur Beförderung des Studiums der Rechtswissenschaften, haben Wir durch die Errichtung dieser neuen Rechtsschule auch für Unsere gute Stadt Wezlar, auf deren Wohlstand die Auflösung des ehemaligen Reichskammergerichts nachtheilige Folgen erzeugen mußte, die Erhaltung ihres Wohlstandes und zeitherigen Flors für die Rechtswissenschaften, so viele an Uns liegt, beabsichtiget. In dieser Absicht haben Wir bereits mehrere Lehrer mit Gehalten ernannt (...)*"[105]

Die sechs Lehrstühle der Rechtsschule Wetzlar besetzte er vorwiegend mit ehemaligen Beamten des Reichskammergerichts.[106] Diese gut gemeinte Maßnahme gegen den Wetzlarer Bevölkerungsschwund war indessen nicht von langer Dauer. Schon Ende 1813 kam der Schulbetrieb infolge der Niederlagen Napoleons gänzlich zum Erliegen, die Professoren wechselten an andere Universitäten und das Schulgebäude

---

[100] Biermer, Rechtsschule in Wetzlar, S. 107.
[101] Biermer, Rechtsschule in Wetzlar, S. 109.
[102] Biermer, Rechtsschule in Wetzlar, S. 109.
[103] Biermer, Rechtsschule in Wetzlar, S. 106.
[104] Eberhard, Aus meinem Leben, S. 11.
[105] Zitiert nach: Jung, Irene, Wetzlar. Eine kleine Stadtgeschichte, Erfurt 2010, S. 84.
[106] Biermer, Rechtsschule in Wetzlar, S. 109.

Die Anfänge und frühe Zeit der Kanzlei Eberhard in Hanau, 1817–1903

Ansicht von Wetzlar um 1815, kolorierte Aquatinta auf Papier. Abbildung: www.lagis-hessen.de

wurde zu einem Lazarett umfunktioniert. Aufgrund einer Kabinettsorder erfolgte im September 1816 nach schließlich gerade einmal acht Jahren nach ihrer Gründung offiziell die Auflösung der Schule.[107]

Eberhard hat nach eigenen Angaben lediglich zwei Semester in Wetzlar studiert, was aus den soeben genannten Umständen gar nicht länger möglich gewesen wäre. Danach musste er vermutlich sein Studium für einige Zeit unterbrechen, wie er es in seiner Autobiografie ja – wenn auch für einen anderen Zeitraum – erwähnt: *„Nach längerer Unterbrechung meiner Universitätsstudien durch den Krieg kehrte ich noch für ein halbes Jahr nach Marburg zurück und schloß damit im Jahr 1816 mein Universitätsstudium."*[108] Wir wissen jedenfalls, dass er zum 14. November 1814 sein Studium an der Universität Gießen aufnahm.[109] Nach eigenen Angaben folgte er seinem *„würdigen*

---

[107] Jung, Wetzlar, S. 84.
[108] Eberhard, Aus meinem Leben, S. 11.
[109] Kössler, Franz, Register zu den Matrikeln und Inscriptionsbüchern der Universität Gießen WS 1807/08 – WS 1850 (Berichte und Arbeiten aus der Universitätsbibliothek Gießen 25), Gießen 1976, S. 38.

Lehrer, Professor von Löhr",[110] weil dieser 1813 einen Ruf dorthin erhalten und angenommen hatte. Somit gehörte von Löhr nach den Rechtsgelehrten des Reichskammergerichts zur zweiten Welle von Juristen, die durch einen politischen Umbruch in Wetzlar arbeitslos geworden waren. Von Löhr fand dann in Gießen eine Anstellung und lehrte dort von 1813 bis 1851.[111] Bernhard Eberhard lobt ihn in seinen Aufzeichnungen als einen ausgezeichneten Pandektisten.[112] Die „Pandektistik" oder „Pandektenwissenschaft" ist die bestimmende Denkströmung in der Zivilrechtswissenschaft des 19. Jahrhunderts. Ihr Ausgangspunkt war das römische Recht in Form einer auf das 6. Jahrhundert zurückgehenden Sammlung, insbesondere ihres wichtigsten Teils, die Pandekten. Dabei gingen die Pandektisten davon aus, dass das römische Recht bzw. daraus resultierende allgemeine Grundsätze fortgalten, sofern diese für die Gegenwart noch Bedeutung hatten. Sie bedienten sich damit in Anknüpfung an den bedeutenden Juristen Friedrich Carl von Savigny (1779–1861) einer historischen Methode und gelangten auf dieser Grundlage zu einem „heutigen römischen Recht".

In Gießen nahm Eberhard ebenfalls an Veranstaltungen des Juristen und späteren großherzoglich hessischen Ministers Carl Grolman (1775–1829) teil. Der Juraprofessor lehrte dort seit 1798 und war seit 1816 Vorsitzender der Gesetzkommission des Großherzogtums Hessen in Darmstadt, seit 1819 Staatsminister und seit 1821 Minister des Innern sowie der Justiz und Ministerpräsident.

Inwiefern die napoleonischen Eroberungen das Jurastudium an den von Eberhard besuchten Fakultäten beeinflussten, lässt sich durch einen Blick in die Vorlesungsverzeichnisse der damaligen Zeit erschließen. Diese sind für Marburg in lateinischer, für Gießen in deutscher Sprache überliefert und heute jeweils auch online verfügbar.[113] Die Akten der Rechtsschule Wetzlar sind nicht überliefert, doch wissen wir, dass einer der dortigen sechs Lehrstühle für französisches Recht, Staats- und Lehensrecht denominiert war und dass nach Dalbergs Plan das französische Recht, für das es noch keine Ausbildungsstätte gab, im Mittelpunkt des Unterrichts stehen sollte.[114]

---

[110] Eberhard, Aus meinem Leben, S. 11.
[111] Biermer, Rechtsschule in Wetzlar, S. 109.
[112] Eberhard, Aus meinem Leben, S. 11.
[113] https://www.uni-marburg.de/uniarchiv/vorlesungsverzeichnisse; http://geb.uni-giessen.de/geb/schriftenreihen?sr_id=6&la=de.
[114] Biermer, Rechtsschule in Wetzlar, S. 109.

In Marburg sind für das Wintersemester 1811/1812, also für das erste Semester Jura des damals 16-jährigen Bernhard Eberhard, Vorlesungen im öffentlichen Recht des von Napoleon geschaffenen Königreichs Westfalen verzeichnet und gleichermaßen über das öffentliche Recht des Rheinbunds. Weiterhin sind solche über das bürgerliche Recht nach dem Code Napoleon zu finden. Darüber hinaus gab es eine Lehrveranstaltung über ein System der Anspruchsgrundlagen nach den Prinzipien des napoleonischen Rechts. Das ist besonders bemerkenswert, zeigt es doch, dass die Rechtswissenschaft in Deutschland schon nach kurzer Zeit begonnen hatte, sich wissenschaftlich mit den Grundsätzen des neuen Rechts auseinanderzusetzen, oder zumindest die einschlägigen Debatten aus Frankreich rezipiert hatte.

Offensichtlich musste Eberhard ein straffes Programm absolvieren, was ihn dermaßen in Anspruch nahm, dass der angehende Jurist nach eigener Aussage *„den Freuden der Universität (...) fast gänzlich entsagen mußte"*.[115]

Als Eberhard zum Wintersemester 1814/1815 sein Jurastudium in Gießen aufnahm, spürte man dort von den während der napoleonischen Herrschaft durchgeführten Veränderungen im Studienplan nicht mehr das Geringste. Das ist nicht weiter verwunderlich. Der Rheinbund war nach der Niederlage Napoleons in der Völkerschlacht bei Leipzig im Oktober 1813 auseinandergebrochen, sodass seine Rechtsverfassung nun der Geschichte angehörte. So hatte das Generalgouvernement der verbündeten Mächte für das Großherzogtum Frankfurt am 16. Januar 1814 Folgendes verordnet: *„Der Code Napoleon, der französische Code penal und die das Verfahren in bürgerlichen und peinlichen Rechtssachen bestimmende, neu eingeführte Prozessordnung, samt allen in Beziehung auf die französische Gesetzgebung erschienene und damit zusammenhängende Verordnungen, Vorschriften und Dekrete sind mit dem 01.02. dieses Jahres in den großherzoglich frankfurtischen Landen und Gebiethstheilen außer Kraft, Gültigkeit und Wirkung gesetzt."*[116] Damit war das kurz vorher eingeführte französische Recht mit einem Federstreich bedeutungslos geworden.

Das heißt allerdings keineswegs, dass das französische Recht an der Gießener juristischen Fakultät nie eine Rolle gespielt hätte. Seine Einführung konnte sich in der kurzen napoleonischen Epoche dort mindestens genauso deutlich manifestieren wie in Marburg. So gab es in Gießen etwa im Sommersemester 1811 Vorlesungen über das Staatsrecht des Rheinbunds, Institutionen des französischen Zivilrechts,

---

[115] Eberhard, Aus meinem Leben, S. 10.
[116] Hanauer Neue Zeitung vom 22. Januar 1814.

Handels- und Wechselrecht mit Rücksicht auf das französische Handelsgesetz sowie über katholisches und protestantisches Kirchenrecht mit Bezug auf den Code Napoleon. All das war jedoch, wie gesagt, bei Eberhards Ankunft in Gießen Ende 1814 vollständig vom Lehrplan verschwunden. Bis dahin dürften ihn die modernen bürgerlichen Prinzipien des französischen Rechts dennoch nicht unwesentlich beeinflusst haben.

Nach der Gießener Zeit setzte Bernhard Eberhard dann sein Studium für ein halbes Jahr an der kurhessischen Landesuniversität in Marburg fort.[117] Wir wissen aber nicht, wann Bernhard Eberhard Marburg schließlich verließ.

Die Gründung der Kanzlei in Hanau

Nach Beendigung seiner Studien wurde Bernhard Eberhard dann 1816 „*als erster Hanauer Kandidat (...) nach wiederhergestellter vaterländischer Verfassung in der alten Weise*" in Marburg examiniert. Was nichts anderes bedeutete, als dass man bis dahin sämtliche Neuerungen und Prüfungsinhalte aus der Dalbergzeit wieder rückgängig gemacht hatte. Den Abschluss des Examens bildete dabei eine zweistündige in lateinischer Sprache geführte mündliche Prüfung vor dem versammelten Obergericht, die der Schlüchterner Pfarrerssohn mit Erfolg absolvierte. Über die uns heute befremdlich erscheinende Gewandung des seinerzeit gerade mal 21-jährigen Prüflings informiert er den Leser selbst recht detailliert. Bei diesem Anlass trug Eberhard einen schwarzen Frack, kurze schwarzseidene Beinkleider, seidene schwarze Strümpfe, einem dreieckigen Hut und einen Stahldegen an der Seite.[118] Ob es sich dabei um die seinerzeit in Schlüchtern verliehene Waffe handelte, erwähnt der Autobiograf nicht, es ist aber zu vermuten.

Bezüglich seiner Zulassung als Anwalt und zu seinem erfolgreichen Berufsanfang schreibt Eberhard in seiner Rückschau kurz und bündig: „*Ich wurde zum Amt eines Anwalts tüchtig befunden, und erhielt bald darauf das höchste Rescript, das mich am 7. Januar 1817 als Obergerichts- (Gerichts) Anwalt ernannte.*"[119] In einer kurzen Notiz

---

[117] Eberhard, Aus meinem Leben, S. 11.
[118] Eberhard, Aus meinem Leben, S. 10. In der handschriftlichen Autobiografie Bernhard Eberhards, die er in den frühen 1850er-Jahren verfasste, nennt er 1817 (S. 13r) als Abschluss seines Studiums, in der Druckfassung dagegen das Jahr 1816. Letzteres ist sicherlich richtig.
[119] Eberhard, Aus meinem Leben, S. 11.

Die Anfänge und frühe Zeit der Kanzlei Eberhard in Hanau, 1817–1903

Der Neustädter Marktplatz um 1820, kolorierte Radierung von Friedrich Cornicelius (1787–1853). Im Verhalten der abgebildeten Personen spiegelt sich die soziale Gliederung der Stadtbewohner: Während die besser gekleideten Bürger und die Mitglieder der Bürgerwache miteinander reden, gehen Handwerker, Boten, Marktfrauen und Fuhrleute ihrer Arbeit nach. Abbildung: Historisches Museum Hanau Schloss Philippsruhe / Hanauer Geschichtsverein 1844 e.V.

einer Hanauer Zeitung konnte man dann am 23. Januar lesen: *„Der Kandidat der Rechte Bernhard Eberhard aus Schlüchtern erhält die Advokatur und Prokuratur bei dem hiesigen Hofgericht."*[120] Entsprechend führt ihn der „Kurhessische Staats- und Adreßkalender für das Jahr 1818" unter den „Hofgerichts-Advocaten und Procuratoren" des Fürstentums Hanau gemeinsam mit weiteren 14 Kollegen auf.[121]

An dieser Stelle bietet sich ein Blick auf die Strukturen des Justizwesens im Kurfürstentum Hessen nach dem Organisationsedikt von 1821 an: Als oberste juristische Instanz des Landes fungierte das in einen Zivil- und Kriminalsenat gegliederte Oberappellationsgericht in der Landeshauptstadt Kassel. Auf der nächsten Stufe wirkten die Obergerichte, vormals Hofgerichte, die in den vier Provinzhauptstädten, also

---

[120] Hanauer privilegierte Wochennachricht vom 23. Januar 1817. Zum früheren Justizwesen und zur personellen Ausstattung der Gerichte im Hanauischen: Wagner, J., Die Gerichte, Staats- und Kommunalverwaltungsbehörden. In: Hanau. Stadt und Land und deren Umwandlungen in den Jahren 1801 bis 1911, Hanau 1911.
[121] Kurhessischer Staats- und Adreßkalender für das Jahr 1818, Kassel 1818, S. 171.

Hanauer privilegirte Wochennachricht vom 23. Januar 1817. Der Zeitungskopf zeigt das kurhessische Staatswappen mit der altfranzösischen Umschrift „Honi soit, qui mal y pense", was in freier Übersetzung etwa bedeutet: „Ein Schelm, wer Böses dabei denkt."
Abbildung: Stadtarchiv Hanau.

Mitteilung zur Vergabe der Advokatur und Prokuratur beim Hanauer Hofgericht an Bernhard Eberhard in der Ausgabe der Hanauer privilegierte Wochennachricht vom 23. Januar 1817.
Abbildung: Stadtarchiv Hanau.

auch in Hanau, ansässig waren. Auch sie besaßen einen Zivil- und Kriminalsenat. Das Oberappellationsgericht und die Obergerichte dienten zudem als Berufungsinstanzen für die nachgeordneten Institutionen. Danach folgten die Untergerichte (Landgerichte). In ihre Zuständigkeit fielen Verfahren in größeren Städten und in ihrem unmittelbaren Umfeld. Auf der untersten Stufe dieser Hierarchie standen die Justizämter (ab 1867 Amtsgerichte). Hier entschieden die verantwortlichen Juristen über kleinere Zivilstreitigkeiten und Bereiche der Polizeigerichtsbarkeit. Außerdem führten sie Voruntersuchungen für kompliziertere Fälle durch, die vor dem Landgericht verhandelt werden sollten.[122]

Zum Gebietsumfang des Amtsgerichts Hanau schrieb der Kasseler Historiker und Archivar Georg Landau (1807–1865) im Jahr 1842: *„Der alte zu Hanau gehörende Gerichtsbezirk, der von den darin liegenden Orten Mittelbuchen und Wachenbuchen das Amt Bücherthal genannt wurde, bildet auch jetzt das nunmehrige Amtsgericht, zu dem auch noch die beiden 1816 erworbenen ehemals mainzischen Orte Großauheim und Großkrotzenburg geschlagen worden sind, welches aus 1 Stadt, 4 Flecken, 13 Dörfern und 17 Höfen besteht."*[123]

Eine erneute Modifikation erfuhr diese Justizorganisation ab dem Juli 1850, als das Landgericht Hanau aufgelöst und in das Justizamt I und II aufgeteilt wurde. Zum Justizamt I gehörten neben Hanau noch Nieder- und Oberrodenbach, Großauheim und Großkrotzenburg. Die übrigen Ortschaften des Bücherthals zählten nun zum Justizamt II.[124]

Lange vor der Justizreform von 1821 und bald nach seiner Sesshaftwerdung in Hanau wandelte der 23-jährige Hofgerichtsprokurator und Anwalt Eberhard bereits auf Freiersfüßen. Die Auserwählte hieß Marie Colin (1792–1871), eine *„hinterlassene Tochter des gewesenen hiesigen Bijouteriefabrikanten Karl Colin"* (1749–1817) aus Neuhanau. Doch gestaltete sich die vorgesehene Hochzeit eines Staatsdieners im juristischen Dienst zur damaligen Zeit nicht ganz so einfach wie heutzutage. Zunächst benötigte der Bräutigam die Einwilligung der beiderseitigen nächsten Verwandten, in diesem Fall der verwitweten Mütter der Brautleute. Weiterhin musste Eberhard die Provinzregierung in Hanau um Unterstützung bitten, damit er in Kassel, mutmaßlich

---

[122] Meise, Das Altstädter Rathaus, S. 563 ff. Vgl. auch: Lesser, Felix, Die Gerichtsverfassung unserer Heimat im 19. Jahrhundert und das Landgericht Hanau. In: Hanau. Stadt und Land, S. 182, und Scheuermann, Ulrich, Geschichte des Landgerichts Hanau. In: Neues Magazin für Hanauische Geschichte 2015, S. 115 ff.

[123] Landau, Beschreibung des Kurfürstenthums, S. 570.

[124] Meise, Das Altstädter Rathaus, S. 588.

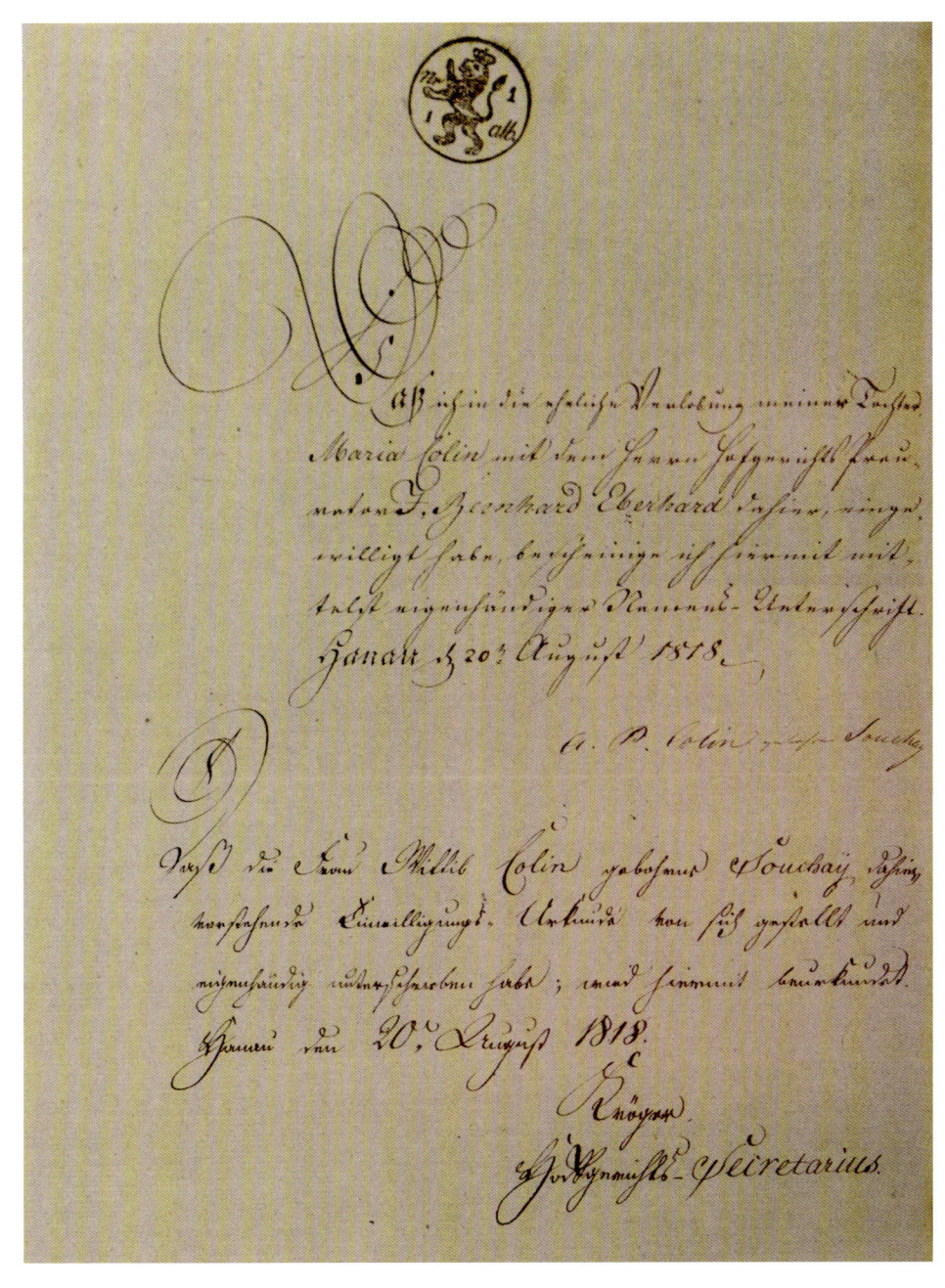

Einwilligung von Anne Petronelle Colin (1753–1841), Witwe des Bürgers und Bijouteriefabrikanten Carl Colin, zur vorgesehenen Hochzeit ihrer Tochter Marie mit Bernhard Eberhard vom 20. August 1818. Abbildung: Hessisches Staatsarchiv Marburg.

Eintrag im Heiratsregister der Wallonischen Gemeinde vom 12. Oktober 1818. Der Vermerk hält in französischer Sprache die wichtigsten Details zur Verehelichung von Jean Bernard Eberhard und Marie Anne Caroline Colin durch den älteren Bruder des Bräutigams, den „Pasteur" Eberhard aus Wetzlar, fest. Abbildung: Archiv der Wallonisch-Niederländischen Gemeinde – Evangelisch-reformierte Kirche zu Hanau.

vom Justizministerium, den „landesherrlichen Consens" für die vorgesehene Heirat erhielt (vgl. dazu: Dokument Nr. 4). Zudem erfährt man aus einem Briefentwurf vom 21. August 1818, dass die Braut nicht ohne Vermögen war und der Bräutigam *„überdies eine nicht unbedeutende Praxis hat"*. Die Antwort aus Kassel lautet dann demgemäß kurz und bündig: *„Es bedarf hierzu des Consenses von hieraus nicht"*.[125] Damit stand Bernhard Eberhards Eheschließung mit Marie Anne Caroline Colin von dieser Seite nichts im Wege.

Der das Brautpaar am 12. Oktober 1818 trauende Geistliche war Bernhards älterer Bruder Philipp, der ansonsten sein kirchliches Amt in Wetzlar versah, wie es aus dem in französischer Sprache verfassten Eintrag im Heiratsregister der Wallonischen Gemeinde hervorgeht.[126] Philipp kehrte später als Superintendent und erster Pfarrer an der Marienkirche nach Hanau zurück.[127]

Bernhard Eberhards enges Verhältnis zu Hanau, das den Schwerpunkt seines späteren politischen Schaffens bilden sollte, resultierte freilich nicht alleine daraus, dass es sich um den Geburtsort seiner Mutter und seiner Ehefrau Marie handelte. Vielmehr waren es historische und später zudem ganz handfeste persönliche Motive, die ihn in Hanau sesshaft werden ließen.

---

[125] Hessisches Staatsarchiv Marburg: 86 16738 Heiratsdispens für den Hofgerichtsprokurator Bernhard Eberhard zu Hanau, 1818.
[126] Wallonisch-Niederländische Gemeinde – Evangelisch-Reformierte Kirche zu Hanau: Wallonische Kirche Heiratsregister IV 1815–1830, Eintrag vom 12. Oktober 1818.
[127] Adressbuch der Stadt Hanau, Hanau 1853.

Die Bindungen zwischen Hanau und Schlüchtern waren hauptsächlich dadurch begründet, dass beide Städte nicht erst zu Eberhards Lebzeiten, sondern schon seit Jahrhunderten stets der gleichen Landesherrschaft angehörten. Schlüchtern war Teil der Herrschaft, später der Grafschaft und dann des Fürstentums Hanau.[128]

Diese Standeserhöhung zum Fürstentum erfolgte im Rahmen des Reichsdeputationshauptschlusses von 1803. Hessen-Kassel erhielt dabei mit der einstmals bedeutsamen Kurwürde das Freigericht und Gelnhausen zugesprochen. Die alten staatsrechtlichen Verhältnisse änderten sich dahin gehend, dass man Hanau-Münzenberg in das nunmehrige Kurfürstentum Hessen voll eingliederte.

Für wenige Jahre lagen dann beide Kommunen im Departement Hanau des Großherzogtums Frankfurt, um schließlich infolge der Vertreibung Kaiser Napoleons und der Ergebnisse des Wiener Kongresses wiederum Teil des Kurfürstentums Hessen zu werden.[129]

Die um 1810 nur etwas mehr als 1.400 Einwohner[130] zählende Kleinstadt in der Obergrafschaft war also aufgrund historischer Gemeinsamkeiten lange mit ihrer „Hauptstadt" Hanau verbunden, was Eberhards weiteren Werdegang mitbestimmen sollte.

Zum Beginn seiner Tätigkeit als Rechtsanwalt notierte Eberhard: *„Ich hatte viel Glück in der Advocatur, und nach kurzer Zeit mit die einträglichste in Hanau, was auch darin ferner seinen Grund haben mochte, daß ich dem erkrankten Advocaten Wies einige Zeit Hülfe geleistet und nach dessen Ableben ein großer Theil seiner Advocatur auf mich überging. Ich verdanke diese Frequenz aber auch dem Umstand, daß ich einige sogenannte causes celèbres, die mir gleich anfangs infolge gut bestandener Prüfung anvertraut wurden, glücklich durchführte."*[131]

---

[128] Zur Geschichte Schlüchterns: 1000 Jahre Schlüchtern. 993–1993. Ein historisches Lesebuch. Nachdruck früherer Forschungen zur Geschichte der Siedlung und Stadt, hrsg. von der Stadt Schlüchtern, überarbeitet von Otto Rabenstein, Schlüchtern 1993, und Möller, Hans, Geschichte und Geschichten aus Schlüchtern. Ausschnitte aus 1250 Jahren Stadtgeschichte, Hanau 1994.

[129] Zur Territorialgeschichte unserer Region: Bott, Heinrich, Mittelalter. Eine kurze Territorialgeschichte des Kreises. In: Hanau. Stadt und Land. Ein Heimatbuch für Schule und Haus, hrsg. vom Hanauer Geschichtsverein mit Unterstützung der Stadt und des Kreises Hanau, Hanau 1954, S. 68 ff.; Bus, Erhard, Nicht nur an Main und Kinzig. Ein Überblick zur Entwicklung des Territoriums der Herren und Grafen von Hanau vom Mittelalter bis ins 20. Jahrhundert. In: Stadtzeit 6, Hanau 2003, S. 20 ff.; Cramer, Claus/E. Schwab, Das Land an Main und Kinzig. Territorialgeschichte der Grafschaften Hanau-Münzenberg und Rieneck, der Freien Stadt Frankfurt und der Gerichte im Nordspessart (Maschinenschrift), Marburg 1945; Dommerich, Ferdinand August, Urkundliche Geschichte der allmählichen Vergrößerung der Grafschaft Hanau, Hanau 1860; Zimmermann, Hanau. Stadt und Land, S. 3 ff. und 693 ff.

[130] Angabe in: Fischer, Volker, Stadt und Bürgertum in Kurhessen. Kommunalreform und Wandel der städtischen Gesellschaft 1814–1848, Kassel 2000, S. 272.

[131] Eberhard, Aus meinem Leben, S. 11.

Die Anfänge und frühe Zeit der Kanzlei Eberhard in Hanau, 1817–1903

Der Hanauer Bürgermeister Bernhard Eberhard 1830, Lithografie von Johann Heinrich Fiedler (1801–1857). Abbildung: Hanauer Geschichtsverein 1844 e.V./Medienzentrum Hanau.

Diese damals ausgeübte Doppelfunktion von Eberhard und anderen Juristen einerseits als Prokurator des Staates und andererseits die gleichzeitig im Rahmen einer „Privatadvokatur" ausgeübte Tätigkeit als Rechtsanwalt erscheint mit unserem heutigen Selbstverständnis von diesem Beruf natürlich als unvereinbar, sie war aber seinerzeit die Regel.[132]

Als Staatsanwalt Hanau verlassen, als Bürgermeister zurückgekehrt

Bernhard Eberhards weitere Laufbahn erwies sich ab 1817 zunächst als recht unstet und war lange, obwohl er sowohl als Prokurator als auch als Anwalt wirkte, von finanzieller Unsicherheit gekennzeichnet. Gleichwohl erlaubten es ihm seine ersten nennenswerten Einkünfte, die 150 Gulden, die ihm seine Mutter als Startkapital für die bescheidene Ausstattung seiner Kanzlei zur Verfügung gestellt hatte, bald zurückzuzahlen.

Der Anwaltsberuf brachte ihm vorwiegend deshalb keine hohen Einnahmen, weil er, wie es seine *„gute Frau"* ausdrückte, *„ein unseren Verhältnissen zu liberales Verhalten gegen andere"* praktizierte. In seinen Lebenserinnerungen gab er dieser Kritik im Nachhinein recht.[133] Offensichtlich zeigte seine Frau, die Hanauer Fabrikantentochter, hier einen ausgeprägteren Geschäftssinn als der Schlüchterner Pfarrerssohn. Was nicht verwundern darf, stammte Bernhard Eberhard doch aus einer Familie, in der man eher die Sorge um das Seelenheil seiner Anvertrauten und die Verkündigung der Frohen Botschaft als Aufgabe ansah als die Hebung des eigenen materiellen Besitzes. Folglich dürften die Erlöse aus der anwaltlichen Tätigkeit eher als Zubrot zu seinem Hauptverdienst als Prokurator zu betrachten sein, weshalb auch von etwaigen Mitarbeitern in seiner Kanzlei in seiner Rückschau keine Rede ist.

Ebenso wenig gibt er in seinen Erinnerungen an, wo er während der Jahre bis 1848 mit seiner Familie wohnte und wo sich seine Kanzlei befand. Möglicherweise gab es auch gar keine Kanzlei des Advokaten Eberhard und er empfing seine Mandanten im Gerichtsgebäude, wo er seiner Tätigkeit als Prokurator nachging.

---

[132] Eberhard, Aus meinem Leben, S. 13. Vgl. dazu den Beitrag von Bernd Kannowski in diesem Buch.
[133] Eberhard, Aus meinem Leben, S. 11 f.

Taufbuch der Wallonischen Gemeinde Hanau mit Einträgen zu den Taufen der Kinder von Marie und Bernhard Eberhard in französischer Sprache: Marie 1819, Heinrich 1821, Louise 1826 und Jeanne (Minna) 1828. Die Texte enthalten Angaben zu den Eltern, nennen die Geburtsdaten, die Tage der Taufe, die taufenden Geistlichen und die Taufpaten. Abbildung: Archiv der Wallonisch-Niederländischen Gemeinde – Evangelisch-reformierte Kirche zu Hanau.

Doch zurück zu Eberhards Frau Marie, die wohl recht geschäftstüchtig war, aber in anderer Hinsicht sehr zart besaitet und recht empfindlich gewesen zu sein scheint. Aus diesem Grund vermied man im Familienkreis, den Vornamen Poppo von Bernhard Eberhards Freund Haberland auszusprechen, weil dies bei seiner Frau Anstoß erregte, und er wurde „*deshalb zur Erhaltung des ungestörten ehelichen Friedens weggelassen*".[134]

Allerdings reichten die finanziellen Möglichkeiten in Hause Eberhard immerhin noch dahin gehend aus, dass für die Erziehung und Ausbildung seiner Kinder Marie (1819–1912), Heinrich (1821–1869), Ludwig (1822–1903), Wilhelm (1824–1889),

---

[134] Eberhard, Aus meinem Leben, S. 20.

Luise (1826–1904), Minna (1828–1892) und Carlo (1831–1902) *„die Mittel nicht fehlten und nicht gespart wurden"*.[135]

Als sehr positiv wertete es Eberhard, dass ihm bei seiner frühen Berufstätigkeit *„der unmittelbare Verkehr mit den Einwohnern aller Klassen"* Erfahrungen gewährte, die ihm in seinem späteren Amt als Oberbürgermeister *„sehr zu statten"* kommen sollten.[136]

Im Zuge der Justiz- und Verwaltungsreform von 1821 gab es erste Bestrebungen, die beiden Städte Alt- und Neuhanau, die bis dahin eigenständige Kommunen mit eigener Verwaltung und eigenem Magistrat waren, zusammenzuführen.[137] Für Eberhard eröffneten sich nun zwei Perspektiven. So stand er vor der Wahl, entweder die Stelle als Staatsanwalt anzunehmen oder das Amt des Hanauer Bürgermeisters anzutreten. Wobei die zweite Offerte insofern überrascht, als Eberhard damals gerade 27 Jahre alt und erst kurze Zeit in der Stadt ansässig war. Jedoch hatte er in die angesehene Familie Colin eingeheiratet, die seit 1669 in Hanau lebte und unter ihren Mitbürgern einen guten Ruf besaß.[138] Und sicherlich müssen seine persönlichen Qualitäten auf seine Mitbürger dermaßen überzeugend gewirkt haben, dass man ihn für fähig hielt, diese Position auszuüben. Da er sich jedoch als zu jung erachtete, um als Stadtvater zu fungieren, entschied er sich für die Kombination aus Advokat (Rechtsanwalt) und Prokurator – wohl auch, weil ihm damit die Option der „Privatadvokatur" erhalten blieb.

In seiner Stellung als Prokurator erfuhr Bernhard Eberhard 1822 eine Beförderung, indem er nämlich Anfang des Jahres *„allergnädigst"* zum Staatsanwalt für die Provinz Hanau ernannt wurde.[139] Dabei ist zu berücksichtigen, dass der damalige „Staats-Anwalt" mit dem heutigen Vertreter der Anklage in einer gerichtlichen Auseinandersetzung nichts zu tun hat. Dieses Amt wurde durch die kurfürstliche Verordnung vom 29. Juni 1821 neu geschaffen. Dort wird in Paragraf 60 definiert, dass der „Staats-Anwalt" den Kurfürsten und dessen staatliche Einrichtungen in streitigen Fällen vor Gericht zu vertreten hat (vgl. dazu: Dokument Nr. 5). Darüber

---

[135] Die Namen seiner Kinder sind in Eberhards Autobiografie auf Seite 72 (Register) aufgeführt. Das Todesjahr von Marie Lossow, geb. Eberhard, ist entnommen: Lossow, Christian Heinrich, Eine Hanauer Ahnenliste. In: Hanauisches Magazin. Monatsblätter für Heimatkunde 14 (1935), S. 82.
[136] Eberhard, Aus meinem Leben, S. 35.
[137] Zum Prozess der Vereinigung von Alt- und Neuhanau: Rauch, Günter, Die Vereinigung der Altstadt und der Neustadt Hanau. In: 150 Jahre Revolution und Turnerbewegung. Hanau 1848–1998, Hanau 1998, S. 25 ff.
[138] Fraeb, Walter Martin, Entstehung und Entwicklung des Bürgervereins e.V. zu Hanau, Hanau 1932, S. 49, Anm. 12.
[139] Hanauer Anzeiger vom 7. Februar 1822.

hinaus sollte er nach Paragraf 103 nebenbei ebenso Aufgaben bei der Finanzaufsicht wahrnehmen.[140]

Die gewählte Doppelfunktion, zu der 1826 noch die Tätigkeit als Notar hinzukam, wurde ihm aufgrund des enormen Arbeitsaufwands als Staatsanwalt *„zur Last"*. Sie war hingegen aufgrund seiner finanziellen Situation erforderlich. Deshalb nahm er 1827 gerne noch die Aufgabe als Konsulent (Berater) des Landgrafen Friedrich von Hessen-Rumpenheim (1747–1837) an, den jüngsten Sohn von Landgraf Friedrich II. von Hessen (1720–1785) und Bruder von Kurfürst Wilhelm I. (1743–1821). Diese Tätigkeit übte Eberhard anschließend für Friedrichs Kinder aus und übertrug sie später auf seinen Sohn Louis (Ludwig). Nun verdiente Bernhard Eberhard als Staatsanwalt 400 Taler sowie als Notar und als Konsulent jeweils 500 Gulden.[141] Der gleichzeitige Gebrauch beider Münzen (Währungen) erklärt sich daraus, dass bis zur Reichsgründung in Süddeutschland der Gulden und im Norden der Taler dominierte. Die Währungsgrenze verlief mitten durch das Kurfürstentum Hessen, während in und um Kassel der Taler üblich war, zahlte man um Hanau mit Gulden. In Hamburg und Lübeck zahlte man in Mark, die nach 1871 der neuen Reichswährung den Namen gab. Dabei wurde der Taler mit 3 Mark, der Gulden mit 1 5/7 Mark (2 Taler entsprachen 3 ½ Gulden) umgerechnet. Ein Gulden entsprach in Süddeutschland 60 Kreuzern.

Zum Vergleich: Das Jahresgehalt eines Volksschullehrers, der damals noch zu den Gemeindebediensteten gehörte, belief sich 1816 im rheinhessischen Laubenheim auf etwas mehr als 380 Gulden. Damit war dieser im Verhältnis zu den 285 Gulden seines Kollegen in Klein-Auheim und in Kleinostheim, wo 1833 der erste Lehrer für seine Arbeit in Schule und Kirche an Bargeld und sonstigen Leistungen insgesamt gut 330 und der zweite Lehrer 240 Gulden bekam, recht gut gestellt. Ergänzend ist hierbei anzumerken, dass das monetäre Einkommen nur einen Teil des Lehrergehalts darstellte.[142] Zu den sonstigen, nicht in Geld ausgezahlten Einkommen von Lehrern zählten oft noch eine Wohnung, Brennholz, Getreide oder andere Naturalien.

---

[140] Sammlung von Gesetzen, Verordnungen, Ausschreiben und anderen allgemeinen Verfügungen für Kurhessen, 3. Band, Jahre 1820, 1821 und 1822, Kassel o. J. Für den Hinweis danke ich Bernd Kannowski.
[141] Eberhard, Aus meinem Leben, S. 12 f.
[142] Leineweber, Anton, Zur Geschichte der Laubenheimer Schule. In: Ortsverwaltung Mainz-Laubenheim (Hrsg.), Laubenheimer Chronik, 1988 (erw. Nachdruck von 1972), S. 188, und Bus, Erhard, *„Die Einwohner daselbn arbeiten sehr fleißig ..."* Ortschronik zur Geschichte Klein-Auheims anlässlich des 1200. Jahrestages der urkundlichen Ersterwähnung 2006, Hanau 2005, S. 232.

Durch den Tod von Bürgermeister Georg Wilhelm Carl (1770–1826) bot sich 1828 dem nunmehr 33-jährigen Eberhard erneut die Chance, *„das Bürgermeisteramt zu Hanau"* zu erlangen, die er nach einstimmiger Wahl der Ratsmitglieder nunmehr wahrnehmen wollte. Doch Differenzen mit dem Ministerium in Kassel wegen der Anstellungsmodalitäten verzögerten eine rasche Einigung: Bernhard Eberhard erwartete eine Berufung auf Lebenszeit, seitens der Obrigkeit wollte man ihm lediglich ein Jahr bewilligen. Auch das verbesserte Angebot einer fünf Jahre währenden Anstellung fand bei Eberhard, *„aus Rücksicht auf meine Familie"*, wie er rückblickend bemerkt, keine Akzeptanz.[143]

Weil diese Angelegenheit ungeklärt in der Schwebe blieb, erhielt der Staatsanwalt Eberhard seitens der „Kabinetts-Direktion zu Cassel" den Auftrag, sich nach Karlsruhe zu begeben. Dort vermochte er, nach langwierigen Verhandlungen einen für die kurfürstliche Kabinettskasse kaum noch erhofften günstigen Vergleich zu erreichen.[144] Trotz des erfolgreichen Abschlusses seiner schwierigen Mission erhielt Eberhard nicht alle Auslagen und die verloren gegangenen Außenstände seiner Advokatur vom bekanntermaßen geizigen Kurfürsten Wilhelm II. (1777–1847)[145] vergütet. Dafür wurde die Wahl zum Bürgermeister von Hanau mit einem Salär von 1.200 Gulden nachträglich auf Lebenszeit mit Datum vom 9. Januar 1828 bestätigt. Diesen Vorgang charakterisierte Eberhard prägnant mit den Worten: *„Als Staatsanwalt hatte ich Hanau verlassen, als Bürgermeister kehrte ich im Jahre 1828 dahin zurück."*[146]

Damit endete Bernhard Eberhards Laufbahn als Rechtsanwalt oder Advokat, wie die damals übliche Bezeichnung lautete.[147] In einer eher beiläufigen Bemerkung gibt er in seiner Autobiografie den überaus interessanten Hinweis, dass er während seiner Amtszeit als Bürgermeister beziehungsweise ab 1832 als Oberbürgermeister von Hanau weiterhin das Amt eines Notars ausübte, das ihm *„ein weiteres Einkommen gewährte"*.[148]

---

[143] Eberhard, Aus meinem Leben, S. 14.
[144] Eberhard, Aus meinem Leben, S. 15.
[145] Vgl. von Petersdorff, Wilhelm II., Kurfürst von Hessen, S. 75 ff., und Kühn, Joachim, Das Ende einer Dynastie, Berlin 1929. Diese Darstellung rechnet äußerst kritisch mit dem privaten und politischen Verhalten der letzten beiden Kasseler Kurfürsten (Wilhelm II. und Friedrich Wilhelm I.) ab. Ihnen gibt Kühn damit eine Mitverantwortung für das Ende des Kurfürstentums.
[146] Wochenblatt für die Provinz Hanau vom 24. Januar 1828 und Eberhard, Aus meinem Leben, S. 15.
[147] Im 19. Jahrhundert verschwanden die alten und zum Teil nicht mehr nachvollziehbaren feinen Unterschiede zwischen den Aufgaben von Advokat einerseits und Prokurator andererseits, um in einen einheitlichen Berufsstand zu münden. Allseits beliebt war dafür die damals noch jungfräuliche Bezeichnung „Rechtsanwalt". Vgl. zu Fragen des Anwaltsberufs in den letzten 200 Jahren den Beitrag von Bernd Kannowski in diesem Band.
[148] Eberhard, Aus meinem Leben, S. 45.

Es bleibt nun die Frage, was Eberhard zu dieser Entscheidung veranlasste? Über die Beschwernisse aufgrund der Doppelbelastung als Staatsanwalt und Rechtsanwalt hat er in seinen Memoiren geklagt.[149] Ob ihn zu diesem Schritt noch weitere Motive außer den finanziellen veranlassten? Darüber lassen sich durchaus einige begründete Vermutungen anstellen und diese sind vor dem Hintergrund der Entwicklung in Kurhessen und speziell in Hanau zu sehen, wo der neue Rathauschef mit vielerlei Herausforderungen konfrontiert wurde.

Vielfältiges Gewerbe, verfehlte Politik und verbreitete Armut

Abseits der Modifikationen der regionalen Landkarte bestimmten in der ersten Hälfte des 19. Jahrhunderts bald soziale und politische Konflikte nachhaltig das Geschehen in und um Hanau. Die Armut vieler Bewohner war eine der maßgeblichen Ursachen für die instabile Lage sowie für die im Vorfeld der Revolution von 1848/1849 verstärkt einsetzende Auswanderung nach Übersee.

In seiner Rückschau schildert Eberhard das Armenproblem in der Stadt während der 1830er-Jahre mit drastischen Worten. Danach erkannte er damals gegen die Bettelei *„nirgends eine, auch nur irgend ausreichende Kontrolle"*, weshalb gerade die wirklich Bedürftigen nicht immer bedacht werden konnten. Weiter heißt es: *„(…) die Bettelei hatte einen Grad erreicht, daß der wahre Wohltätigkeitssinn durch sie nur unterdrückt werden konnte. Es bestanden noch sogenannte Bittage, mehrere in jeder Woche, an denen sich vorzugsweise die Bettelzüge durch die Straßen der Stadt bewegten."* Zudem fehlte es an einer Koordination der verschiedenen Hilfsmaßnahmen von einer Reihe von kirchlichen und privaten Stiftungen. Erst die von Oberbürgermeister Eberhard initiierte städtische Armenkommission vermochte dieses organisatorische Defizit zu beenden (Näheres dazu weiter unten).[150]

Die während der Restaurationszeit und im Vormärz (1815–1848) herrschende Verarmung großer Teile der Bevölkerung (Pauperismus) resultierte hauptsächlich aus Missernten, der Konkurrenz industriell gefertigter Waren und den phasenweise auftretenden Absatzproblemen der Hanauer Luxuswarenindustrie (Edelmetallgewerbe, Teppichwirkereien). Letzteres wurde nun nicht mehr durch die Folgen der Französi-

---

[149] Eberhard, Aus meinem Leben, S. 12.
[150] Eberhard, Aus meinem Leben, S. 38 ff.

schen Revolution hervorgerufen, sondern durch die rigide, den Interessen der Bevölkerung der Provinz Hanau zuwiderlaufende Zollpolitik und die hohen Stempelgebühren der kurhessischen Regierung. Das Zollregime verteuerte dadurch den Import von Rohstoffen und den Export der Produkte des früh industrialisierten Hanaus und schränkte die Erlöse der im Umland nebenerwerblich tätigen Woll- und Leinewebereien erheblich ein. Die dadurch hervorgerufene hohe Arbeitslosigkeit und verbreitete bittere Not bildeten den Nährboden für die wachsende Unzufriedenheit und politische Unruhe.[151]

Kurhessen war hierbei durchaus kein Einzelfall. Viele deutsche Staaten schotteten sich bis in die 1830er-Jahre mittels hoher Zölle ab. Man versuchte auf diese Weise, unliebsame ausländische Produkte von den eigenen Märkten fernzuhalten und die Staatskassen mit hohen Abgaben zu füllen, dies verhinderte jedoch letztendlich den wirtschaftlichen Fortschritt. Im Kurfürstentum Hessen existierte zudem ein Interessengegensatz zwischen der frühmodernen Gewerbestadt Hanau und der traditionellen nordhessischen, stärker auf die Landwirtschaft ausgerichteten Wirtschaft, die mittels der Kasseler Politik vor dem Konkurrenzdruck durch fremde Importe geschützt werden sollte.[152] Außerdem hatte der zurückgekehrte Kurfürst Wilhelm I. alle Verbesserungen im Bereich der Gewerbepolitik aus der Rheinbundära kassiert und auch auf diesem Sektor den alten, fortschrittsfeindlichen Zustand der Zeit vor 1806 restauriert.

Zu welchen konkreten Auswirkungen die deutsche Kleinstaaterei in unserer Region führte, belegen einige beispielhafte Vorgänge, die im Staatsarchiv Marburg nachzulesen sind. Sie haben Vorkommnisse an der Zollstation Windecken zum Inhalt, die damals die (Zoll-)Grenze zum *„ausländischen"* Nachbarort Heldenbergen darstellte. Im Jahr 1792 verhaftete man dort zwei Burschen ohne Pässe und verhörte sie, weil man sie als Kundschafter verdächtigte.[153] Im Jahr 1822 erfolgten Bestimmungen gegen

---

[151] Zu den Verhältnissen in Hanau: Tapp, Hanau im Vormärz, S. 63 ff.; Schaffer-Hartmann, Richard, Die Zerstörung der Maut in Hanau. Die Hanauer Krawalle. In: Stadtzeit (1998). Geschichtsmagazin anlässlich des Jubiläums 150 Jahre Revolution und Turnerbewegung Hanau 1848–1998, Hanau 1998, S. 58 ff.; Crößmann, Christoph, Die Unruhen in Oberhessen im Herbste 1830, Darmstadt 1929, S. 12.

[152] Zur politischen und wirtschaftlichen Situation in Kurhessen: Arndt, Marco, Militär und Staat in Kurhessen 1813–1866, Darmstadt, Marburg 1996; Bullik, Manfred, Staat und Gesellschaft im hessischen Vormärz. Wahlrecht, Wahlen und öffentliche Meinung in Kurhessen 1830–1848, Köln, Wien 1972; Hahn, Hans-Werner, Der hessische Wirtschaftsraum im 19. Jahrhundert. In: Walter Heinemeyer (Hrsg.), Das Werden Hessens, Marburg 1986, S. 389 ff.

[153] Hessisches Staatsarchiv Marburg: 260 2501 Verhör zweier am Heldenberger Tor zu Windecken ohne Pässe verhafteter und deshalb als Kundschafter verdächtiger Burschen, 1792.

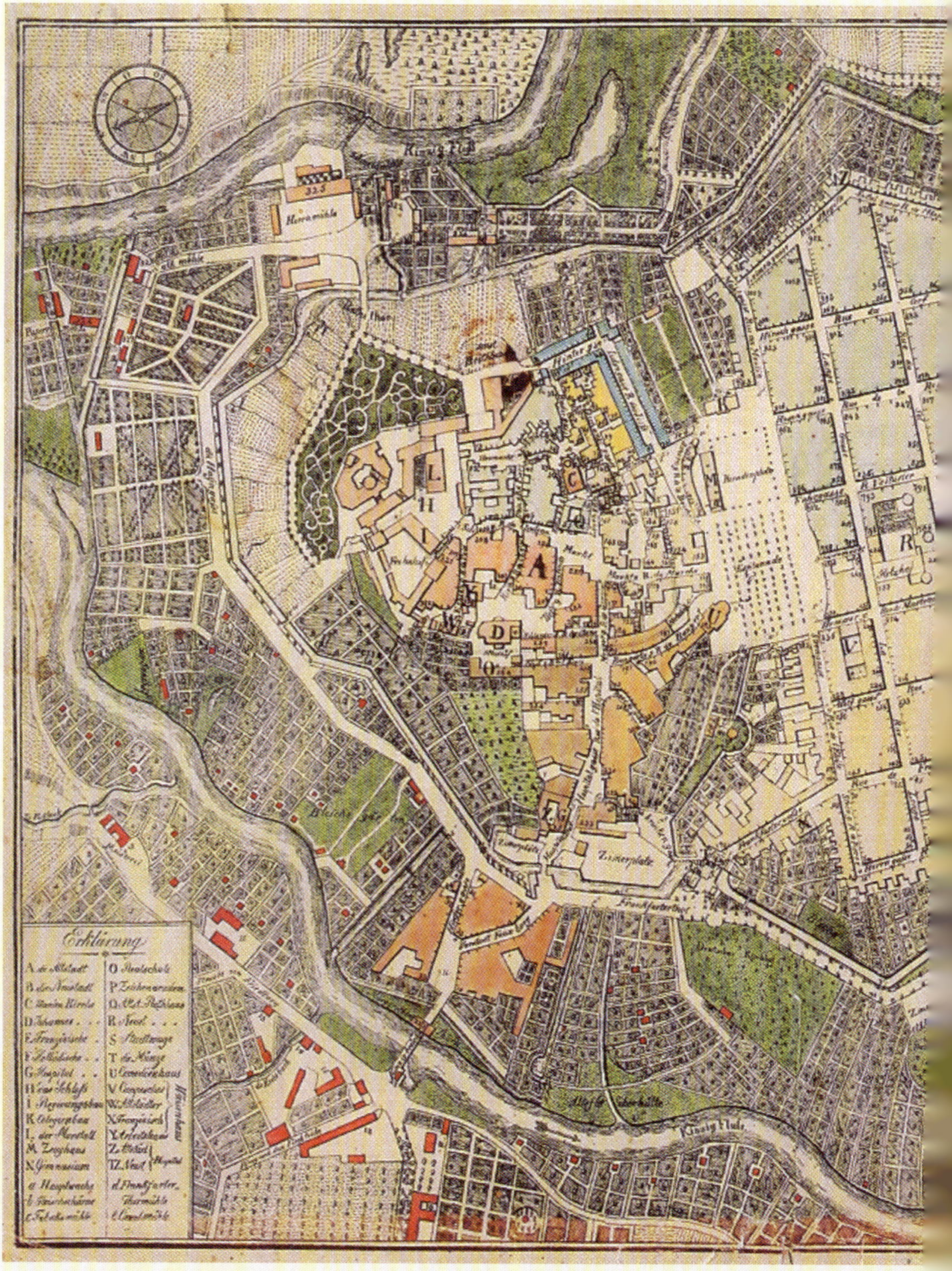

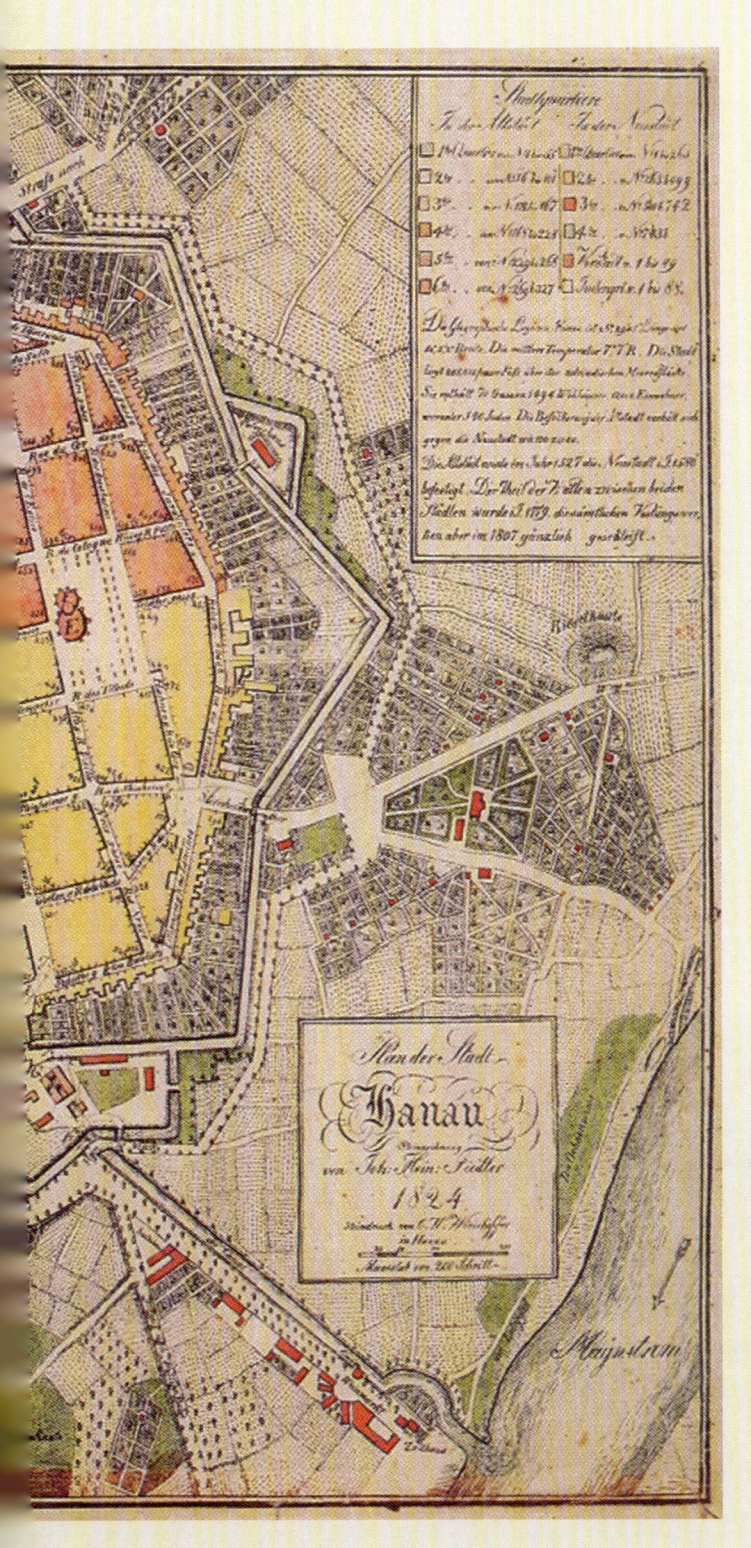

Plan der beiden Städte Hanau aus dem Jahr 1824, Steindruck nach einer Zeichnung des Hanauer Goldschmieds, Kupferstechers und Lithografen Johann Heinrich Fiedler (1801–1857). Der Plan zeigt links die Altstadt und rechts die größere Neustadt. Man erkennt, dass die Befestigungsanlagen bereits weitgehend niedergelegt worden sind. In den zugefüllten Wallanlagen und Gräben befinden sich Gärten. Abbildung: Hanauer Geschichtsverein 1844 e.V.

das „*Einschmuggeln fremden Salzes*".[154] Erschwerend kam für den Transport von Waren noch das vielerorts erhobene Pflaster- und Brückengeld hinzu.[155]

Ein anderes Handelshemmnis war das Chausseegeld. Diese Gebühr für das Recht, eine Straße zu befahren, wurde 1817 in der Provinz Hanau per Verordnung erneuert. Das Chausseegeld berechnete man, je nach Art des Fahrzeugs, pro Wegstunde. Es betrug für einen vierspännigen Wagen vier Kreuzer und zwei Heller pro Pferd, für einen leeren Schubkarren mussten zwei Heller bezahlt werden. Diese Gebühr war in Hanau an der Hellerbrücke, an der Kinzigbrücke und am Nürnberger Tor sowie an weiteren 18 Stellen im Fürstentum zu zahlen.[156]

Bereits 1820 hatten 44 Hanauer Fabrikanten und Kaufleute eine Eingabe an die kurhessische Regierung gemacht, um Erleichterung für den Export zu erreichen. Als ihr Ziel formulierten sie den Anschluss des Landes an den Süddeutschen Zollverein. Doch die Kasseler Regierung entschied sich für den Beitritt zu dem für Hanau wenig vorteilhaften Mitteldeutschen Handelsverein. Dieser Anschluss schottete das Hanauer Exportgewerbe noch mehr von seinem Umland ab.

Verhandlungen des Kurfürsten mit Preußen mit dem Ziel, ein Zollabkommen zu schließen, beargwöhnte man in der Stadt ebenfalls, da dies den Zugang zu den Absatzmärkten in Süddeutschland und vor allem zum Handelsplatz Frankfurt behindert hätte. Mit der Schaffung des preußisch geführten Deutschen Zollvereins im Jahr 1834 entstand endlich ein gemeinschaftliches Zollsystem, das 23,5 Millionen Einwohner umfasste und dem mehr als die Hälfte der deutschen Staaten angehörten.[157] Frankfurt, der für den Verkauf der Hanauer Produkte so wichtige Absatzmarkt, trat 1836 dem Zollverein bei.

In den Folgejahren begünstigte die Ausdehnung des Binnenmarkts die jeweiligen Landstriche in unterschiedlicher Weise. Die gewerbliche Entwicklung des heutigen

---

[154] Hessisches Staatsarchiv Marburg: 180 979 Einschmuggeln fremden Salzes in das Amt Windecken, 1822.

[155] Hessisches Staatsarchiv Marburg: 180 1489 Feststellung der durchschnittlichen Einnahmen aus der Stadt Windecken, 1823. Im Jahr 1832 soll sich sogar ein Todesfall ereignet haben, als Zöllner einen Bäcker aus Groß-Karben erschossen, „*weil er versucht hatte, ein halbes Pfund Kaffee und ein viertel Pfund Zucker unverzollt über die Grenze zu bringen. Die Bevölkerung soll nach Windecken gezogen sein und die Zöllner ‚windelweich geprügelt' haben.*" Vgl.: Racky, Albrecht, Der Sturm auf das Zollhaus. In: Chronik Heldenbergen, hrsg. von der Stadt Nidderau, Nidderau 1989, S. 291.

[156] Hessisches Staatsarchiv Marburg: 81 B3/1/13 Erhöhung der Chausseegelder im Departement Hanau und Aufhebung der Chausseefronden und Wegebauredemptionsgelder 1810–1821, 81 1088 Allerhöchste Verordnung über die Erhebung des Chausseegeldes, Bestrafung bei Verstößen und Befreiungen von der Erhebung 1817–1818, 86 5914 Durch Verordnung vom 2. August 1817 genehmigter Chausseegeldtarif für die Provinz Hanau 1802–1817.

[157] Hahn, Hans-Werner, Geschichte des Deutschen Zollvereins, Göttingen 1984, S. 76 f.

Hessen erzielte markante Fortschritte. *„Dies galt insbesondere für den von zahlreichen Staatsgrenzen durchschnittenen Rhein-Main-Raum, wo der Wegfall lästiger Handelshemmnisse manche Impulse gab und die Entstehung eines industriellen Ballungsraumes erleichterte."* Sicherlich brachte der Deutsche Zollverein eine Reihe von wirtschaftlichen Vorteilen, aber die These, wonach er als Auslöser für die Industrialisierung Deutschlands zu sehen ist, wird heute in der Forschung stark hinterfragt. Dessen ungeachtet darf seine Gründung weiterhin *„als ein stützender Faktor für den langwierigen Übergang von der agrarisch-kleingewerblichen Wirtschaft zur modernen Industrie"* gelten.[158]

Doch zurück nach Hanau, wo das Bijouterie- und Silberwarengewerbe in den Jahrzehnten nach 1815 sehr unterschiedliche Konjunkturphasen durchlebte. Der Tiefststand wurde 1817 mit zwölf Gold- und zwei Silberwarenfabrikanten mit zusammen etwa 200 Arbeitern erreicht. Im Jahr 1825 stieg diese Zahl auf 23 Betriebe mit 227 Beschäftigten, 1835 zählte man 250 bis 300 Beschäftigte und 1845 arbeiteten in 54 Bijouterie- und vier Silbermanufakturen insgesamt fast 840 Menschen, bevor sich diese Zahl bis 1847 nochmals halbierte. Erst Anfang der 1850er-Jahre zog die Konjunktur wieder an und damit ebenso die Nachfrage nach Arbeitskräften. Dazwischen lag die Erhebung von 1848. Gegen Ende des Kurfürstentums Hessen (1864) arbeiteten in Hanau einschließlich des Hilfsgewerbes, wozu beispielsweise Emailleure und Graveure zu zählen sind, 1.684 Beschäftigte in der Edelmetallverarbeitung.[159]

Eine ausführliche Bestandsaufnahme zu Hanaus Industrie und Gewerbe für das Jahr 1842 vermittelt wiederum der Kasseler Archivar und Historiker Georg Landau. In seiner „Beschreibung des Kurfürstenthums" erwähnt er die Bedeutung der nahen Handelsstadt Frankfurt für Hanau, allerdings verharmlost er die Auswirkungen der Grenzzölle. Es heißt dort weiter: *„Unter den Fabrikstädten Kurhessens nimmt Hanau sicher den ersten Platz ein. Am berühmtesten sind seine Bijouterie-Fabriken."* Und an anderer Stelle ist zu lesen: *„Man zählt 10 große Atteliers und außerdem noch an die 40, die unter eigener Firma arbeiten, welche zusammen mit Einschluß der Silberarbeiter und der für die Bijouterie-Fabriken arbeitenden Graveurs, Emaillemaler, Emailleurs, Guillocheurs. Edelsteinschneider und der Polirerinnen an 600 Personen beschäftigen. (...)*

---

[158] Die beiden letzten Zitate bei: Hahn, Geschichte des Deutschen Zollvereins, S. 93.
[159] Brandt, Wirtschaft und Wirtschaftspolitik, S. 60, und Gessner, Dieter, Voraussetzungen und Formen der frühen Industrialisierung im Rhein-Main-Raum (1815–1866). In: 100 Jahre Technische Hochschule Darmstadt, Jahrbuch 1976/77, S. 35 ff.

Die Anfänge und frühe Zeit der Kanzlei Eberhard in Hanau, 1817–1903

Arbeiter in einer Goldschmiedewerkstatt zu Beginn des 19. Jahrhunderts. Die Herstellungsweise vieler in Hanau gefertigter Luxuswaren erfolgte zwar schon seit Langem arbeitsteilig, aber weiterhin vorwiegend in Handarbeit und zumeist in Mittel- und Kleinbetrieben (Manufakturen). Abbildung: Historisches Museum Hanau Schloss Philippsruhe.

Nicht minder berühmt ist die große Leislersche, in neuerer Zeit bedeutend erweiterte Teppichfabrik, deren Fabrikate sich durch ihre geschmackvollen stets eigenen, nie entlehnten Zeichnungen, die Lebhaftigkeit und Dauer ihrer Farben und die Feinheit ihres Summet dergestalt auszeichnen, daß sogar die hohen Gränzzölle den Absatz der sich über ganz Europa verbreitet nur wenig zu beschränken vermochten. Auch liefert dieselbe Gobelintapeten und englischen Bieber. Ihre Spinnerei und ihre Bieberweberei werden durch eine Dampfmaschine betrieben: auch hat sie ihre eigene Färberei. Den Vertrieb der Fabrikate besorgt ein bei der Fabrik betheiligtes Handelshaus zu Frankfurt. Ferner besitzt Hanau eine in neuester Zeit entstandene Fabrik, welche kleine Kunstgegenstände in Eisenguß bereitet. 3 größere Seiden-Fabriken mit mehreren 100 Arbeitern, welche glatte und faconirte Seidenzeuge, Atlasse, Sammete, Strümpfe, Handschue etc. verfertigen; 1 Fabrik, welche alle Arten farbiges Papier in einem vorzüglichen Grade der Vollkommenheit liefert; 4 ansehnliche

Tabacks-Fabriken; 1 sehr bedeutende Filzhut und 2 Seidenhut-Fabriken; an 7 Kutschen Fabriken, unter denen mehrere einen sehr vortheilhaften Ruf haben; mehrere Chokolade-Fabriken; mehrere Fabriken welche Percal, lederne und seidene und baumwollene Handschue bereiten; 1 Karten-Fabrik; einige Nudel-Fabriken; 2 Plattir-Fabriken; ein halb Dutzend Seifen und Lichter-Fabriken; 1 Senf-Fabrik; 1 Siegellack und Oblaten-Fabrik; einige Wollgarn-Spinnereien; an 8 Wollenwaaren-Fabriken, welche wollene Shwals, Pferdedecken, Bieber, Damastgewebe, Kleiderzeuge, Kamisole, Beinkleider etc. bereiten und unter denen eine an 100 Arbeiter beschäftigt; mehrere Bierbrauereien, 7 Brandweinbrennereien; 1 Fabrik, welche moussirende Weine liefert; mehrere Essig und Liquer-Fabriken. Mehrere Werkstätten für Fortepiano's und Klaviere, gleichwie einige andere, welche Blechinstrumente verfertigen unter denen namentlich eine im hohen Rufe steht; 3 Buchdruckereien und 4 Lithographen; an 9 Gerbereien; 1 Fayance- und Thon-Ofen-Fabrik und etwa ein Dutzend Seilermeister, von denen einige auch Schiffstaue liefern; 2 Oel-, Farbholz- und Gewürzmühlen.

Mit der Gewerbthätigkeit steht der Handel jedoch nicht in gleichem Verhältnisse, er ist vielmehr geringer und wird namentlich durch die Nähe von Frankfurt beschränkt. Ansehnlich ist namentlich der Handel mit Holländer-Holz, welches vom Speshard kommt und auf dem Main und Rhein bis zu den Niederlanden verflößt wird, der Betrieb einer andern Großhandlung besteht lediglich in Hasenhaaren; auch finden sich en gros Handlungen in Kolonialwaaren, in Droguerie und Farbwaaren, in Wein Getreide etc. Außerdem bestehen auch 2 Buchhandlungen."[160]

Doch nicht alle von Georg Landau aufgeführten Gewerbe waren in der Lage, ihren Status bis zum Ende des 19. Jahrhunderts zu bewahren. Einige mussten sogar die Produktion einstellen. Beispielsweise ging es mit der Hanauer Textilfabrikation kontinuierlich bergab, was dann den Niedergang der zahlreichen Wollwebereien mit ihren alten Handwebstühlen in der Umgebung Hanaus zur Folge hatte. Sie erwiesen sich gegenüber der zunehmenden Technisierung als nicht mehr konkurrenzfähig und verschwanden bis zur Jahrhundertmitte nahezu völlig.

Diese recht kurze Schilderung der wirtschaftlichen Lage in Hanau wäre ohne eine Beschreibung der Arbeitsbedingungen und der Entlohnung der Arbeiter verschiedener Branchen unvollständig. So verdiente ein guter Goldarbeiter, der im Sommer an sechs Tagen in der Woche elf und im Winter zehn Stunden arbeitete, um die Mitte des 19. Jahrhunderts 3,5 bis zu 15 Gulden (fl.) in der Woche, eine

---

[160] Landau, Beschreibung des Kurfürstenthums, S. 578 f.

ausgelernte Poliererin im gleichen Zeitraum bis zu drei Gulden und ein Tagelöhner zwischen 2,5 und 3 fl. In der Zigarrenindustrie arbeiteten viele Kinder zwischen neun und 14 Jahren als Wickelmacher, für sie war eine Bezahlung von ein bis zwei Gulden wöchentlich üblich. Geschickte Arbeiter bekamen hier sechs bis sieben, manche bis zu zehn Gulden. In den Tabakmanufakturen war die Arbeitszeit noch länger, sie betrug im Sommer 13 und im Winter 12 Stunden. Im Textilgewerbe verdienten die Gesellen 3,5 bis 6 Gulden die Woche bei ähnlich langer Arbeitszeit. In allen Branchen bekamen Frauen deutlich weniger als ihre männlichen Kollegen.[161] Eine neuere Darstellung betrachtet diese Verdienste als zu hoch angesetzt und beziffert den Lohn von Arbeitern in Tabakfabriken auf allenfalls 2 bis 4 fl. pro Woche sowie von ungelernten Kräften in der Leislerschen Teppichfabrik und von Arbeitern in Seidenmanufakturen auf lediglich zwei Gulden wöchentlich.[162]

In Hanau und andernorts war also die Berufstätigkeit von Frauen durchaus nicht erst ein Phänomen der zweiten Hälfte des 20. Jahrhunderts. Schon in früheren Zeiten wurde ihr wenn auch oft geringes Einkommen ebenfalls dringend gebraucht. Bei den Ausgaben einer Arbeiterfamilie mit zwei Kindern mussten durchschnittlich knapp 60 Prozent des Verdienstes für Nahrung und etwa 25 Prozent für die Wohnung, die normalerweise Stube, Kammer und Küche umfasste, aufgebracht werden, sodass für Kleidung und die anderen Lebensbedürfnisse nur wenig übrig bleibt.[163] Und selbst diese Ausgaben waren nur zu bestreiten, wenn der Mann und meist noch die Frau in Arbeit und Brot standen. Rücklagen konnten nur wenige Arbeiter bilden, obwohl die Anzahl der Sparkassenbücher der 1841 gegründeten Stadtsparkasse Hanau von 176 im Jahr 1842 auf 888 in 1848 angestiegen war.[164] Allerdings stellten diese Sparer bei den knapp 15.000 Einwohnern Hanaus einen recht geringen Anteil an der Bevölkerung dar, weshalb viele Familien bei Arbeitslosigkeit rasch in Armut abgeglitten sind.

Zum Tagesablauf einer Arbeiterfamilie ist in einer zeitgenössischen Darstellung Folgendes festgehalten: *„Die meisten Fabrik-Arbeiter essen, auch wenn sie verheiratet sind, ihr Mittagsbrod außer dem Hause, wofür besondere Speise-Anstalten existiren. Die kleinen Kinder werden dann des Morgens in die Kleinkinder-Bewahranstalten gebracht,*

---

[161] Hildebrand, Bruno, Statistische Mittheilungen, S. 128 f., und Fischer, Stadt und Bürgertum, S. 432.
[162] Fischer, Stadt und Bürgertum, S. 405.
[163] Hildebrand, Bruno, Statistische Mittheilungen, S. 130.
[164] Bus, Erhard, Zur Geschichte der Stadtsparkasse Hanau. In: „*... diese mit Liebe gepflegte Anstalt ...*". 2013, S. 140.

wohin sie täglich 1 Kr. und ein Stück Brod mitbringen müssen und dort sind sie den ganzen Tag unter Aufsicht. Mann und Frau bringen die Mittagsstunde im Speisehaus, oder wenn sie ihre kalte Küche des Morgens mitgebracht haben, auf dem Spaziergange zu, und holen erst des Abends nach zurückgelegter Tagesarbeit ihre Kinder in ihre Wohnung zurück, so dass nur die Nacht alle Familienglieder vereinigt sind."[165]

Zur Situation in der frühen Gewerbestadt Hanau und zum spannungsgeladenen Verhältnis zwischen der Regierung in Kassel und dem Süden des Kurstaats während des Vormärz formuliert der Autor einer neueren Veröffentlichung treffend: *„Die südlichen Provinzen Hanau und Fulda mit dem Schwerpunkt der Stadt Hanau waren besonders anfällig für revolutionäre Erhebungen. Die soziale Struktur der Bevölkerung, 30 Prozent zählten zu den Armen, die wirtschaftliche Schwäche, wenig Bürokratie und kaum Adel waren ideale Voraussetzungen.*

Kurhessen war es nicht gelungen, die beiden Provinzen in sein Staatsgefüge tatsächlich zu integrieren, so dass der Gedanke der Sezession breiten Raum fand. Nicht wenige empfanden die Provinzen als ‚kurhessisch Sibirien' oder den ‚Fußschemel der Hessen'."[166]

Ähnlich kritisch beschrieb Hanaus damaliger Oberbürgermeister Bernhard Eberhard in seiner Autobiografie die Situation: *„In der ganzen Staatsverwaltung zeigte sich überhaupt kein Wohlwollen für das Land und dessen Interessen; statt den Wohlstand zu heben wurde demselben hindernd entgegengetreten. Der Verfolgungsgeist und die Unterdrückung edler Bestrebungen machte sich vorzugsweise in Hanau geltend."*[167]

In einer Darstellung zur Wirtschaftsgeschichte des Raumes Hanau heißt es resümierend zur kurhessischen Politik in diesem Sektor: *„Die Gewerbepolitik des Kurfürstentums Hessen war in vieler Hinsicht anachronistisch. Uneinheitliche, veraltete gesetzliche Verhältnisse, mangelnde Freizügigkeit sowie eine feudal-bürokratische, oft gewerbefeindliche Verwaltung hatten die industrielle Entwicklung eher gehemmt als gefördert."*[168]

Anders als in der Stadt hatte die (Früh-)Industrialisierung den Kreis Hanau nur punktuell erfasst. Die Existenzgrundlage für das Gros der Bevölkerung in den Dörfern des Kreises waren nach wie vor hauptsächlich die Erträge aus Land- und Forstwirtschaft. Doch damit konnte nach 1815 indes die rasch wachsende Bevölkerung alleine

---

[165] Hildebrand, Bruno, Statistische Mittheilungen, S. 130.
[166] Arndt, Militär und Staat, S. 197 f.
[167] Eberhard, Aus meinem Leben, S. 24. Zum Verhältnis der Kasseler Regierung zu Stadt und Provinz Hanau: Seier, Hellmut, Hanau und Kurhessen im Spiegel des Vormärz und seines Geschichtsbewußtseins. Zur 150-Jahr-Feier des Hanauer Geschichtsvereins. In: Hessisches Jahrbuch für Landesgeschichte 45 (1985), S. 129 ff.
[168] Brandt, Wirtschaft und Wirtschaftspolitik, S. 123.

kaum ernährt werden. Die Anzahl der Einwohner der kurhessischen Provinz Hanau wuchs von 1820 bis 1855 von rund 84.000 auf mehr als 120.000, wobei der Anstieg in den ursprünglich hanauischen Ämtern von gut 56.000 auf fast 84.000 Bewohner am markantesten war. Eine ähnliche Feststellung gilt für eine Anzahl von Orten im Westen des Kreises Gelnhausen.[169] Dazu hier einige Beispiele:

Tabelle 2: Die Einwohnerzahlen einiger Orte des heutigen Main-Kinzig-Kreises in den Jahren 1834 und 1855

Ort	1834	1855
Bieber	901	1.446
Bockenheim	2.755	4.268
Dörnigheim	640	895
Eichen	642	666
Erbstadt	549	587
Gelnhausen	3.943	3.584
Großauheim	1.452	1.898
Hanau	14.834	14.544
Kilianstädten	916	1.038
Langenselbold	2.134	2.628
Marköbel	1.187	1.133
Meerholz	848	889
Mittelbuchen	604	684
Neuenhaßlau	379	455
Ostheim	1.074	1.091
Roßdorf	586	650
Schlüchtern	2.154	2.144
Somborn	1.498	1.630
Steinau	2.462	2.258
Windecken	1.426	1.599

[169] Für 1834: Historisches Ortslexikon http://www.lagis-hessen.de/de/subjects/idrec/sn/ol/id/12426, für 1855: Arnd, Geschichte der Provinz Hanau, S. 358. Die Angaben zu den ausgewählten Orten sind dort ab S. 387 zu finden. Lagis basiert auf: Historisches Gemeindeverzeichnis für Hessen: 1. Die Bevölkerung der Gemeinden 1834–1967, Wiesbaden, Hessisches Statistisches Landesamt, 1968.

Diese für die Agrarwirtschaft ohnehin schon misslichen Bedingungen erfuhren durch eine Naturkatastrophe, die sich Tausende von Kilometern entfernt ereignete, eine weitere Zuspitzung. Auf der Insel Sumbawa, damals Niederländisch Indien, heute Indonesien, brach im April 1815 der Vulkan Tambora mehrfach aus und schleuderte riesige Mengen Asche in die Atmosphäre. Dadurch fehlte es im Folgejahr 1816 („Jahr ohne Sommer") auf der Nordhalbkugel wegen Staubnebels an ausreichender Sonnenbestrahlung. Es kam zu einem vulkanischen Winter mit niedrigen Temperaturen und anhaltenden Regenfällen. Diese Klimaveränderung verursachte hauptsächlich in West- und Mitteleuropa Ernteausfälle, Viehsterben und Hungersnöte.[170]

Die Eruption hatte erhebliche Preiserhöhungen zur Folge. Für ein Pfund (500 Gramm) Ochsenfleisch zahlte man im Dezember 1816 noch 13 Kreuzer (xr.), für die gleiche Menge Hammelfleisch 10 xr. 2 Heller (h), für Schweinefleisch 12 xr. und für ein Pfund gemischte Wurst 10 xr. Eine Maß Bier kostete 7 xr.[171] Ein sechspfündiges Roggenbrot kostete um 1806 noch 13 Kreuzer, Anfang 1817 waren es bereits 32 und am 1. Juli 1817 den horrenden Preis von 48 Kreuzern. Das Ein-Kreuzer-Milchbrot, das einst sechs Lot gewogen hatte (92 Gramm), brachte jetzt nur noch 1 ½ Lot (23 Gramm) auf die Waage. Die Not in Hanau war immens und Not macht bekanntermaßen erfinderisch, sodass der Neustädter Bäckermeister Stremmel ein Kartoffelbrot erfand, das allenfalls zu drei Teilen aus Mehl und zu zwei Teilen aus Kartoffeln bestand und das er im Dezember 1816 für 17 Kreuzer verkaufte. Im Frühjahr 1817 wurde in Hanau eine öffentliche Armenspeisung eingerichtet, die rund 500 mittellose Einwohner der Stadt täglich zweimal mit einer Suppe verköstigte. Zusammen mit einer knapp bemessenen Ration Brot musste dafür ein Kreuzer bezahlt werden.[172]

Möglicherweise infolge der schwierigen wirtschaftlichen Verhältnisse oder günstigerer klimatischer Bedingungen erfuhr der Weinbau im Altkreis Hanau im frühen 19. Jahrhundert eine kurzzeitige Renaissance. Man bearbeitete durch die

---

[170] Zu den Auswirkungen dieser Katastrophe: Glaser, Rüdiger, Klimageschichte Mitteleuropas. 1000 Jahre Wetter, Klima, Katastrophen. Mit Prognosen für das 21. Jahrhundert, 2. Auflage, Darmstadt 2008, und Behringer, Wolfgang, Kulturgeschichte des Klimas. Von der Eiszeit bis zur globalen Erwärmung, 4. Auflage, München 2014, S. 217 ff. Behringer sieht im Vulkanausbruch von 1815 und seinen Folgen eine wichtige Ursache für die Verschärfung der politischen Auseinandersetzungen in der ersten Hälfte des 19. Jahrhunderts.
[171] Wochenblatt für die Provinz Hanau vom 23. Januar 1817.
[172] Kurz, Werner, Die Sparkasse der Niederländischen Diakonie. In: „... diese mit Liebe gepflegte Anstalt ...". Von der Lehn-Banco zur Sparkasse Hanau, 1738 – 2013, hrsg. aus Anlass des 275-jährigen Jubiläums vom Vorstand der Sparkasse Hanau, Hanau 2013, S. 131.

Einfahrt des Hanauer Fruchtwagens am 28. Juli 1817, kolorierte Darstellung aus der Ziegler'schen Chronik. Nach dem Ausbruch des Vulkans Tambora im heutigen Indonesien im Jahr 1815 folgte 1816 („Das Jahr ohne Sommer") eine Klimaveränderung mit Ernteausfällen, Viehsterben und Hungersnot. Erst die Ernte von 1817 brachte wieder normale Erträge. Abbildung: Hanauer Geschichtsverein 1844 e.V.

vorangegangenen Kriegsereignisse wüst gewordene Weingärten wieder und legte sogar in Orten, in denen der Weinbau zuvor längst eingestellt worden war, neue Weinstöcke an. Die hanauischen Weinbauorte um 1835 waren Seckbach, Bergen, Bischofsheim, Hochstadt, die Naumburg bei Erbstadt und Langenselbold, wo bis dahin, vermutlich seit dem frühen Mittelalter, kontinuierlich angebaut wurde. In Hüttengesäß, Kilianstädten, Marköbel, Nauheim, Neuwiedermus, Oberissigheim, Rüdigheim, Wachenbuchen und Windecken kam es nach jahrelanger Pause wieder zum Anbau von Weinstöcken.[173]

Georg Landau beschrieb den Kreis Hanau 1842 dementsprechend: *„An den Höhen und in den Fluren von Bergen, Bischofsheim, Seckbach, Hochstadt, Langenselbold,*

---

[173] Zeitschrift für die Provinz Hanau, hrsg. von Carl Arnd, Band 1 (1837), S. 96.

„Die Naumburg bei Windecken", gezeichnet von C. Köhler, Stahlstich von L. Thümling, um 1850. Unterhalb des Schlosses bei Erbstadt erkennt man den Weinberg und davor ein Weinberghäuschen. An der Naumburg wurde bis ins frühe 20. Jahrhundert Wein gelesen. Abbildung: privat.

Erbstadt, Kilianstädten, Marköbel, Nauheim usw. grünen, und zwar schon zum Theil seit ältesten Zeiten, Rebenanlagen, welche einen guten, durch sein Feuer sich auszeichnenden Wein liefern." Daneben zählt der Autor andere Landesprodukte auf und bemerkt, dass man hier ansonsten viel Obstwein keltert! Doch wenige Jahre später neigte sich der Weinbau im ganzen Altkreis Hanau allmählich seinem Ende zu.

Weiter schildert Landau die Gegend um Hanau nahezu emphatisch mit den Worten: *„Der ganze Bezirk zwischen der Nidder und dem Main ist einem großen schönen Garten vergleichbar."*[174] Dies steht auf den ersten Blick im Gegensatz zu der oben skizzierten schlechten materiellen Situation vieler Familien. Doch dabei ist zu bedenken, dass Landau eher mit den kargen Böden Nordhessens vertraut war und dass er diese Zeilen um 1840 notierte, also zu einer Zeit weitab von Missernten, wie sie sich wenige Jahre später ereigneten. Außerdem fällt sein Befund für die Mittel-

---

[174] Landau, Beschreibung des Kurfürstenthums, S. 568.

gebirgsregionen des Kreises Gelnhausen ganz anders aus: *"Je höher wir im Vogelsberg kommen, um so rauer wird die Luft und hoch oben sogar winterlich. Aber der Boden ist doch meist noch ergiebig, ja nicht selten noch fruchtbar, und liefert meist mehr, als die Bewohner bedürfen. Im Speshard ist dagegen bei ähnlichem Klima der Boden schon weit dürftiger, indem die schmale Thalsohle die Äcker an die Bergränder drängt, und kaum wird hier die nöthige Brodfrucht gewonnen. (...) Der raueste und unfruchtbarste Theil des ganzen ist jedoch die Gegend von Lohrhaupten. Wenn unten im Kinzigthale schon alles grünet und blühet, haust hier noch der Winter."*[175]

Hanauer Krawaller und revoltierende Bauern

Aufgrund der oben geschilderten Situation sprang der Funke einer erneuten Erhebung in Frankreich, der Julirevolution von 1830, bald auch nach Hanau und Umgebung über, wo Teile der Bevölkerung mit Vehemenz gegen die althergebrachte Ordnung aufbegehrten.

Am 24. September demolierte eine aufgebrachte Menge eine Mautstation und das „Licentamt", im Volksmund „Letztes-Hemd-Amt" genannt. Am gleichen Tag wurde ebenfalls das Windecker Zollhaus zerstört. In ländlichen Gegenden nötigte man Beamte, amtliche oder herrschaftliche Papiere herauszugeben, die von den Bauern zu leistende Abgaben und Dienste zum Inhalt hatten, die dann öffentlich verbrannt wurden.[176]

Der blutige Höhepunkt der Hanauer Unruhen ereignete sich am 22. November 1830. Beim Versuch einer aufgebrachten Menschenmenge, einige gefangene Gesinnungsgenossen zu befreien, kam es zu einer Schießerei, bei der kurhessisches Militär mehrere Personen erschoss. Mit dem Einschreiten der Hanauer Bürgergarde[177] ließ sich die Situation zwar beruhigen, doch die Unzufriedenheit mit den bestehenden Verhältnissen dauerte an.[178]

---

[175] Landau, Beschreibung des Kurfürstenthums, S. 600.
[176] Tapp, Hanau im Vormärz, S. 63 ff., und Schaffer-Hartmann, Die Zerstörung der Maut, S. 58 ff. Die detaillierten Erinnerungen eines unbekannten Hanauers über die Ereignisse jener Wochen sind festgehalten in: Heiler, Carl, Aus dem Hanauer Krawalljahr 1830. In: Hanauisches Magazin. Monatsblätter für Heimatkunde 8/9, S. 57 ff., und 10, S. 73 ff.
[177] Zur Gründung sowie zum Verhalten der Bürgergarde 1830 und 1848: Arndt, Jens, Die Hanauer Bürgergarde. In: Stadtzeit 1998, S. 73 ff. Gessner, Dieter, Bürgerliche Identität und Stadtgesellschaft in der ersten Hälfte des 19. Jahrhunderts – das Beispiel Hanau. In: Neues Magazin für Hanauische Geschichte 2008, S. 100 f.
[178] Arndt, Militär und Staat, S. 149 f.; Schaffer-Hartmann, Die Zerstörung der Maut, S. 65 f.

Diese aggressive Stimmung machte sich in der Folgezeit vornehmlich verbal und publizistisch Luft. Sichtbarer Ausdruck der Verdrossenheit weiter Bevölkerungskreise war das im Anschluss an das Hambacher Fest durchgeführte Wilhelmsbader Fest mit fast 10.000 Teilnehmern am 22. Juni 1832, als zahlreiche Redner von der Regierung entschiedene Reformen verlangten. Daneben gab es in Hanau ultraliberale Blätter, die in krassem Gegensatz zur kurhessischen Regierung standen und deren Politik heftig angriffen.

Die in mannigfaltiger Weise geübte harsche Kritik an den bestehenden politischen und ökonomischen Verhältnissen, verbunden mit gezielten Aktionen gegen bestimmte Einrichtungen der Obrigkeiten, brachte den Hanauern die Bezeichnung „Krawaller" ein.[179]

Das den Hanauern damit attestierte aufmüpfige Wesen, ihr ausgelassenes Temperament und die vermeintliche Empfänglichkeit für Neuerungen begründeten manche mit dem fremdländischen Einfluss durch die Zuwanderer aus der Wallonie und aus Frankreich. So charakterisierte der Kasseler Georg Landau die Hanauer im Jahr 1842 wie folgt: *„Die Hanauer sind aufgeschlossen und empfänglich für alles Neue. Was der Süddeutsche gegen den Norddeutschen, das ist der Hanauer gewissermaßen gegen den Althessen. Leicht empfänglich für neue Ideen, tätig und gewandt, lebendig und fröhlich, so zeigt sich der Hanauer, in dessen Adern noch unverkennbar das französische und wallonische Blut fortwirkt."* Und an anderer Stelle wird er etwas ausführlicher: *„Der Hanauer ist der hessische Südländer. Wenn auch die Kultur hier schon die älteren Formen eines Volksthums meist verwischt hat, so ist doch der Hanauer nicht ohne volksthümliches Leben. Fest hängt er an seinem schönen Boden, und nennt sich lieber einen Hanauer, denn einen Hessen. Sein singender Dialekt und das damit verbundene Abkürzen des n an den Endungssilben bezeichnet den Mainländer. Er ist munter und heiter und bekümmert sich wenig um den folgenden Tag. Eine fröhliche Stunde erkauft er*

---

[179] Der Begriff „Krawaller" wird im Deutschen Wörterbuch (DWB), das die Brüder Grimm 1838 begonnen haben, als *„zugleich ziemlich neues und doch altes Wort"* beschrieben. Es meint *„einen vorübergehenden Aufruhr, bei dem der Straßenlärm die Hauptsache ist: Straßenkrawall, Arbeiterkrawall, Brotkrawall (wegen Brotteuerung), Schneiderkrawall".* Bei der Suche nach dem Ursprung des Wortes „Krawaller" stieß man auf das Rheinland. Dort ging man davon aus, *„es sei dort aufgekommen in den Aufständen d. J. 1830, besonders von Hanau aus ‚in Kurs gesetzt'; es mag damals durch die Zeitungen in die gebildete Sprache gekommen sein".* Hingegen hat der Begriff seine Herkunft in ostfranzösischen Mundarten. *„Das französische Wort für Straßenlärm, Katzenmusik, charivari, das in alter Zeit viele Nebenformen hatte, hieß im 14. und 15. Jh. auch charivalli, charavallium, provenzalisch Caravil. (...) Diese Form müsste sich in den Mundarten an der dt. Grenze erhalten und ins Rheinland verpflanzt haben, dass sie dort als Krawal 1830 oder früher aus der Volkssprache auftauchen konnte."* (DWB, Band 11, Leipzig 1873, Sp. 2125 f.)

Zerstörung der Mauth am 24. September 1830, Aquatinta. Man erkennt sowohl einfach gekleidete Handwerksgesellen als auch gutsituierte Bürger mit Zylinder, die sich am Tor und den Fenster des Mautgebäudes zu schaffen machen. Die abgebildeten Soldaten greifen nicht ein. Abbildung: Hanauer Geschichtsverein 1844 e.V.

unbedenklich mit Tagen voll Entbehrung. Leicht aufregbar, hängt er wenig am Alten und ergreift neue Ideen mit Lebhaftigkeit. Darum ist er dann aber auch industriöser als die übrigen Kurhessen und sein heller Geist führt ihn über Hindernisse, vor denen viele andere verzweifeln. Freilich ist der Charakter des Hanauers auch nicht ohne Schattenseiten: sein leichter Sinn geht häufig in Leichtsinn und sein gerades Wesen nicht selten in eine Rohheit über, die eben darum um so verletzender wirkt, je weniger dieselbe aus bäuerlicher Einfachheit entspringt."[180]

Ähnlich, jedoch nicht so wortreich, klingt es bei Veit Valentin (1885–1947), einem profunden Kenner der Revolution von 1848/1849 aus der Zeit der Weimarer Republik. Es heißt bei ihm: *„Die Hanauer Mainfranken waren in dem Kurfürstentum mit ihrer hitzigen Gesprächigkeit, mit ihrer Neigung zum politischen Extrem ein fremdes, ja unheimliches Element."*[181]

---

[180] Landau, Beschreibung des Kurfürstenthums, S. 58 und 569.
[181] Valentin, Veit, Geschichte der deutschen Revolution 1848–1849, 2 Bände, Berlin 1930/1931 (Neudruck Frankfurt 1977), S. 185.

Allerdings sei einschränkend angemerkt: Mentalitäten lassen sich nur sehr schwer nachvollziehen und ob und inwieweit die Hanauer aufgrund ihrer charakterlichen Veranlagung für Krawall und revolutionäre Erhebung prädestiniert waren, sei dahingestellt und lässt sich wohl nie mit Gewissheit klären. Offensichtlich und nachvollziehbarer hingegen ist: In der Stadt und ihrem Umland heizte die lang anhaltende Armut eines beträchtlichen Teils der Bevölkerung den Unmut über die herrschenden Zustände an.

Jedoch ist es im Herbst 1830 nicht bei den Krawallen in Hanau und Umgebung geblieben, da die Ursachen für die weit verbreitete Unzufriedenheit keineswegs alleine in der kurhessischen Zollpolitik und in der durch Arbeitslosigkeit verursachten Not lagen.

Für Teile der Landbevölkerung, in unserem Fall in erster Linie der ehemals isenburgischen Besitzungen, kam nach 1815 erschwerend hinzu, dass viele Rechte der adligen Standesherren, wobei es sich um die ehemals regierenden und seit 1803 mediatisierten Fürsten handelte, gemäß den Bestimmungen des Rheinbundes (1806) und des Wiener Kongresses (1814/1815) unangetastet geblieben waren. Somit musste die betroffene Bevölkerung nicht nur dem Staat, sondern ebenfalls ihrem jeweiligen Standesherren und der Kirche Steuern zahlen oder unentgeltlich Dienste leisten. Die Standesherren waren in ihren Gebieten in der Regel die größten Landbesitzer und wichtigsten Arbeitgeber. Ihre politische, rechtliche und wirtschaftliche Sonderstellung bildete somit den Hauptgrund für einen dauerhaft schwelenden Konflikt in vielen ländlichen Gegenden.[182]

Ein weiterer Grund für die Verdrossenheit war die im Absolutismus begonnene und nach 1815 forcierte Einmischung des Staates in die Belange der Gemeinden. Den Bewohnern und Gemeindevorständen brachte dies drastische, oft unangenehme und kostspielige Veränderungen in ihrem vertrauten Ortsgefüge. Das dörfliche Zusammenleben fußte bis dahin weitgehend auf einer genossenschaftlich verfassten Organisation der bäuerlichen Gemeinde. Aber der moderne Verwaltungsstaat mit seinen den Ideen der Aufklärung sich verpflichtet fühlenden Beamten intensivierte mit seinem ausgeprägten Regulierungsanspruch die schon vorher eingeleitete Politik der Degradierung der Kommunen zur untersten Stufe in der staatlichen Hierarchie weit entschlossener als zuvor im Absolutismus der vorrevolutionären Ära. Mit dirigistischen Eingriffen ins dörfliche Dasein wurde die traditionelle Ordnung der

---

[182] Vgl. dazu: Crößmann, Die Unruhen in Oberhessen.

Gemeinden gründlich umgeformt und den Vorstellungen der Bürokratie angepasst, die damit die Bedingungen in den verschiedenen Landesteilen zu vereinheitlichen versuchte. Außerdem vermochte man nun, die Ausgaben der Gemeinden besser zu kontrollieren und notwendige Reformen vor allem in den Bereichen Schule, Gesundheit und Rechtsgleichheit einzuleiten. Von den Betroffenen hingegen wurde das Gebaren der vorgesetzten, oft fernen Behörde als Gängelung und als Bruch mit jahrhundertealten und bewährten Traditionen verstanden. Viele Dorfverwaltungen reagierten auf den bürokratischen Regulierungsanspruch mit einer Art hinhaltendem Widerstand, doch verändern konnten sie den eingeleiteten Prozess damit kaum. Wie überhaupt die Landbevölkerung stets ein eher gespanntes Verhältnis zur Obrigkeit besaß: *„Bauern und bäuerliche Gemeinden waren auf die Abwehr von Herrschaft und deren Intensivierung eingestellt und verfügten dafür über die verschiedensten Möglichkeiten. Sie konnten passiv Widerstand leisten. Z. B. indem sie sich ‚dumm stellten' oder sich weigerten, Anforderungen nachzukommen; Formen des aktiven Widerstandes waren Prozesse und Unruhen. Wie immer sie sich verhielten, ob defensiv oder offensiv, stets versuchten sie, an ihrem ‚alten Recht' festzuhalten, das für ihre Gegner überholt war."*[183]

Dies waren sicherlich die relevantesten Ursachen, weshalb es im September 1830 gerade in den Gebieten der Standesherren im Kreis Gelnhausen und in dem Landstrich um Schlüchtern zu Revolten kam.[184] Die Unruhen begannen meist so, dass von einem Ort ausgehend ein Zug empörter Bauern losmarschierte, dem sich viele Einwohner der Dörfer am Weg anschlossen. Als Ziel hatte man zumeist die nächste Kreisstadt oder das Anwesen eines Adligen ausersehen. Dort plünderte man Schlösser und Amtsgebäude, forderte Waffen, beschlagnahmte Vorräte, verwüstete die Archive und verbrannte die herrschaftlichen Urkunden, die wirklich oder vermeintlich die Verpflichtungen der Untertanen gegenüber der Herrschaft festhielten. Für Ruhe sorgte letztendlich erst der Einsatz von Militär. Derartige Szenarien ereigneten sich im benachbarten Großherzogtum Hessen noch häufiger als in kurhessischen Gebieten.[185]

---

[183] Vgl. dazu: Wunder, Heide, Die bäuerliche Gemeinde in Deutschland, Göttingen 1986.
[184] Ackermann, Jürgen, Die 1830er Krawalle im alten Kreis Gelnhausen. In: Mitteilungsblatt/Kreisausschuss des Main-Kinzig-Kreises, Band 23 (1998) 2, S. 1 ff.
[185] Zuletzt sind diese Vorgänge gut zusammengefasst bei: Semmel, Heinrich Georg, Die Bauernaufstände der kurhessischen Provinz Hanau und der großherzoglichen Provinz Oberhessen im September 1830. In: Merk, Anton/ Richard Schaffer (Red.), Hanau im Vormärz und in der Revolution 1848/49, Hanau 1980, S. 78 ff.

Über den Hanauer Rahmen hinaus urteilend, heißt es zusammenfassend in einer neueren Darstellung zu den Ursachen der Erhebung vom Herbst 1830: *„Die Selbstgefälligkeit des Fürstenregiments, das Vorgehen gegen politische Opponenten oder gar Kritiker, die Untätigkeit der Kasseler Zentralbürokratie und die vielfachen, als behördlicher Despotismus empfundenen Ein- und Übergriffe der Behörden in die Lokalverwaltungen und in Alltagsangelegenheiten der Untertanen machten den spätabsolutistischen Charakter der Regierungsweise in den 20er Jahren augenfällig und erklären die Heftigkeit der Unruhen und Proteste im Gefolge der Julirevolution 1830."*[186]

Stadtoberhaupt in schwierigen Zeiten

Die Hanauer Stadtverwaltung genoss nach Ansicht ihres neuen Chefs gegen Ende der 1820er-Jahre nicht viel Anerkennung innerhalb der Bevölkerung. Bernhard Eberhard beschrieb dies in seinen Memoiren mit den Worten: *„Die städtische Behörde erfreute sich damals nicht des Vertrauens und der Achtung, welches ihr ein erfolgreiches Wirken sichern konnte. Es kam darauf an, das Ansehen der Gemeindeverwaltung zu heben und die Vorurteile zu bekämpfen, die einem solchen Wirken hindernd entgegenstanden."* Dabei taten alte Gegensätze zwischen Altstädtern und Neustädtern, ob sie struktureller oder persönlicher Natur waren, das Ihre. Zusätzlich erschwerten ihm Forderungen des Staates wie etwa der Bau und die Unterhaltung einer Kaserne auf Kosten der Stadt, und die Zollmaßnahmen der Kasseler Regierung die Realisierung seiner kommunalpolitischen Ziele. Überdies kritisierte er in diesem Kontext unverhohlen das Verhalten der Regierung der Provinz Hanau, die *„jeder freieren selbständigen Bewegung hindernd"* entgegentrat und sich als *„fügsame Vollstreckerin der drückendsten, mitunter der empörendsten Maßregeln der Staatsregierung"* offenbarte.[187]

Ebenso unverblümt drückt er seine Ablehnung gegenüber dem vom Hanauer Polizeidirektor praktizierten Denunziantentum und der Polizeiwillkür aus. Folgerichtig sah Eberhard durch diese Verhältnisse das Feld für die Erhebung vom Herbst 1830 bereitet. Jedenfalls erkennt man an seinen Ausführungen, dass er ein gewisses Verständnis für diese Vorkommnisse aufbrachte.[188]

---

[186] Zur Gemeindeordnung und zum Verhältnis von Staat und Kommunen in Kurhessen: Fischer, Stadt und Bürgertum, S. 47 ff., Zitat S. 7 f.
[187] Eberhard, Aus meinem Leben, S. 16.
[188] Eberhard, Aus meinem Leben, S. 17.

Titelblatt des anlässlich der Weihe der Fahne der Bürgergarde komponierten Fahnenwalzers, März 1831. Bernhard Eberhard rief im Herbst 1830 die Hanauer Bürgergarde ins Leben. Ihre Aufgabe sah er in erster Linie darin, die aufgrund der Unruhen bedrohte öffentliche Ordnung wieder herzustellen und zu gewährleisten. Abbildung: Stadtarchiv Hanau (Ziegler'sche Chronik Band 1, 1825–1846, S. 94 f.).

In der Krisensituation vom Herbst 1830 war er stets darauf bedacht, die Kontrolle zu behalten und die öffentliche Sicherheit zu bewahren. Der Schutz von Personen mitsamt ihrem Eigentum besaß bei ihm absolute Priorität. Da ihm hierbei staatlicherseits keine ausreichende Hilfe zukam, rief er die Hanauer Bürgergarde ins Leben. Sie bestand aus „*mit Waffen auf Kosten der Stadt versehenen*" jüngeren Männern, die, so Eberhard, „*aus dem besseren Teil der Bürgerschaft*" stammten. Ihre Aufgabe sah er in erster Linie darin, die bedrohte Ordnung wiederherzustellen und zu gewährleisten. Dies gelang im Großen und Ganzen bis auf zwei Ausnahmen: Bei der Demolierung des Mobiliars der Wohnung eines Juden und der Zerstörung des bei allen Schichten der Einwohnerschaft verhassten Mautgebäudes am Heumarkt. Was eventuell erklärt, weshalb bei der letzten aufrührerischen Aktion die Bürgergarde Gewehr bei Fuß stand und dem Treiben duldend und vermutlich mit nicht geringem Wohlwollen zusah.[189]

Als Folge der Erhebung von 1830 erhielt das Kurfürstentum Hessen Anfang 1831 eine der fortschrittlichsten Verfassungen der damaligen Zeit, die in vielem der französischen Konstitution von 1791 ähnelte.[190] Das kurhessische Verfassungswerk kannte ein Zensuswahlrecht, gewährte den Landständen das Recht auf Gesetzesinitiativen, es sah die parlamentarische Mitwirkung bei der Verabschiedung des Etats und vor allem bei der Bewilligung von Steuern vor. Zudem gewährleistete die Verfassung zahlreiche Grundrechte wie die Gleichheit vor dem Gesetz, die Religionsfreiheit, die Freiheit der Person und des Eigentums, das Briefgeheimnis, die Berufsfreiheit, das Petitionsrecht, die Garantie des Rechtswegs sowie das Verbot von Ausnahmegerichten. Meinungs- und Pressefreiheit waren zwar grundsätzlich ebenfalls garantiert, standen jedoch unter Gesetzesvorbehalt. Was bedeutete, dass sie während bestimmter Krisensituationen außer Kraft gesetzt werden konnten. Hingegen blieben Heer, Außenpolitik und Verwaltung noch weitgehend unter der Regie des Kurfürsten.[191]

Während der Phase der Ausarbeitung und Beratung der neuen Konstitution hatten die Stadträte von Alt- und Neuhanau dem Bundestagsgesandten Wilhelm August von Meyerfeld eine umfangreiche Liste mit Beschwerden und Forderungen übergeben. Darin sind auf 34 Seiten Missstände aufgeführt, die Eberhard in seinen Erinnerungen gleichfalls benennt. In manchen Punkten erweist sich das Papier der

---

[189] Eberhard, Aus meinem Leben, S. 18.
[190] Zur kurhessischen Verfassung: Dietrich, Reinhard und Wolfgang Birkenstock, Die kurhessische Verfassung von 1831. In: Hanauer Geschichtsblätter 29 (1985), S. 431–462.
[191] Vgl.: Wikipedia-Artikel „Kurhessische Verfassung von 1831", abgerufen am 27. November 2015.

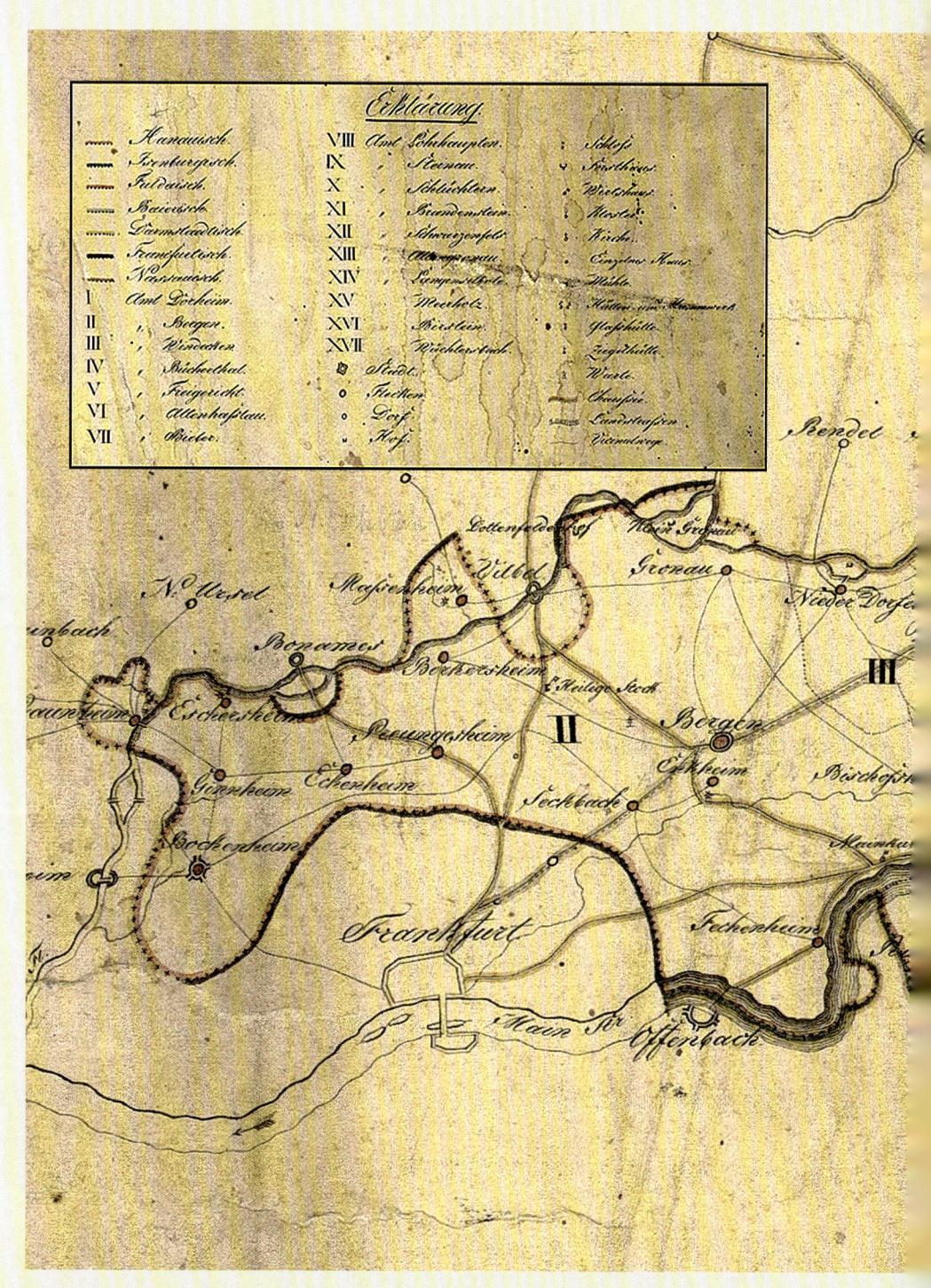

„Charte von den Fürstenthümern Hanau und Isenburg" gezeichnet von C. G. Sommer 1820. Ausschnitt mit den Ämtern Bergen, Windecken und Bücherthal. Im kurhessischen Landtag in Kassel vertrat Bernhard Eberhard als Abgeordneter die Städte Hanau, Bockenheim und Windecken. Abbildung: Hessisches Staatsarchiv Marburg.

Einblicke in die Zeit vor 200 Jahren. Man erkennt deutlich die Einteilung in Ämter, die unterschiedliche Kennzeichnung von Städten, Flecken und Dörfern sowie die zahlreichen Straßen und Wege zwischen den Orten. Auffällig sind auch der Verlauf der Hohen Straße, Mühlen und Ziegelhütten an Ortsrändern, Schlösser, Gutshöfe, einzeln stehende Gasthäuser und die Fasanerie bei Hanau.

Stadträte als deutlich ausführlicher, wobei der Bürgermeister sicherlich daran mitwirkte und ihm sein Inhalt bestens bekannt gewesen sein dürfte. An vorderster Stelle der Forderungen stand die Einführung einer landständischen Verfassung und man führte Klage über den „*verderblichen Einfluß*" der Maut (Zoll), die Hanaus Wirtschaft behinderte und die eine der Hauptursachen der verbreiten Armut sei. Des Weiteren, und dies wird in Eberhards Ausführungen nicht erwähnt, berufen sich die Räte auf die von den früheren Landesherren verbürgten alten Rechte (Bürgerprivilegien) der beiden Städte. Weiterhin beklagten sich die Absender der Beschwerdeliste über die verschiedenen den Städten von der Landesregierung aufgebürdeten Pflichten und Kosten, darunter ebenfalls die Aufwendungen zur Instandhaltung des nun als Landgericht genutzten Altstädter Rathauses, des heutigen Deutschen Goldschmiedehauses.[192]

Wie gesagt, die Formulierung dieser Beschwerden kam gewiss nicht ohne Bernhard Eberhards Einfluss zustande. Seine Auffassungen kamen durch seine Mitwirkung bei der Ausarbeitung zur kurhessischen Verfassung zum Tragen, an der er als Abgeordneter für die Städte Hanau, Bockenheim und Windecken mitwirkte. Gleiches gilt für die Entstehung der kurhessischen Gemeindeordnung von 1834, an deren Zustandekommen er ebenfalls mitarbeitete.[193] Dank dieser Reform errangen die Kommunen eine größere Selbstständigkeit gegenüber dem Staat, hauptsächlich bezüglich ihrer Finanzen. Für Hanau brachte die neue Gemeindeordnung mit der Vereinigung zu einem kommunalen Gemeinwesen endlich die Aufhebung der hemmenden Trennung der beiden Städte Alt- und Neuhanau.[194]

In Anbetracht der Unruhen und seiner durch die neue Konstitution eingeschränkten Befugnisse verzichtete Kurfürst Wilhelm II. (1777–1847) auf die Ausübung der Macht und setzte seinen Sohn Friedrich Wilhelm I. (1802–1875) zum Mitregenten ein, womit er de facto abdankte.

Doch die durch die neue Verfassung gewährleisteten liberalen Errungenschaften sollten alsbald durch die Politik des 1832 zum Innen- und Justizminister berufenen, an einem strengen monarchischen Legitimismus orientierten Hochkonservativen

---

[192] Stadtarchiv Hanau: C1 104 Handakten des Bürgermeisters Eberhard, in seiner Eigenschaft als Landtagsabgeordneter in Cassel. Berichte der Stadträthe und von Privatpersonen über die Ereignisse und Stimmungen in Hanau, 1830–1831. Vgl. zu den Beschwerden der Stadträte: Meise, Das Altstädter Rathaus, S. 571 ff.
[193] Eberhard, Aus meinem Leben, S. 19 f.
[194] Eberhard, Aus meinem Leben, S. 35. Zu den Auswirkungen der Reform: Gessner, Bürgerliche Identität, S. 91 f., und Fischer, Stadt und Bürgertum, S. 65 ff.

Ludwig Hassenpflug (1794–1862) in der Leipziger Illustrirten Zeitung 1850. Der in Hanau geborene reaktionäre Politiker und Minister zählte zu den entschiedensten Widersachern Bernhard Eberhards. Abbildung: www.dhm.de

Ludwig Hassenpflug (1794–1862) ausgehebelt werden.[195] Unter dem in Hanau geborenen „Hessenfluch", wie er aufgrund seiner reaktionären Politik von seinen Gegnern gerne abwertend genannt wurde, kam es in der Folgezeit mit der mehrheitlich liberal gesinnten Ständeversammlung zu heftigen politischen Auseinandersetzungen. Bernhard Eberhard geißelte das Vorgehen der Reaktion mit drastischen Worten: „*Das Bestreben der Regierung, die landständische Wirksamkeit auf indirektem Wege immer mehr zu beschränken, trat indessen schon nach den ersten 3 bis 4 Jahren des Bestandes der Verfassung immer deutlicher hervor. Diesen Zweck verfolgte sie insbesondere durch Deutelei einzelner Verfassungsbestimmungen, Ausschließungen besonders befähigter Ständemitglieder und Mißachtung anderer, die sich in früheren Ständeversammlungen nicht als fügsam erwiesen hatten. Eine Auflösung, eine Vertagung der Ständeversammlung folgte der anderen (...) Anklagen gegen die Minister, auch die begründetsten, blieben schon deshalb ohne Erfolg, weil die Regierung den Staatsgerichtshof nach ihrer Weise zusammensetzte.*"[196]

Letztlich konnte Hassenpflug zunächst bis 1837 und dann wieder ab 1850 unter tatkräftiger Mithilfe seines Landesherrn die Verfassung mehrfach brechen und sie 1852 gemeinsam mit Kurfürst Friedrich Wilhelm I. im spätabsolutistischen Sinne

---

[195] Zur kurhessischen Politik bis zur Annexion durch Preußen: Seier, Hellmut, Modernisierung und Integration in Kurhessen 1803–1866. In: Heinemeyer, Walter (Hrsg.), Das Werden Hessens, Marburg 1986 (Veröffentlichungen der Historischen Kommission für Hessen, Band 50), S. 431 ff.
[196] Eberhard, Aus meinem Leben, S. 23.

verändern. Zudem blühten bald nach der „liberalen Phase" von 1831 das von Eberhard vehement angeprangerte Denunziantenunwesen und die Polizeiwillkür wieder auf.[197]

In Hanau setzte Oberbürgermeister Bernhard Eberhard nach 1831, laut eigener Aussage, sein vorrangiges Augenmerk darauf, Verbesserungen bei der öffentlichen Armenfürsorge zu bewirken. Dazu bündelte er die Kapazitäten der verschiedenen karitativen Stiftungen in Form der Armenverwaltung Hanau unter seinem Vorsitz, um die Fürsorge für Bedürftige effektiver zu gestalten. Als Mittel zur Bekämpfung der Armut und zur Verhinderung von Not nennt Eberhard in seinen Erinnerungen noch die, nicht zuletzt dank seiner Bemühungen, 1841 gebildete Städtische Sparkasse und betont ihren „wohltätigen Einfluß, insbesondere für die dienende Klasse". Gleichermaßen lag ihm viel daran, die eklatanten schulischen Missstände zu beseitigen, die kommunalen Finanzen zu sanieren, eine Schule für Kleinkinder einzurichten und einen neuen größeren Friedhof außerhalb der Stadt anzulegen, der 1846 eröffnet wurde.[198] Diesen Bereichen seiner Tätigkeit als Stadtoberhaupt widmete sich Eberhard mit großem Engagement und man spürt in seiner Rückschau, dass er dies nicht alleine als Amtspflicht verstand, sondern es ebenso als eine Herzensangelegenheit ansah. Dass derartige Vorhaben zu jener Zeit gerade in Kurhessen mit außerordentlichen Schwierigkeiten verbunden waren, wertet seine Leistung noch auf.

Hanaus erster Oberbürgermeister verkörperte ein für die damalige Epoche *„‚modernes' Stadtoberhaupt, das sich nicht als Vollstrecker fürstlichen Willens verstand, sondern manchen Gedanken der erst viel später verwirklichten kommunalen Selbstverwaltung vertrat und vorwegzunehmen versuchte. Sein Lebensweg ist in vielfacher Hinsicht exemplarisch für den sich damals herausbildenden Verwaltungsjuristen, der aber – wie wir aus seiner Biografie wissen – zeit seines Lebens den Widerspruch zwischen dem obrigkeitsstaatlichen Anspruch und seinen kommunalen Aufgaben erkannte, bisweilen darunter zu leiden hatte und dennoch stets einen Interessenausgleich anstrebte."*[199]

---

[197] Grothe, Ewald, Hassenpflug und die Revolution. Zu Weltanschauung und Politik eines kurhessischen Hochkonservativen. In: Winfried Speitkamp (Hrsg.), Staat, Gesellschaft, Wissenschaft. Beiträge zur modernen hessischen Geschichte, Marburg 1994 (Veröffentlichungen der Historischen Kommission für Hessen, Band 55), S. 53 ff. Zu Eberhards Einschätzung seines Widersachers: Eberhard, Aus meinem Leben, S. 23 ff.

[198] Eberhard, Aus meinem Leben, S. 38 ff. Vgl. zur Gründung der Stadtsparkasse: Bus, Zur Geschichte der Stadtsparkasse Hanau. In: „Diese mit Liebe gepflegte Anstalt…", S. 136 ff.

[199] Kurz, Diese mit Liebe gepflegte Anstalt…, S. 61.

Doch damit ist Eberhards politischer Standort noch nicht hinreichend erforscht und erklärt, zumal ihm ja noch eine wichtige Herausforderung bevorstand. Deshalb ist zu fragen: Wie stand es mit seinen über die kommunalen Belange hinausreichenden politischen Ansichten und Ambitionen? Wie stark hatten ihn die Ideen der Französischen Revolution beeinflusst? Wie verhielt er sich gegenüber den drängenden gesellschaftlichen und politischen Fragen seiner Zeit sowie den sich herausbildenden politischen Gruppierungen, vor allen Dingen während der Revolution von 1848/1849? Inwieweit kann man ihn dabei als „modern" klassifizieren? Zu untersuchen ist natürlich auch: Wie ging es mit der Kanzlei weiter?

Von Hanau nach Kassel und zurück

Nicht zuletzt wegen der unvermindert fortbestehenden ökonomischen Probleme, die durch die Missernten der Jahre 1846 und 1847 noch verschärft wurden, als eine Kartoffelfäule den Großteil der Ernte vernichtete, fielen Ende Februar 1848 die Nachrichten vom Ausbruch einer erneuten Erhebung in Paris vor allem in Südwestdeutschland auf fruchtbaren Boden. Rasch breiteten sich die Revolten bis in unsere Gegend aus.[200]

Das seinerzeit gut 16.000 Einwohner zählende Hanau spielte in den Märztagen des Jahres 1848 hierbei eine führende Rolle.[201] Damals herrschte in der Stadt zügelloses Durcheinander. Eine Volksversammlung jagte die nächste, unaufhörlich wurden Katzenmusiken (Charivaris) dargebracht, die dazu dienen sollten, politisch missliebige Personen anzuprangern und mit ihnen Schabernack zu treiben. Ihre Durchführung war überall ähnlich: Die Aktionen wurden gewöhnlich in Wirtschaften vorbereitet. Der Höhepunkt des in aller Regel nächtlichen Krawalls fand zumeist vor dem Haus

---

[200] Zur Revolution von 1848/1849 einige Titel: Hardtwig, Wolfgang (Hrsg.), Revolution in Deutschland und Europa 1848/49, Göttingen 1998; Langewiesche, Dieter (Hrsg.), Die Revolutionen von 1848 in der europäischen Geschichte. Ergebnisse und Nachwirkungen, München 2000; ders. (Hrsg.), Die deutsche Revolution von 1848/49, Darmstadt 1983; Mommsen, Wolfgang J., 1848. Die ungewollte Revolution. Die revolutionären Bewegungen in Europa 1830–1849, Frankfurt 2000; Siemann, Wolfram, Die deutsche Revolution von 1848/49, Frankfurt 1985; Valentin, Veit, Geschichte der deutschen Revolution; Wettengel, Michael, Die Revolution von 1848/49 im Rhein-Main-Raum, Wiesbaden 1989; Wollstein, Günter, Deutsche Geschichte 1848/49. Gescheiterte Revolution in Mitteleuropa, Stuttgart 1986.
[201] Zu den Ereignissen in und um Hanau: Tapp, Hanau im Vormärz, sowie Merk und Schaffer (Red.), Hanau im Vormärz. Zu den sozialen Verhältnissen und zu den politischen Aktivitäten der Arbeiterschaft in Hanau: Heitzenröder, Wolfram, Die Arbeiterbewegung in Hanau und Umgebung 1848 bis 1878, Hanau 2002, S. 10 ff.

Die Zerstörung des Prügelbocks als Symbol der Gewaltjustiz auf dem Paradeplatz (heute Freiheitsplatz) am 18. März 1848, Lithografie von Johann Heinrich Fiedler. Die Freude über die Demolierung des Symbols für die von der obrigkeitlichen Justiz einst ausgeübte Folter ist den dargestellten Personen deutlich anzusehen. Abbildung: Hanauer Geschichtsverein 1844 e.V.

oder Amtssitz des Betroffenen statt. Männer traten in Frauenkleidung auf, andere legten Fastnachtskostümierung und Bemalung an, sodann verlas man das Sündenregister des Kritisierten, bevor im Chor „Pereat!" („Nieder mit ihm!") gerufen wurde. Pfeifen, Trommeln und vielgestaltiger Lärm begleiteten das ungewöhnliche Spektakel. Es gab daneben auch aggressivere Vorfälle, bei denen Steine und Knüppel flogen, Türen und Fensterläden zu Bruch gingen oder sogar Personen verletzt wurden. Bei den Initiatoren dieser Katzenmusiken handelte es sich überwiegend um Anhänger der politischen Linken. Die Beteiligten an derartigen Aktionen waren in aller Regel Handwerksgesellen, Arbeiter, Dienstboten und Tagelöhner, ferner Frauen und Jugendliche, also Angehörige der „unterbürgerlichen Schichten".

Zudem waren Wilddiebereien, Zechprellereien, Steuerverweigerungen und Holzdiebstähle an der Tagesordnung. Aus Angst vor unabsehbaren Folgen griff die

Kasseler Regierung nicht ein. Hanau und Umgebung führten zeitweise ein fast republikanisches Sonderdasein.[202]

Bereits am 29. Februar 1848 wurden die ersten Forderungen gegenüber dem Landesherrn in Kassel formuliert, die er vorerst nur halbherzig erfüllte. Daraufhin schwoll die revolutionäre Stimmung an Main und Kinzig weiter an. Ein weniger im Inhalt als in Form und Ton für die deutsche Geschichte bis dahin ungewöhnliches und der üblichen Untertänigkeitsfloskel entbehrendes Schriftstück, das „Hanauer Ultimatum" vom 9. März 1848, forderte Kurfürst Friedrich Wilhelm I. zu weiter gehenden Reformen auf (vgl. dazu: Dokument Nr. 6). Der Kurfürst gab, wohl aus Angst, die Stadt könnte zum Auslöser der offenen Rebellion in ganz Deutschland werden, weitgehend nach.[203]

Bernhard Eberhard, als Hanauer Oberbürgermeister am Zustandekommen des Ultimatums beteiligt, schrieb zu seiner Rolle bei der Abfassung des Textes: „*Gelang es mir auch eine teilweise Abänderung dieser Form zu veranlassen, so sprach sich doch die Versammlung ganz entschieden gegen weitere Milderung der Ausdrücke aus, indem namentlich auch von den gemäßigten Mitgliedern geltend gemacht wurde, daß die Eingabe nur in dieser Form die größere Volksmasse für jetzt beschwichtigen und von den schon vielfältig ausgesprochenen extremen Schritten abhalten könne.*" In seiner Biografie kritisierte er später selbst den Stil des von ihm mit unterzeichneten Ultimatums als „nicht dem Verhältnisse des Untertans zum Landesherrn" angemessen.[204]

Er sah sich also als „Untertan" seines Landesherrn, eine Bezeichnung, die vielleicht noch zum üblichen Duktus der einfacheren Bevölkerung der damaligen Zeit passte, aber vielleicht doch nicht unbedingt zum Selbstverständnis eines nach politischer Emanzipation strebenden aufgeklärten Bildungsbürgers.

Wie dargestellt kommen die Kräfte der alten, spätabsolutistischen Ordnung in Eberhards Retrospektive nicht gut weg. Ähnlich ergeht es den in Hanau stark vertretenen Demokraten, so nannte man seinerzeit die Parteigänger der Linken. Darunter befanden sich entschiedene Republikaner, die jedwede Kooperation mit Vertretern der alten Ordnung kategorisch ablehnten. So spricht Eberhard einerseits von seinen Anhängern und weltanschaulichen Gesinnungsgenossen, den gemäßigten Liberalen, als dem „*besseren Teil der Stadt*" oder dem „*besseren Teil des Landes*",[205]

---

[202] Tapp, Hanau im Vormärz, S. 255 ff.
[203] Schaffer-Hartmann, Richard, Das Hanauer Ultimatum. In: Stadtzeit (1998). Geschichtsmagazin anlässlich des Jubiläums 150 Jahre Revolution und Turnerbewegung Hanau 1848–1998, Hanau 1998, S. 86 ff.
[204] Eberhard, Aus meinem Leben, S. 31 f.
[205] Eberhard, Aus meinem Leben, S. 44.

während er anderseits „*die Wühlereien der Demokraten*"[206] scharf verurteilt. „*Die Tendenz der demokratischen Partei*" war in seinen Augen nicht die Umsetzung der von der Deutschen Nationalversammlung in der Paulskirche verabschiedeten Reichsverfassung, sondern „*vielmehr auf gänzlichen Umsturz des monarchisch-konstitutionellen Prinzipes, auf Herbeiführung einer sozialen, oder (...) rote[n] Republik gerichtet*".[207] Hierbei dürfte er für sich Lehren aus der Radikalisierung während der Frühphase der Französischen Revolution gezogen haben, deren Auswüchse er in seinem Zuständigkeitsbereich jedenfalls zu vermeiden suchte. Überdies musste er befürchten, dass eine „soziale Revolution" seinen Status und sein – wenn auch sicherlich nicht gerade opulentes – Vermögen hätte gefährden können.

Angesichts dieses scharfen Tons, den Eberhard gegenüber den Demokraten anschlägt, ist zu bedenken, dass die Opposition gegen die bestehenden Verhältnisse sich 1848 keineswegs einheitlich zeigte: Sie war eher ein Sammelbecken als eine politische Partei im modernen Sinne. Während für die gemäßigten oder konstitutionellen Liberalen, zu deren wichtigsten Exponenten im Kurfürstentum Eberhard zweifellos gehörte, Reformen innerhalb des Systems denkbar waren und der nationale Gedanke im Vordergrund stand, drängten die Radikalen oder Demokraten auf die Beseitigung der alten Ordnung und auf einschneidende Veränderungen auch im Wirtschafts- und Sozialbereich.

Doch nicht nur in Hanau, sondern auch auf dem Land zeigte die Bevölkerung anfangs eine leidenschaftliche, oftmals naive Begeisterung für die Ideen der „48er". So kamen beispielsweise am 12. April 1848 in Langenselbold rund 1.500 Teilnehmer zu einer Volksversammlung zusammen, um die Reden des neuen „linken" Hanauer Oberbürgermeisters August Rühl (1815–1850) und des legendären „Turnvaters" Friedrich Ludwig Jahn (1778–1852) zu hören.[208]

Auf dem Gelnhäuser Obermarkt trat der Küfermeister und Turnerführer August Schärttner (1817–1859) auf, der seine Zuhörer in breitem Hanauer Dialekt mit Neuigkeiten aus der Nationalversammlung in seinen Bann zog. Er versprach seinem zum überwiegenden Teil bäuerlichen Publikum, dass man von nun an keinen Zehnt mehr zu entrichten und keine Frondienste mehr zu leisten hätte. Weiter verkündete er, dass in gleicher Weise die Presse und die Jagd frei seien.[209] Schärttner

---

[206] Eberhard, Aus meinem Leben, S. 48.
[207] Eberhard, Aus meinem Leben, S. 58. Gleichfalls negativ ist eine Bemerkung zum zeitweise demokratisch dominierten Hanauer Stadtrat auf Seite 60.
[208] Matthes, J., Von der Revolution in Langendiebach und Umgebung 1848. In: Hanauisches Magazin 9 (1927), S. 66.
[209] Mohn, Heinrich, Die Revolution von 1848 erreichte auch Hailer. In: Gelnhäuser Heimat-Jahrbuch 1999, S. 37 ff.

Bernhard Eberhard als hessischer Innenminister 1848, Lithografie von Georg Koch. Mit der Berufung zum Innenminister und schließlich zum Vorstand des kurhessischen Staatsministeriums waren der Umzug nach Kassel, die Aufgabe seiner Tätigkeit als Notar und der Verzicht auf das Amt des Oberbürgermeisters von Hanau verbunden. Abbildung: Stadtarchiv Hanau/ Medienzentrum Hanau.

berücksichtigte damit, dass die für die Hanauer geltenden Gründe für die Empörung über die bestehenden Missstände in den Landgemeinden zusätzlich durch Beschwerden gegen jahrhundertealte feudale Ungerechtigkeiten und moderne bürokratische Gängelei ergänzt werden müssten. Wie überhaupt der anfängliche Erfolg der Erhebung in weiten Teilen Deutschlands ohne die massenweise Beteiligung der Landbevölkerung nicht denkbar gewesen wäre. Ihre Forderungen waren: Ermäßigung der Abgaben durch Abschaffung oder Ablösung des Zehnten, Aufhebung des adligen Jagdprivilegs, Reduzierung des Wildbestands, gerechtere Nutzung der Wälder für jedermann, Selbstverwaltung der Gemeinden ohne staatliche Bevormundung und Installierung öffentlicher Geschworenengerichte. Ein Teil der bäuerlichen Ansprüche wurde von den Herrschenden erfüllt und blieb über das Revolutionsende hinaus auch in der Restaurationsepoche bestehen.[210]

Folglich bedeutete das Jahr 1848 das Ende des Feudalismus in Deutschland, wenn sich auch einige wenige Vorrechte des Adels bis 1918 erhalten haben. Für den überwiegenden Teil der Landbevölkerung hatte die Erhebung mit der Erfüllung bestimmter Forderungen ihr Ziel erreicht. Von einem Scheitern der Revolution im ländlichen Bereich kann deshalb keine Rede sein.[211]

In der Stadt Hanau überwogen die radikal-demokratischen Vereine. Ihre Mitglieder verlangten andere und tiefergreifende Veränderungen in der Gesellschaft als die Mehrheit der Dorfbewohner und die Errichtung einer Republik. Gruppierungen des gemäßigten bis konservativen Bürgertums forderten zwar auch größere bürgerliche Freiheiten und die Teilhabe an der politischen Macht, stellten indessen die Monarchie grundsätzlich nicht infrage. Diese eher „linke" Gesinnung der meisten Bewohner Hanaus und Teilen seiner Umgebung lässt sich im Laufe der Industrialisierung weiter beobachten. Ja, es gab sogar individuelle Kontinuitäten zwischen der 48er- und der frühen Arbeiterbewegung: Einige Teilnehmer der Hanauer Turnerwehr, die im Juni 1849 nach Baden gezogen waren, gehörten später zu den örtlichen Funktionären der Vorgängerorganisationen der SPD.[212]

---

[210] Vgl. dazu: Fleck, Agrarreformen in Hessen-Darmstadt, S. 297 ff.
[211] Zu den Errungenschaften der Revolution für Hessen: Franz, Eckart G., „Einigkeit und Recht und Freiheit". Forderungen und „Errungenschaften" der 48er Revolution in Hessen. In: Böhme, Klaus/Bernd Heidenreich (Hrsg.), „Einigkeit und Recht und Freiheit". Die Revolution von 1848/49 im Bundesland Hessen, Opladen, Wiesbaden 1999, S. 9 ff.
[212] Vgl. dazu: Geisel, Karl, Die Hanauer Turnerwehr. Ihr Einsatz in der badischen Mairevolution von 1849 und der Turnerprozeß, Hanau 1974, (Hanauer Geschichtsblätter, Band 24), Hanau 1973, S. 91 ff., und Heitzenröder, Die Arbeiterbewegung, S. 184 ff.

Es ist hier nicht der Ort, noch näher auf die Geschichte der Revolution von 1848/1849 einzugehen, doch da Bernhard Eberhard wegen der aufregenden Ereignisse nicht nur in Hanau, sondern ebenfalls in Kassel zunächst einen immensen Karriereschub erfuhr, sind noch einige Bemerkungen zu seiner Rolle vonnöten.

Mit der Berufung durch seinen Landesherrn Kurfürst Friedrich Wilhelm I. am 19. März 1848, der damit sicherlich Teilen der liberalen Opposition den Wind aus den Segeln nehmen wollte, avancierte Eberhard zum Innenminister und schließlich zum Vorstand des kurhessischen Staatsministeriums, was de facto der Position eines Ministerpräsidenten gleichkam. Diese Aufgabe charakterisierte er im Nachhinein als die *„wichtigste"* und *„gefahrvollste"* seiner *„öffentlichen Wirksamkeit"*. Mit dem neuen Amt waren der Umzug nach Kassel, die Aufgabe seiner Tätigkeit als Notar und der Verzicht auf das Amt des Oberbürgermeisters von Hanau, von dem er sich nur *„mit schwerem Herzen"* trennte, verbunden.[213] Bis zur Wiederaufnahme einer anwaltlichen und notariellen Tätigkeit in der Grimmstadt durch ein anderes Mitglied der Familie Eberhard sollten dann einige Jahre ins Land gehen.

In seiner neuen Position stieß Bernhard Eberhard bei der Umsetzung von Reformen häufig auf den Widerstand reaktionärer Beamter und scheiterte schließlich an dem an seinen spätabsolutistischen Machtvorstellungen festhaltenden sowie die Konstitution missachtenden Kurfürsten, der sich zudem nach Eberhards Bekunden an vereinbarte *„Zusagen nicht hielt"*. Im Februar 1850, nach dem Scheitern der Revolution und als die reaktionären Kräfte in Kurhessen und in ganz Deutschland erneut das Ruder in der Hand hielten, traten die liberalen kurhessischen Minister zurück. Auf Eberhard folgte wieder Hassenpflug.[214] Resignierend ist am Ende dieses Kapitels seiner Retrospektive im August desselben Jahres vermerkt: *„Ich schließe diese Ueberlieferung zu einer Zeit, wo deutsche Ehre, deutsches Recht von den Fürsten Deutschlands mißachtet worden und wo hierin unsere eigene Regierung unter der Leitung des Ministers Hassenpflug allen anderen deutschen Regierungen vorangeht."*[215]

Bernhard Eberhard bekennt sich mit diesen Worten als ein entschiedener Gegner fürstlicher Willkür und Vertreter einer auf einer Verfassung basierenden Monarchie, in der die erlassenen Gesetze und bestehenden Institutionen von allen respektiert werden. Hierbei erwies er sich, zumindest partiell, als Kind der Ideen der

---

[213] Eberhard, Aus meinem Leben, S. 44 f.
[214] Eberhard, Aus meinem Leben, S. 56 ff.
[215] Eberhard, Aus meinem Leben, S. 59.

Die Anfänge und frühe Zeit der Kanzlei Eberhard in Hanau, 1817–1903

Französischen Revolution sowie als aufmerksamer Rezipient seiner juristischen Vorlesungen an der Marburger Universität und der Rechtsschule Wetzlar, die zumindest seinerzeit noch maßgeblich vom französischen Recht beeinflusst waren. Mit seiner Abneigung gegen die radikalen Demokraten zog er, so hat er gewiss geglaubt, Lehren aus der Schreckensherrschaft der Jakobiner unter Robespierre, deren Wiederholung er in Hessen durch eine ausgleichende, gemäßigt liberale Politik auf jeden Fall zu vermeiden suchte, die allerdings unter Kurfürst Friedrich Wilhelm I. letztlich nicht zu realisieren war.

Kurfürst Friedrich Wilhelm von Hessen (1802–1875), Grafik nach einer Fotografie in der Illustrirten Zeitung aus dem Jahr 1862. Abbildung: www.wikipedia.org

Der hessische Kurfürst war jedoch keineswegs alleine aufgrund seiner reaktionären Ansichten in weiten Kreisen der Bevölkerung unbeliebt, auch sein sonstiges Verhalten stieß auf Ablehnung, insbesondere fürchtete man seine offensichtliche Bosheit, vor der niemand gefeit war. „*Einem Obersten, der sich einen kleinen Rosengarten angelegt hatte, in dem er nach dem Dienst mit Hingebung arbeitete, bezeugte er vorüberreitend sein Missfallen, acht Tage später versetzte er ihn in eine andere Garnison. Selbst Hassenpflug bekam seine Bosheit zu spüren: als er auf einem Ball mit seiner späteren zweiten Frau (...) tanzte, befahl der Kurfürst der Musik, immer schneller zu spielen, bis Hassenpflug seine Dame atemlos auf den Platz zurückführte.*" Der österreichische Gesandte Graf Kuefstein beurteilte ihn 1841 wie folgt: „*Sein Benehmen gegen Mutter und Schwester sowie die gewöhnlich mit Hohn begleitete Rücksichtslosigkeit und Härte gegen alle, die von ihm abhängen, haben selbst bei den sprichwörtlich treuen Hessen ihn zum Gegenstand des Hasses und Unwillens gemacht. Dieses Gefühl wird sich zwar in keiner Gewalttat äußern, es ist aber nicht gut, es fortwuchern zu lassen. Wenn die Dankbarkeit der Untertanen, die Anerkennung der Zeitgenossen oder der Nachwelt einen Regenten gern mit dem Beinamen des Gerechten, des Großen oder des Guten zieren, welches wird der Beiname des Prinzen sein? – Hessen hat einen Philipp den Großmütigen – ich weiß nicht, inwiefern dieser Titel verdient ist; der Gegensatz aber der Ungroßmütige wird einem seiner Nachfolger nur Gerechtigkeit sein."*[216]

In dem nachgeschobenen Schlusskapitel seiner Autobiografie, das Bernhard Eberhard im Januar 1853 beendete, nimmt der kurhessische Verfassungskonflikt von 1850, dessen Auswirkungen er in Kassel erlebte und mit geißelnden Worten kommentierte, einen weiten Raum ein. Manche Passagen fielen hierbei wohl deshalb so harsch aus, weil man ihm, dem bekannten Liberalen und Gegner fürstlicher Willkür, zeitweise bis zu 20 Soldaten (!) in seine Kasseler Wohnung einquartiert hatte.[217]

Da die Hintergründe des kurhessischen Verfassungskonflikts im Allgemeinen recht wenig bekannt sind, dazu einige erläuternde Anmerkungen: Friedrich Wilhelms I. rückwärtsgewandte Politik eskalierte im Spätsommer 1850 zu einer Staatskrise. Der Kurfürst erklärte aufgrund des Streits um den von der Regierung eingebrachten Landeshaushalt die neu gewählte Kammer für aufgelöst und vollzog damit quasi einen Staatsstreich. Das Verhalten des Landesherrn traf nicht nur bei den Abgeordneten, sondern genauso vor dem höchsten Gericht des Staates (Oberappellationsgericht) auf strikte Ablehnung. Anfang September verhängte Friedrich Wilhelm daraufhin den Kriegszustand. Nachdem er keine militärische Hilfe von König Ernst August I. von Hannover (1771–1851) erhalten hatte, ging er nach Wilhelmsbad bei Hanau und verhängte von dort aus den verschärften Kriegszustand. In einer in der deutschen Geschichte einzigartigen Aktion reichte nun fast das gesamte auf die Verfassung vereidigte kurhessische Offizierskorps den Abschied ein. Daraufhin ordnete die in Frankfurt tagende Bundesversammlung, ganz im Sinne des Kurfürsten, die Bundesexekution über Kurhessen an. Infolge dessen rückten am 1. November bayerische und österreichische Truppen aufgrund eines Inventionsersuchens Friedrich Wilhelms I. in das Land ein.

Angesichts dieser Ereignisse fühlte Preußen sich herausgefordert und ließ selbst Militär in Hessen einrücken. Bei Bronnzell, einem kleinen Ort in der Nähe von Fulda, kam es zu einem Schusswechsel mit einigen Verwundeten und einem toten Kavalleriepferd, den man später ironisch zur „Völkerschlacht bei Bronnzell" überhöhte. Die Situation drohte sich zu einem kriegerischen Konflikt auszuweiten. Doch

---

[216] Zitiert nach: Kühn, Das Ende einer Dynastie, S. 223 f.
[217] Eberhard, Aus meinem Leben, S. 63 ff.

Auszug der Strafbayern, Lithografie von Johann Heinrich Fiedler. Die Mitglieder einer Hanauer Familie geben zum Auszug der bayerischen Soldaten im August 1851 ihre Kommentare ab. Während sich die Eltern erleichtert zeigen („Gott sey's getrommelt un gepiffe"), bedauern die drei Töchter den Abmarsch der schneidigen Soldaten („Nu halte mich kaan 10 Gäul mehr in Hanau" oder „Ich binn ganz todt!"). Abbildung: Hanauer Geschichtsverein 1844 e.V.

da sich Preußen in der militärisch schwächeren Position wähnte und zudem Russland diplomatisch aufseiten Österreichs stand, entschloss man sich in Berlin zu Konzessionen. Im Vertrag von Olmütz (29. November 1850) wurden die beiderseitige Demobilmachung, das Ende des kurhessischen Streites und die Wiederbelebung des vorrevolutionären Deutschen Bundes vereinbart.[218]

Anschließend stellten die Interventionstruppen die Ordnung nach den Vorstellungen des reaktionären Kurfürsten wieder her.[219] Kriegsgerichte verurteilten überall im Land bekannte Oppositionelle, der Kurfürst verfügte Entlassungen und Bestrafungen. Am 23. April 1852 zwang Friedrich Wilhelm seinen Untertanen eine neue, ihm genehme Verfassung auf.

[218] Vgl.: Lutz, Heinrich, Zwischen Habsburg und Preußen. Deutschland 1815–1866, Berlin 1985, S. 388 ff.
[219] Vgl. zum Vorgehen der bayerischen Armee: Bezzel, Oskar, Geschichte des königlich bayerischen Heeres von 1825–1866, 7. Band, München 1931, S. 187 ff.

In Hanau hatte man rund 3.500 Bayern vorzugsweise bei liberal gesinnten Einwohnern einquartiert. Dies bedeutete eine enorme Belastung für die Kassen der betroffenen Bürger und der Kommune. Innerhalb der Bevölkerung nannte man diese Soldaten deshalb „Strafbayern". Der letzte bayerische Truppenteil verließ Hanau erst am 5. August 1851.[220]

Kurz zuvor, im Juli 1851, hatte Eberhard seinen Wohnsitz wieder zurück in seine *„zweite Vaterstadt"*, nämlich nach Hanau, verlegt, wofür er in seiner Autobiografie familiäre und wegen des milderen Klimas am Main außerdem gesundheitliche Gründe geltend macht.[221] Dort wohnte er, wie übrigens sein Sohn Ludwig seinerzeit auch, im Haus Am Markt Nr. 427 bei seiner Tochter Marie und ihrem Ehemann Christian Lossow. Im Parterre des Gebäudes befanden sich damals allem Anschein nach eine Spezerei- und Delikatessenhandlung sowie eine Schokoladenfabrik.[222]

Ob der Staatsrat Bernhard Eberhard in Hanau wieder seine unterbrochene anwaltliche Tätigkeit aufnahm, geht aus seinen Memoiren leider nicht hervor. Aufgrund der veränderten politischen Bedingungen und seines angegriffenen Gesundheitszustands erscheint dies freilich eher unwahrscheinlich. Vielmehr galt seine Sorge der weiteren beruflichen Zukunft seines Sohnes Ludwig.[223] Finanziell musste er sich etwas einschränken, denn nun erhielt er nicht mehr 2.500 Taler plus zwei Fourageration, die ihm als Minister zugestanden hatten, sondern er musste sich von nun mit 1.600 Talern jährlich begnügen. Zu einer erneuten Verwendung im öffentlichen Dienst kam es nicht mehr.[224]

Achteinhalb Jahre nach seiner Übersiedelung nach Hanau verstarb Hanaus erster Oberbürgermeister Bernhard Eberhard am 29. Februar 1860 im Alter von knapp 65 Jahren an einer Lungenkrankheit. Der Chronist Wilhelm Ziegler hat sein Leiden als *„Brustwassersucht"* beschrieben.[225] Davon abweichend ist im Totenbuch der Wallonischen Gemeinde (I D 7, fol. 72, Nr. 585) unter der Rubrik „Krankheiten" zur Todesursache des Staatsrats Bernhard Eberhard *„Organischer Herzfehler"* zu lesen.[226]

---

[220] Zimmermann, Hanau. Stadt und Land, S. 782 f., und Schenk, Otto, Die „Strafbayern" in Hanau. In: Hanau. Stadt und Land, S. 382 f.
[221] Eberhard, Aus meinem Leben, S. 44 und 70.
[222] Adressbuch der Stadt Hanau, Hanau 1853.
[223] Eberhard, Aus meinem Leben, S. 70.
[224] Eberhard, Aus meinem Leben, S. 1 (Vorbemerkung).
[225] Vgl.: Ziegler'sche Chronik, Band 4, S. 169, und die Wikipedia-Artikel „Serothorax" und „Pleuraerguss", abgerufen am 2. Februar 2016.
[226] Urkunden zum Ahnenpass Karl Ludwig Jakob Eberhard, pag. 8+.

Ziegler berichtet von der beträchtlichen Anteilnahme der Bevölkerung bei der Nachricht von Eberhards Tod, er würdigt seine Lebensleistung als Oberbürgermeister und als Landespolitiker und beschreibt ausführlich seine Beisetzung (vgl. dazu: Dokument Nr. 7).

Ausnehmend lobend und die Verdienste Bernhard Eberhards gebührend anerkennend, erschien am 2. März ein Beitrag im Frankfurter Journal. Zu seinen ersten Jahren in Hanau ist dort bezüglich seiner Anwaltstätigkeit zu lesen: *„In der Provinz Hanau, zu Schlüchtern geboren, begann er mit der Anwaltschaft in einer Zeit, da unsere Gerichtsverfassung noch kein öffentliches Auftreten durch mündliche Verhandlung mit sich brachte."* Das Journal hebt im Weiteren seine Arbeit bei der ersten kurhessischen Verfassung von 1831 sowie seinen mäßigenden Einfluss während der Revolution von 1848 hervor. Bezüglich seines gesundheitlichen Zustands in den letzten Lebensjahren spricht das Blatt von *„höchst qualvollen Tagen und Nächten"*.[227]

Als zunächst sehr betroffen, überraschend mutig und äußerst kritisch gegenüber der Regierung erweist sich ein langer Artikel zum Tod Eberhards in der in Kassel verlegten Hessischen Morgenzeitung. Ein wichtiger Grund dafür ist sicher, dass sich Bernhard Eberhard bei weiten Kreisen der Bevölkerung der nordhessischen Residenzstadt außergewöhnlicher Beliebtheit erfreute. Der Zeitungsbeitrag beginnt mit den Worten: *„Eine Trauerkunde geht durchs Land, die Tausende in tiefem Schmerz und aufrichtigster Theilnahme erfüllen wird: Eberhard ist todt!"* Am Ende des Artikels, nachdem die Verdienste des Verstorbenen resümiert worden sind, findet Eberhards politischer Erzfeind Hassenpflug Erwähnung. Bezug nehmend auf die Zeit nach 1850 ist dann, leider etwas mysteriös oder gar sibyllinisch, zu lesen: *„Manche Kränkungen folgten ihm dahin [nach Hanau, d. Verf.] nach. Nicht einmal der Besuch einer Heilquelle nach langem Leiden wurde ihm möglich. Selbst ärztliche Zeugnisse – doch lassen wir die Anklage schweigen, in einem Augenblicke, wo die bittersten Thränen reden! Die Geschichte wird richten."*[228] Letzteres sollte sich wenige Jahre später für Bernhard Eberhards Widersacher schmerzlich bewahrheiten.

Der in Windecken als Sohn eines Geometers geborene, später rund 15 Jahre in Hanau praktizierende und ab 1900 in Freiburg lebende Arzt, Kunsthistoriker und Biograf Karl Siebert (1858–1933)[229] lobte Eberhards politisches Wirken nahezu

---

[227] Hessisches Staatsarchiv Marburg: Slg 1, 121 i Selbstbiographie Bernhard Eberhard, Hanau 1853, 2 Hefte mit 3 dazugehörigen Stücken, 1853 (Abschrift des Artikels vom 2. März 1860 im Frankfurter Journal)
[228] Hessische Morgenzeitung (Kassel) vom 3. März 1860.
[229] Stadtarchiv Hanau: M499 K30 Dr. K. Siebert Memoiren.

Die Anfänge und frühe Zeit der Kanzlei Eberhard in Hanau, 1817–1903

Das „Lossow-Haus" am Neustädter Markt, Aufnahme um 1915. Im Sommer 1851 hatte Bernhard Eberhard seinen Wohnsitz wieder nach Hanau verlegt, wofür er in seiner Autobiografie familiäre und wegen des milderen Klimas am Main außerdem gesundheitliche Gründe geltend macht. Dort wohnte er, wie sein Sohn Ludwig seinerzeit auch, im „Lossow-Haus" am Markt, bei seiner Tochter Marie und ihrem Ehemann Christian Lossow. Abbildung: Medienzentrum Hanau.

60 Jahre nach dessen Tod mit den Worten: „*In einer sturmbewegten Zeit, in der die Wogen politischer Erregung selbst die Einsichtsvollsten erfaßt hatten, bewahrte Bernhard Eberhard als Hanauer Oberbürgermeister und später als kurhessischer Minister eine weise Mäßigung und besonnene Ruhe, wodurch er sein Land vor Unheil und viele der Bewohner vor schwerem Leid bewahrt hat.*"[230] Diese zutreffende Bewertung, die sicherlich vornehmlich auf Bernhard Eberhards Verhalten gegenüber den Exponenten der radikalen Linken während der Revolution von 1848/1849 gemünzt war, bedarf noch einer relevanten Ergänzung, und zwar in der Hinsicht, dass er nämlich über Jahrzehnte hinweg einen aufopferungsvollen, letztendlich vergeblichen und seine Gesundheit über Jahre belastenden Kampf gegen die Repräsentanten der Reaktion in Kurhessen führen musste.

Bezogen auf Bernhard Eberhard würdigte die bekannte Hanauer Journalistin Gudrun Schwandner im Nachruf auf seinen 1970 nach einem Unfall verstorbenen Urenkel Karl Ludwig Eberhard (*1900) das geistige Vermächtnis dieses Juristen sowie Kommunal- und Landespolitikers an seine Nachkommen mit folgenden Worten: „*Von diesem Ahnen stammt das innere Gesetz der Familie, das Selbstdisziplin mit Achtung und Verständnisbereitschaft für andere verbindet. Konsequent führte dieses Gesetz in die juristische Familientradition, die den ersten Bürgermeister der Stadt Hanau, seine Söhne und Enkel in die Chronik unserer Stadt eingeschrieben hat. Eine Straße und eine Schule tragen seinen Namen.*"[231]

---

[230] Siebert, Hanauer Biographien, S. 44.
[231] Hanauer Anzeiger vom 27. April 1970.

VON DER KURHESSISCHEN GEWERBE- ZUR PREUSSISCHEN INDUSTRIESTADT

Hanau wird preußisch

Das Kurfürstentum Hessen sollte schon wenige Jahre nach Bernhard Eberhards Tod der Vergangenheit angehören. Das Königreich Preußen hatte 1866 die lange schwelende deutsche Frage schließlich im machtpolitischen Sinn durch eine „Revolution von oben" militärisch zu lösen vermocht. Am Anfang dieser Entwicklung stand 1862 die Ernennung des als reaktionär eingeschätzten Junkers Otto von Bismarck (1815 – 1898)[232] zum preußischen Ministerpräsidenten. Und schon bald danach sollten Kriegswolken heranziehen, aus denen militärische Konflikte entstanden („Einigungskriege"), wodurch die territorialen Verhältnisse in der Mitte Europas und damit auch an Main und Kinzig grundlegend verändert wurden. Doch die Ursachen für diese Situation lagen in einer Entwicklung, die bereits 120 Jahre vorher begonnenen hatte.

Mitteleuropa wurde seit der Mitte des 18. Jahrhunderts, nach dem Aufstieg Preußens unter König Friedrich II. (1712 – 1786) zu einer europäischen Großmacht, vom Dualismus der beiden deutschen Führungsmächte Österreich und Preußen geprägt.

Nach dem Wiener Kongress von 1814/1815 blieben die deutsche Frage und damit das Problem der Vorrangstellung einer dieser beiden Mächte im neu gegründeten Deutschen Bund weiterhin ungeklärt. Im Vordergrund der Wiener Verhandlungen standen hingegen der Anspruch und das Ziel, die Interessengegensätze der großen europäischen Staaten zu neutralisieren und liberale Bewegungen zu unterdrücken. Während der Revolution von 1848/1849 scheiterten schließlich die Hoffnungen vieler Deutscher auf die Verwirklichung von Einheit und Freiheit von unten durch das Volk aufgrund des Wiedererstarkens der fortschrittsfeindlichen Kräfte.

---

[232] Zum preußischen Ministerpräsidenten und nachmaligen Reichskanzler: Engelberg, Ernst, Bismarck, 2 Bände, Berlin 1987–1990; Gall, Lothar, Bismarck. Der weiße Revolutionär. 2. Auflage, Berlin 2002; Krockow, Christian von, Bismarck. Eine Biographie, Stuttgart 1997; Willms, Johannes, Bismarck. Dämon der Deutschen. Anmerkungen zu einer Legende, München 1997.

„Die Schlacht von Königgrätz am 3. Juli 1866", Wandgemälde von Emil Hünten (1827–1902). In Nordböhmen ereignete sich die entscheidende Schlacht im Deutschen Krieg. Das Wandgemälde stellt die Situation dar, als König Wilhelm I. von Preußen (1797–1888) nach dem Sieg über die Österreicher dem Kronprinzen Friedrich (1831–1888) noch auf dem Schlachtfeld den Orden „Pour le merite" überreicht. Am linken Bildrand sind Generalstabschef Helmuth von Moltke (1800–1891) und Otto von Bismarck (1815–1898) zu erkennen. Abbildung: www.dhm.de

Erst mit der Berufung Bismarcks zum preußischen Ministerpräsidenten trat die Frage der nationalen Einheit wieder in den Brennpunkt der politischen und bald danach der militärischen Auseinandersetzungen.[233] Mitte der 1860er-Jahre spitzten sich die Gegensätze zwischen Wien und Berlin immer mehr zu. Vorwand war der Streit um die Verwaltung der 1864 im Deutsch-Dänischen Krieg heftig umkämpften und mit dem Frieden von Wien erworbenen Herzogtümer Schleswig und Holstein, der schließlich im Sommer 1866 in einem militärischen Konflikt (15. Juni – 26. Juli) gipfelte. Das Kurfürstentum Hessen-Kassel stand, wie die Mehrzahl der mittleren

---

[233] Zum preußisch-österreichischen Dualismus und zur Geschichte Deutschlands bis 1866: Lutz, Heinrich, Zwischen Habsburg und Preußen; Wehler, Hans-Ulrich, Deutsche Gesellschaftsgeschichte, Band 2: Von der Reformära bis zur industriellen und politischen „Deutschen Doppelrevolution" 1815–1845/49, München 1987, Band 3: Von der „Deutschen Doppelrevolution" bis zum Beginn des Ersten Weltkrieges 1849–1914, München 1995; Winkler, Heinrich August, Deutsche Geschichte vom Ende des Alten Reiches bis zum Untergang der Weimarer Republik, München 2000.

und größeren deutschen Staaten, auf der Seite der Habsburger Monarchie und hatte damit auf das falsche Pferd gesetzt.

Die preußische Armee zeigte sich während dieser Konfrontation, gerade in kriegstechnischer und taktischer Hinsicht, ihren Gegnern weit überlegen. Der schnelleren Mobilisierung ihrer Truppen, dem Einsatz des modernen Zündnadelgewehrs und den koordinierten Truppenbewegungen mithilfe der neuen Eisenbahnen konnten die Österreicher und ihre Alliierten nichts Adäquates entgegensetzen. Nach der entscheidenden, für Preußen siegreichen Schlacht bei Königgrätz in Nordböhmen am 3. Juli 1866 war dieser Deutsche Krieg praktisch entschieden.

Bei ihrem Einmarsch in Kurhessen wurden die Preußen *„mancherorts freundlich, aber überwiegend wohl mit einer in derartiger Situation normalen Zurückhaltung empfangen, zu feindseligen Akten kam es nirgendwo"*.[234] Diese Aussage trifft in gleicher Weise für den Kreis Hanau zu, da sich der größte Teil der kurhessischen Truppen, die nach Ansicht des Kommandeurs des VIII. Bundesarmeekorps, Alexander von Hessen, felddienstuntauglich waren, in die Bundesfestung Mainz zurückgezogen und den Preußen keinen Widerstand geleistet hatten, als diese unsere Gegend besetzten.[235]

Jedoch erlebte man hier zahlreiche Truppendurchzüge mit Verproviantierungen und kurzzeitigen Einquartierungen. Dabei handelte es sich nicht nur um kurhessische Soldaten, sondern es kamen bald Einheiten aus dem Königreich Bayern, dem Großherzogtum Hessen-Darmstadt, dem Kaiserreich Österreich, dem Königreich Württemberg und schließlich dem Königreich Preußen. Einige dieser Begebenheiten hat der Hanauer Chronist Ziegler sehr detailliert geschildert. So berichtet er ausführlich davon, wie am 9. Juli 1866 gut 7.800 österreichische Soldaten, darunter viele Italiener, von der überaus hilfsbereiten Hanauer Einwohnerschaft in *„einem Akt der Menschlichkeit und des Mitgefühls"* mit reichlich *„Speise, Trank und Cigarren, Wein, Kasten-Bier"* versorgt wurden[236] (vgl. dazu: Dokument Nr. 8).

Bei Aschaffenburg und im Spessart kam es wenige Tage danach, am 13. und 14. Juli, zu Gefechten mit Gefallenen und Verwundeten, darunter kurhessische Husaren. Am Abend des 14. Juli campierten ermattete württembergische Soldaten, die über eine eigens errichtete *„Schiffbrücke"* auf die andere Mainseite wechseln wollten, vor

---

[234] Klein, Thomas, Hessen, Provinz Hessen-Nassau und Fürstentum/Freistaat Waldeck-Pyrmont 1866–1945. In: Heinemeyer, Walter (Hrsg.), Das Werden Hessens, S. 565 ff., Zitat, S. 566.
[235] Zum Zustand der kurhessischen Truppen 1866: Arndt, Marco, Kriegs- und Militärwesen. In: Handbuch der hessischen Geschichte, Band 1: Bevölkerung, Wirtschaft und Staat in Hessen 1806–1945, hrsg. von Winfried Speitkamp, Marburg 1910, S. 315.
[236] Ziegler'sche Chronik, Band 5, S. 277 f.

Kampf am Herstaller Tor in Aschaffenburg am 14. Juli 1866, nach einer Originalzeichnung von W. A. Beer von 1866. Die Maingegend war ein Nebenkriegsschauplatz mit Gefechten zwischen den Preußen und den Österreichern oder ihren Verbündeten. Abbildung: www.wikipedia.org

dem Steinheimer Tor. Ihr Anblick, der „den herzzerreißendsten Eindruck auf Alle machte", so Ziegler, veranlasste viele Hanauer Bürgerinnen und Bürger sie mit Nahrungsmitteln und Getränken zu versorgen. Möglicherweise hatten diese Männer zuvor bei außergewöhnlich hohen Temperaturen an den Gefechten im nahen Spessart, bei Laufach und Frohnhofen, gegen preußische Truppen teilgenommen.[237] Einschränkend ist jedoch einzufügen, dass es sich bei den militärischen Aktionen in der Maingegend lediglich um einen Nebenkriegsschauplatz handelte, denn die eigentliche Entscheidung war bereits, wie oben erwähnt, Anfang Juli zugunsten der Preußen in Böhmen gefallen.

Am Sonntag, dem 15. Juli, traf in Hanau die „zuverlässige Nachricht" ein, dass in der Nähe von Kahl und Alzenau die ersten preußischen Vorposten gesichtet worden seien, „wodurch abermals die Bevölkerung in Aufregung versetzt" wurde.[238]

Zur Sorge bestand jedoch keinerlei Anlass. Der Einzug der Preußen in Hanau am 16. Juli 1866 vollzog sich absolut friedlich und in geordneter Weise. Der Augenzeuge Ziegler beschreibt den Vorgang wie folgt: „Nachdem gegen 8 Uhr dem Oberbürgermeister Cassian von 2 preuß. Kürassieren die Anzeige gemacht wurde, daß die preuß. Truppen am Nürnberger Thor angelangt seien, fuhr derselbe in Begleitung des Viceburgermeisters Tabakfabrikanten Hr. Lothar Vollbracht zu dem commandierenden Truppen

---

[237] Ziegler'sche Chronik, Band 5, S. 285.
[238] Ziegler'sche Chronik, Band 5, S. 286.

General von Göben und benahm sich mit demselben wegen der hier einzuquartierenden Truppen (...) Gegen 10 Uhr rückte das 4. pr. Kürassierregiment mit gespannten Wagen, einer Batterie Geschützen und dem 13. und 19. Inf. Reg. hier ein. Erstere stellten sich kurze Zeit auf dem Neust. Marktplatze auf, letztere marschierten durch die Stadt." Und wie ihre Vorgänger wurden auch die Preußen von der Bevölkerung verköstigt und für kurze Zeit bei Bürgerfamilien aufgenommen. Der Tag des Einzugs endete mit einem Zapfenstreich unter lebhafter Beteiligung schaulustiger Hanauer.

Zur Reaktion der Einwohnerschaft auf den Einzug vermerkt Ziegler: *„Die Haltung unserer Bevölkerung bei dem Einmarsch der Preußen war eine würdige. Der Oberbefehlshaber der pr. Truppen hat dem hiesigen Stadtrath seine Anerkennung u. Zufriedenheit über die freundliche Aufnahme u. Einquartierung ausgedrückt."*[239]

Doch mit der Zeit zeigten die häufigen Einquartierungen bald ihre Schattenseiten, was zu einer Reihe von Beschwerden führte. Der Chronist Ziegler nennt für den 18. Juli die Zahl von 13.500 Mann, die in Hanau und Umgebung untergebracht waren. Ihre ausreichende Versorgung erwies sich als zunehmend problematisch. So stiegen laut Ziegler bald die Lebensmittelpreise. Nach der Brot-, Fleisch- und Biertaxe vom 1. August 1866 kosteten: ein 6-Pfund-Brot 19 ¼ Kreuzer (xr.), ein 4-Pfund-Brot 13 ½ xr., ein Pfund Ochsenfleisch 19 xr., ein Pfund Kuh- oder Kalbfleisch 14 xr., ein Pfund Hammelfleisch 15 xr. und ein Pfund Schweinefleisch 16 xr. Für die Maß Lagerbier waren 8 xr. zu zahlen, für bayerisches Bier hingegen 12 xr.[240] Im Vergleich dazu kosteten laut den Hanauer Brot-, Fleisch- und Biertaxen im Wochenblatt vom 4. Januar 1866: ein gemischtes 6-Pfund-Brot noch 18 xr., ein Pfund Ochsenfleisch 16 xr. 2 Heller, ein Pfund Hammelfleisch 16 xr. und ein Pfund Schweinefleisch mit Zugabe 15 xr., also einen Viertelgulden. Der Preis für die Maß Lagerbier blieb gleich.[241] Mithin hat der Chronist hier etwas übertrieben, da die Preissteigerungen bis August 1866 im Rahmen des Üblichen geblieben waren.

Weit drastischer zeigten sich die Folgen des preußischen Einmarschs in Hanaus Umland: *„Auf dem Lande sieht es haarsträubend aus durch Verwüstung der Felder pp. Die armen Bauern können Nichts mehr herbeischaffen; dennoch befinden sich in allen hier umliegenden Ortschaften, Höfen u. Mühlen mehrere 1000 Mann Preußen, größtenteils Husaren und Artillerie. Die von den Preußen mitgeführten Bauern werden hier*

---

[239] Ziegler'sche Chronik, Band 5, S. 288 f.
[240] Ziegler'sche Chronik, Band 5, S. 305.
[241] Wochenblatt für die Provinz Hanau vom 4. Januar 1866.

*einquartiert."*²⁴² Letzteres darf wohl so verstanden werden, dass es sich bei diesen „mitgeführten Bauern" um Soldaten aus bäuerlichen Familien handelte, die in der Landwirtschaft helfen sollten, denn Mitte Juli begann die Erntezeit.

Resümierend zeigt Ziegler sich dann trotzdem recht befriedigt über die aufregenden Vorkommnisse und hauptsächlich über die eingebrachte Ernte vom Sommer 1866: *„Wir haben ein durchaus gesegnetes Jahr an Früchten, Obst, Gemüsen, eine vorzügliche Heuernte. Korn und Heu sind glücklich eingebracht worden. (…) Haben auch die hiesigen Bauern durch Fuhren und Vorspann zu Militärzwecken sehr bedeutenden Schaden und Nachtheil erlitten, so hat doch in unserer Stadt trotz der Truppenhäufungen in diesem Monat ein wirklicher Nothstand nicht geherrscht. Bis heute sind wir seit dem letzten Ausmarsch der Truppen von hier (21. Juli) ohne alles Militär und sind sogar die Wachen und Posten von solchen unbesetzt.*

Im Ganzen können wir bis heute zufrieden sein, daß wir vom Kriegsunglück, vom Schlachtgewühl in unserer unmittelbaren Nähe so väterlich verschont geblieben sind, und von der Behörde mit so großer Schonung behandelt wurden. Letzteres mag sowohl der Haltung unseres Landtags durch den Beschluß vom 15. Juni [Damit meinte Ziegler die Bitte der Landtagsmehrheit an die Regierung, von einer Mobilmachung der kurhessischen Truppen abzusehen, d. Verfasser] *als der beliebten Persönlichkeit des neuen Herrn Regierungspräsidenten Schenk zu Schweinsberg, welcher sich der Liebe der Bürger, weniger unserer Geistlichen, niederer Beamten und s. g. Muckerclique, erfreut, zuzuschreiben sein."*²⁴³

Wie recht Ziegler mit dieser festgestellten Abneigung bestimmter Kreise gegen die Eingliederung Kurhessens und die von den Preußen eingesetzten führenden Beamten hatte, beweist eine Begebenheit, die am 10. April 1870 in Hanau verhandelt wurde. In seiner Chronik ist folgender Vorfall festgehalten: *„Vormittags 10 Uhr wurde vor dem hiesigen Landgericht der Prozeß des Pfarrers Ehringhaus von Windecken verhandelt. Derselbe hatte am 2. Januar d. J. im Postlokale zu Windecken die Äußerung gethan: Der preußische Staat ist ein Lumpenstaat pp. Vertheidiger desselben war Herr Rechtsanwalt Eduard Cöster von hier: Der Angeklagte wurde unter Niederschlagung der Kosten vom Gerichte freigesprochen."*²⁴⁴ Es mag heute überraschen, dass gerade ein evangelischer Pfarrer, die damals als sehr staatstreu galten, derartige Ausdrücke von sich gegeben hat. Doch Teile der kurhessischen Pfarrerschaft zählten zur „Hessischen Renitenz".

---

²⁴² Ziegler'sche Chronik, Band 5, S. 290 f.
²⁴³ Ziegler'sche Chronik, Band 5, S. 305.
²⁴⁴ Ziegler'sche Chronik, Band 7, S. 181.

Diese Gruppe setzte sich für die Revision des „*Unrechts von 1866*" ein, denn sie sahen dadurch „*ihren Bekenntnisstand und ihre Kirchenordnung durch die preußische Staatskirche bedroht*".[245] Vielleicht gehörte Ehringhaus dieser Gruppierung an. Aber vermutlich handelte es hierbei eher um einen Einzelfall, weshalb die preußische Justiz dieses Vorkommnis durch eine Bestrafung nicht noch aufwerten oder durch ein Revisionsverfahren noch weitere ungewollte Publizität riskieren wollte.

Doch kommen wir zurück zum Jahr 1866: Die besiegte Donaumonarchie und ihre Verbündeten sahen sich angesichts der militärischen Niederlage gezwungen, die preußischen Friedensbedingungen weitgehend zu akzeptieren. Der Prager Frieden vom 23. August 1866 veränderte die politischen Verhältnisse in Mitteleuropa grundlegend. Die nun von Bismarck beschleunigt auf den Weg gebrachte „kleindeutsche Lösung" schloss das Kaisertum Österreich fortan von den innerdeutschen Angelegenheiten aus und sicherte Preußens Dominanz bis an den Main.

Am 20. September 1866 unterschrieb König Wilhelm I. von Preußen (1797–1888) das Gesetz über die Einverleibung des Kurfürstentums Hessen, des Herzogtums Nassau und der Freien Stadt Frankfurt. Die feierliche Verkündung der Annexion Kurhessens fand am 8. Oktober statt und in ganz Hessen läuteten dazu die Kirchenglocken. In der Landeshauptstadt Kassel nahm der neue Oberpräsident der neu installierten Provinz Hessen-Nassau den Verkündungsakt besonders feierlich vor. In den Dörfern auf dem Land wurde die Einverleibung oft – gänzlich unprätentiös – vom Gemeindediener mit der Schelle bekannt gegeben.

Die Hanauer Feierstunde fand am 8. Oktober im Saal des Neustädter Rathauses kurz nach 11 Uhr statt. Aus diesem Anlass hatte sich eine größere Anzahl Bürgerinnen und Bürger auf dem Marktplatz eingefunden, um von der Zeremonie etwas mitzubekommen. Wilhelm Ziegler befand sich ebenfalls unter den Zuschauern und hat seine Eindrücke und Erlebnisse teilweise in deftigen Worten, gelegentlich amüsant, in einigen Passagen recht emotional, vor allem aber sehr anschaulich wiedergegeben (vgl. dazu: Dokument Nr. 9). Insgesamt, so sein Resümee, hätten die meisten Anwesenden die Eingliederung nach Preußen nach außen hin gelassen und mit gewissen Hoffnungen aufgenommen. Dessen ungeachtet trauerten dennoch einige Einwohner mit einer gewissen Wehmut dem alten Herrscherhaus nach.[246]

---

[245] Knobel, Enno, Die Hessische Rechtspartei. Konservative Opposition gegen das Bismarckreich (Diss.), Frankfurt 1975, S. 15 und 92 ff.
[246] Ziegler'sche Chronik, Band 6, S. 3 ff.

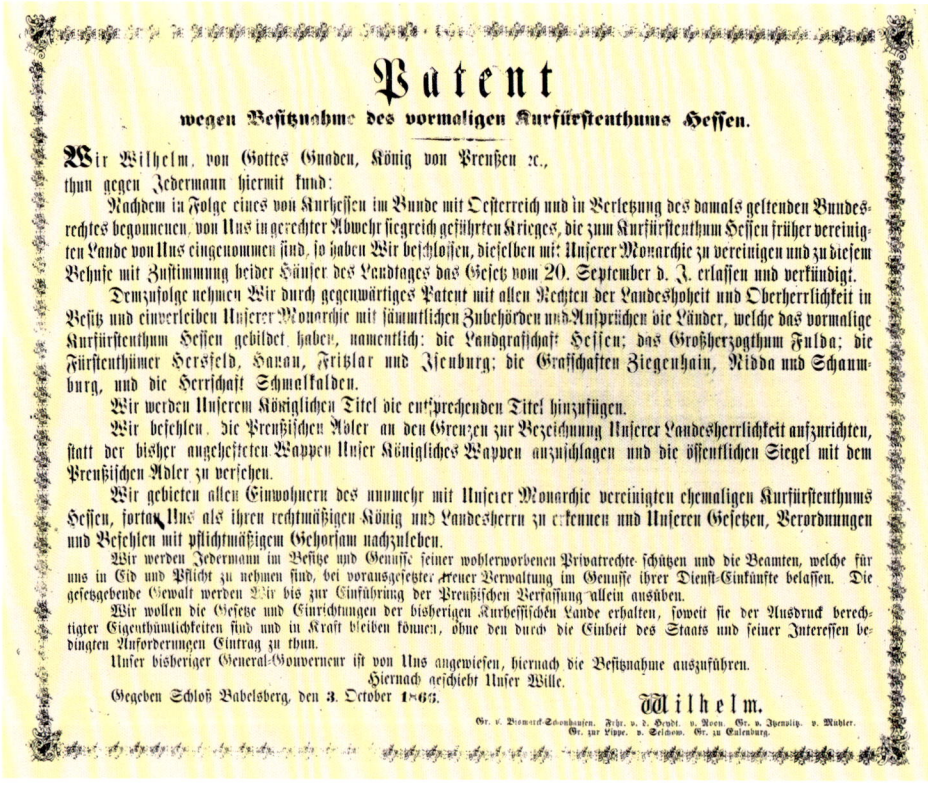

„Patent wegen Besitznahme des vormaligen Kurfürstenthums Hessen" vom 3. Oktober 1866 durch König Wilhelm von Preußen (1797–1888). Abbildung: Stadtarchiv Hanau/Medienzentrum Hanau.

In den Kreisorten herrschte eine ähnliche Befindlichkeit wie in Hanau. Die Gendarmeriesektionen in Bergen, Windecken, Bockenheim und Nauheim erhielten die Anweisung, die Stimmung der Bevölkerung zur Annexion zu eruieren. Während sich die Bewohner Bergens „zufrieden" über die Eingliederung äußerten, befürchtete man in Bockenheim eine längere Militärdienstzeit und höhere Abgaben. Recht pragmatisch sah man die Entwicklung in Stadt und Amt Windecken. Dort bedauerte man zwar das Ende des Kurstaates, aber man zog die Einverleibung nach Preußen der in jeden anderen Staat vor. In Nauheim wollte man zu Preußen und nicht vom übrigen Kurfürstentum abgetrennt werden.[247] Trotz mancher Vorbehalte stimmten in Hanau wie im übrigen Kurhessen die meisten Bürger bald den neuen Bedingungen

[247] Dielmann, Karl, Vor 100 Jahren wurde Hanau preußisch. In: Hanauer Geschichtsblätter, Band 21 (1966), S. 202.

zu oder arrangierten sich zumindest mit ihnen, denn man hoffte – nicht zu Unrecht – speziell in Handel und Gewerbe auf eine bessere Entwicklung für die Zukunft.

Die Vorteile der Annexion für Hanau aus ökonomischer Sicht wertet eine Darstellung zur Wirtschaftsgeschichte von Stadt und Umgebung aus den 1960er-Jahren folgendermaßen: *„Ungestörter als früher konnte Hanau sich nun so orientieren, wie es den natürlichen Gegebenheiten entsprach: nach dem rhein-mainischen Wirtschaftsraum. Die staatlichen Grenzen rings um die Stadt verloren durch die bald erfolgte Reichsgründung an Bedeutung. Noch einen anderen Vorteil brachte der Anschluß an Preußen mit sich: Eine moderne und einheitliche Gesetzgebung, Verwaltung und Rechtsprechung vereinfachte die wirtschaftliche Kommunikation."*[248]

Das Kriegsende und die daraus resultierenden Friedensverträge zogen einige markante Veränderungen bezüglich des territorialen Zuschnitts des Kreises Hanau nach sich. Das Amt Dorheim in der Wetterau mit den Orten Dorheim, Nauheim, Rödgen, Schwalheim sowie der Anteil an Assenheim kamen zusammen mit einem Teil der Erbstädter Exklave im Tausch gegen andere Gebiete (Hessen-Homburg, das Hinterland um Biedenkopf) an Hessen-Darmstadt. Diese Orte wurden damit aus dem Landkreis Hanau ausgegliedert. Gleiches geschah mit dem linksmainischen Ort Rumpenheim.

Im Anschluss an die Annexion schufen die Preußen eine neue Verwaltungsstruktur. Durch die Zusammenlegung der annektierten Gebiete Kurhessen, nunmehr Regierungsbezirk Kassel, und Nassau, nun Regierungsbezirk Wiesbaden, entstand die Provinz Hessen-Nassau mit dem Regierungspräsidium in Kassel. Die Provinz Hanau wurde aufgelöst.

Die Volksvertretung der Provinz Hessen-Nassau war dann von 1886 bis 1933 der Provinziallandtag. Auf der Ebene des Regierungsbezirks Kassel existierte von 1868 an den Kurhessischen Kommunallandtag in Kassel. Die Einverleibung Kurhessens vollzog sich bei weitgehender personeller Kontinuität der Beamtenschaft. Lediglich ein Teil der Spitzenbeamten stammte aus Altpreußen.

Zusätzliche Veränderungen nach 1866 waren die völlige Gleichberechtigung aller jüdischen Bewohner, die Einführung der Gewerbefreiheit anstelle der alten Zunftordnungen sowie weitere Reformen gerade im Wirtschaftsleben. Schwierigkeiten gab es hingegen bei der vorgesehenen Abschaffung der erst kurz zuvor umgesetzten kurhessischen Zivilprozessordnung: Man hielt sie für besser als die preußische, weil sie

---

[248] Brandt, Wirtschaft und Wirtschaftspolitik, S. 123.

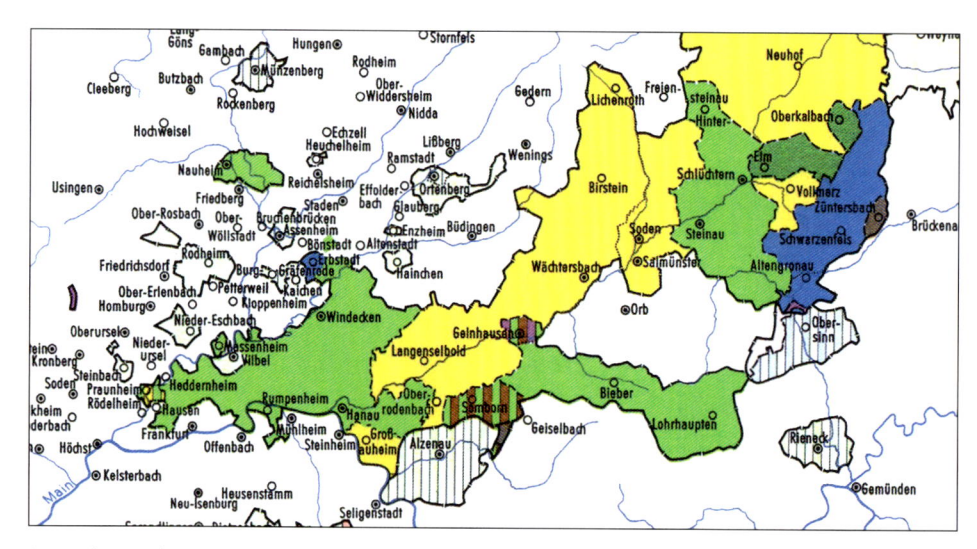

Das Kriegsende von 1866 und die daraus resultierenden Friedensverträge zogen einige markante Veränderungen zu Ungunsten des territorialen Zuschnittes des Kreises Hanau nach sich. Das Amt Dorheim in der Wetterau mit den Orten Dorheim, Nauheim, Rödgen, Schwalheim sowie der Anteil an Assenheim kamen zusammen mit einem Teil der Erbstädter Exklave im Tausch gegen andere Gebiete (Hessen-Homburg, das Hinterland um Biedenkopf) an Hessen-Darmstadt. Diese Orte wurden damit aus dem Landkreis Hanau ausgegliedert. Gleiches geschah mit dem linksmainischen Ort Rumpenheim. Abbildung: Geschichtlicher Atlas von Hessen, Blatt 14a (Ausschnitt).

größere Bürgernähe versprach und die Möglichkeit bot, ordentliche Gerichte auch in Bezug auf Verwaltungsakte anzurufen.[249]

Trotz des preußischen Sieges über Österreich und der Schaffung des Norddeutschen Bundes Anfang 1867 unter preußischer Führung musste die Öffentlichkeit auf die Vollendung eines Nationalstaates vorerst noch einige Jahre warten.

Doch im Jahr 1870 spitzte sich die Lage erneut zu. Die diplomatischen Geplänkel um die ins Auge gefasste Kandidatur des Prinzen Leopold aus der katholischen Sigmaringer Linie der Hohenzollern für den spanischen Thron hatten zu Spannungen zwischen Paris und Berlin geführt. In ihrem Verlauf nutzte der preußische Ministerpräsident Bismarck geschickt und einen kriegerischen Konflikt wohl bewusst einkalkulierend die Eitelkeiten des auf außenpolitische Erfolge angewiesenen Regimes Kaiser Napoleons III. (1808–1873) aus und schuf mit dem von ihm manipulierten Text der „Emser Depesche" eine Situation, die im Verständnis der erregten französischen Öffentlichkeit nur mittels eines Waffengangs gelöst werden konnte,

---

[249] Klein, Hessen, S. 568 f.

weshalb Frankreich am 19. Juli 1870 Preußen den Krieg erklärte. Da es den Preußen bald nach der Beendigung des Deutschen Krieges von 1866 gelungen war, die süddeutschen Monarchien Bayern, Württemberg, Baden und Hessen-Darmstadt in geheimen Abkommen („Schutz- und Trutzbündnisse") als potenzielle Verbündete bei einer künftigen kriegerischen Konfrontation mit dem Nachbarland zu gewinnen, entwickelte sich aus einem ursprünglich dynastischen Problem ein Nationalkrieg zwischen Frankreich und den deutschen Staaten. Die raschen militärischen Erfolge der vereinten deutschen Armeen verhinderten eine Ausweitung des Konflikts durch das Eingreifen anderer europäischer Großmächte.[250]

Als eine Folge des Krieges entstand im Januar 1871 im Spiegelsaal von Schloss Versailles mit der Ausrufung des Preußenkönigs zum Kaiser das Deutsche Kaiserreich unter preußischer Führung mit Kaiser Wilhelm I. als dessen monarchischer Spitze und Otto von Bismarck als Reichskanzler.

Am 10. Mai 1871 unterzeichneten die Vertreter des nunmehr wieder republikanischen Frankreichs und des Deutschen Reiches in Frankfurt am Main den Friedensvertrag, der den Konflikt völkerrechtlich beendete. Frankreich hatte gegenüber dem siegreichen Deutschland neben Reparationen in Höhe von fünf Milliarden Goldfrancs noch die beiden Provinzen Elsass und Lothringen abzutreten. Dies feierte man in Hanau fünf Wochen später in den Kirchen und in der Synagoge mit „Friedensdankfeiern", *„deren Formen im Allgemeinen für ganz Preußen durch königliche Anordnung bestimmt waren".*[251] Sehr aufwendig und pathetisch gestaltete sich dabei der Ablauf der Feierlichkeiten in der Johanniskirche (vgl. dazu: Dokument Nr. 10).

Begünstigt durch die neue politische Situation erfolgte 1886 ein erneuter schwerwiegender Eingriff in die bestehenden territorialen Verhältnisse unserer Region, der ohne die preußische Annexion des Kurfürstentums Hessen-Kassel und der Freien Stadt Frankfurt sicherlich nicht möglich gewesen wäre. Da aber seit 1866 sowohl Frankfurt als auch der Kreis Hanau derselben Landesherrschaft unterstanden, wurde die Beseitigung jahrhundertealter Grenzen zwischen der Mainmetropole und dem Kreis Hanau jetzt möglich. Dies geschah unzweifelhaft zum Vorteil der ehemaligen Reichsstadt, die nun vor allen Dingen nach Norden hin planen und expandieren

---

[250] Zum Deutsch-Französischen Krieg und zur Reichseinigung: Kolb, Eberhard, Der Kriegsausbruch 1870: Politische Entscheidungsprozesse und Verantwortlichkeiten in der Julikrise 1870, Göttingen 1970, und Schieder, Theodor/Ernst Deuerlein (Hrsg.), Reichsgründung 1870/71. Tatsachen, Kontroversen, Interpretationen, Stuttgart 1970.
[251] Hanauer Zeitung vom 19. Juni 1871.

konnte. Damit fielen die bis dahin zum Kreis Hanau gehörende Stadt Bockenheim sowie die Orte Berkersheim, Eckenheim, Eschersheim, Ginnheim, Praunheim, Preungesheim und Seckbach an Frankfurt. Mit diesen Zuwächsen konnte Frankfurt sein Gebiet fast verdoppeln! Das stark industrialisierte und damit gewerbesteuerkräftige Fechenheim kam 1928 ebenso zur Mainmetropole wie Bergen-Enkheim im Jahr 1977.

Nachdem die Stadt Hanau 1886 die Kreisfreiheit erlangt und 1907 das Nachbardorf Kesselstadt eingemeindet hatte, bestand der Landkreis Hanau aus der Stadtgemeinde Windecken und 32 Gemeinden. Der ehemalige Gutsbezirk Wolfgang erhielt 1929 den Status einer politischen Gemeinde. Damit hatte der Landkreis Hanau die Konturen erlangt, die, sieht man von dem Verlust des steuerkräftigen Fechenheim ab, das 1928 zu Frankfurt kam, bis zur 1970 beginnenden hessischen Gebiets- und Verwaltungsreform Gültigkeit besaßen.

Das neue Reich

Das im Jahr 1871 gegründete deutsche Kaiserreich war ein widersprüchliches Gebilde. Während einerseits wirtschaftliche Dynamik und wissenschaftlicher Fortschritt dominierten, prägten andererseits verkrustete politische und gesellschaftliche Strukturen die Situation bis 1918. Eine Folge davon war eine lange anhaltende Ausgrenzung oder Opposition breiter Bevölkerungsschichten gegenüber dem neuen Staat. Dazu gehörten weite Kreise der deutschen Katholiken, der Arbeiterschaft und der nationalen Minderheiten.[252]

Die nach der Reichsgründung immer vehementer fortschreitende Industrialisierung brachte in ökonomischer und sozialer Hinsicht gravierende Veränderungen. Landwirtschaft und Handwerk mussten sich auf einschneidende Strukturveränderungen einstellen, während die mechanisierte industrielle Produktionsweise die Arbeitswelt und bald auch das Alltagsleben vieler Menschen nachhaltig beeinflusste. Deutschland verwandelte sich seit der Mitte des 19. Jahrhunderts innerhalb weniger Generationen von einem rückständigen Agrarland zu einem modernen Industriestaat.

---

[252] Zum zweiten deutschen Kaiserreich: Nipperdey, Thomas, Deutsche Geschichte 1866–1918, Band 2: Machtstaat vor der Demokratie, München 1992; Stürmer, Michael, Das ruhelose Reich. Deutschland 1866–1918, Berlin 1983; Ullrich, Volker, Die nervöse Großmacht 1871–1918. Aufstieg und Untergang des deutschen Kaiserreichs, Frankfurt 1999; Wehler, Hans-Ulrich, Das Deutsche Kaiserreich 1871–1918, Göttingen 1973. Zur Rolle Preußens: Clark, Christopher, Preußen. Aufstieg und Niedergang, 1600–1947, München 2007.

Proklamation des deutschen Kaiserreiches im Spiegelsaal von Schloss Versailles am 27. Januar 1871, Gemälde (Öl auf Leinwand) von Anton von Werner (1843–1915) aus dem Jahr 1885. Abbildung: www.commons.wikimedia.org

Während dieser „Take-off-Phase" nahm der Anteil der Arbeiterschaft ständig zu. Im Jahr 1907 waren bereits 57 Prozent der gewerblichen Arbeitskräfte in Großbetrieben beschäftigt.[253] Doch konzentrierte sich die Industriearbeiterschaft keineswegs allein auf die urbanen Zentren. Mehr und mehr entstanden auch Fabriken auf dem Land und mit den neu geschaffenen Eisenbahnverbindungen waren die Arbeitsplätze in den Städten aus dem Umland leichter zu erreichen, ohne dass man sein gewohntes Umfeld aufgeben musste.

Parallel zu dieser bisher unbekannten ökonomischen Dynamik erlebte Deutschland im 19. Jahrhundert und vornehmlich nach der Reichsgründung von 1871 einen rasanten Bevölkerungsanstieg. Die Einwohnerzahl auf dem Gebiet des späteren Deutschen Reichs wuchs zwischen 1835 und 1914 von knapp 30 Millionen auf mehr als

---

[253] Kaschuba, Wolfgang, Lebenswelt und Kultur der unterbürgerlichen Schichten im 19. und 20. Jahrhundert, München 1990, S. 34.

67 Millionen Menschen an, obwohl parallel von 1816 bis 1914 fast 5,5 Millionen Deutsche – hauptsächlich nach Nordamerika – auswanderten.[254]

In der Außenpolitik verstand es Reichskanzler Otto von Bismarck, den neuen Machtkoloss in der Mitte des Kontinents in eine europäische Friedensordnung einzubinden, die dank seines diplomatischen Geschicks und trotz mancher Krisen auf Ausgleich und Bewahrung des Status quo – zumindest unter den Großmächten – ausgerichtet war.

Nach dem mehr oder weniger von Kaiser Wilhelm II. (1859–1918) beschleunigten Rücktritt des langjährigen Reichskanzlers im Jahr 1890 änderten sich die Ziele und Methoden der deutschen Außenpolitik gründlich. Der junge und sprunghafte Monarch wollte nun selbst „Weltpolitik" betreiben.[255] Das zeigte sich 1892 bei der Aufkündigung des Rückversicherungsvertrags mit Russland, die zur Folge hatte, dass das reaktionäre Zarenreich bald darauf ein Bündnis mit dem republikanischen Frankreich schloss. Die verstärkten Flottenrüstungen seit der Jahrhundertwende brachten Deutschland in Gegensatz zur traditionell dominierenden Seemacht Großbritannien. Dazu kamen oft ungeschickte und überflüssige außenpolitische Aktionen sowie unbedachte Reden des unberechenbaren Hohenzollern, die zur Verstimmung einzelner Staaten führten und zur Isolierung des Reiches beitrugen. Als einziger zuverlässiger Verbündeter blieb Deutschland bis 1914 nur das von vielen Beobachtern als Anachronismus angesehene Vielvölkerreich Österreich-Ungarn.

Zu den politischen Gegensätzen und unterschiedlichen Interessenlagen der europäischen Mächte kam vor dem Ersten Weltkrieg verschärfend hinzu, dass sie alle hoch gerüstet waren und äußerst sorgsam auf ihr machtpolitisches Prestige achteten. Ein kleiner Funke genügte deshalb, um dieses labile Gebilde wie ein Pulverfass in die Luft zu jagen. Der Anlass zur Krise, die letztlich in einen großen Krieg mündete, war bald gefunden.

Am 28. Juni 1914 ermordete ein junger serbischer Nationalist in der wenige Jahre zuvor von der Habsburger Monarchie okkupierten bosnischen Hauptstadt Sarajevo den österreichisch-ungarischen Thronfolger Franz Ferdinand von Habsburg-Este (1863–1914) und seine Gemahlin Sophie. Der infolge dieses Ereignisses in Gang

---

[254] Marschalck, Peter, Bevölkerungsgeschichte Deutschlands im 19. und 20. Jahrhundert, Frankfurt 1984, Tabellen 1.1–1.3 und 5.1.

[255] Zum letzten deutschen Kaiser: Clark, Christopher, Wilhelm II. Die Herrschaft des letzten deutschen Kaisers, München 2008; Cowles, Virginia, Wilhelm der Kaiser, Frankfurt 1965; Röhl, John C. G., Kaiser, Hof und Staat. Wilhelm II. und die deutsche Politik, 3. Auflage, München 1988.

gesetzte Teufelskreis von machtpolitischem Kalkül, Bündnisverpflichtungen, Garantieerklärungen, diplomatischer Unfähigkeit oder Unwilligkeit und vermeintlich alternativlosen militärischen Strategien führte dann Anfang August in den Ersten Weltkrieg.[256]

Die operativen Planungen der deutschen Militärs rechneten mit einem kurzen und siegreichen Krieg. Aus diesem Grund wurden zunächst nur unzureichende wirtschaftliche Vorkehrungen für eine längere Kriegsdauer getroffen. Wie realitätsfern man die Situation einschätzte, zeigte sich schon bald. Die Hanauer und die Bewohner der Orte der Umgebung, seit 1871 Bürger des jungen deutschen Nationalstaats, waren später auf schmerzliche Art und Weise und aufs Engste mit dessen Verstrickungen in der internationalen Politik verwoben.

Von der frühen Fabrikstadt zur modernen Industriestadt

Mitentscheidend bei der Vollendung der deutschen Einigung waren neben den militärischen Ereignissen vor allem wirtschaftliche Aspekte. Deutschland befand sich seit der Mitte des 19. Jahrhunderts auf dem Weg zur Industriegesellschaft, was lange vor 1866 durch die Beseitigung zollpolitischer Hemmnisse begünstigt worden war und was dem Entstehen eines deutschen Nationalstaats in diesem Bereich den Boden bereitete.

Nach der Reichsgründung von 1871 setzte die Industrialisierung im neuen Kaiserreich mit Hochdruck ein. Deutschland übertraf bald Großbritannien, das Mutterland des wirtschaftlichen und technischen Fortschritts, vor allem in den damals zukunftsträchtigsten Branchen Schwerindustrie, Maschinenbau und Chemie.

Diese Einwicklung ging an Hanau zunächst vorüber. Zwar war die Stadt Vorreiterin in Kurhessen im Bereich der traditionellen Gewerbe, hauptsächlich Edelmetallverarbeitung und Textilherstellung, aber nicht in den genannten Industriesparten, die zu jener Zeit prosperierten. Zu den wenigen Ausnahmen gehörten die 1816 respektive 1863 gegründeten Maschinenbaufirmen Bracker und Pelissier. Die

---

[256] Die Frage nach der Verantwortung für den Ausbruch des Ersten Weltkriegs ist erneut ein Schwerpunkt der wissenschaftlichen Diskussion. Vgl. einige Titel, die verschiedene Positionen zu dessen Ursachen verdeutlichen: Fischer, Fritz, Griff nach der Weltmacht. Die Kriegszielpolitik des kaiserlichen Deutschland 1914/1918, Düsseldorf 1961; Fischer, Fritz, Krieg der Illusionen. Die deutsche Politik von 1911–1914, 2. Auflage, Düsseldorf 1970; Ferguson, Niall, Der falsche Krieg. Der Erste Weltkrieg und das 20. Jahrhundert, Stuttgart 1999; Clark, Christopher, Die Schlafwandler. Wie Europa in den Ersten Weltkrieg zog, München 2013, Krumeich, Gerd, Juli 1914. Eine Bilanz, Paderborn 2014.

Nach der Reichsgründung von 1871 setzte die Industrialisierung im neuen Kaiserreich mit Hochdruck ein. Deutschland übertraf vor allem in den damals zukunftsträchtigsten Branchen Schwerindustrie, Maschinenbau und Chemie bald Großbritannien. Diese Einwicklung ging an Hanau aber zunächst vorüber. Die Stadt verwandelte sich erst allmählich von einer frühen Gewerbestadt zur modernen Industriestadt. Als besonders wichtig für Hanaus ökonomische Entwicklung erwies sich das abgebildete Unternehmen W. C. Heraeus. Hier gelang es 1856, Platin mittels Verbrennung von Wasser- und Sauerstoff in einer Knallgasflamme zu schmelzen. Damit war die „Erste Deutsche Platinschmelze" geboren. Bald zählten Schmuckfabriken, Zahnfabriken, Goldschmiedewerkstätten und Labors aus aller Welt zu den Kunden des Unternehmens, das kontinuierlich expandierte. Abbildung: Medienzentrum Hanau.

Anzeige der Hanauer Firma Dunlop im Steinheimer Beobachter vom 24. Dezember 1904. Abbildung: Stadtarchiv Hanau. Repro: Medienzentrum Hanau.

Ansiedlung neuer und die Fortentwicklung alter Industriezweige, begünstigt durch den Ausbau der Stadt zu einem Eisenbahnknotenpunkt, weitete schließlich die traditionelle Palette der lokalen Industrieprodukte bis zur Jahrhundertwende stark aus. Hanau verwandelte sich dadurch allmählich von einer frühen „Fabrikstadt" zur modernen Industriestadt. Hier nur einige Beispiele, die diese Entwicklung illustrieren: 1874 bauten die Brüder Houy in Hanau die erste deutsche Diamantschleiferei. 1881 entstand durch W. Siebert die Platinschmelze (ab 1905 „Degussa"). 1893 errichtete die englische „Dunlop Pneumatic Tyre Company" in der Grimmstadt ein Zweigwerk und 1902 erfolgte die Inbetriebnahme der Eisengießerei „Wilhelma" in dem bald danach eingemeindeten Nachbarort Kesselstadt.

Außerdem verdient an dieser Stelle das heimische Baugewerbe Erwähnung, das nicht allein die vielen Industrieanlagen und neuen Wohnhäuser sowie eine adäquate Infrastruktur für die wachsende Stadt errichtete, sondern seit etwa 1900 vermehrt Kasernenbauten und andere Militäreinrichtungen ausführte.[257]

Als besonders weitreichend für Hanaus ökonomische Entwicklung erwies sich das Unternehmen W. C. Heraeus. Dabei ist anzumerken, dass das Wirken seines Gründers in einem engen Zusammenhang mit der damals in Hanau schon seit Jahrhunderten praktizierten Verarbeitung von Edelmetallen stand. Wilhelm Carl Heraeus (1827–1904) gelang es nach zahlreichen Versuchen, zwei Kilogramm Platin mittels Verbrennung von Wasser- und Sauerstoff in einer Knallgasflamme zu schmelzen. Damit war 1856 die „Erste Deutsche Platinschmelze" geboren. Bald zählten Schmuckfabriken, Goldschmiedewerkstätten, Labors und Zahnfabriken aus aller Welt zu den Kunden des Hanauer Unternehmens, sodass die Firma kontinuierlich expandierte. Am Stadtrand Hanaus wuchsen neue Werkstätten und die Fabrikgebäude an der heutigen Heraeusstraße empor. Es entstand das Industrieunternehmen W. C. Heraeus (heute „Heraeus Holding GmbH").[258] Somit führt also ein gerader und in diesem Fall konsequent beschrittener Weg von der Niederlassung der ersten calvinistischen Bijouterien in Neuhanau um 1600 bis zu dem heute global agierenden Edelmetall- und Technologiekonzern Heraeus mit weltweit rund 12.600 Mitarbeitern, dessen Geschäftsfelder die Bereiche Edel- und Sondermetalle, Sensoren, Dental- und Medizinprodukte, Quarzglas und Speziallichtquellen umfassen.[259]

---

[257] Brandt, Wirtschaft und Wirtschaftspolitik, S. 127 ff.
[258] Zur Unternehmensgeschichte: Gniss, Daniela, Heraeus – ein Familienunternehmen seit 1851. Die Entwicklung des Unternehmens im Wirtschaftsraum Hanau, Hanau 2001.
[259] Vgl. Wikipedia-Artikel „Heraeus (Unternehmen)", abgerufen am 10. Januar 2016.

Diese, wenn man so will, zweite Industrialisierung Hanaus ließ nicht nur die Bandbreite der hier produzierenden Branchen ansteigen, sondern erhöhte gleichfalls die Zahl der Fabrikarbeiter und Angestellten. Im Jahr 1907 waren insgesamt 12.410 Menschen bei Unternehmen in der Stadt beschäftigt, davon 7.800 Arbeiter in Hanauer Industriebetrieben, 1.500 im Bauhandwerk, 1.890 im Handel und 720 im Maschinenbau. Zudem profitierte das traditionelle Edelmetallgewerbe vor dem Ersten Weltkrieg (1914–1918) nochmals kräftig von einem Konjunkturaufschwung. Fanden im Jahr 1907 genau 1.967 Arbeiter und Arbeiterinnen in den 60 Gold- und 20 Silberwarenfabriken ihr Auskommen, so stieg diese Zahl bis 1913 sogar auf 2.863 Personen. Ähnlich günstig entwickelte sich die Branche der Tabakverarbeitung mit rund 1.200 Beschäftigten.[260] Zudem hatten einige Unternehmer zuvor in der Umgebung expandiert, nicht zuletzt weil dort das Lohnniveau niedriger war. Hanaus Bevölkerung wuchs im Zeitraum zwischen 1864 und 1910 um mehr als das Doppelte auf 37.600 Einwohner.[261]

In der Epoche zwischen der Reichsgründung und dem Ersten Weltkrieg hatte die Industrialisierung ebenfalls Orte des Landkreises Hanau erfasst, wobei in diesem Kontext vorrangig Großauheim („Marienhütte") und Fechenheim („Cassella") als frühe Industrieorte zu erwähnen sind, gleichermaßen die Königlich-Preußische Pulverfabrik im heutigen Wolfgang, wo um 1900 Hunderte von Männern und Frauen Munition für die preußische Armee herstellten.

In den Kreisorten konnten bis 1907 insgesamt mehr als 12.000 Personen außerhalb der Landwirtschaft eine Anstellung finden. Die meisten von ihnen pendelten zu Fabriken in die größeren Städte in der Nähe, andere hatten bei Bauunternehmen ihr Auskommen gefunden. Im Sektor Landwirtschaft arbeiteten zu diesem Zeitpunkt hauptberuflich immerhin noch knapp 8.500 Menschen, darunter 3.921 Frauen.[262]

Mit der Industrialisierung erfuhr die gesamte Region eine Urbanisierung, die sich nicht nur auf die städtischen Zentren beschränkte, sondern ebenfalls, wenn auch mit einer zeitlichen Verzögerung, das bislang ländliche Umfeld zunehmend einbezog. Dadurch veränderten nicht nur die größeren Städte ihr Gesicht, mit einer gewissen zeitlichen Verzögerung streiften nunmehr die meisten Dörfer ihren alten bäuerlichen Charakter allmählich ab.[263] Kurz nach der Reichsgründung existierte in den Gemein-

---

[260] Brandt, Wirtschaft und Wirtschaftspolitik, S. 124 ff.
[261] Historisches Gemeindeverzeichnis für Hessen: 1. Die Bevölkerung der Gemeinden 1834–1967, Hessisches Statistisches Landesamt, Wiesbaden 1968.
[262] Brandt, Wirtschaft und Wirtschaftspolitik, S. 132.
[263] Vgl. dazu: Bohler, Karl Friedrich, Die Entwicklung der Sozialstruktur im ehemaligen Realteilungsgebiet der südöstlichen Rhein-Main-Ebene. In: ders., Regionale Gesellschaftsentwicklung und Schichtungsmuster in Deutschland. Frankfurt am Main u. a. 1995, S. 199 ff.

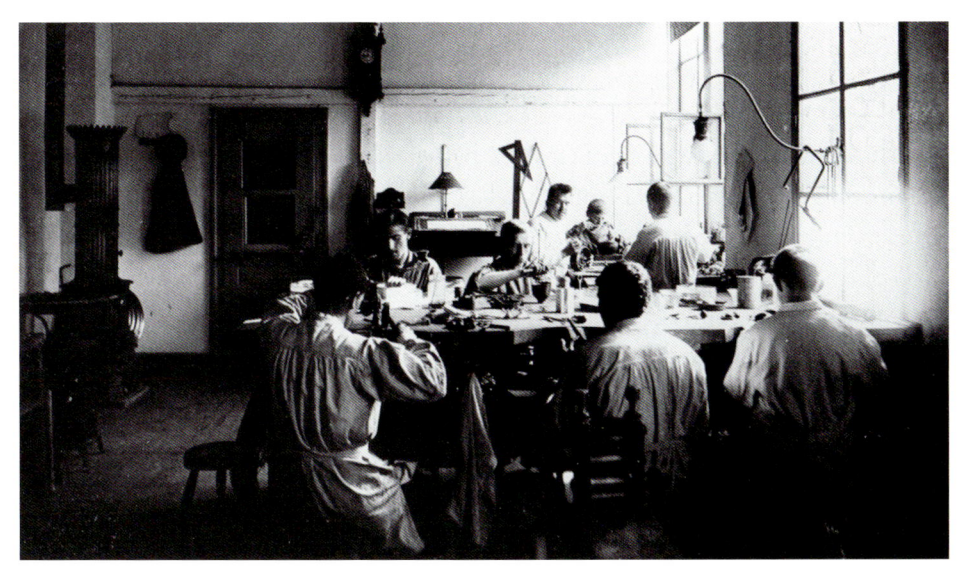

Goldschmiedewerkstatt zu Beginn des 20. Jahrhunderts. Die Herstellungsmethode hat sich hier im Laufe der Generationen kaum geändert. Man arbeitet weiterhin vorwiegend in Handarbeit und zumeist in Mittel- und Kleinbetrieben. Abbildung: Medienzentrum Hanau.

den der Umgebung sowie in der Stadt Hanau noch ein eindrucksvoller Viehbestand. Für das gesamte Kreisgebiet ergab die Zählung von Anfang 1873 genau 2.269 Pferde, 13.670 Rinder, 4.700 Schafe, 14.580 Schweine, 3.696 Ziegen und 758 Bienenstöcke. Davon entfielen auf die Stadt Hanau 297 Pferde, 322 Rinder, 4.032 Schafe, 345 Schweine, 101 Ziegen und 23 Bienenstöcke. Bemerkenswert ist, dass es damals noch Nutztiere in unserer Gegend gab, die heute fast nur noch im Süden Europas gehalten werden: Maultiere und Esel. Vor knapp 150 Jahren standen immerhin 62 Esel und 9 Maultiere in Ställen des Kreises Hanau.[264] Aber durch die bald danach mit Vehemenz einsetzende Industrialisierung veränderte sich auch hier viel Vertrautes.

Während der Industrialisierungsphase wuchs die Population des seit 1866 preußischen Landkreises Hanau innerhalb von nur drei Generationen auf mehr als das Doppelte. Sie betrug 1834 genau 24.282 Einwohner und stieg bis 1925 auf 53.524 an.[265] Die Hauptursachen für diese signifikante Steigerung der Bevölkerungszahlen lagen in einer hohen Geburtenrate, den verbesserten hygienischen Verhältnissen, den Fortschritten der Medizin sowie im Zuzug aus anderen Teilen des Reiches und auch damals schon in der Zuwanderung aus dem Ausland.

[264] Ziegler'sche Chronik, Band 8, S. 198.
[265] Hessisches Statistisches Landesamt, Historisches Gemeindeverzeichnis für Hessen, Heft 1, S. 30.

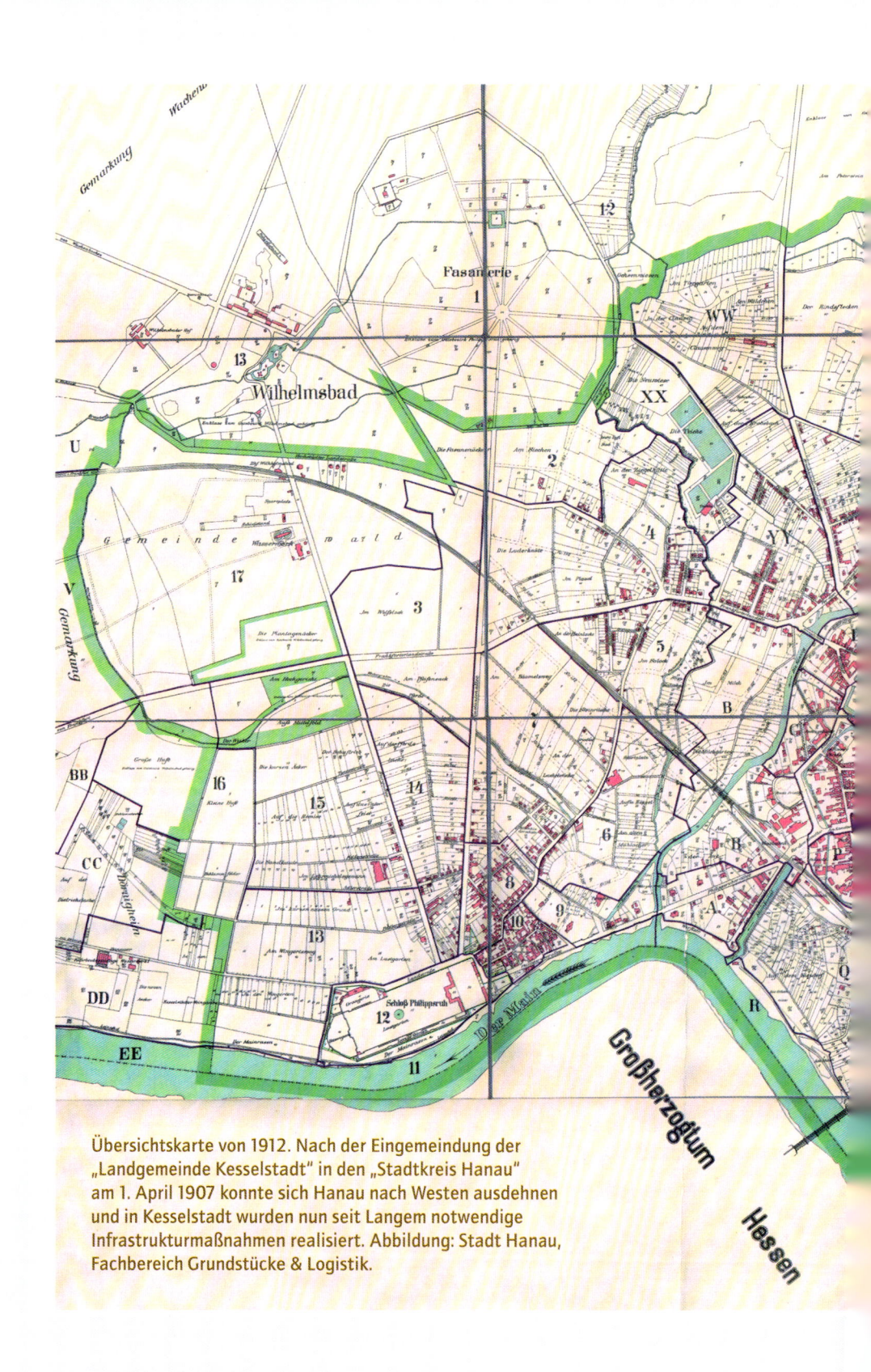

Übersichtskarte von 1912. Nach der Eingemeindung der „Landgemeinde Kesselstadt" in den „Stadtkreis Hanau" am 1. April 1907 konnte sich Hanau nach Westen ausdehnen und in Kesselstadt wurden nun seit Langem notwendige Infrastrukturmaßnahmen realisiert. Abbildung: Stadt Hanau, Fachbereich Grundstücke & Logistik.

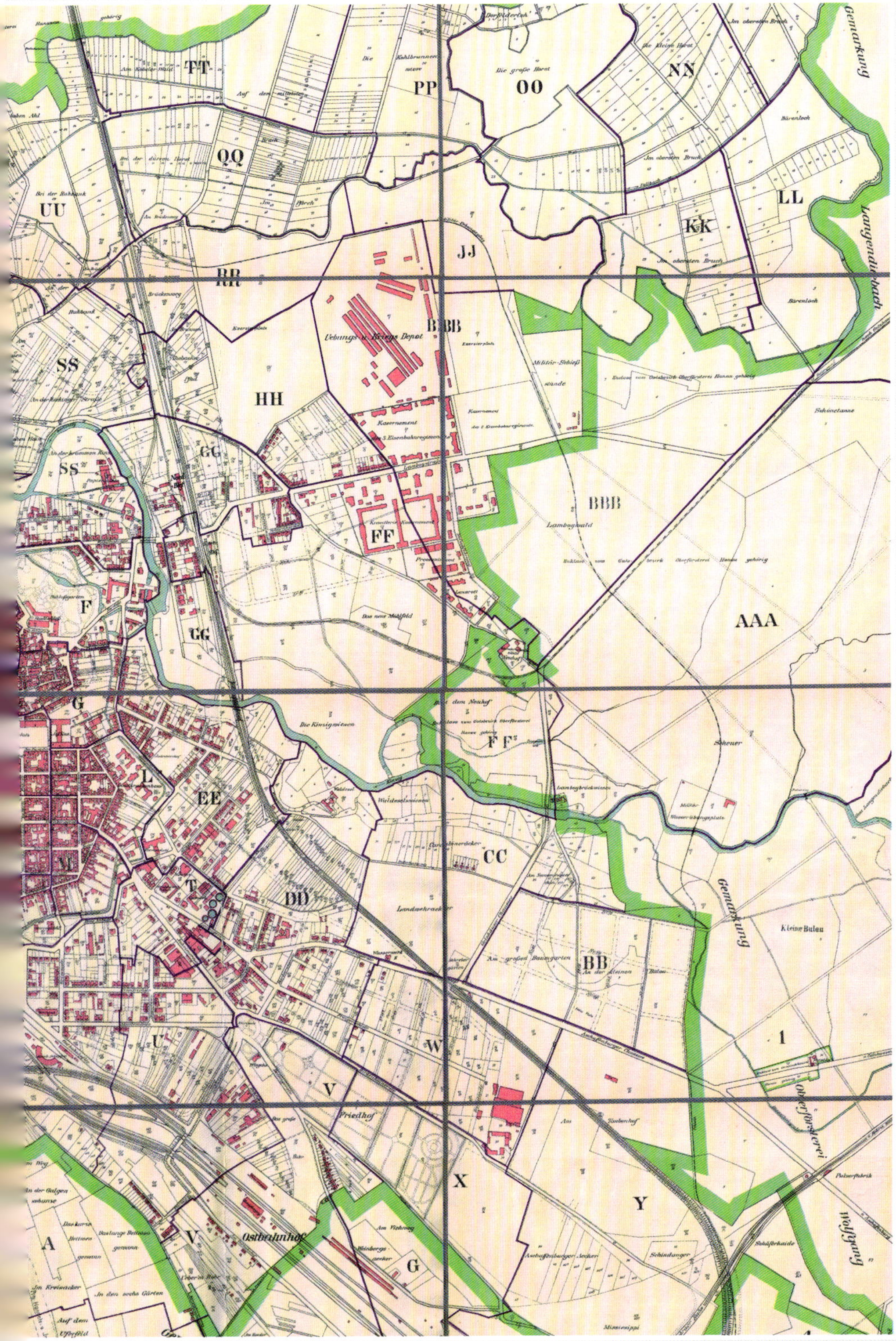

TT
PP
OO
NN
Gemarkung
QQ
UU
LL
KK
JJ
RR
Langendiebach
Uebungs u. Kriegs Depot
SS
HH
BBB
GG
SS
FF
Lambogwald
F
GG
AAA
G
F F
Die Königswiesen
L
EE
M
T
DD
CC
Gemarkung
Kleine Bulau
BB
Am großen Baumgarten
U
W
1
V
Friedhof
Oberförsterei
X
Y
Ostbahnhof
Wolfgang
A
V
G

Tabelle 3: Die Einwohnerzahlen einiger Orte des späteren Main-Kinzig-Kreises in den Jahren 1864, 1885 und 1910[266]

Ort	1864	1885	1910
Bad Orb	3.694	3.371	4.107
Bergen-Enkheim	2.346	3.366	5.323
Bieber	765	794	892
Bruchköbel	891	975	1.433
Dörnigheim	992	1.273	2.167
Erbstadt	566	575	614
Gelnhausen	3.720	3.892	4.859
Großauheim	2.075	2.761	6.368
Hanau	17.969	25.744	37.596
Kilianstädten	1.050	1.161	1.586
Klein-Auheim	1.077	1.582	3.015
Langenselbold	2.755	3.149	5.305
Ostheim	1.066	1.137	1.393
Roth	604	615	805
Rückingen	1.021	1.159	1.454
Schlüchtern	2.142	2.635	3.945
Somborn	1.627	1.643	2.344
Windecken	1.562	1.481	1.724

Bis zum Beginn des Ersten Weltkriegs hatten viele Bauern ihre unrentablen Höfe aufgegeben oder bewirtschafteten sie lediglich nur noch im Nebenerwerb. Die freigesetzten Arbeitskräfte, ob sie nun der Not gehorchten oder sich eine bessere Lebensqualität versprachen, fanden Beschäftigung in den allerorten neu entstandenen Industrie- oder Gewerbeunternehmen.

Althergebrachte Arbeitsmethoden und kleinbäuerliche Existenzen vermochten sich parallel dazu jedoch noch recht lange zu halten oder ergänzten in zahlreichen Familien den industriellen Erwerb. Im Jahr 1907 gaben 3.744 Männer und 4.207 Frauen an, nebenberuflich Ackerbau und Viehzucht zu betreiben.

---

[266] Hessisches Statistisches Landesamt, Historisches Gemeindeverzeichnis für Hessen, Heft 1, S. 12 ff.

Die Anfänge und frühe Zeit der Kanzlei Eberhard in Hanau, 1817–1903

Ein Klein-Auheimer Bauernehepaar bei der Ernte um 1900. In den vorindustriellen Epochen bedeuteten Ackerbau und Viehzucht für die meisten Menschen die Existenzgrundlage. Dementsprechend haben die Bedingungen der Landwirtschaft über Jahrhunderte hinweg das Leben bestimmt. Die numerische Dominanz des Bauernstandes ist in vielen Dörfern um Hanau schon vor 1900 zu Ende gegangen, dennoch blieben viele Fabrikarbeiter noch lange danach Bauern wie ihre Vorfahren, wenn auch nur nach Feierabend. Abbildung: Heimat- und Geschichtsverein Klein-Auheim.

Die Sozialfigur des „Arbeiterbauern", der sich tagsüber als unselbstständiger, fremdbestimmter Lohnarbeiter verdingte und nach Feierabend als eigenverantwortlicher Kleinlandwirt seine Familie mit eigenen Erzeugnissen ernährte, war in vielen Orten an Main, Kinzig oder Nidder noch über mehrere Generationen hindurch anzutreffen. Heute ist dieser lange Zeit viele Dörfer mitprägende Typus kaum mehr anzutreffen.[267]

Nach 1945 ging im Wirtschaftswunderland Bundesrepublik Deutschland die Bedeutung der Landwirtschaft immer weiter zurück und die Probleme der Bauern interessierte die Mehrheit der Bevölkerung allenfalls nur noch am Rande. Selbst in den meisten Dörfern ist das bäuerliche Element bis auf Reste nahezu völlig verschwunden. Die Metamorphose der einstigen Bauerndörfer mit einer großen Anzahl überwiegend bescheidener Hofstellen mit intensiver Viehhaltung zu Industrieorten oder zu Wohnsitzgemeinden von Arbeitnehmern darf im wirtschaftlichen Ballungsgebiet Rhein-Main und damit ebenfalls im Altkreis Hanau weitestgehend als abgeschlossen angesehen werden.

Die preußische Okkupation veränderte manches im vormaligen Kurfürstentum Hessen zum Vorteil und die in der zweiten Hälfte des 19. Jahrhunderts im Raum Hanau einsetzende Industrialisierung mit dem damit einhergehenden Bevölkerungsanstieg stärkte die Wirtschaftskraft von Stadt und Region deutlich. Beides sollte sich auch günstig für den neuen Hanauer Rechtsanwalt Ludwig Eberhard auswirken.

---

[267] Vgl. zu dieser Thematik: Bohler, Die Entwicklung der Sozialstruktur, S. 199 ff.

LUDWIG EBERHARD –
EIN LANGER WEG ZUR ANERKENNUNG

Karriere mit Hindernissen

Von den drei Töchtern und vier Söhnen von Bernhard und Marie Eberhard studierten zwei die Rechtswissenschaften. Heinrich (1821–1869) erlernte den Beruf eines Kaufmanns und lebte später in Manchester, Wilhelm (1824–1889) betrieb eine Bijouteriefabrik in Hanau, Marie (1819–1912) heiratete 1838 den Hanauer Kaufmann und Versicherungsagenten Christian Lossow (1815–1900), Luise (1826–1904) ehelichte den Gutsbesitzer Heinrich Lucanus, während die jüngste Tochter Minna (1828–1892) unvermählt blieb.[268] Die Eltern lebten nach der Übersiedlung von Kassel vermutlich bis zu ihrem Tod in Hanau, die Mutter starb im Jahr 1871, im Haus Marktplatz 13 oder Am Markt Nr. 427, wie die ältere Bezeichnung lautet, bei ihrer Tochter Marie und ihrem Schwiegersohn Christian Lossow.[269] Von den beiden Juristen Ludwig (1822–1903) und Karl (1831–1902) avancierte Letzterer später in Gotha zum Geheimen Justizrat.

Eintrag zur Taufe von Louis Charles Eberhard am 13. Oktober 1822 in der Wallonischen Kirche in der Neustadt. Taufpaten waren Louis und Caroline Marie Colin, geb. Doering, wahrscheinlich der Bruder und die Schwägerin seiner Mutter. Von seinen Verwandten wurde das Kind meist „Louis" genannt. Er selbst verwendete immer die deutsche Namensform „Ludwig". Abbildung: Archiv der Wallonisch-Niederländischen Gemeinde – Evangelisch-reformierte Kirche zu Hanau.

---

[268] Eberhard, Aus meinem Leben, S. 72 (Register). Die Lebensdaten von Christian Lossow sind entnommen: Lossow, Eine Hanauer Ahnenliste, S. 82.

[269] Adressbücher der Stadt Hanau, Hanau 1853, 1867 und 1870. Christian Lossow war daneben auch als „Hauptagent zur Beförderung von Auswanderern" nach Amerika und Australien tätig (vgl. Wochenblatt für die Provinz Hanau vom 2. Februar 1854).

Für die weitere Darstellung der Kanzleigeschichte interessiert vornehmlich Ludwig, der zweitälteste Sohn der Familie. Er führte die von seinem Vater 1817 ins Leben gerufene Kanzlei in den 1860er-Jahren in Hanau fort, weshalb an dieser Stelle sein weiterer privater und mehr noch sein beruflicher Werdegang nachgezeichnet wird. Seine Laufbahn als Jurist war lange von Unsicherheiten und Enttäuschungen geprägt, beruflichen Erfolg und die verdiente Anerkennung errang er erst nach vielen Jahren.

Ludwig kam am 3. September 1822 in Hanau zur Welt. Am 13. Oktober wurde er in der Wallonischen Kirche in der Neustadt getauft. Taufpaten waren Louis und Caroline Marie Colin, geb. Doering, wahrscheinlich der Bruder und die Schwägerin seiner Mutter.[270] Von seinen Verwandten wurde er meist „Louis" genannt. Er selbst verwendete immer die deutsche Namensform „Ludwig", weshalb diese Variante im nachfolgenden Text benutzt wird, obwohl ihn sein Vater Bernhard in seinen Erinnerungen stets „Louis" nannte.

Wie Bernhard Eberhard studierte auch sein Sohn Ludwig in Marburg die Rechte. Nach dem erfolgreichen Abschluss des Studiums und gestützt auf das Zeugnis der juristischen Fakultät der kurhessischen Landesuniversität bat er in einem Schreiben vom 13. April 1845 das Kurfürstliche Justizministerium um Zulassung zur rechtswissenschaftlichen Staatsprüfung. Die Prüfung vor der „juristischen Examinations-Kommission" des kurhessischen Justizministeriums in Kassel war in einen schriftlichen und einen mündlichen Teil gegliedert.

Das schriftliche Examen fand am 5. Oktober 1845 statt und bestand aus einer „Probe-Relation" zu einer Entschädigungsklage. In der Beurteilung der Arbeit ist unter anderem anerkennend zu lesen: *„Die äußere und innere Einrichtung der vorliegenden Relation, auf deren Anfertigung und Abschrift der Kandidat nur etwa 16 Stunden verwendet hat, entspricht den darüber bestehenden Vorschriften. Die Arbeit empfiehlt sich durch korrekte, präzise Schreibart."* Und abschließend wird dann vermerkt, wonach das Prädikat: ‚Gut', „dieser Arbeit in vollem Maaße gebühren" dürfte (vgl. dazu: Dokument Nr. 11).

Die mündliche Prüfung des Rechtskandidaten Ludwig Eberhard schloss sich am 10. Oktober an. Das umfangreiche Examensprogramm umfasste folgende Themen: römisches Recht (vornehmlich rei vindicatio und Verjährung), deutsches Privatrecht

---

[270] Wallonisch-Niederländische Gemeinde – Evangelisch-Reformierte Kirche zu Hanau: Wallonische Kirche, Taufregister II 1736–1830, Eintrag vom 13. Oktober 1822.

Porträtaufnahme um 1890, die sehr wahrscheinlich den Justizrat Ludwig Eberhard (1822–1903) zeigt. Abbildung: Sammlung Andreas Ludwig/Medienzentrum Hanau.

(Entstehung und Beendigung der elterlichen Gewalt), Lehensrecht (Lehenfolge), Staatsrecht (neuere Reichsgrundgesetze), Kirchenrecht (Rechtsverhältnisse der Universitäten), Kriminalrecht (Kindermord), Kriminalprozess (*„über das Erkenntniß"*) und Zivilprozess (*„über die Rechtskraft des Urtheils"*).

Der Prüfling Ludwig Eberhard konnte die Befragung äußerst günstig absolvieren. Dementsprechend lautet die positive Bewertung der Kommission: *„Der Kandidat beantwortete bei weitem die meisten Fragen richtig und übersetzte und erläuterte den ihm vorgelegten Text (…) (latein. Text) geläufig und befriedigend.*

Es wurde demnach beschlossen, demselben das Zeugniß zu ertheilen, daß er in der mündlichen Prüfung sehr gut bestanden habe." Zum Gesamtergebnis des Examens ist in einem Schreiben des Prüfungsgremiums an das Justizministerium zum Abschneiden Ludwig Eberhards konstatiert: *„Den genannten Rechtskandidaten haben wir in Gemäßheit des verehrlichten Beschlusses vom 19. April d. J. geprüft und demselben das Zeugniß ertheilt, daß er in der mündlichen Prüfung sehr gut und in der schriftlichen gut bestanden habe."* Unterzeichnet ist das Zeugnis mit den Namen der Prüfer Schellenberg, Endemann und Elvers. Eberhard beantragte daraufhin seine Zulassung als „Obergerichtsreferendar" beim Obergericht Hanau, die ihm mit dem Datum von 15. November 1845 vom Justizministerium gewährt wurde.[271]

Dennoch erwies sich die berufliche Karriere des jungen Juristen Ludwig Eberhard in den nächsten Jahren nicht als so gradlinig und erfolgreich, wie man es nach dem günstigen Prüfungsergebnis hätte erwarten dürfen. Eberhard erfuhr im Staatsdienst zahlreiche Versetzungen und die ihm zugewiesenen Tätigkeitsbereiche entsprachen wahrscheinlich nur selten seinen Fähigkeiten.

Im Einzelnen durchlief er folgende Stationen: Nach seinem Examen war er zunächst bis Herbst 1848 als Referendar am Obergericht Hanau tätig, dann versetzte man ihn seitens des Justizministeriums kurzzeitig zum Justizamt ins nahe Bockenheim, danach übte er vom Februar 1849 an Vertretungen für Kollegen aus,[272] darunter ab April 1852 als „Substitut des Unterstaatsprokurators in Hanau". Dazu hieß es in der Lokalzeitung: *„Der Obergerichtsreferendar Eberhard zu Hanau ist durch*

---

[271] Hessisches Staatsarchiv Marburg: 250 990 [Personalakte] des Obergerichtsanwalts Johann Ludwig Eberhard zu Fulda, später Hanau.

[272] In einem Schreiben an das Justizministerium vom 5. August 1850 bezeichnet sich Eberhard als *„Staatsanwaltsgehülfen, Obergerichts-Referendar"*, siehe Hessisches Staatsarchiv Marburg: 250 990. Etwas andere Angaben macht Obergerichtsdirektor Mackeldey. Er nennt den Zeitraum von September 1846 bis Oktober 1851, während Ludwig Eberhard zur gleichen Zeit wie Mackeldey in Hanau als Referendar tätig war, vgl.: Sammlung Andreas Ludwig: Zeugniß.

Beschluß des Kurfürstlichen Justizministeriums vom 7. D. M. zum Substituten des Unterstaatsprokurators in Hanau anderweit bestellt worden, wovon die betreffenden Behörden hierdurch Nachricht erhalten."[273] Bis dann ohne jegliche Begründung im April 1854 ein „Allerhöchster Beschluß" seine Entlassung anordnete. Dies geschah, obwohl ein wenige Monate zuvor vom Hanauer Polizeidirektor verfasster Bericht zu Eberhards Verhalten zu einer derartigen Maßnahme keinen Anlass geliefert hatte (vgl. dazu: Dokument Nr. 12).

Womöglich als Reaktion auf diesen landesherrlichen Rauswurf aus dem Staatsdienst bat der junge Obergerichtsreferendar ebenfalls im April 1854 seine ehemaligen Vorgesetzten, seine bisherigen Leistungen als Jurist im kurhessischen Staatsdienst zu bewerten. Die offensichtlich recht rasch ausgestellten exzellenten Beurteilungen stammen immerhin von einem Obergerichtsdirektor, einem Staatsprokurator, dem Oberappellationsgerichtspräsidenten, einem Polizeidirektor und dem Generalstaatsprokurator.

Im umfangreichen „Arbeitszeugnis" des Fuldaer Obergerichtsdirektors Mackeldey ist dementsprechend zu lesen: *„Der Criminalsenat gibt ihm einstimmig das Zeugniß, daß er als Unterstaatsprocurator zu Hanau in jeder Hinsicht ausgezeichnet genannt zu werden verdiene, und daß derselbe sowohl durch die Raschheit, den praktischen Fakt und den Fleiß, welche er bekundet, als durch die Gründlichkeit, Besonnenheit und Reife des juristischen Urtheils, die sich aus seinen Arbeiten ergeben, sich der dringendsten Empfehlungen würdig gemacht hat."* Und etwas weiter unten heißt es schließlich: *„Der Obergerichts-Referendar Eberhard würde meiner begründeten Ueberlegung nach selbst als Mitglied eines höheren Justizcollegiums sehr gute Dienste leisten.*

Wenn ich endlich noch der Gediegenheit und Integrität seines Charakters gedenke, so darf ich ihn allen denen, welche in der Lage sind, aufstrebenden Talenten einen Wirkungskreis zu geben, aus vollster Ueberzeugung empfehlen." Nicht weniger lobend drückte sich der Oberappellationsgerichtspräsident Aber in Kassel aus, der Eberhard wie alle anderen auch persönlich aus seinem beruflichen Umfeld kannte. Er schrieb anerkennend über ihn *„(...) daß derselbe sowohl in Beziehung auf Scharfsinn und der Beurtheilungskraft sowie der Darstellung nicht nur für sehr gut befähigt zur Versehung einer Unterrichterstelle, sondern auch für qualifiziert zu halten sei, als Mitglied in einem höheren Richterkolleg zu fungieren."*[274] Der Generalstaatsprokurator Dr. von Dehn-Rothfelser

---

[273] Wochenblatt für die Provinz Hanau vom 15. April 1852.
[274] Sammlung Andreas Ludwig: „Arbeitszeugnis" des Fuldaer Obergerichtsdirektors Mackeldey u. A. von 1854.

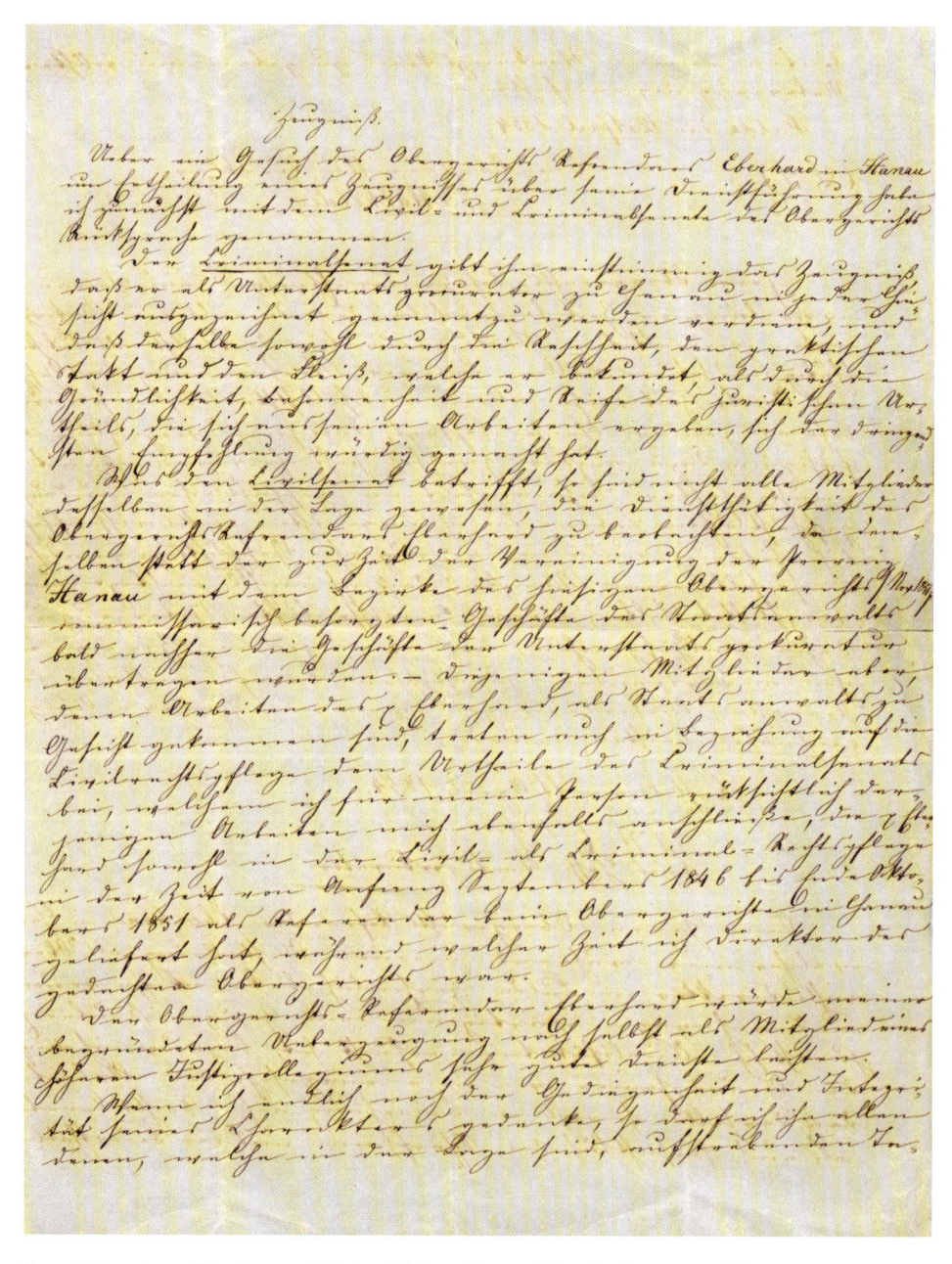

Die Anfänge und frühe Zeit der Kanzlei Eberhard in Hanau, 1817–1903

Erste Seite eines „Arbeitszeugnis" des Fuldaer Obergerichtsdirektor Mackeldey von 1854. Dort ist im zweitletzten Abschnitt zu lesen: *„Der Obergerichts-Referendar Eberhard würde meiner begründeten Ueberzeugung nach selbst als Mitglied eines höheren Justizcollegiums sehr gute Dienste leisten".* Abbildung: Sammlung Andreas Ludwig.

bescheinigte Ludwig Eberhard neben vorzüglichen Rechtskenntnissen vornehmlich Gründlichkeit und Gewandtheit.

Trotz dieses vielfachen Lobes blieb der „Allerhöchste Beschluß" zunächst in Kraft. Jedoch dauerte der Zustand der verordneten Arbeitslosigkeit des Hanauer Juristen nicht allzu lange an, denn bereits am 9. September 1854 wurde er zum Obergerichtsanwalt bei dem Obergericht zu Fulda bestellt.[275] Daneben versah er zusätzlich die Konsulentenstelle beim Landgrafen Wilhelm von Hessen-Rumpenheim (1787–1867) und dessen Söhnen, wie sie zuvor sein Vater bei Landgraf Friedrich III. ausgeübt hatte.[276]

In diesen Zusammenhang passt es, dass der Hanauer Polizeidirektor, sicherlich auf Anweisung einer vorgesetzten Behörde, am 21. Januar 1854 einen Bericht zu Verhalten und Charakter Ludwig Eberhards verfasst hatte. Die darin enthaltene insgesamt positive Beurteilung des damaligen Obergerichtsreferendars dürfte dann möglicherweise manch einen Beamten im Justizministerium in Kassel enttäuscht haben. Denn dort ist beispielshalber zu lesen, dass er *„sehr still und zurückgezogen lebt und außerdienstlich fast ausschließlich mit seinen nächsten Verwandten verkehrt"*. In Bezug auf Hinweise zu Eberhards politischer Einstellung wird die Auskunft kaum konkreter. Dazu führt der Polizeidirektor weiter aus, dass er *„außer vielleicht in vertrauten Kreisen"* nicht über seine politischen Anschauungen spricht. Daher könne man überhaupt nicht einschätzen, ob sie den Ansichten seines liberalen Vaters entsprächen oder davon abwichen. Außerdem erwähnt der Bericht, dass Ludwig Eberhard *„niemals eine hoher Staatsregierung feindselige Gesinnung"* an den Tag gelegt habe. Bezüglich seines dienstlichen Auftretens charakterisiert ihn der Hanauer Polizeidirektor als einen *„ängstlich gewissenhaften Mann von weicher Natur"*, der *„im Allgemeinen sehr zur Milde neigt"* (vgl. dazu: Dokument Nr. 12). Diese insgesamt sehr günstige Bewertung von Eberhards Persönlichkeit verhinderte hingegen nicht, dass er einige Wochen später, wenn auch lediglich für wenige Monate, entlassen werden sollte.

Ludwig Eberhard zeigte sich über seinen beruflichen Werdegang als Jurist im kurhessischen Staatsdienst lange Jahre wenig erfreut und hat dies später, nach der preußischen Annexion von 1866, deutlich ausgedrückt. Seine damalige Gemütslage lässt sich anhand einiger Bemerkungen in einem Schreiben vom August 1867 gut nachvollziehen (vgl. dazu: Dokument Nr. 14).

---

[275] Hessisches Staatsarchiv Marburg: 250 990, Schreiben vom August 1867.
[276] Eberhard, Aus meinem Leben, S. 59.

Darin bittet er das Königliche Justizministerium in Berlin um eine Anstellung als Notar und konstatiert, dass weder *„Unfähigkeit"* noch *„Unwürdigkeit"* Anlass der Entlassung und der *„jahrelangen Uebergehung bei meinem Dienstalter und meiner Qualifikation entsprechenden Anstellungen im Staatsdienste war"*. Seine ständigen Zurücksetzungen führt Ludwig allein auf den Umstand zurück, dass er als ein Sohn des früheren Vorstands des Ministeriums des Innern, des liberalen Staatsrats und „Märzministers" Bernhard Eberhard, ein Dorn im Auge des Kurfürsten und der reaktionären kurhessischen Justizbürokratie gewesen sei.[277]

Eine ähnliche Einschätzung ist einem Zeitungsartikel zum Tod von Ludwig Eberhard vom 6. Januar 1903 zu entnehmen, der sich wahrscheinlich auf Äußerungen von ihm selbst oder von seinen nächsten Angehörigen stützt. Dort heißt es nämlich hinsichtlich seiner beruflichen Situation im Jahr 1854: *„Vergeblich wartete er (…) auf seine definitive Anstellung im Staatsdienst, zu der er nach Alter und Anciennität längst berechtigt war. Der Grund, warum dies nicht geschah, mag wohl in der Abneigung des Kurfürsten, den Sohn des ihm verhaßt gewesenen Staatsministers Bernhard Eberhard im hessischen Staatsdienste anzustellen, begründet sein. Ein Mal war die Anstellung bereits beschlossen, der Kurfürst zog aber die Unterschrift wieder zurück."*[278]

Wie sein Vater Bernhard die Qualitäten seines Sohnes als Jurist einschätzte, hat dieser Anfang 1853 in seinen Memoiren festgehalten. Dort heißt es zu Ludwigs Fähigkeiten: *„Seine wissenschaftliche Tüchtigkeit und Geschäftsgewandtheit, die er bei der gewissenhaften Versehung mehrerer Staatsämter und jetzt noch bei der ihm aufgetragenen Versehung der Staatsprokuratur an den Tag gelegt hat, haben so vollständige Anerkennung gefunden, daß ich der Hoffnung Raum geben darf, es werde die gegen mich gerichtete gehässige Verfolgung bald ihr Ende erreichen."*[279]

Nach seiner Entlassung im Frühjahr 1854 sei Ludwig Eberhard sogar im Begriff gewesen, entweder auszuwandern, den Beruf zu wechseln oder sich für den preußischen Staatsdienst zu bewerben, bis er *„unerwartet"* zum Obergerichtsanwalt beim Obergericht zu Fulda bestellt wurde.[280] Während seiner Tätigkeit in der Bischofsstadt heiratete er am 7. April 1858 in der dortigen evangelischen Kirche die fast 15 Jahre jüngere Friederike Marie Eleonore Schmedes (1837–1900), Tochter eines Hauptmanns und Syndikus aus dem Königreich Hannover.[281]

---

[277] Hessisches Staatsarchiv Marburg: 250 990, Schreiben vom August 1867.
[278] Hanauer Anzeiger vom 6. Januar 1903.
[279] Eberhard, Aus meinem Leben, S. 70.
[280] Hessisches Staatsarchiv Marburg: 250 990.
[281] Urkunden zum Ahnenpass Karl Ludwig Jakob Eberhard, pag. 4∞5.

Aus der Ehe gingen, so viel ließ sich nachweisen, mindestens drei Kinder hervor: der 1862 in Fulda zur Welt gekommene Carl Wilhelm sowie der 1866 geborene Heinrich Christian und die 1872 geborene Louise Karoline Elisabeth, wobei die beiden Letztgenannten bereits in Hanau das Licht der Welt erblickten und in der evangelischen Marienkirche getauft wurden.[282]

Da Ludwig Eberhard aber nicht auf Dauer in Fulda bleiben wollte, suchte er beim Justizministerium wiederholt um seine Versetzung nach Hanau nach[283] (vgl. dazu: Dokument Nr. 14). Als Grund nannte er später, dass ihm eine Anstellung als Staatsanwalt und Obergerichtsanwalt beim neu gebildeten Obergericht Hanau Anfang 1864 *„persönlich und geschäftlich höchst zu erstrebenswerth"* erschien,[284] obwohl eine Reihe seiner Kollegen hier zuvor schon Fuß gefasst hatten (vgl. dazu: Dokument Nr. 13).

Die Bitte Eberhards um Verlegung seines Arbeitsfelds und Wohnsitzes nach Hanau wurde einige Wochen danach von sieben Juristen des Obergerichts Hanau, darunter dessen Präsident Wolf, mit einem Brief an das kurhessische Justizministerium in Kassel unterstützt. Darin erkennen die Absender zwar an, dass die Zahl der Obergerichtsanwälte in der Stadt zwar ausreiche, jedoch sei die Mitarbeit eines tüchtigen Anwalts wie Ludwig Eberhard *„ein dringendes Bedürfniß"*. Anschließend ist lobend zu seiner Person festgehalten: *„Bei dem Nachsuchenden sind aber vorzugsweise alle Eigenschaften eines solchen vereinigt, nicht alleine, was Kenntnisse, Geschäftsfertigkeit und Fleiß, sondern auch, was Charakter und insbesondere Anständigkeit betrifft."*[285]

Ludwig Eberhards Wunsch wurde schließlich entsprochen, sodass er zu Anfang 1865 seinen Wohnsitz in seine Vaterstadt verlegen konnte. Eine kurze Zeitungsnotiz berichtet darüber mit den Worten: *„Obergerichtsanwalt Eberhard wird vom 4. Februar an in Hanau wohnen, vorläufig bei Kaufmann Lossow, am Markt, zwei Treppen hoch."*[286] Dabei handelte es sich um das Haus seines Schwagers, des Hanauer Kaufmanns Christian Lossow, der mit Ludwigs ältester Schwester Marie verheiratet war. In diesem Haus lebte auch Marie, die Witwe von Bernhard Eberhard und Mutter der beiden.

Nun stand der Aufnahme einer anwaltlichen Tätigkeit von Ludwig Eberhard in seiner Heimatstadt Hanau und der Fortführung der 1817 von Bernhard Eberhard gegründeten Kanzlei nach vermutlich 17-jähriger Unterbrechung nichts mehr im Wege.

---

[282] So eine Auskunft von Monika Rademacher (Stadtarchiv Hanau).
[283] Hessisches Staatsarchiv Marburg: 250 990, Schreiben vom August 1867.
[284] Hessisches Staatsarchiv Marburg: 250 990, Schreiben von Anfang 1864.
[285] Hessisches Staatsarchiv Marburg: 250 990, Schreiben vom 21. März 1864.
[286] Wochenblatt für die Provinz Hanau vom 9. Februar 1865.

Etablierung als Rechtsanwalt und Notar in Hanau

Die Eingliederung des Kurfürstentums Hessen in das Königreich Preußen dürfte Ludwig Eberhard nach seinen negativen Erfahrungen mit der kurhessischen Justizbürokratie sicherlich kaum bedauert haben. Dank der neuen, günstigeren politischen Bedingungen fand er nun endlich die Anerkennung, die seiner fachlichen Kompetenz entsprach. Doch sie fiel ihm natürlich auch nicht einfach so in den Schoß.

Ludwig Eberhard war nach seiner Übersiedlung von Fulda als Staatsanwalt und Obergerichtsanwalt in Hanau tätig. Die neuen gesetzlichen und ökonomischen Rahmenbedingungen nach 1866 haben ihn im Sommer 1869 veranlasst oder dazu gezwungen, sich allein auf eine freiberufliche Arbeit als Rechtsanwalt zu konzentrieren.[287] Im Hanauer Adressbuch von 1870 ist er deshalb nicht mehr unter den Juristen der damals in den Gebäuden Bangert 2 und 4 ansässigen Staatsanwaltschaft aufgelistet, sondern sein Name steht mit acht anderen Kollegen unter der Rubrik „Rechtsanwälte".[288] Außerdem wohnte er zu diesem Zeitpunkt schon seit drei Jahren nicht mehr bei seiner Schwester Marie und seinem Schwager Christian Lossow am Marktplatz der Neustadt, sondern im Gebäude Paradeplatz 9 (heute Freiheitsplatz).[289]

Zur Ausweitung seines Dienstleistungsangebots hat Ludwig Eberhard dann im August 1867, noch als Obergerichtsanwalt beim königlichen Justizministerium, einen Antrag gestellt, um ebenfalls wie zuvor sein Vater eine Notariatstätigkeit aufnehmen zu können.

Aus diesem Grund bat er in seinem Gesuch an das Justizministerium um die Anstellung als königlicher Notar im Bezirk des Appellationsgerichts zu Kassel. In dem Schreiben hebt Eberhard seine langjährige Erfahrung hervor und benennt seine verschiedenen Stationen als Jurist. Zudem glaubt er sowohl *„wissenschaftliche und praktische Tüchtigkeit"* als auch die *„Charaktereigenschaften"* für das Amt eines Notars zu besitzen. Und er fügt hinzu, dass sich die Anstellung von Notaren *„in der Industriestadt Hanau"* als *„Folge der neuen Justizorganisation als Bedürfniß"* herausstellen werde.[290] Damit meinte Eberhard die im Juni 1867 in Hessen-Nassau eingeführte Verordnung, wonach nur noch professionelle Rechtsbeistände bei Gericht zugelassen

---

[287] Hanauer Anzeiger vom 6. Januar 1903.
[288] Adressbuch der Stadt Hanau, Hanau 1870.
[289] Adressbuch der Stadt Hanau, Hanau 1867.
[290] Hessisches Staatsarchiv Marburg: 250 990.

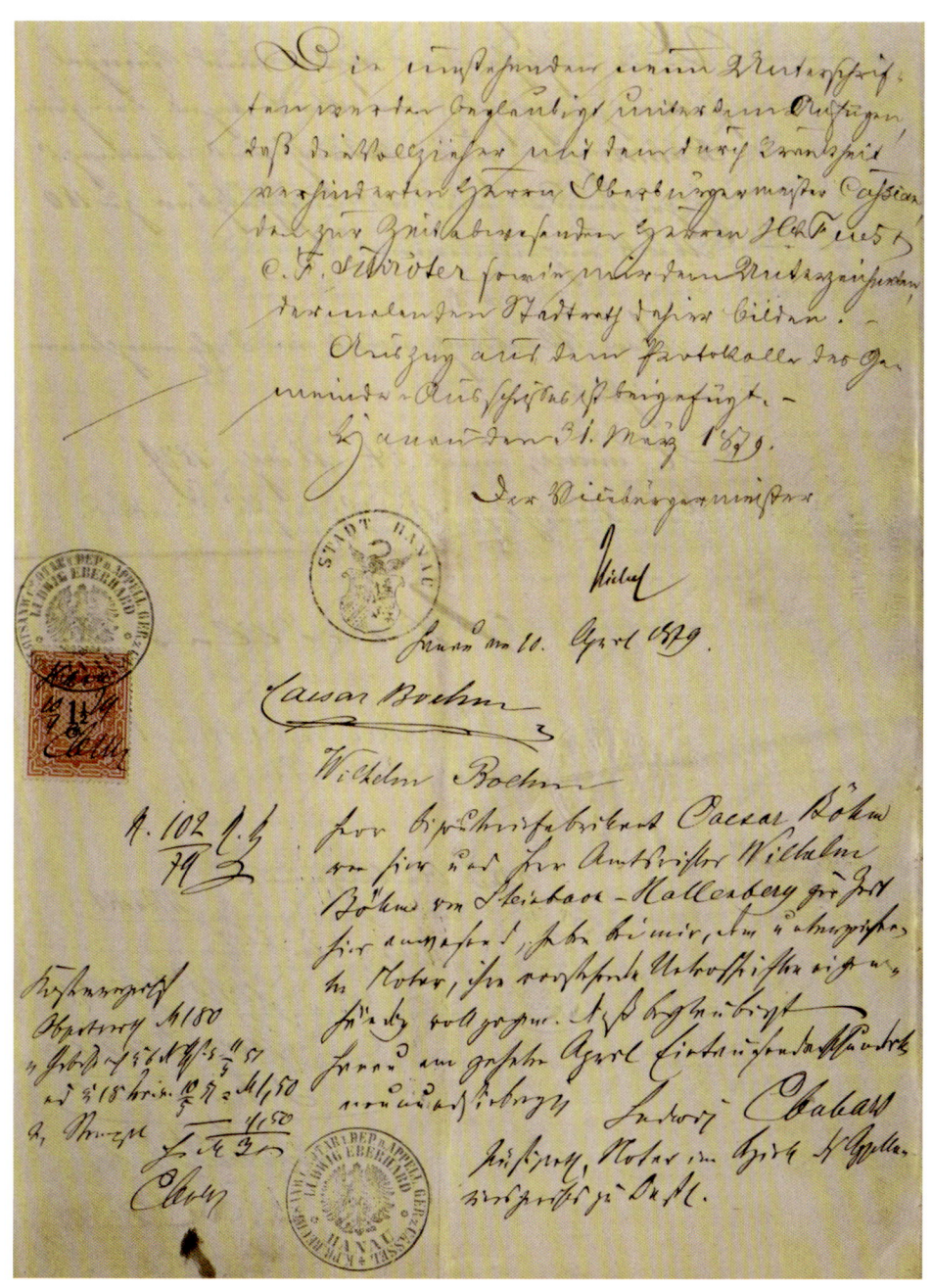

Beglaubigung der Unterschriften von Caesar und Wilhelm Böhm durch den Justizrat und Notar Ludwig Eberhard mit Stempeln und Stempelmarke vom 20. April 1879. Abbildung: Hessisches Staatsarchiv Marburg.

wurden und die bisherigen Justizkommissare und Advokaten den Amtscharakter „Rechtsanwalt" einnahmen.[291]

Überdies bemerkt Ludwig Eberhard in diesem Schreiben, dass einst sein *„Vater und später der jetzt ebenfalls verstorbene Obergerichtsanwalt Hopf"* die Funktion eines Notars bekleideten (vgl. dazu: Dokument Nr. 14). Eberhards Anliegen führte jedenfalls recht bald zu dem gewünschten Ergebnis. Folglich konnte er seinen Beruf als Rechtsanwalt ab Juli 1868 noch durch die Betätigung als Notar ergänzen. Die Wahrnehmung dieser zusätzlichen Aufgabe war zur damaligen Zeit in Hanau der Normalfall, denn für das Jahr 1870 sind neun Rechtsanwälte verzeichnet und nur einer von ihnen fungierte nicht auch als Notar.[292] Ab dem 6. Mai 1871 durfte Ludwig Eberhard seinem Namen zusätzlich die Ehrenbezeichnung „Justizrath" hinzufügen.[293]

Auch in einer anderen Hinsicht trat Ludwig Eberhard in die Fußstapfen seines Vaters, denn er war als Mitglied des Stadtrats in Hanau ebenfalls in der Kommunalpolitik aktiv.[294]

Ludwig Eberhard hat während seines mehr als 30-jährigen Wirkens als Rechtsanwalt und Notar in Hanau mehrfach den Wohnsitz und den Kanzleistandort gewechselt. Im Hanauer Adressbuch von 1870 findet sich Ludwig Eberhards Name gleich zweimal angegeben. Das Straßenverzeichnis vermerkt ihn für das Haus Paradeplatz 9 und das Einwohnerregister für das Gebäude Fahrgasse 16.[295] Woraus sich schließen lässt, dass er mit seiner Familie in der Fahrgasse wohnte, während sich die Kanzlei in angemieteten Räumen am nahen Paradeplatz befand. Ab 1878 galt lediglich die Anschrift Paradeplatz 9. Im Adressbuch von 1886/1887 wird für dieses Haus nicht nur der Justizrat Ludwig Eberhard aufgeführt, sondern gleichfalls der Referendar Bernhard Eberhard.

Die Sprechstunden des mittlerweile etablierten und angesehenen Hanauer Rechtsanwalts, Notars und Justizrats fanden von 8 bis 9 und von 15 bis 18 Uhr in der Kanzlei am Paradeplatz statt. Diese Zeiten modifizierte er gelegentlich und hielt dann die Sprechstunden vormittags von 8 bis 9 Uhr, mittags von 12 bis 13 Uhr und nachmittags von 15 bis 19 Uhr ab. Im Jahr 1896 trat dann eine Änderung ein: Das Büro war jetzt in der Frankfurter Straße 23 in der Nähe des Frankfurter Tores und die

---

[291] Vgl. dazu den Beitrag von Bernd Kannowski in diesem Band.
[292] Adressbuch der Stadt Hanau, Hanau 1870.
[293] Hessisches Staatsarchiv Marburg: 263 1393 Rechtsanwalt und Notar Johann Louis Eberhard zu Hanau, Bd. 1, 1868–1879.
[294] Stadtarchiv Hanau: B2 183 Sitzungsprotokolle des Stadtrats.
[295] Adressbuch der Stadt Hanau, Hanau 1870.

Ansichtskarte vom Kaiser Café an der Einmündung der Fahrgasse in den damaligen Paradeplatz im Jahr 1913. Das Gasthaus „Weißer Löwe" wurde kurz zuvor in ein Café mit dem Namen „Kaiser-Café" umgewandelt. Hier hatten sich die Mitglieder der Familie von Ludwig Eberhard häufig aufgehalten. Abbildung: Medienzentrum Hanau.

Privatwohnung des Justizrats Ludwig Eberhard befand sich nun in der nach seinem Vater benannten Eberhardstraße 4 am Rande der Innenstadt.[296]

Wie es ansonsten um die Kanzlei bestellt war, welchen Arbeitsaufwand Ludwig Eberhard zu leisten hatte und wie es um seine Gesundheit stand, darüber gibt ein Schriftstück vom November 1877 recht umfangreiche Informationen und es lässt einige weitere fundierte Rückschlüsse zu (vgl. dazu: Dokument Nr. 15).

Dabei handelt es sich um ein Schreiben an den Präsidenten des Appellationsgerichts in Kassel. Darin überrascht zunächst Eberhards Ansinnen, einen beim Amtsgericht in Fulda tätigen Gerichtsassessor von dort beurlauben zu lassen, damit dieser ihm für wenigstens sechs Monate bei seiner Arbeit helfen solle, um die infolge seiner mehrfach aufgetretenen Ischiasprobleme sowie einer anschließenden Badekur angehäuften Aufträge abzuarbeiten.[297] Die erste Verwunderung schwindet allerdings,

[296] Adressbuch der Stadt Hanau, Hanau 1878/79, 1886/87, 1888/89, 1890/91, 1892/93, 1894/95 und 1896. Näheres dazu im folgenden Beitrag von Michael Müller in diesem Buch.
[297] Hessisches Staatsarchiv Marburg: 263 1393.

wenn man den staatlichen Einfluss auf die Ausbildung, Zulassung und Tätigkeit der späterhin freiberuflichen Rechtsanwälte bedenkt und das staatliche Interesse an einem funktionierenden Ablauf der alltäglichen juristischen Auseinandersetzungen in Hanau mit einer ausreichenden Anzahl von einsatzfähigen Rechtsanwälten berücksichtigt. Erst mit der Anwaltsordnung des Deutschen Reiches von 1878 näherte sich das Berufsbild der preußischen Rechtsanwälte den Merkmalen eines freien Berufs, wie wir sie heute kennen. Allerdings behielt der Staat weiterhin seine „Oberaufsicht" über diesen Berufsstand. Er regulierte die Zulassung, die Inhalte und die Prüfungsmodalitäten des juristischen Studiums. Das Referendariat absolvierten die zukünftigen Rechtsanwälte überwiegend im staatlichen Justizapparat. Mit dem gesetzlichen „Anwaltszwang" verschaffte er den zugelassenen Rechtsanwälten das Monopol bei der Vertretung von Klienten vor dem ihnen von Staats wegen zugewiesenen Gericht und eine amtliche Gebührenordnung setzte zudem die Höhe der Anwaltshonorare fest.[298]

Doch zurück zum von Eberhard erbetenen zweiten Juristen: Der ins Auge gefasste junge Jurist W. Böhm[299] stammte aus Hanau und kannte sich deshalb in den lokalen Verhältnissen bestens aus. Außerdem qualifizierte es Böhm, dass er Eberhard schon während seines juristischen Vorbereitungsdienstes längere Zeit zur Hand gegangen war. Aus dieser Bitte ist zu schlussfolgern, dass Ludwig Eberhard als einziger Anwalt in seiner Kanzlei arbeitete und dass sie in der zweiten Hälfte der 1870er-Jahre guten Zulauf hatte. Möglicherweise hätte Eberhard dieses Anliegen nicht geäußert, wenn er nur als Rechtsanwalt und nicht auch noch als Notar tätig gewesen wäre.

Seine „*Geschäfte*" hatten sich aufgrund der guten Konjunktur während der Gründerzeit nach 1871 oder, wie es Eberhard formulierte, „*in Folge vorübergehender Verhältnisse in Handel und Industrie (...) vermehrt*". Dennoch scheute sich Eberhard davor, trotz der vorhandenen eigenen „*Ueberlastung*" einen weiteren Juristen in seine Kanzlei aufzunehmen. Er begründete diese Vorsicht mit der „*Ungewißheit meiner Zukunft, in Folge der Reichsjustizgesetze*".[300]

---

[298] Vgl.: Schäfer, Michael, Geschichte des Bürgertums. Eine Einführung, Köln, Weimar, Wien 2009; S. 99 f.

[299] Bei dem Angefragten „W. Böhm" könnte es sich um Willy Böhm (1849–1909) gehandelt haben. Der spätere Geheime Justizrat und Oberlandesgerichtsrat trat auch als Kunstmäzen hervor. Vgl.: Dröse, Ruth (Hrsg.), Bürgertum zwischen zwei Revolutionen (1848–1918), Hanau 1992, S. 188.

[300] Hessisches Staatsarchiv Marburg: 263 1393. Die Reichsjustizgesetze wurden 1877 im Deutschen Reich verabschiedet und traten am 1. Oktober 1879 in Kraft. Sie umfassten das Gerichtsverfassungsgesetz, die Zivilprozess-, die Strafprozess und die Konkursordnung sowie andere Einführungs- und Nebengesetze wie beispielsweise die Rechtsanwaltsordnung oder das Gerichtskostengesetz. Größtenteils sind die Reichsjustizgesetze bis heute gültig. Vgl.: Wikipedia-Artikel „Reichsjustizgesetze", abgerufen am 21. Oktober 2015. Vgl. zu dieser Thematik auch den vorangestellten Artikel von Bernd Kannowski.

In Eberhards Zukunftsangst spiegelt sich an einem Einzelschicksal die weiträumig und kontrovers geführte Debatte[301] um die Reichsrechtsanwaltsordnung[302] wider. Eine zentrale in diesem Zusammenhang erhobene Forderung war die nach einer „Freien Advocatur", wie Rudolf Gneist (1816–1895) sie in seiner berühmten Schrift von 1867[303] erhoben hatte und wie sie nur in wenigen Territorien des Reichs bislang verwirklicht war.

Mit „Freier Advocatur" war in erster Linie die Niederlassungsfreiheit, also die Aufhebung eines Numerus clausus von Rechtsanwälten und das Ende jeder Art von Konzessionensystem gemeint. Ein jeder, der durch juristische Examina die erforderliche fachliche Eignung unter Beweis stellen konnte, sollte als Anwalt praktizieren dürfen, wo auch immer er wollte. Damit ging auch die Forderung einher, vor jedem beliebigen Gericht auftreten zu dürfen. In Preußen, wozu Hanau wie oben erwähnt, seit Einverleibung Kurhessens am 20. September 1866 gehörte, war das bis dato anders geregelt. Dort durfte nur als Anwalt praktizieren, wer von der zuständigen Behörde je nach lokalem Bedarf eine Erlaubnis dazu erhalten hatte. Gegen dieses *„insbesondere in Preußen während der Reaktionszeit diskreditierte Konzessionensystem"* mögen sich zwar *„seit der Mitte der 1860er-Jahre die Angriffe der liberalen Öffentlichkeit verstärkt* [gerichtet haben]".[304] Doch zeigt sich in den Befürchtungen Eberhards, dass vielleicht nicht alle Beteiligten das Konzessionensystem diskreditierten. Ein Numerus clausus führt schließlich zu einer festen Verteilung des Marktes und verhindert damit die unabsehbaren Folgen eines freien Wettbewerbs. Eine ungewisse Zukunft, die wie im Fall Eberhards von Investitionen Abstand nehmen lässt, gibt es dann nicht. Was Eberhard offenbar befürchtet hatte, verwirklichte sich allerdings mit dem Inkrafttreten der Reichsjustizgesetze (mit denen auch die Reichsrechtsanwaltsordnung in Kraft trat) am 1. Oktober 1879: Die Advokatur wurde im gneistschen Sinne „frei".

Im Weiteren attestiert sich Eberhard in dem Brief an den Ersten Präsidenten des Appellationsgerichts zu Kassel, Dr. Luther, einen *„Ruf als ordentlicher prompter Anwalt"*, der die Aufträge seiner Klienten in *„gewohnter Ordnung und Pünktlichkeit"* durchführt, was ihm aufgrund der geschilderten Umstände nun als gefährdet erschien.[305] Wir wissen nicht, wie der Wunsch Ludwig Eberhards nach einer zeit-

---

[301] Vgl. dazu: Schubert, Werner, Entstehung und Quellen, S. 21 ff., und ders., Die Rechtsanwaltsordnung 1878 bis 1936. In: Deutscher Anwaltverein (Hrsg.), Anwälte und ihre Geschichte, Tübingen 2011, S. 549–568.
[302] Reichsgesetzblatt 1878, S. 177 ff.
[303] Gneist, Rudolf, Freie Advocatur. Die erste Forderung aller Justizreform in Preußen, Berlin, Heidelberg 1867.
[304] Schubert, Die Rechtsanwaltsordnung 1878 bis 1936, S. 549.
[305] Hessisches Staatsarchiv Marburg: 263 1393.

weisen Hilfe von Dr. Luther beschieden wurde, im Hessischen Staatsarchiv Marburg findet sich leider kein Antwortschreiben zu diesem Vorgang. Trotz dieser Schwierigkeiten blieb die Anwaltskanzlei, ob mit oder ohne zeitweilige Zuverfügungstellung eines zweiten Juristen, in gutem Ansehen.

Wertschätzung von Staat und Kollegen

Einen deutlichen Hinweis für die Wertschätzung, die Ludwig Eberhard über viele Jahre hindurch genoss, darf man darin erkennen, dass er längere Zeit dem Vorstand der Anwaltskammer in Kassel angehörte[306] und dass seine Verdienste auch von staatlicher Seite gewürdigt wurden. Sichtbarer Ausdruck dafür war die Auszeichnung mit dem Roten Adlerorden 4. Klasse, den *„seine Majestät der König mittels Allerhöchsten Erlasses"* vom 30. Oktober 1895 *„dem Rechtsanwalt und Notar, Justizrath Johann Louis Eberhard"* aus Anlass seines 50-jährigen Dienstjubiläums am 15. November verliehen hatte.[307] Diese hohe Zahl an Dienstjahren des freiberuflichen Rechtsanwalts ergibt sich nicht zuletzt daraus, dass er als ein vom Staat bestellter Notar weiterhin ein öffentliches Amt ausübte.

Den Roten Adlerorden 4. Klasse musste Eberhard sechseinhalb Jahre später wieder zurückgeben, weil ihm im Frühjahr 1902, anlässlich der Beendigung seiner Tätigkeit als Notar, eine größere Ehre zuteilwurde: Von da an gehörte er zu den Trägern des bedeutenderen Roten Adlerordens 3. Klasse.[308]

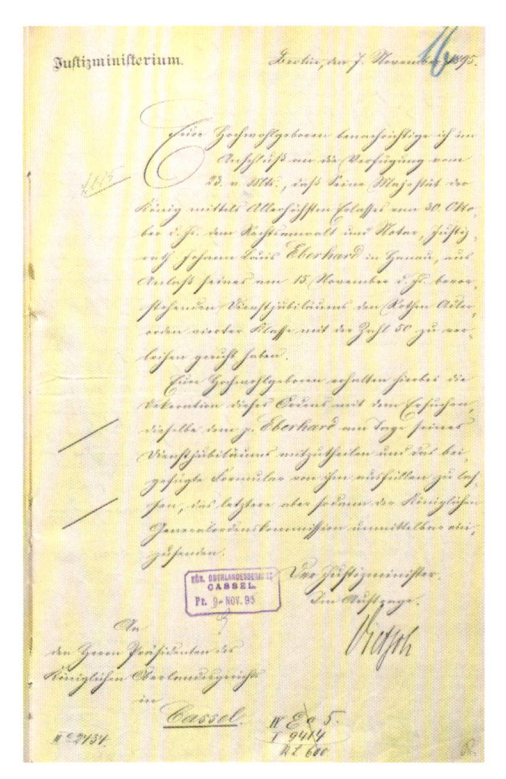

Schreiben zur Verleihung des Roten Adlerordens 4. Klasse vom 30. Oktober 1895 aus Anlass des 50-jährigen Dienstjubiläums von Ludwig Eberhard. Abbildung: Hessisches Staatsarchiv Marburg.

---

[306] Hanauer Anzeiger vom 6. Januar 1903.
[307] Hessisches Staatsarchiv Marburg: 263 1394 Rechtsanwalt und Notar Johann Louis Eberhard zu Hanau, Bd. 2.
[308] Hessisches Staatsarchiv Marburg: 263 1394.

Umgekehrt wird Ludwig Eberhards positive Einstellung zum jungen deutschen Kaiserreich daran erkennbar, dass er, obwohl er wahrscheinlich niemals als Soldat gedient hatte, Mitglied im Hanauer Kriegerverein war, der wie alle diese Kooperationen entschieden reichs- und kaisertreu war.[309]

Welche Anerkennung Eberhard seitens Institutionen des preußischen Staates genoss, ist ferner daran ablesbar, dass er mehrfach untergeordnete Behörden bei Gerichtsverhandlungen vertrat. Überliefert sind einige Prozessakten von Verfahren, die Landgemeinden oder einzelne Einwohner des Kreises Schlüchtern gegen den Königlich Preußischen Forstfiskus führten. Man stritt dabei um nicht kodifiziertes wirkliches oder vermeintliches Hute- oder Wegerecht.[310] Darunter ist das Recht zu verstehen, sein eigenes Vieh auf einem fremden Grundstück weiden zu lassen oder Gespanne und Vieh zum Weiden über fremdes Eigentum zu führen. Dabei handelte es sich, wenn man so will, um einen klassischen Interessenkonflikt zwischen einer Dorfgemeinde als Ganzes oder von einigen ihrer Bewohner, die auf wirkliches oder vermeintliches altes Herkommen (Gewohnheiten) gegenüber den Ansprüchen des modernen Staates beziehungsweise einer seiner nachgeordneten Institutionen pochten.

Im Frühjahr 1902 erhielt Justizrat Eberhard anlässlich der Beendigung seiner Tätigkeit als Notar eine noch größere Auszeichnung. Er bekam den Roten Adlerorden 3. Klasse. Abbildung: www.wikipedia.org

Derartiges wurde auch aufgrund einer Anzeige des Oberförsters Hassel in Mottgers gegen zwei Bewohner des Ortes Neuengronau, heute ein Ortsteil von Sinntal, zunächst in erster Instanz vor dem Amtsgericht Schwarzenfels und in der Berufung von der Zivilkammer des Landgerichts Hanau verhandelt. Der Oberförster wollte den beiden Dorfbewohnern untersagen, neben der Überfahrt mit Vieh und

---

[309] Vgl. dazu die Todesanzeige im Hanauer Anzeiger vom 6. Januar 1903.
[310] Hessisches Staatsarchiv Marburg: 169 1006 Prozeß der Gemeinde Bellings [Kr. Schlüchtern] wegen Huteberechtigung, 1871–1874; 169 515 Prozeß der Gemeinde Breunings [Kr. Schlüchtern] gegen den Forstfiskus wegen Huterechts, Bd. 1, 1871–1874; 169 519 Prozeß der Bauern Müller und Röder zu Neuengronau [Kr. Schlüchtern] gegen Forstfiskus wegen Wegegerechtsame, Bd. 1, 1879–1880; 169 520 Prozeß der Gemeinde Marjoß [Kr. Schlüchtern] gegen Fiskus wegen Huterechts, 1877–1879.

Urteil „Im Namen des Königs" in einem Verfahren der Gemeinde Marjoß gegen den preußischen Staat, bei dem der Anwalt Ludwig Eberhard den Fiskus vertrat (Ausschnitt). Abbildung: Hessisches Staatsarchiv Marburg.

Wagen („*Vieh und Geschirr*") über ein staatliches Grundstück auch dort ihre Tiere unter Aufsicht eines Hirten weiden zu lassen. Der Vorgang ist im Hessischen Staatsarchiv Marburg überliefert und bezieht sich auf den Zeitraum der juristischen Auseinandersetzung vom Juni 1879 bis zum Januar 1881.[311]

Das Urteil des Amtsgerichts Schwarzenfels vom 22. Dezember zugunsten der Bewohner von Neuengronau wurde von der Königlichen Regierung, „Abt. Domainen und Forsten" in Kassel angefochten und Justizrat Ludwig Eberhard am 16. Januar 1880 um Vertretung der Staatsinteressen bei der Berufungsverhandlung vor der zweiten Instanz, der Zivilkammer des Landgerichts in Hanau, ersucht. Am 6. April 1880

---

[311] Hessisches Staatsarchiv Marburg: 169 519.

erging der Rechtsspruch des Landgerichts Hanau, das keine neue Faktenlage sah oder, wie man es damals formulierte, „*sind neue Thatsachen nicht gemacht worden*" und deshalb die Entscheidung des Amtsgerichts Schwarzenfels bestätigte. Die Kostenrechnung von Ludwig Eberhard vom 21. Mai 1880 an die Königliche Regierung, Abt. Domänen und Forsten in Kassel belief sich auf 31,60 Mark (Vgl. Abbildung S. 335).

Interessant ist hierbei auch, dass in diesem Vorgang mehrere Schreiben der Kanzlei Eberhard überliefert sind, die, wie man an der Handschrift unschwer erkennen kann, von verschiedenen Personen aufgesetzt worden waren. Vielleicht arbeitete Ludwig Eberhard doch nicht allein und hatte, was aber unwahrscheinlich gewesen sein dürfte, in seiner Kanzlei noch einen Kollegen beschäftigt. Wahrscheinlicher dürfte es sich um die Anstellung einer Schreibkraft oder die gelegentliche Hilfe eines Familienmitgliedes gehandelt haben, das seine Schriftstücke anfertigte, da die Lesbarkeit der Handschrift des Herrn Justizrats zu wünschen übrig ließ.

Prozessakten über juristische Auseinandersetzungen, in denen Eberhard als Anwalt die Interessen von Privatpersonen oder Unternehmen vertrat und die gewiss weit häufiger waren als die oben genannten Fälle für staatliche Stellen, sind in den staatlichen Archiven leider nicht aufbewahrt.

Hanau, der Standort der Anwaltskanzlei Eberhard, war gegen Ende des 19. Jahrhunderts eine in vielfacher Hinsicht andere Stadt als heute – und zwar nicht nur wegen der Zerstörungen im Zweiten Weltkrieg (1939–1945). Unterschiede zu heute gab es sowohl hinsichtlich seiner architektonischen Beschaffenheit als auch, was das berufliche Spektrum seiner Bewohner und ihr Freizeitverhalten anbelangte. So ging man in der damals noch stark calvinistisch geprägten Stadt offensichtlich nur äußerst selten „auswärts", also in einem Restaurant essen, was die Existenz von gerade einmal drei Speisewirtschaften unterstreicht. Dagegen kamen auf die rund 25.000 Einwohner[312] immerhin 80 Gast- und Schankwirte, was eindeutig dafür spricht, dass es sich bei den Hanauern jener Tage keineswegs nur um fromme, asketische Stubenhocker gehandelt haben kann. Die Andersartigkeit der Lebensumstände der Bewohner jener Tage lässt sich vielleicht noch, wenn auch nur ansatzweise, daran veranschaulichen, dass das damalige Adressbuch der Stadt die Existenz von drei Kappenmachern, sechs Bürstenmachern, 124 Schuhmachern (!), zwölf Schirmgeschäften, sechs Tanzlehrern, aber gerade mal von zwei Zahnärzten wiedergibt.[313]

---

[312] „Hanau, Main-Kinzig-Kreis". In: Historisches Ortslexikon http://www.lagis hessen.de/de/subjects/idrec/sn/ol/id/12505 (Stand: 24. September 2015).
[313] Adressbuch der Stadt Hanau, Hanau 1886/87.

Ebenfalls auffällig ist der Unterschied, wenn man sich vor Augen führt, dass im Hanauer Adressbuch von 1895 unter der Rubrik „Bijouterie-Fabrikation und verwandte Geschäftszweige" insgesamt 236 Einträge zu finden sind. Dies dokumentiert eindrucksvoll den hervorragenden Rang Hanaus als „Stadt des edlen Schmuckes" und unterstreicht die beachtliche Rolle, die das Edelmetallgewerbe um die Jahrhundertwende noch spielte. Im Vergleich dazu nimmt sich die Anzahl von zehn Rechtsanwälten, wovon sich drei Justizrat nennen durften und vier zusätzlich als Notar arbeiteten, eher bescheiden aus.[314]

Ludwig Eberhard ließ sich im Februar 1902 nach jahrzehntelanger Tätigkeit, fast 80-jährig, aus dem Verzeichnis der Notare in Hanau streichen. Die diesbezügliche Mitteilung im Hanauer Anzeiger lautet schlicht: *„Dem Notar, Justizrath Eberhard in Hanau ist die nachgesuchte Entlassung aus dem Amt ertheilt worden."*[315] Im darauf folgenden Jahr verstarb Ludwig Eberhard am 4. Januar 1903 im Alter von etwas mehr als 80 Jahren. Ein längerer Nachruf auf den Verstorbenen im Hanauer Anzeiger endet mit den Sätzen: *„Mit Herrn Justizrat Ludwig Eberhard ist ein Mann von gutem Klang aus der Reihe der Lebenden geschieden. Möge ihm die Erde leicht sein!"*[316]

Nach dem Tod von Justizrat Ludwig Eberhard bestand die Kanzlei Eberhard weiter und wurde von seinem Sohn Carl (1862–1937) und einem Enkel, Dr. Karl Ludwig Eberhard (1900–1970), fortgeführt. Nach Karl Ludwigs tragischem Unfall übernahm dessen Schwiegersohn Dr. Heinrich Ludwig (1929–2014) die Kanzlei. In der Folgezeit entwickelte Heinrich Ludwig die Sozietät, zunächst in Zusammenarbeit mit Dr. Gottfried Wollweber (*1938) und Dr. Frank Bansch (*1942), später auch mit anderen Kollegen zu einer Kanzlei, die unter dem neuen Namen Ludwig Wollweber Bansch, Rechtsanwälte in Partnerschaft in der Lage ist, mit einer Anzahl spezialisierter Juristen alle in Hanau geforderten Segmente anwaltlicher und notarieller Tätigkeit abzudecken. Heute setzt Andreas Ludwig (*1964), der Sohn von Ulrike (1935-1997) und Dr. Heinrich Ludwig, als Partner bei LWB die Familientradition der Eberhards fort.

---

[314] Adressbuch der Stadt Hanau, Hanau 1894/95.
[315] Hanauer Anzeiger vom 17. Februar 1902.
[316] Hanauer Anzeiger vom 6. Januar 1903.

BÜRGERTUM UND BÜRGERLICHKEIT AM BEISPIEL DER EBERHARDS

Bürgerliche Werte – Erklärung und Entstehung

Auf den ersten Blick und nach heutigem Verständnis ordnet man die Juristenfamilie Eberhard ganz selbstverständlich dem Bürgertum zu.[317] Doch zuvor sollte man erst einmal klären: Was konstituierte „Bürgerlichkeit" in dem Zeitraum zwischen der Französischen Revolution und dem Ersten Weltkrieg? Welcher Personenkreis gehörte dem Bürgertum an? Welche Eigenschaften und Verhaltensweisen waren erforderlich, um jemanden als Bürger zu qualifizieren? Welche Wertvorstellungen verbanden sich mit dem Begriff „Bürgertum"? Oder war es vorrangig durch seinen Besitz definiert? Wie sah der familiäre Hintergrund der Eberhards aus? Wie bürgerlich verhielten sich die Eberhards und welche Rolle spielten ihre Ehefrauen? Wie bürgerlich gestaltete sich ihr Freizeitverhalten in Hanau oder anderswo? Das sind nur einige Aspekte, denen es nachzugehen gilt, will man hinter den Juristen, gewiss nur unvollkommen, auch die Menschen erkennen, die in den letzten 200 Jahren in Hanau und Umgebung als Anwälte wirkten.

Außerdem ist zu untersuchen, wie weit sich das bürgerliche Milieu in Hanau während der von der Geschichtswissenschaft als das „lange 19. Jahrhundert" bezeichneten Epoche zwischen 1789, dem Ausbruch der Französischen Revolution, und 1914, dem Beginn des Ersten Weltkriegs, eigentlich ausgebildet hatte und welche kulturelle Infrastruktur hier existierte.

Doch an dieser Stelle ist ein kurzer historischer Exkurs zur Genese, Geschichte und zum Selbstverständnis des Bürgertums in Deutschland der fokussierten Sicht auf eine Familie voranzustellen.

Eine Grundvoraussetzung zur Entstehung des Bürgertums war das Vorhandensein von Städten, die im Hochmittelalter in Zentraleuropa entstanden waren und

---

[317] Zur Literatur über das Bürgertum im vorletzten Jahrhundert eine Auswahl neuerer Veröffentlichungen: Budde, Gunilla, Blütezeit des Bürgertums im langen 19. Jahrhundert, Darmstadt 2009; Gall, Lothar, Stadt und Bürgertum im 19. Jahrhundert, München 1990; Haltern, Utz, Die Gesellschaft der Bürger. In: Geschichte und Gegenwart 19 (1993), S. 100–134; Kocka, Jürgen (Hrsg.), Bürger und Bürgerlichkeit im 19. Jahrhundert, Göttingen 1987; Lepsius, Mario Rainer, Bürgertum als Gegenstand der Sozialgeschichte. In: Schieder, Wolfgang/Volker Sellin (Hrsg.), Sozialgeschichte in Deutschland, Band 4, Göttingen 1987, S. 61–80; Schäfer, Geschichte des Bürgertums; Schulz, Andreas, Lebenswelt und Kultur des Bürgertums im 19. und 20. Jahrhundert, München 2005.

„Tanz um den Freiheitsbaum", Gemälde eines unbekannten Künstlers, um 1792/1795. Viele begrüßten begrüßten 1789 die Ideen von Freiheit, Gleichheit und Brüderlichkeit und sahen die französischen Revolutionstruppen anfangs als Befreier an, doch die Gräuel der Schreckensherrschaft 1793/94 stießen auf entschiedene Ablehnung. Viele Bürger wandten sich nun entsetzt ab und kehrten zu konservativeren Positionen zurück. Abbildung: www.wikipedia.org

äußerlich aufgrund der sie umschließenden Mauern, Zinnen, Türme und Tore Burgen glichen, weshalb sich für ihre Bewohner der Begriff „Bürger" etablierte (vgl. dazu: Dokument Nr. 16).

Die Menschen innerhalb dieser Städte waren persönlich und in ihrer kommunalen Selbstorganisation freier als die Einwohner einer dörflich-bäuerlichen Gemeinschaft. Freilich trifft diese Beschreibung keineswegs in gleicher Weise auf alle in einer Stadt Lebenden zu, denn innerhalb der Städte existierte eine klare soziale Differenzierung, die zwischen Stadtbewohnern mit und solchen ohne Bürgerrecht deutlich unterschied. Zwischen Kaufleuten und Handwerksmeistern, denen sich später Beamte, Ärzte und Geistliche hinzugesellten, auf der einen und den Gesellen, dem Gesinde und den Tagelöhnern auf der anderen Seite bestanden nicht allein hinsichtlich des Einkommens, sondern ebenso bezüglich der Mitwirkungsrechte bei den städtischen Belangen oder anderer Privilegien gravierende Unterschiede. Folglich gehörte von den Bewohnern einer Stadt meist nur der kleinere Teil zum bevorzugten Kreis dieser sogenannten altständischen Bürger.

Doch trotz gewisser Freiheiten waren diese Bürger Teil einer weitgehend vom Adel dominierten feudalen Ordnung. Im Laufe der Generationen bildete sich unter ihnen, oftmals in bewusster Abgrenzung vom Lebensstil des Adels, eine Mentalität heraus, die den Wert der Arbeit und das Streben nach Eigentum mit Religiosität, Rechtschaffenheit und Sparsamkeit verband. Zugleich beharrte man auf einer sozialen Abgrenzung zur Unterschicht und verlangte von der Landesherrschaft – vorerst eher zurückhaltend und bescheiden – eine Form der politischen Mitsprache, die zunehmend über den kommunalen Rahmen hinausreichte.[318]

Egalitäres Gedankengut negierend ordnet eine erste modernere Definition den Bürgerstand zwischen der Aristokratie und der Bauernschaft ein. Im preußischen Landrecht von 1794 heißt es:

„*§ 1. Der Bürgerstand begreift alle Einwohner des Staats unter sich, welche, ihrer Geburt nach, weder zum Adel, noch zum Bauernstande gerechnet werden können, und auch nachher keinem dieser Stände einverleibt sind.*

§ 2. Ein Bürger im eigentlichen Verstande wird derjenige genannt, welcher in einer Stadt seinen Wohnsitz aufgeschlagen, und daselbst das Bürgerrecht gewonnen hat.

§ 3. Personen des Bürgerstandes in und außer den Städten, welche durch ihre Ämter, Würden, oder besondere Privilegien, von der Gerichtsbarkeit ihres Wohnortes befreyt sind, werden Eximierte genannt."[319]

Hervorzuheben ist im preußischen Landrecht die ausdrückliche Verortung der Bürger in einer Stadt. Denn nur hier war das Bürgertum „*aus eigener Kraft und vor allem aus eigenem Antrieb in der Lage, Kunst und Kultur voranzutreiben, ihnen einen Ort und Entfaltungsmöglichkeiten zu schaffen. Nicht allein das Geld, nicht nur das Berufsleben, Handel und Gewerbe also bestimmten das Gesicht der Stadt.*"[320]

Bemerkenswert ist hierbei, dass im damals überwiegend protestantischen Preußen der Klerus nicht als eigener Stand aufgeführt ist und dass ein vierter Stand, den es um 1800 sowohl in Preußen als auch in der frühen Gewerbestadt Hanau in vielfältigen Erscheinungsformen gab, nicht genannt wird. Oder man subsumierte die Handwerksgesellen, die gelernten oder ungelernten Manufakturarbeiter, die Handlungsgehilfen, die Tagelöhner und das Dienstpersonal unausgesprochen zum Bürgertum, was in keiner Weise der alltäglichen Realität entsprach. Wahrscheinlich sah

---

[318] Budde, Blütezeit des Bürgertums, S. 6 f.
[319] Vgl. Wikipedia-Artikel „Bürgertum", abgerufen am 28. Oktober 2015.
[320] Gall, Lothar, Bürgertum in Deutschland, Berlin 1989, S. 203.

Napoleon Bonaparte (1769–1821) als Gesetzesschöpfer, Gemälde von Jean-Baptiste Mauzaisse (1784–1844) aus dem Jahr 1833. Napoleon wird hier nicht als Feldherr dargestellt, sondern als Reformer, der mit dem Code Civil und anderen Gesetzeswerken die rechtlichen Grundlagen einer bürgerlichen Gesellschaft schuf. Abbildung: www.commons.wikimedia.org

man die Angehörigen dieser unterbürgerlichen Schichten, obwohl sie einen beträchtlichen Teil der Bevölkerung ausmachten, nicht als Stand an, da sie kaum über Besitz oder besondere Rechte verfügten, die man seinerzeit als konstitutives Kennzeichen eines Standes betrachtete.

Bezüglich des Standesdenkens veränderte sich viel Gewohntes im Zuge der Französischen Revolution. In Frankreich formierte sich ab 1789 das Bürgertum als dritter Stand selbstbewusst neben Klerus und Adel. Seine Repräsentanten deklarierten sich bald zur Nationalversammlung, zur Vertretung des ganzen Volkes. Mit der Verkündung der Menschen- und Bürgerrechte im August 1789 und der Verfassung vom September 1791 wurde der nun für alle Bewohner geltende rechtliche Gleichheitsanspruch durchgesetzt, alte Standesvorrechte wurden aufgehoben und durch neue, auf Leistung bezogene Werte ersetzt. Zumindest idealtypisch sollte nun der politisch bewusste Staatsbürger, der Citoyen, den alten Standesbürger, den Bourgeois, gleichermaßen ablösen wie die auf Demokratie und Rechtsstaatlichkeit beruhenden Ideen des Liberalismus die Gesellschaftsordnung des Feudalismus mitsamt dem fürstlichen Absolutismus und den Standesvorrechten von Aristokratie und Klerus. Die rechtlichen Grundlagen einer bürgerlichen Gesellschaft wurden schließlich 1804 unter der Herrschaft Kaiser Napoleons im Code civil sowie in anderen Gesetzeswerken systematisiert.

Diese Ideen und die aus ihnen resultierenden Reformen oder Umwälzungen der traditionellen Ordnung wurden zwar nach der Verbannung des Korsen und infolge der Beschlüsse des Wiener Kongresses von 1814/1815 im Rahmen der bald eingeleiteten Restauration von den alten Eliten vehement bekämpft und ihre Protagonisten verfolgt, doch in den Köpfen einer sich gerade zu etablieren beginnenden Schicht hatten sie sich fest eingenistet. Träger dieses Gedankenguts war in aller Regel das akademisch geschulte Bildungsbürgertum oder, wie man diese Schicht seinerzeit nannte, die gebildeten Stände.[321] Es setze sich vornehmlich aus Juristen, Ärzten, Pfarrern, Künstlern, Gymnasiallehrern, Professoren und höheren Verwaltungsbeamten zusammen. Unterstützung fanden sie bei Angehörigen des aufstrebenden modernen Wirtschaftsbürgertums. Dementsprechend sollten die Angehörigen dieser Berufe in der ersten Hälfte des 19. Jahrhunderts in weiten Teilen Europas zum Motor eines Verlangens nach gesellschaftlichem Fortschritt und politischer Mitsprache im liberalen Sinne werden.

Ihre Forderungen und Ansprüche basierten auf einem Werte- und Verhaltenskodex, der sich unter dem Begriff „Bürgerlichkeit" zusammenfassen lässt. Damit verbindet man eine Reihe positiver Tugenden wie *„Selbstdisziplin, Mäßigkeit, Pflichtbewusstsein, Sparsamkeit, Aufstiegsstreben, Leistungsbereitschaft und Rationalität"*[322]. Oder will man es etwas idealistischer auszudrücken: *„Toleranz, Humanität und Bildung"* sowie *„Selbstständigkeit im Denken und Handeln"*. Hinzu kam noch ein ausgeprägter und an mancherlei Konventionen gebundener Familiensinn sowie Verantwortungsbewusstsein und Engagement zunächst für das jeweilige kommunale Gemeinwesen.[323]

---

[321] Vgl. zu Definition des Begriffs und Selbstverständnis des Bildungsbürgertums: Nipperdey, Thomas, Deutsche Geschichte 1866–1918, Band 1: Arbeitswelt und Bürgergeist, München 1990, S. 382 ff.
[322] Schäfer, Geschichte des Bürgertums, S. 129 f.
[323] Schulz, Lebenswelt und Kultur, S. 1 ff.

Die Normen dieser fortschrittlichen bürgerlichen Kreise entwickelten sich in bewusster Abgrenzung vom adligen Milieu und dessen Prämissen, die auf Privilegien beruhten und vom ländlichen Leben oder einer höfischen Gesellschaft geprägt waren, wobei auch im Bildungsbürgertum gegen Ende des 19. Jahrhunderts Tendenzen zur verstärkten Exklusivität merklich zunahmen.[324]

Dennoch bleibt festzuhalten: Die Angehörigen des in einem städtischen Umfeld beheimateten und es mitgestaltenden Bildungsbürgertums orientierten sich in Abgrenzung zum Adel an Leistung, Pflichterfüllung, Moral, Sparsamkeit und nicht zuletzt an Bildung. Tugenden, die, häufig verbunden mit einer religiösen Erziehung, zuerst in der Familie vermittelt wurden.[325]

Sehr rationalistisch und in ihrer Struktur recht autoritär hat eine bekannte Volkskundlerin (Kulturanthropologin) die Funktion von Ehe und Familie im bürgerlichen Zeitalter gewertet: *„Die Gedanken der Ehe als einer geistigen und gefühlsmäßigen Gemeinschaft, der Familie als Ort für die Erziehung des Menschen zu einem sozialkulturellen Wesen waren Produkte jener Epoche. Auf ihrem Grunde wuchs das 19. Jahrhundert-Leitbild der Bürgerfamilie als gutsituierte Kleinfamilie, in welcher der Vater die gesellschaftliche Stellung bestimmte, die Mutter die Häuslichkeit gestaltete, beide verbunden in ehelicher Liebe (...), verbunden im Interesse an der Aufzucht wohlgeratener und wohlerzogener Kinder, die sich bei Berufs- und Gattenwunsch nach den Wünschen der Eltern zu richten hatten. Dieses Leitbild wurde immer mächtiger, immer fixierter und statischer, je stärker sich die tragende Schicht des Bürgertums entfaltete und je mehr sich nun wiederum die Kirche an seiner Prägung beteiligte.“*[326]

Inwieweit diese funktionalistische Sichtweise auf Ehe, Familie und Erziehung in gleicher oder ähnlicher Weise bei den Eberhards zutraf, soll im Folgenden zusammen mit anderen Fragen zu beantworten versucht werden.

Bernhard Eberhard – ein Liberaler zwischen allen Stühlen

Entsprachen die Hanauer Eberhards der ersten drei Juristengenerationen dem zuvor skizzierten bürgerlichen Ideal? Was war wichtig für sie und inwiefern sind sie möglicherweise von diesem Muster abgewichen? Außerdem ist danach zu fragen, welche häuslichen Prägungen sie erhielten und welche Prinzipien sie leiteten. Ins-

---

[324] Nipperdey, Deutsche Geschichte 1866–1918, Band 1, S. 386 ff.
[325] Schulz, Lebenswelt und Kultur, S. 8 f.
[326] Weber-Kellermann, Ingeborg, Die deutsche Familie. Versuch einer Sozialgeschichte, Frankfurt 1974, S. 107.

besondere bei Bernhard Eberhard ist den Grundlagen seiner politischen Überzeugungen und Handlungsweise nachzugehen. Dabei wird man sich öfter mit Vermutungen zufriedengeben müssen, weil die überlieferten Quellen nur begrenzte Einblicke gewähren.

Den engsten und zunächst prägendsten Rahmen zur Entstehung eines bürgerlichen Milieus mit der Entfaltung des entsprechenden Bewusstseins bildet das heimische Umfeld mit den dort vermittelten Werten.

Die engen familiären Bande zu seinen Eltern sowie zu seinen Kindern sind in Bernhard Eberhards persönlicher Rückschau einige Male, jedoch nur recht dosiert greifbar. Dies erkennt man nicht nur an den üblichen, etwas floskelhaften, mehrfach benutzten Ausdrücken wie „*meine gute Frau*" oder „*meine lieben Kinder*", sondern aussagekräftiger natürlich, wenn konkrete Sachverhalte geschildert werden.[327] Allerdings wird er dabei nur selten und nur ansatzweise anrührend oder sentimental, wenn er etwa von dem gerade geborenen „*lieblichen Carlo*" spricht oder wenn er „*das frühe Grab*" seiner im Kindesalter verstorbenen Enkelin, der „*lieben, treuen Anna*", auf dem von ihm „*erworbenen Familien-Begräbnisplatze*" erwähnt.[328]

Deutlicher wurde in dieser Hinsicht sein Schwager, der Pfarrer und Metropolitan Philipp Faber (1795–1870) aus Marköbel, bei der Trauerrede für Bernhard Eberhard. Er bezeichnete ihn als das „*Vorbild eines treuen Familienvaters*" und spricht von einem „*lieblichen, zarten Verhältniß*" zu seiner Frau, „*dessen Bande die Jahre nicht lockerten, sondern immer inniger machten*". Im Hinblick auf seine Verdienste als Oberbürgermeister Hanaus formulierte der Geistliche sehr pathetisch: „*Seine Werke folgen ihm nach, sie überdauern ihn und werden in fernen Jahren noch von ihm zeugen.*"[329]

Hingegen finden pragmatische Überlegungen bezüglich seiner Angehörigen und hauptsächlich in Bezug auf die Ausbildung seiner Kinder mehrfach Berücksichtigung. Dafür durften, so der Autobiograf, „*die Mittel nicht fehlten*", obwohl es um seine Einkommenssituation nicht immer rosig bestellt war. Mit der Ermöglichung gehobener Bildungsstandards verband Bernhard Eberhard die Hoffnung, dass seine Nachkommen im Verständnis eines bürgerlichen Ethos, das Andenken an ihren Vater „*durch Treue gegen unseren himmlischen Vater, durch unbefleckten Lebens-*

---

[327] Solche Formulierungen benutzte er hin und wieder in seinen Memoiren: Eberhard, Aus meinem Leben, S. 11, 20 und 70.
[328] Eberhard, Aus meinem Leben, S. 20 und 39.
[329] Hessisches Staatsarchiv Marburg: Slg 1, 121i Selbstbiographie Bernhard Eberhard, Hanau 1853, 2 Hefte mit 3 dazugehörigen Stücken, 1853 (Trauerrede von Metropolitan Faber).

wandel und treue Pflichterfüllung gegen ihre Nebenmenschen und ihre Familie ehren werden".[330]

Erziehungsideale, die er gleichfalls in seiner Erziehung von seinen Eltern, dem Schlüchterner Pfarrerehepaar, erfahren und mit folgenden Worten ausgedrückt hat: *"Mit dem wärmsten Danke gedenke ich der treuen Liebe und Sorgfalt, die meine vielgeliebten Eltern (...) der geistigen und körperlichen Erziehung und Ausbildung ihrer Kinder widmeten."*[331] Was dies im Einzelnen bedeutete, dazu erhält man in Eberhards Rückblick lediglich zwei nähere Informationen. Eher beiläufig informiert er die Leser über seine musische Ader, nämlich dass er bereits als Kind eine für die damals respektable Summe von immerhin fünf Gulden erworbene Geige besaß und spielte, die bei seiner turbulenten Abschiedsfeier im Sommer 1811 einen glücklicherweise noch reparablen Schaden erlitt. Ausdrücklich betont er im Rückblick hingegen, dass ihm sein Vater über die Schule hinaus Unterricht erteilte, was ihn eventuell erst in die Lage versetzte, noch im jugendlichen Alter von 16 Jahren mit dem Studium zu beginnen.[332]

Die Familie Eberhard widmete, zumindest über zwei Generationen hinweg, aber vermutlich länger, der Erziehung und Ausbildung ihrer Kinder große Aufmerksamkeit und stellte zu diesem Zweck ausreichende finanzielle Mittel und eigenes Engagement zur Verfügung. Dass dieser Fürsorge nicht unbedingt allein die Erfüllung eines vorgegebenen bildungsbürgerlichen Verhaltenskanons zugrunde lag, sondern die Verantwortung dafür, ihnen einen guten Start ins Leben zu ermöglichen, sei hierbei nur am Rande notiert.

Über den guten Start ins Leben hinaus geht das Heiratsverhalten der Eberhards. Auf diesem Gebiet blieb Bernhard Eberhard wie schon sein Vater dem vertrauten Milieu einigermaßen treu. Einigermaßen deshalb, weil sie nicht in Familien mit einem akademischen Hintergrund einheirateten, sondern weil ihre Bräute aus Kreisen des alten gewerbetreibenden Hanauer Bürgertums stammten.

Bernhards Vater, der reformierte Pfarrer Andreas Ludwig Eberhard, heiratete 1792 Marianne Toussaint, die Tochter eines Goldschmieds.[333] Und natürlich dürfte es sich bei dieser Berufsbezeichnung im „Pfarrerbuch" um eine gewisse Untertreibung

---

[330] Eberhard, Aus meinem Leben, S. 12.
[331] Eberhard, Aus meinem Leben, S. 2.
[332] Eberhard, Aus meinem Leben, S. 10 f.
[333] Pfarrergeschichte des Sprengels Hanau, 2. Teil, S. 668 f.

oder, um es auf Neudeutsch auszudrücken, um Understatement gehandelt haben, denn die reformierten Toussaints waren einst, wie viele Bewohner der Neustadt, aus dem lothringischen Metz nach Hanau gekommen. Hier arbeiteten sie sich zu bedeutenden Bijouterie- und Fayencefabrikanten und Kaufleuten hoch.[334] Auch sein Sohn Bernhard wahrte bei der Wahl seiner Ehefrau die familiäre Kontinuität. Marie Bernhard stammte aus der angesehenen Familie Colin und war die Tochter des zum Zeitpunkt der Vermählung schon verstorbenen Bürgers und Bijouteriefabrikanten Carl Colin,[335] dessen Familie väterlicherseits seit 1669 in Hanau ansässig war.[336] Der Mädchenname von Maries Mutter Anne Petronelle (1753–1841) lautet Souchay, eine ebenfalls bekannte Hanauer Fabrikantenfamilie (vgl. dazu: Dokument Nr. 4). Diese drei aus dem Französischen stammenden Familiennamen, deren Träger allesamt aufgrund der Verfolgung der calvinistischen Konfession in ihrer Heimat nach Deutschland emigriert waren, finden in der oben bereits zitierten, für das Hanauer Gewerbe äußerst lobenswerten Einschätzung des Dichterfürsten Johann Wolfgang von Goethe gemeinsam mit anderen Edelmetallunternehmern, obwohl zweimal in leicht divergierender Schreibweise, Erwähnung.[337]

Zu ergänzen ist hierbei außerdem, dass laut einer statistischen Erhebung von 1824/1825 zu den in Hanau bestehenden Manufakturen die Bijouteriefabrikanten Charles Colin Söhne mit 80 und die Gebrüder Toussaint mit 30 Arbeitern seinerzeit die größten Betriebe ihrer Branche vor Ort waren.[338]

Ebenso verweist das Heiratsverhalten einiger Kinder von Bernhard Eberhard auf Verbindungen des Bildungs- mit dem altansässigen Wirtschaftsbürgertum. So ehelichte Luise den Gutsbesitzer Heinrich Lucanus, während Marie dem schon mehrfach genannten Hanauer Kaufmann Christian Lossow angetraut wurde. Bernhards Sohn Wilhelm betrieb in Hanau eine Bijouteriefabrik. Nicht auszuschließen, vielleicht sogar wahrscheinlich, dass er eine Fabrikantentochter geheiratet hatte. Und auch die Tatsache, dass Heinrich Eberhard als Kaufmann in Manchester, der Zitadelle des nach der Stadt bezeichneten britischen Wirtschaftsliberalismus, lebte und arbeitete, ist ein

---

[334] Kolb, Antonia, Privatbriefe der Hanauer Familien Leisler und Brandt zur napoleonischen Zeit. In: Hanau in der Epoche Napoleons, S. 303 und 320.
[335] Hessisches Staatsarchiv Marburg: 86 16738 und Kolb, Privatbriefe, S. 318.
[336] Fraeb, Walter Martin, Entstehung und Entwicklung des Bürgervereins e.V. zu Hanau, Hanau 1932, S. 49, Anm. 12.
[337] Goethe, Sämtliche Werke, Band 29, Reisen an Rhein, Main und Neckar, S. 85 f.
[338] Döhring, Arthur-Rolf, 550 Jahre Leben in Hanau, Hessen und auch im Hanau-Lichtenberger-Land, Hanau o. J., S. 67.

Beleg für den oft reibungslosen Übergang einzelner Akteure der Familie Eberhard vom bildungsbürgerlichen ins wirtschaftsbürgerliche Milieu.[339] Andere Familienmitglieder blieben dem Leben in einem protestantischen Pfarrhaus verhaftet. Demgemäß studierte Bernhard Eberhards älterer Bruder Philipp Theologie, während seine Schwester Wilhelmine (1800–1883) im Jahr 1847 den im nahen Marköbel wirkenden verwitweten evangelisch-unierten Pfarrer und Metropolitan Faber heiratete.[340]

Hinsichtlich der Konfession der Heiratskandidaten und -kandidatinnen dürfte es vor rund 200 Jahren bei den ursprünglich reformierten Eberhards wahrscheinlich nur schwer vorstellbar gewesen sein, einen Katholiken oder eine Katholikin zu ehelichen, um von einer Verbindung zu einem Angehörigen der jüdischen Religion erst gar nicht zu reden. Zumal sich die jungen Leute dieser Generation wohl zumeist nur in einem konfessionell entsprechend determinierten gesellschaftlichen Umfeld bewegt haben. Dadurch engten sich die Auswahlmöglichkeiten hinsichtlich der für eine eheliche Verbindung in Betracht kommenden Personen stark ein, obwohl einzelne Familienmitglieder bei der Gattenwahl bereits über die Grenzen der reformierten wallonischen oder niederländischen Gemeinden hinausgingen und evangelische Ehepartner oder -partnerinnen heirateten, was sich in den nächsten Generationen verstärkt fortsetzen sollte.

In diesem Kontext darf der Hinweis nicht fehlen, dass Bernhard Eberhard den Weg der beiden protestantischen Konfessionen zur „Hanauer Union" im Jahr 1818,[341] der die Vereinigung von Lutheranern und Reformierten zur evangelisch-unierten Kirche vollendete, nicht mitging. Er blieb bis zu seinem Lebensende Mitglied der weiterhin von einer Landeskirche unabhängigen evangelisch-reformierten Wallonischen Gemeinde oder, wie es im damaligen Hanauer Sprachgebrauch schlicht hieß, der „Französischen Gemeinde" (vgl. dazu: Dokument Nr. 7). Auf diese Treue und Verbundenheit zu seiner Gemeinde sowie zur tiefen Religiosität Eberhards verwies Pfarrer Philipp Faber mit eindringlichen Worten bei der Leichenpredigt für seinen Schwager.[342]

---

[339] Eberhard, Aus meinem Leben, S. 72 (Register) sowie Adressbuch der Stadt Hanau, Hanau 1867, und Adressbuch der Stadt Hanau, Hanau 1870.
[340] Pfarrergeschichte des Sprengels Hanau, 1. Teil, S. 242 f.
[341] Vgl. dazu: Henß, Carl (Hrsg.), Die Hanauer Union – Festschrift zur Jahrhundertfeier der evangelisch-unierten Kirchengemeinschaft im Konsistorialbezirk Cassel am 28. Mai 1918, Hanau 1918.
[342] Hessisches Staatsarchiv Marburg: Slg. 1, 121 i Selbstbiographie Bernhard Eberhard, Hanau 1853, 2 Hefte mit 3 dazugehörigen Stücken, 1853 (Trauerrede von Metropolitan Faber).

Die Wallonisch-Niederländische Kirche um 1830, Aquarell auf bräunlichem Papier von Friedrich Cornicelius (1787–1853). Die Niederländische und die Wallonische Gemeinde gingen den Weg zur „Hanauer Union" im Jahr 1818, der die Vereinigung von Lutheranern und Reformierten zur evangelisch-unierten Kirche vollendete, nicht mit und blieben unabhängig. Abbildung: Historisches Museum Hanau Schloss Philippsruhe / Hanauer Geschichtsverein 1844 e.V.

Irritieren mag es dabei auf den ersten Blick, dass auf dem Vordruck zur Bestätigung des Diensteids von Bernhards Enkel Carl Eberhard (1862–1937) bei seiner Ernennung zum Notar 1906 als Konfessionszugehörigkeit handschriftlich „*evangelisch*" eingefügt wurde und nicht evangelisch-reformiert.[343] Doch die vorgegebene Lücke war zu klein, um Letzteres in voller Länge leserlich hinschreiben zu können, und auch Carl Eberhard war Mitglied der Wallonischen Gemeinde. Bis heute gehören Nachkommen Bernhard Eberhards der Wallonisch-Niederländischen Gemeinde – Selbstständige Evangelisch-reformierte Kirche zu Hanau an.[344] Ebenfalls etwas verwunderlich in diesem Zusammenhang erscheint ein Eintrag im Ahnenpass Karl Ludwig Eberhards. Dort wird mit einem Auszug aus dem Sterberegister der evangelischen

---

[343] Hessisches Staatsarchiv Marburg: 270 233.
[344] So eine Auskunft von Andreas Ludwig, dem Urenkel von Carl Eberhard, am 20. Dezember 2015.

Marienkirche (Jahrgang 1845, S. 168, Nr. 168) der Tod von Marianne Eberhard, der Mutter von Bernhard Eberhard, am 30. September 1845 bestätigt.[345] Dies mag als Indiz dafür gelten, dass Bernhards Mutter im Gegensatz zu ihrem Sohn die Vereinigung der beiden protestantischen Kirchen, Lutheraner und Reformierte, zur „Hanauer Union" mitvollzogen hatte, wie auch später einige Familienmitglieder in einer der evangelisch-unierten Hanauer Gemeinden getauft oder konfirmiert wurden.

Das Faktum, dass unter den Ehepartnern und -partnerinnen der Familie Eberhard sich offensichtlich keine – unter finanziellen Gesichtspunkten betrachtet – „schlechte Partie" befand und alle aus einem protestantisch-bürgerlichen Umfeld stammten, schließt nicht aus, dass diesen Hochzeiten neben „praktischen" Motiven natürlich echte Herzensbindungen zugrunde liegen konnten. Die, wenn auch eher spärlichen Bemerkungen Bernhard Eberhards über seine Frau Marie und die Tatsache, dass aus der Verbindung sieben Kinder hervorgingen, können diese Annahme jedenfalls bekräftigen.

Religiöse Bezüge sind in Eberhards Memoiren zwar selten zu finden, aber die wenigen diesbezüglichen Aussagen lassen eine ernsthafte Frömmigkeit erkennen. So sieht er einen wichtigen Sinn in der Erziehung seiner Kinder darin, dass sie in *„Treue"* gegenüber ihrem *„himmlischen Vater"* aufwachsen und einen im religiösen Sinne *„unbefleckten Lebenswandel"* führen.[346] Eine tiefe Gläubigkeit tritt bei Eberhard außerdem in einer Passage seiner zurückblickenden Betrachtungen zutage, in der er die große Herausforderung beschreibt, die er im Frühjahr 1848 beim Antritt des Ministeramts in Kassel empfand. Die betreffende Passage lautet fast demütig: *„Schwer war mir der zugeteilte Beruf. Ich bat Gott, daß er mir die nötige Einsicht und Kraft zu dessen Erfüllung verleihen möge."*[347]

Trotz der stark am christlichen Glauben orientierten Erziehung brachen die Kinder Bernhard Eberhards mit einer wohl lange gehegten Familientradition: Weder studierte einer der Söhne Theologie, noch heiratete eine der Töchter einen Geistlichen.

Die relative Seltenheit religiöser Bezüge und die sparsame Darstellung familiärer Verhältnisse bei Eberhard erklären sich daher, dass er seine Autobiografie in erster Linie an seine Nachkommen richtete und die kannten natürlich die häusliche

---

[345] Urkunden zum Ahnenpass Karl Ludwig Jakob Eberhard, pag. 17+.
[346] Eberhard, Aus meinem Leben, S. 12.
[347] Eberhard, Aus meinem Leben, S. 47.

Situation, ihre Bindungen untereinander sowie die Vermittlung und Beachtung christlicher Werte innerhalb der Familie. Möglicherweise enthält sein Rückblick deshalb bis auf eine Ausnahme keine Erwähnung von Ausflügen, Urlauben oder sonstigen Freizeitbeschäftigungen. Nur einmal schreibt er von einer Reise ins sächsische Malschwitz, dem Wohnort des Schwiegervaters seiner Tochter Luise, die er gemeinsam mit ihr, seiner Frau und seiner Tochter Minna im Sommer 1850 unternommen hatte.[348]

Deutlich umfangreicher als seine Bemerkungen zur Familie sind Bernhard Eberhards Ausführungen hinsichtlich seiner Tätigkeit als Hanauer Oberbürgermeister, seiner Aktivitäten in der kurhessischen Landespolitik sowie seine Kommentare über seine ideologischen Gegner und die nationale Frage.

Aufgrund seiner persönlichen Erfahrungen sind die ersten Äußerungen von Patriotismus mit antifranzösischen Affekten vermischt, was gerade im Landstrich an Main und Kinzig angesichts der langen Besatzungszeit mitsamt ihren negativen Auswirkungen für die hier sesshafte Bevölkerung nicht überraschen kann. Dabei wertet er in seinem Rückblick den siegreichen Verlauf der von ihm als „Freiheitskriege" bezeichneten Kämpfe gegen Kaiser Napoleon als „*erhebend (...) für jedes deutsche Herz*" und sieht in den Alliierten die „*Retter vom französischen Joche*". Andererseits schildert er aber ebenso eine Begebenheit in der Wohnstube des Schlüchterner Pfarrhauses vom Herbst 1813, als er mit französischen Offizieren aufgrund ihrer „*freundlichen Einladung zur Teilnahme*" Brot und – damals fast eine Seltenheit – Fleisch aß, wozu er noch einige eigene, zuvor sorgsam versteckte Flasche Wein beisteuerte.[349]

Doch die Vertreibung der Besatzungsmacht brachte nicht die von Eberhard erhoffte Lösung der deutschen Frage. Die Schaffung eines Nationalstaats in seinem Sinn stand weder 1815 noch in den ersten Jahrzehnten danach auf der Agenda der Mächtigen. Folglich fällt seine Beurteilung bezüglich der Problematik der deutschen Frage zu Anfang der 1850er-Jahre negativ aus. Hinsichtlich der unruhigen Verhältnisse in Hanau im Februar und März 1848 erkennt er im „*besseren Bürgerschlag der Stadt*" und „*namentlich*" in ihrem „*intelligenteren Teil*" diejenigen, die die „*Einheit Deutschlands, ohne Zerstörung der Konstitution und Verfassung*" herbeiführen wollen. Dabei versetzt er den radikaleren Demokraten vor Ort gleichzeitig einen Seitenhieb, „*die das wühlerische Treiben (...) in den unteren Volksklassen hervorgerufen*" hätten.[350]

---

[348] Eberhard, Aus meinem Leben, S. 61.
[349] Eberhard, Aus meinem Leben, S. 2, 4 und 7.
[350] Eberhard, Aus meinem Leben, S. 27.

Die Zerstörung des Licentamts am Abend des 24. Septembers 1830, Lithografie. Das Licentamt am Heumarkt, im Volksmund „Letztes Hemd-Amt" genannt, war eines der ersten Ziele einer aufgebrachten Volksmenge während der Septemberunruhen. Dort brachen sie in das Gebäude ein und verbrannten, ungestört von Feuerwehr und Militär, Mobiliar und Papiere. Der gemäßigte Liberale Bernhard Eberhard lehnte derartige oder noch radikalere Aktionen ab. Er trat entschieden dafür ein, die Lösung der anstehenden Probleme sowie die notwendigen gesellschaftlichen Reformen auf verfassungsmäßigem Weg durch Wahlen, Parlamentsbeschlüsse und Gesetze zu erreichen. Abbildung: Hanauer Geschichtsverein 1844 e.V.

In diesen Sätzen offenbart der Bildungsbürger Eberhard ein ausgeprägt elitäres Selbstverständnis und manifestiert damit seine klare Abgrenzung gegenüber der politischen Linken. Ferner kann man herauslesen, dass er dafür eintrat, die Lösung der nationalen Frage sowie die notwendigen gesellschaftlichen Reformen auf verfassungsmäßigem Weg durch Wahlen, Parlamentsbeschlüsse und Gesetze zu erreichen.

Doch um die Verwirklichung dieser Ziele stand es während der Abfassung des ersten Teils seiner Autobiografie schlecht. Für Eberhard, dem *„das Wohl des engeren und des deutschen Vaterlandes am Herzen lag"* und der sich nach eigenem Bekunden *„die Förderung der deutschen Einheit zur Lebensaufgabe gemacht hatte"*, erwiesen sich die deutschen Verhältnisse seinerzeit geradezu als *„trostlos"*.[351] Entsprechend pessimistisch beendete er seine Autobiografie im August 1850 mit einem nahezu fatalistischen Resümee, das mit harscher Kritik gegenüber seinem Nachfolger verbunden ist: *„Ich schließe diese Ueberlieferung zu einer Zeit, wo deutsche Ehre, deutsches Recht von den Fürsten Deutschlands mißachtet worden und wo hierin unsere eigene Regierung unter der Leitung des Ministers Hassenpflug allen anderen deutschen Regierungen vorangeht."*[352]

Freilich rechnet er noch in weiteren Passagen seiner Lebensgeschichte mit seinen Gegnern ab, auf welcher Seite des politischen Spektrums sie auch immer standen. Dabei bleibt sein eigener Landesherr, Kurfürst Friedrich Wilhelm I., keineswegs verschont. Eberhard glaubt, dass *„in keinem anderen deutschen Staate mehr Grund zur Unzufriedenheit"* mit dem jeweiligen Fürsten vorhanden sei als in Kurhessen.[353]

Bernhard Eberhards in seinem politischen Handeln praktizierte und in seinen Memoiren formulierte Haltung entspricht der eines den Prinzipien des gemäßigten Liberalismus anhängenden (Bildungs-)Bürgers. Seine Weltanschauung fußte maßgeblich auf den Ideen der Aufklärung sowie den erstmals in Europa im Zuge der Französischen Revolution realisierten Forderungen nach der Gleichheit aller vor dem Gesetz, der Aufhebung sämtlicher Privilegien, der Teilhabe des Bürgertums an der politischen Macht sowie einer allseitigen Respektierung des Rechts und der Verfassung. Die Verwirklichung dieser Ziele sah er mit der Verabschiedung der kurhessischen Konstitution 1831 vorerst auf einen guten Weg gebracht.

Möglicherweise war er diesbezüglich recht zuversichtlich und sah sich mitsamt seinen Überzeugungen in dieser Phase und vielleicht auch noch 1848 *„im Einklang*

---

[351] Eberhard, Aus meinem Leben, S. 30, 58 und 44.
[352] Eberhard, Aus meinem Leben, S. 59. Auf Seite 56 attestiert er Hassenpflug, dass er sich durch seine Amtsführung und sein Verhalten *„den Haß des Landes in hohem Grade zugezogen"* habe.
[353] Eberhard, Aus meinem Leben, S. 49.

mit der Zeit, mit ihren dynamischen, vorwärtsdrängenden, zukunftsverheißenden Kräften", da „der gesellschaftliche und politische Stellenwert (...) des neuen Bürgertums, allen Widerständen anderer zum Trotz ständig wuchs".[354]

Eberhards Zukunftsoptimismus, wie ausgeprägt er auch gewesen sein mag, wurde durch seine politischen Gegner in Kurhessen bald eines Besseren belehrt. Wie später nach der Erhebung von 1848 scheiterten schon damals seine Hoffnungen letztendlich an der Obstruktionspolitik des Kurfürsten und seines Ministers Hassenpflug.

Desgleichen lehnte Eberhard die in seinen Augen radikalen Ansprüche der linken Demokraten wie etwa nach der Errichtung einer Republik oder zu Vorstellungen sozialer Gleichmacherei, wie er es wohl beurteilte, schroff ab. Hier schreckten ihn die ihm bekannten Exzesse während der Französischen Revolution mit der zeitweisen rücksichtslosen Verfolgung und Hinrichtung vieler Andersdenkender ab. Vorfälle, deren Wiederholung er in seinem Verantwortungsbereich verhindern wollte.

Karikatur des kurhessischen Ministers Ludwig Hassenpflug (1794–1862), Federzeichnung von Ludwig Emil Grimm (1790–1863). Abbildung: Hanauer Geschichtsverein 1844 e.V.

Der gemäßigte Liberale und aufgeklärte Bürger Bernhard Eberhard versuchte, die bestehenden gesellschaftlichen Verhältnisse auf evolutionärem Weg zu verändern. Damit saß er zwischen den Stühlen, denn er traf einerseits auf den Widerstand der alten, stockreaktionären staatlichen Eliten und andererseits auf den der sozialrevolutionären Linken. Doch zeigt sich bei der Bewertung seiner politischen Laufbahn eine klare Zweiteilung, nicht nur weil er zwei verschiedene politische Ämter innehatte, das des Hanauer Oberbürgermeisters und das des kurhessischen Ministers, sondern gleichermaßen weil er in seiner „zweiten Vaterstadt" Erfolge vorweisen konnte, die ihm in Kassel versagt blieben.

---

[354] Gall, Bürgertum in Deutschland, S. 194.

Begabung und Fleiß bei Ludwig Eberhard

Wohl ähnlich wie sein Vater verstand sich Ludwig Eberhard lange als ein Opfer der bestehenden Verhältnisse. Allerdings handelte es sich bei ihm nicht um eine politisch in der Öffentlichkeit agierende Persönlichkeit wie sein Vater, doch litt auch er lange unter einer spezifischen Form staatlicher Verfolgung. Dennoch tritt in seinem Fall der Jurist stärker in den Vordergrund der Betrachtung, dessen Lebensweg aber gleichfalls von den Entwicklungen der „großen Politik" entscheidend mitbestimmt wurde.

Geprägt durch das Elternhaus gelang es Ludwig Eberhard, so lässt sich begründet vermuten, sein Studium der Rechte mit Leistungswillen, Begabung und Fleiß im gleichen Maße erfolgreich zu beenden wie die anschließende juristische Staatsprüfung (vgl. dazu: Dokument Nr. 11).

Ludwig Eberhards Erfahrungen in den ersten Jahren nach Beginn seiner beruflichen Laufbahn sind dann ein Exempel dafür, wie die diesbezüglichen Beamten einer spätabsolutistischen Regierung den Werdegang des Sohnes eines prominenten politischen Gegners, trotz sehr günstiger Voraussetzungen negativ zu beeinflussen wussten. Und diese Behinderung seiner Karriere geschah, obwohl er in keiner Weise offene Kritik an den bestehenden Verhältnissen in Kurhessen übte (vgl. dazu: Dokument Nr. 12).

Diese äußerte Ludwig Eberhard erst später, nachdem unser Gebiet zu Preußen gekommen war. Im Jahr 1867 offenbarte er in einem Schreiben gegenüber dem preußischen Justizministerium, dass er nach seiner Entlassung 1854 sogar kurz davor gestanden habe, Kurhessen zu verlassen, um auszuwandern (vgl. dazu: Dokument Nr. 14). Ein mögliches Zielland nannte er in dem Brief nicht, aber Ludwig Eberhard hätte damit in einer Reihe anderer Juristen gestanden, die infolge der Erhebung von 1848/1849 Deutschland verließen oder – besser gesagt – aufgrund polizeilicher Nachstellungen zeitweise oder für immer ihre Heimat verlassen mussten. Zu diesem Personenkreis gehörten etwa die Sozialrevolutionäre Friedrich Hecker (1811–1881), Gustav Struve (1805–1870) und Franz Zitz (1803–1877), die zum linken politischen Spektrum zählten, sowie die eher gemäßigten Liberalen Lorenz Brentano (1813–1881) und Johann Adam von Itzstein (1775–1855). Doch sie waren, anders als Ludwig Eberhard, bekannte Oppositionelle und einige von ihnen nahmen während der Revolution sogar aktiv an militärischen Aktionen gegen Bundestruppen teil.[355]

---

[355] Zu den Aktivitäten der Anwälte Hecker und Struve im Vormärz und in der Revolution 1848/49: Scherner, Karl Otto, Advokaten, Revolutionäre, Anwälte. Die Geschichte der Mannheimer Anwaltschaft, Sigmaringen 1997; S. 192 ff. und 212 ff.

Aufgrund der überraschenden Berufung an das Obergericht Fulda wendete sich für Ludwig Eberhard im September 1854 das Blatt in eine positivere Richtung. Damit wurden für ihn die nach seiner Entlassung angestellten Überlegungen obsolet, in einem anderen deutschen Staat eine adäquate Position zu finden oder nach Übersee auszuwandern.

Leider hat Ludwig Eberhard keine Lebenserinnerungen oder ähnliche Aufzeichnungen hinterlassen, sodass es bei ihm mitunter schwierig ist, bürgerliche Tugenden und eigene Gedanken zu erkennen. Dessen ungeachtet kann hier außer dem Bericht des Hanauer Polizeidirektors vom Januar 1854, den positiven Beurteilungen hoher kurhessischer Juristen vom April 1854 und den Schreiben der Hanauer Obergerichtsanwälte vom März 1864 noch Eberhards Bitte an den Präsidenten des Appellationsgerichts zu Kassel, die er im November 1877 verfasste, einige aufschlussreiche Einblicke in seinen Charakter, seine Überzeugungen und seine Handlungsweise gewähren.[356]

Wir wissen natürlich nicht, wie gründlich die Recherchen des Hanauer Polizeidirektors durchgeführt wurden. Aber sicherlich gehörte die 1854 konstatierte Pflege der familiären und verwandtschaftlichen Bande zum bürgerlichen Verhalten. Die Beobachtung, wonach Eberhards außerdienstlicher Umgang auf diesen Personenkreis reduziert blieb und er ansonsten *„sehr still und zurückgezogen lebte"*, darf eher als seine Eigenart anzusehen sein (vgl. dazu: Dokument Nr. 12). Hingegen passt die Eberhard attestierte Gewissenhaftigkeit wiederum zum bürgerlichen Selbstverständnis und zur propagierten bürgerlichen Arbeitsweise.

In einem Brief an das kurhessische Justizministerium in Kassel vom März 1864 bescheinigen ihm seine sieben Hanauer Kollegen des dortigen Obergerichts Tüchtigkeit, Sachverstand, Geschäftssinn, Fleiß und Anstand: alles Eigenschaften, die einem Werte- und Verhaltenskodex positiver bürgerlicher Tugenden entnommen sein könnten und die mit den Beurteilungen des Polizeidirektors zehn Jahre zuvor übereinstimmen.[357]

Indessen haben sein Fleiß und seine Tüchtigkeit dazu geführt, wie Eberhard selbst eingestand, dass sich sein Gesundheitszustand aufgrund übermäßiger Anstrengungen verschlechtert hatte. Deshalb suchte der mittlerweile 55-jährige Rechtsanwalt in Kassel

---

[356] Die Schreiben sind enthalten in den Vorgängen: Hessisches Staatsarchiv Marburg: 250 990 und 263 1393 sowie als Abschrift in der Sammlung Andreas Ludwig.
[357] Hessisches Staatsarchiv Marburg: 250 990, Schreiben vom 21. März 1864.

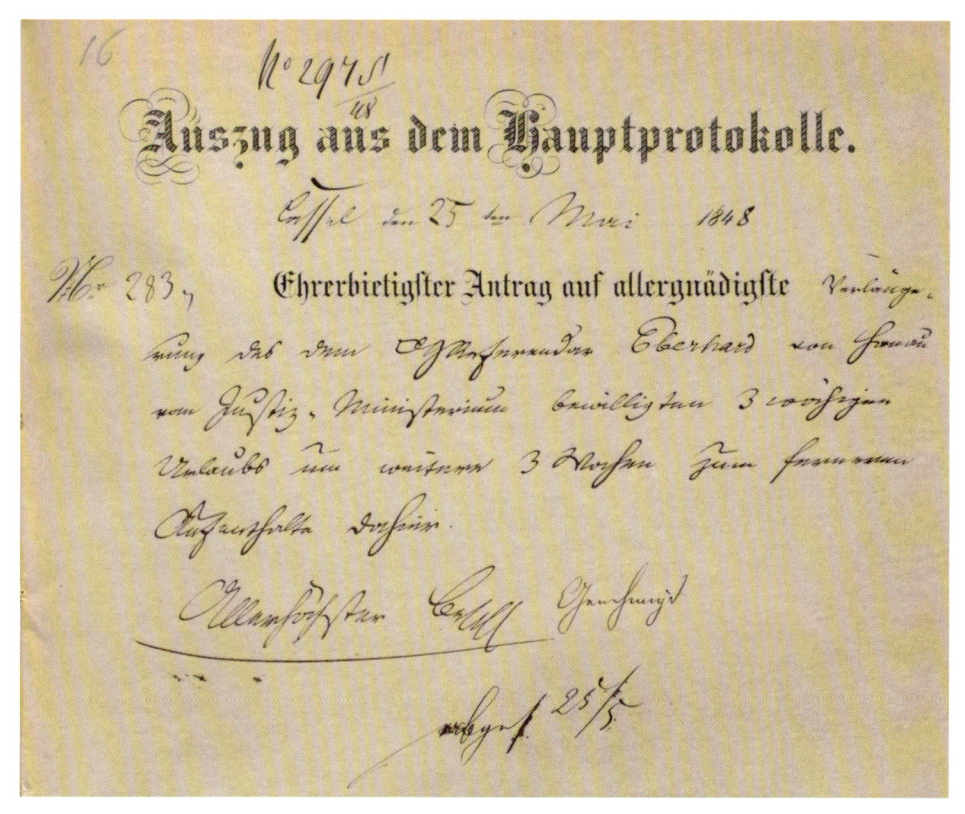

Genehmigung eines Antrags auf Urlaubsverlängerung um weitere drei Wochen beim kurhessischen Justizministerium durch Ludwig Eberhard vom 21. Mai 1848. Abbildung: Hessisches Staatsarchiv Marburg.

beim Appellationsgericht um „*Hilfeleistung und Vertretung*" durch einen jungen Juristen nach, damit er „*in gewohnter Ordnung und Pünktlichkeit*" seine Klienten zufriedenstellen könnte (vgl. dazu: Dokument Nr. 15).

Im Fall von Ludwig Eberhards zweifellos vorhandenem und häufig bezeugtem Eifer ist vielleicht der oftmals strapazierte und popularisierte Begriff des „protestantischen Arbeitsethos" von Max Weber (1864–1920) nicht unangebracht.[358] Diese religiös begründete ehrgeizige Einstellung hinderte ihn aber nicht daran, sich sowohl als

---

[358] Der Soziologe Max Weber sah einen Zusammenhang zwischen der auf der calvinistischen Prädestinationslehre (Vorherbestimmung) fußenden protestantischen Arbeitsmoral, nach der beruflicher Erfolg ein Ausdruck von Gottes Segen ist, und dem Aufstieg des Kapitalismus, den er erstmals 1905 formulierte. Vgl.: Weber, Max, Die protestantische Ethik und der Geist des Kapitalismus. Vollständige Ausgabe. Herausgegeben und eingeleitet von Dirk Kaesler, 3. Auflage, München 2010.

Obergerichtsanwalt als auch als freiberuflicher Rechtsanwalt und Notar längere erholsame Urlaube oder Heilung versprechende Badekuren zu gönnen.[359]

Im fortgeschrittenen Lebensalter erwies sich Eberhard offensichtlich nicht mehr als so zurückhaltend in seinen Freizeitgewohnheiten, wie er im Bericht des Polizeidirektors als junger Mann geschildert wird. Ein wichtiger Ort zur Entspannung und zum gesellschaftlichen Umgang mit Gleichgesinnten bot ihm dafür der Hanauer „Bürgerverein", der im Konglomerat zahlreicher Hanauer Vereine im 19. Jahrhundert und darüber hinaus eine hervorgehobene Rolle spielte.

Hinsichtlich nationaler oder – vielleicht besser – patriotischer Geisteshaltung findet man bei Ludwig Eberhard nur wenige Hinweise. Da ist das Schreiben vom August 1867, worin seine Zustimmung zur preußischen Annexion Kurhessens[360] deutlich durchschimmert, seine Mitgliedschaft im Hanauer Kriegerverein, obwohl er wahrscheinlich niemals selbst Soldat gewesen war, und die Würdigung seiner Verdienste staatlicherseits durch die zweimalige Verleihung des preußischen Roten Adlerordens.[361]

Es schließt sich nun fast zwangsläufig die Frage an, wie Ludwig Eberhard bei den Reichstagswahlen abgestimmt haben könnte und wo er auf Reichsebene seine politische Heimat sah. Darüber kann, trotz der oben angeführten Beispiele und Einschätzungen, nur spekuliert werden. Zudem gibt es keine klaren Indizien dafür, ob und inwieweit Ludwig Eberhard noch den Überzeugungen von Bernhard Eberhard anhing, zumal sich der gemäßigte bürgerliche Liberalismus schon bald nach der Reichsgründung in den eher linken Freisinn und die zunächst bismarcktreuen Nationalliberalen gespalten hatte. Für eine Entscheidung zugunsten der Nationalliberalen Partei spricht, dass sie vornehmlich die Interessen des protestantischen Bildungs- und Besitzbürgertums vertrat und vielleicht deshalb den Eberhards am attraktivsten erschien. Doch ist es ebenfalls durchaus denkbar, dass er hin und wieder den eher eindeutig liberalen Ideen vertretenden Freisinn favorisierte. Und Reichstreue bedeutet ja nicht, dass man Reformen und eine weitere Demokratisierung des Kaiserreichs abgelehnt hätte. Natürlich ist dies eine zwar begründete, aber dennoch recht vage Vermutung.

---

[359] Hessisches Staatsarchiv Marburg: 250 990. Dort sind mehrere Urlaubsanträge und Bitten Ludwig Eberhards um Urlaubsverlängerung gesammelt.
[360] Hessisches Staatsarchiv Marburg: 250 990.
[361] Hessisches Staatsarchiv Marburg: 263 1394.

Ein Verein für Hanaus Bürger

Für eine einigermaßen befriedigende Darstellung des Lebenslaufs einer bestimmten Bevölkerungsschicht oder einzelner Personen reicht allein die Beschreibung ihrer Familienverhältnisse, ihrer politische Einstellung und ihrer beruflichen Situation nicht aus, wenn man es unterlässt, ihr Freizeitverhalten, soweit dies möglich ist, nachzuzeichnen. Dies soll im Folgenden für die Eberhards versucht werden. Doch zuvor sind einige grundsätzliche Bemerkungen zum bürgerlichen Vereinswesen in Deutschland erforderlich.

Seit 1800 und teilweise schon früher verbreiteten sich in zahlreichen deutschen Städten Gesellschaften, die sich oft „Casino", „Harmonie" oder „Assemblée" nannten und sich als Treffpunkte für „gehobene" Geselligkeit, gute Unterhaltung und gepflegten Meinungsaustausch verstanden. Andere Ausformungen dieser neuen bürgerlichen Öffentlichkeit, die oft in bewusstem Gegensatz oder Konkurrenz zur alten höfischen entstanden war, lassen sich in der deutlich wachsenden Zahl von Zeitschriften und Zeitungen und nicht zuletzt in den nun vielerorts entstehenden Freimaurerlogen erkennen.[362]

Doch kehren wir zurück zu den ab dem 18. Jahrhundert gegründeten Gesellschaften oder Vereinen, um einen moderneren Begriff zu verwenden. Dort verkehrte die wohlhabende und gebildete Oberschicht, kurzum die Honoratioren einer Stadt oder die, die sich dafür hielten. Solche Honoratiorenvereine besaßen für gewöhnlich ihr eigenes Domizil, dessen Einrichtungen den Vereinsmitgliedern manchmal rund um die Uhr offen standen. Hier bot sich die Gelegenheit, die neuesten Journale zu lesen, sich miteinander im Gespräch auszutauschen, Billard oder Karten zu spielen. Als Krönungen des Vereinslebens im Jahreslauf galten die gemeinsamen Festessen und die Gesellschaftsbälle.[363]

Diese kurze Beschreibung urbaner Honoratiorenvereine trifft in ähnlicher Form auf die Verhältnisse in Hanau zu. Mit wohlgesetzten und fast schon pathetisch anmutenden Worten charakterisierte der kurhessische Wasser-, Straßen- und Landbaumeister Carl Arnd (1788–1867) die vielfältigen kulturellen Vereinsaktivitäten in der Grimmstadt während der ersten Hälfte des 19. Jahrhunderts. Schlussfolgernd formuliert er: *„Wir sehen hieraus, daß der materielle Erwerb und Genuß nicht – wie in*

---

[362] Gall, Bürgertum in Deutschland, S. 83.
[363] Schäfer, Geschichte des Bürgertums, S. 58 ff.

manchen anderen Fabrikstädten – die alleinige Triebfeder des Strebens der Bewohner der Stadt Hanau bildet, und daß auch ein edlerer Sinn, für höhere geistige Interessen, einem großen Theile derselben innewohnt."[364]

Und in der Tat gab es in Hanau zahlreiche Korporationen, die dazu gestiftet worden waren, die Bildung oder das musische Interesse ihrer Mitglieder zu fördern sowie angenehme und anspruchsvolle Unterhaltung unter Geistesverwandten zu bieten.[365] Arnd nennt 1858 in diesem Kontext, neben Theater-, Musik- und Gesangvereinen, beispielsweise die während der Ära Napoleons 1808 gegründete „Wetterauische Gesellschaft für die gesamte Naturkunde". Weiter folgt in seiner Aufzählung, verknüpft mit einer kurzen Skizzierung seiner Aktivitäten, der 1834 ins Leben gerufene „Verein für hessische Geschichte und Landeskunde", aus dem sich für die Provinz Hanau ein Bezirksverein und daraus wiederum 1844 unter der Leitung des Juristen und Regierungsrats Peter Ruth (1769–1845) der „Hanauer Geschichtsverein" entwickelte. *„Im Jahre 1844 stifteten die damaligen Mitglieder dieses Bezirksvereins eine Lesegesellschaft und verbanden damit die Stiftung einer Stadtbibliothek, diese Bibliothek erhielt dann durch das Vermächtniß des 1845 verstorbenen Regierungsrathes Ruth eine bedeutende Ausdehnung (...)".*[366] Wenige Jahre später entstand dank dieses umfangreichen Nachlasses ein literarischer Verein, dessen Mitglieder sich zu wissenschaftlichen und künstlerischen Vorträgen alle 14 Tage trafen.

Einen stärker unterhaltenden Charakter besaßen die bereits 1715 aus der Taufe gehobene „Deutsche Assemblée" und die seit 1748 bestehende „Französische Assemblée". In beiden geselligen Klubs amüsierten sich ihre Mitglieder täglich bei Billard und Kartenspiel oder zogen sich zur informativen Lektüre in ein Lesezimmer zurück. Daneben traf man sich außerdem, um die tagesaktuellen politischen Ereignisse zu diskutieren. Die „Deutsche Assemblée", deren Mitglieder zumeist aus dem Bildungsbürgertum stammten, darunter eine nennenswerte Anzahl Juristen, firmierte ab 1850 als „Geselliger Verein" und vereinigte sich Anfang 1873 mit dem „Bürgerverein".[367] Bei beiden Assemblées war es obligatorisch, dass sie die Mitgliedschaft an bestimmte Bedingungen knüpften: gute Bildung, tadelloser Ruf, ein Mindestalter

---

[364] Arnd, Geschichte der Provinz Hanau, S. 413.
[365] Zum Bildungsanspruch vieler bürgerlicher Vereine: Gall, Bürgertum in Deutschland, S. 196 ff. und Hein, Dieter, Formen gesellschaftlicher Wissenspopularisierung: Die bürgerliche Vereinskultur. In: Gall, Lothar/Andreas Schulz, Wissenskommunikation im 19. Jahrhundert, Stuttgart 2003, S. 147 ff.
[366] Arnd, Geschichte der Provinz Hanau, S. 412 f.
[367] Fraeb, Entstehung und Entwicklung, S. 8 ff.

Aufnahmeurkunde für den Bürgerverein aus dem Jahr 1868. Für den Bürgerverein war außer dem jährlichen Beitrag noch ein „Eintrittsgeld" zu entrichten. Abbildung: Stadtarchiv Hanau.

und das Einverständnis der bisherigen Klubmitglieder bei der Aufnahme neuer Mitglieder. Ferner gewährleistete ein Mitgliedsbeitrag bei der „Französischen Assemblée" von sechs Gulden im Jahr, wofür ein Tagelöhner seinerzeit mindestens zwei Wochen arbeiten musste, selbstverständlich eine gewisse Exklusivität. Diese Exklusivität kam ferner dadurch zum Ausdruck, dass sich die Assemblée „Dienerpersonal" leistete.

Gemeinsam war diesen Vereinen, so hat es der Landgerichtsrat und langjährige Vorsitzende des „Hanauer Geschichtsvereins 1844 e.V.", der Rechtsanwalt Dr. Walter Martin Fraeb (1879–1955) in seiner kurzen Geschichte des „Bürgervereins", dem er auch lange Jahre in verschiedenen Vorstandspositionen angehörte, von 1932 dargestellt, dass es mehrfach zu Namensänderungen, Zusammenschlüssen, Auflösungen und Neugründungen gekommen ist. So vereinigte sich die „Französische Assemblée" 1832 mit dem „Konstitutionellen Verein" und gab sich neue Statuten. Später nannte man sich „Abendverein" und im Jahr 1852 löste sich die „Assemblée" auf, um sich als „Neuer Bürgerverein" wieder zu konstituieren. Inwieweit dies mit den politischen Fraktionskämpfen im unruhigen Hanau der Vormärzzeit zu tun hatte, kann an dieser Stelle nicht geklärt werden – es ist aber keineswegs auszuschließen. Ob Bernhard Eberhard Mitglied einer dieser Vereine war und dort gar an maßgeblicher Stelle mitwirkte, ist nicht bekannt.

Der Beitrag für ordentliche Mitglieder belief sich beim „Bürgerverein" auf acht und für Admittenden auf sechs Gulden, das Eintrittsgeld kostete eineinhalb Gulden. Die Mitgliederzahl des Vereins betrug sicherlich mehrere Dutzend Männer, denn 1858 fanden sich allein 120 Personen zu einem Festessen anlässlich der Stiftungsfeier im „Fuchsschen Saal" ein. Später war das Gasthaus „Zum Riesen" der bevorzugte Ort für derartige Veranstaltungen.[368] Zum Verlauf der Feier am 21. November 1868 ist bei Ziegler nachzulesen: *„Abends 8 Uhr feierte der hiesige Bürgerverein (Abendverein) seinen 35. Stiftungstag in dem mit Fahnen und Blumen reich und geschmackvoll decorirten Saale des Gasthauses Zum Riesen durch ein Festessen, an dem 78 Personen Theil nahmen, welche bis spät nach Mitternacht in der heitersten Stimmung beisammen waren. Herr Lehrer Caspar Zimmermann, Mitglied der Gesellschaft, hielt die Festrede von einer von Gastwirt Georg Heß sehr kunstvoll mit Blumen und Laubwerk geschmackvoll gezierten Rednerbühne.*

Überraschend war eine von der kunstvollen Hand des Postsecretairs Herrn Christian Lerpp verfertigte Festgrotte mit ihren täuschend ähnlichen Wasserfällen. Während des Festes

---

[368] Fraeb, Entstehung und Entwicklung, S. 14 ff.

wurden von der hiesigen Civilcapelle unter der Leitung ihrer Direktors Herrn Joh. D. Müller folgende im beiliegenden Programme näher bezeichnete Musikpiecen gespielt."[369]

Anfang der 1870er-Jahre gab es dann erste konkretere Überlegungen, ob sich der „Bürgerverein" ein zweckgerechtes und standesgemäßes Domizil schaffen sollte. Nach einer positiven Entscheidung erwarb man im Januar 1873 ein interessantes Objekt und im Februar schloss sich die Korporation mit dem „Geselligen Verein" zusammen. Man gab dabei der Hoffnung Ausdruck, durch die *„Vereinigung gebildeter Männer"* die bis dahin *„mangelnde einheitliche Geselligkeit"* zu überwinden.

Bald trat die „Actiengesellschaft Bürger-Verein" neben den „Geselligen Bürgerverein". Ihre Gründung war zur Realisierung eines ambitionierten Projekts nötig: zum Ankauf, zur Ausstattung und zur Bereitstellung der Betriebsmittel zur Führung eines Vereinshauses. Das Grundkapital der AG betrug 150.000 Mark und war in 1.000 Aktien zu jeweils 150 Mark eingeteilt.

Beide Gruppierungen, Verein und Aktiengesellschaft, waren auf Vorstands- beziehungsweise Aufsichtsratsebene personell eng miteinander verbunden. Entsprechend heißt es in den Statuten: *„Die Leitung des Vereins haben der Vorstand und der Aufsichtsrath der Actiengesellschaft Bürgerverein."*[370] Kaufleute, Fabrikanten, höhere Beamte und Juristen bildeten das Gros dieser Funktionsträger.[371]

Bei dem erworbenen Gebäude mit Park handelte es sich um die „Arche Noah" oder in Latein „Arca Noae" im Gebäude Französische Allee 19, das der Seidenhändler Réné Mahieu (1544–1607), Bürgermeister von Neuhanau und später Stadt- und Festungsbaumeister in Hanau, bei der Anlage der Neustadt erbauen ließ. Der Name des Hauses „Zur Arche Noah" resultiert aus seinem Aussehen, das angeblich, so die damalige Vorstellung, dem Schiff des biblischen Noahs ähnelte.[372] Bei dem Kaufpreis von 55.000 Gulden waren 10.000 Gulden und eine Hypothek von 16.000 sofort zu zahlen, weitere 10.000 im Juli 1876 und der Rest blieb als Darlehen stehen.[373]

---

[369] Ziegler'sche Chronik, Band 7, S. 27.
[370] Statuten der Actiengesellschaft Bürgerverein und des geselligen Bürgervereins zu Hanau (Hanau 1873), Paragraf 2.
[371] Fraeb, Entstehung und Entwicklung, S. 20 ff.
[372] Bott, Gründung und Anfänge der Neustadt Hanau, Band 2, S. 428. Vgl. zur Geschichte der „Arche Noah", ihrer Bewohner und Besucher: Fraeb, Walter Martin, Menschen und Schicksale der Hanauer „Arche Noah". Die Geschichte eines Trümmerhauses. In: Neues Magazin für Hanauische Geschichte 1 (1949/50), Nr. 1, S. 8; Nr. 2, S. 1 ff.; Nr. 3, S. 1 ff., und Nr. 4, S. 33 ff. sowie Schneider, Ina, Die „Arche Noah" und ihre Bewohner, in: Auswirkungen einer Stadtgründung, hrsg. vom Magistrat der Stadt Hanau, Hanau 1997, S. 122 ff.
[373] Fraeb, Entstehung und Entwicklung, S. 25.

Die Anfänge und frühe Zeit der Kanzlei Eberhard in Hanau, 1817–1903

In diesem Ausschnitt aus dem Vermessungsbuch von Nicolas Servay erkennt man in der Mitte die von dem Neuhanauer Bürgermeister und späteren Stadt- und Festungsbaumeister René Mathieu (1544–1607) geplante Arca Noae. Abbildung: Stadtarchiv Hanau.

Vor dem Verkauf an die „Actiengesellschaft Bürger-Verein" diente das Gebäude einige Jahre lang als Lehr- und Erziehungsanstalt für Töchter aus wohlhabenden Familien. Das neue Vereinshaus konnte nach der Neugestaltung des Parks sowie den Umbauarbeiten unter der Leitung des Hanauer Stadtbaumeisters Johann Peter Thyriot und des Bauunternehmers Stengel am 22. November 1873 stilvoll mit einem fröhlichen Festessen und Musik von der Kapelle des Stadttheaters seiner neuen Bestimmung übergeben werden.[374]

Nach der Renovierung dürfte das Anwesen in unmittelbarer Nähe der Wallonisch-Niederländischen Kirche dem Betrachter einen noblen und großzügigen Eindruck vermittelt haben. Im Parterre des Hauses lagen die Garderobe, der Billardsaal mit vier Billards, drei Restaurationssäle, zwei beheizbare Kegelbahnen, daran anschließend der Gartensaal, die Küche und die Wohnung für den Restaurateur (Gastwirt). Im ersten Stock befanden sich zwei Lesesäle, einer für politische und – sauber voneinander getrennt – einer für belletristische Literatur. Des Weiteren beherbergte die „Arche Noah" einen Balkonsaal, vier Spielzimmer sowie ein Konversationszimmer. Im Nebengebäude lagen außer der Wohnung für den Diener die Schreibstube und die Bibliothek. Interessant ist hierbei, dass die Vereinsmitglieder auch Bücher ausleihen durften, was allerdings „*Lexika, Atlanten, Karten, Handbücher und Nach-*

---

[374] Fraeb, Entstehung und Entwicklung, S. 27, und Fraeb, Menschen und Schicksale, Nr. 4, S. 36.

schlagewerke" ausschloss, wie es die in vielerlei Hinsicht sehr detaillierte „*Haus-Ordnung*" für das Vereinshaus vorschreibt.[375]

Im Bericht der Hanauer Zeitung vom 26. November 1873 zur Einweihung heißt es nahezu euphorisch: „*Es war gewiß ein schon langgefühltes Bedürfnis in unserer Stadt, der gebildeten Gesellschaft aller Berufs- und Lebensklassen ein eigenes Heim zu gründen, entsprechend den Ansprüchen der Neuzeit und würdig der emporstrebenden Stadt Hanau. Nach vielen Beratungen, Schwankungen und nach Überwindung vieler Bedenklichkeiten und sonstiger Hindernisse ist es denn endlich dem alle gebildeten Klassen Hanaus umfassenden neuen Bürgerverein durch den Ankauf des Hauses zur Arche Noah gelungen, eine solche Stätte zu gründen.*"[376]

Jedoch nicht allein aufgrund des repräsentativen und vielseitigen Klubhauses gehörte der „Bürgerverein" um die Jahrhundertwende und darüber hinaus zu den renommiertesten Vereinigungen in der Stadt. Prägend für sein Ansehen war sicherlich ebenso die Tatsache, dass von den insgesamt 114 Gruppierungen, vom Club „Amicitia" bis zum Zither-Verein, die das lokale Adressbuch von 1905 aufführt, bestimmt kein anderer so viele Bildungsbürger und Unternehmer zu seinen Mitgliedern zählte wie der „Bürgerverein zu Hanau e.V.".[377] Folglich sollte es im Klubhaus natürlich vornehm und gesittet zugehen. In diesem Sinne war es beispielsweise „*dem Aufwärter gestattet*", selbstverständlich nur „*in angemessener Weise*" gegebenenfalls an die Bezahlung von Speisen und Getränken zu erinnern. Außerdem wurden die Benutzer gebeten, „*die Erhaltung der Ordnung im Lesezimmer*" genau zu befolgen.[378]

Außerdem konnten die Mitglieder des Bürgervereins in der „Arche Noah" ihrem Spieltrieb frönen. Die in der „Haus-Ordnung" vermerkten Kartenspiele waren L'ombre, Whist, Boston, Piquet, Solo und Deutsch-Tarock, wofür ein Spielgeld zu zahlen war. Gleiches galt für die Inanspruchnahme des Billards und der Kegelbahnen.[379]

Natürlich war es seinerzeit von Vorteil, wenn die Angehörigen dieser „*gebildeten Klassen Hanaus*" nicht ganz unvermögend waren, denn außer für die Benutzung bestimmter Einrichtungen hatte man seinen Mitgliedsbeitrag zu zahlen und es wurde erwartet, dass jeder für den Kauf sowie die Instandsetzung des Klubhauses seinen Obolus entrichtete. Zu diesen „*gebildeten Klassen*" zählte der Verfasser des Artikels

---

[375] Haus-Ordnung des geselligen Bürgervereins zu Hanau, Hanau 1873, Paragraf 10.
[376] Zitiert nach: Fraeb, Entstehung und Entwicklung, S. 28.
[377] Adressbuch der Stadt Hanau, Hanau 1905.
[378] Haus-Ordnung des geselligen Bürgervereins, Paragraf 5–7.
[379] Haus-Ordnung des geselligen Bürgervereins, Paragraf 17, 18, 20 und 28.

Auf dieser Ansichtskarte aus dem Jahr 1905 sieht man in der Mitte die Vorderfront der „Arche Noah" und auf der Abbildung links unten sind die Hinterfront des Gebäudes sowie recht gut die beträchtlichen Dimensionen des Gartens („Concertgarten") zu erkennen. Abbildung: Sammlung Werner Kurz.

in der Hanauer Zeitung – unausgesprochen, aber für diese Zeit selbstverständlich – nur Männer. Hinsichtlich der Damen und der erwachsenen Angehörigen der Mitglieder zeigte sich der „Bürgerverein" nur in den Sommermonaten tolerant, denn donnerstags in den Nachmittagsstunden durften auch sie die Gartenlokalitäten des Vereinshauses an der Französischen Allee besuchen.[380] Ansonsten wollten die Herren in ihrem Klub lieber unter sich bleiben.

Wir wissen nicht, seit wann Ludwig Eberhard dem „Geselligen Bürgerverein" angehörte und ob er Anteile an der Aktiengesellschaft gezeichnet hatte, was jedoch anzunehmen ist. Aber einige Jahre nach dem Bezug der „Arche Noah" nahm er intensiv am dortigen Vereinsleben teil, und zwar seit 1889 als Mitglied des Aufsichtsrats der Aktiengesellschaft. Sicherlich nutzte Ludwig Eberhard die vielfältigen und abwechslungsreichen Angebote in dem multifunktionellen Vereinsheim zur mehr

---

[380] Haus-Ordnung des geselligen Bürgervereins, Paragraf 29.

oder weniger anspruchsvollen Freizeitgestaltung. Dabei dürfte er aber die beiden Kegelbahnen wegen seiner Ischiasprobleme vorsichtshalber eher gemieden haben.

Die letzte Versammlung der „Aktiengesellschaft Bürger-Verein" fand Ende Dezember 1899 statt, dabei löste man sie auf und übertrug das gesamte Vermögen mit den darauf ruhenden Belastungen, die bis November 1922 gelöscht werden konnten, an den „Bürgerverein".

Zu Anfang des Jahres 1890 wird als Vorstandsmitglied des Vereins ein „RA Eberhard" genannt, der zuvor dem Aufsichtsrat der Aktiengesellschaft angehört hatte. Mit dem Rechtsanwalt Eberhard ist gewiss Ludwigs Sohn Carl gemeint, der zu diesem Zeitpunkt knapp 28 Jahre alt war. Im gleichen Zusammenhang erscheint der Name „Dr. Lucanus". Möglicherweise handelt es sich dabei um einen Neffen von Ludwig Eberhard, denn dessen Schwester Minna hatte den Gutsbesitzer Heinrich Lucanus geheiratet und bei dem Genannten könnte beider Sohn gemeint sein.[381]

Für die Rechtsanwälte Ludwig und Carl Eberhard, deren Kanzlei sich bis 1896 am Paradeplatz und danach in der Nähe des Frankfurter Tores befand, war es dann kein Problem, entweder zwischen den Sprechstunden kurz zur Zerstreuung auf einen Kaffee oder zur Lektüre ins nahe gelegene Klubhaus in der Französischen Allee 19 zu gehen. Wollte man etwas ausgiebiger zum Spiel und zur Konversation mit Wein oder anderen Getränken in die „Arche Noah" gehen, bot sich der Abend an, denn die Öffnungszeiten waren recht großzügig bemessen und dauerten von 10 bis 24 Uhr, in den „Restaurations-Zimmern" sogar bis 1 Uhr.[382]

Doch die Klubmitgliedschaft und der Kontakt mit anderen, oft einflussreichen oder wohlhabenden Mitgliedern dienten hin und wieder zu mehr als lediglich zur Freizeitgestaltung. Der Treffpunkt „Arche Noah" gewährte zudem die Chance, unter seinesgleichen ein soziales Netzwerk zu knüpfen oder zu pflegen, was für die Eberhards hilfreich sein konnte, um neue Klienten zu gewinnen oder alte zu behalten.

Die Exklusivität des „Bürgervereins" lässt sich nicht nur an Berufstätigkeit, Status oder Amtsbezeichnung seiner Mitglieder ablesen, die kurz vor dem Ersten Weltkrieg zumeist den „höheren Ständen" Hanaus angehörten, sondern zeigt sich ferner an der Bemessung des Klubbeitrags, der sich ab 1913 auf 30 Mark jährlich belief.[383] Eine respektable Summe, denn das durchschnittliche Jahreseinkommen eines Indus-

---

[381] Fraeb, Entstehung und Entwicklung, S. 33 f.
[382] Haus-Ordnung des geselligen Bürgervereins, Paragraph 1.
[383] Fraeb, Entstehung und Entwicklung, S. 35.

Das Haus „Zur Arche Noah" als Domizil des Bürgervereins 1936 als es bereits den repräsentativen Charakter als Klubhaus der renommiertesten Vereinigung in der Stadt verloren hatte. Am 19. März 1945 fiel das Gebäude britischen Bomben zum Opfer. Abbildung: Medienzentrum Hanau.

triearbeiters betrug damals rund 1.200 Mark und das eines Goldarbeiters lag bei etwa 1.650 Mark. Ein Graveur verdiente knapp 2.000 Mark und eine Kettenmacherin rund 640 Mark. Die Löhne der ungelernten Kräfte lagen in der Schmuckindustrie deutlich niedriger: Ein Hilfsarbeiter erhielt hier gut 1.300 Mark, eine Hilfsarbeiterin nur etwa 530 Mark im Jahr.[384]

Da die Geschichte des „Bürgervereins zu Hanau e.V." nicht mit dem Todesjahr Ludwig Eberhards endete, der Verein allerdings nicht mehr allzu lange darüber hinaus bestand, schließt sich hier ein Ausblick auf die Jahre nach dem Tod Eberhards an.

Leider lässt sich Walter Martin Fraeb, der Chronist der 1932 veröffentlichten Geschichte des „Bürgervereins", nur mit wenigen Worten darüber aus, wie es dem Klub während des Ersten Weltkrieges und der folgenden Wirtschaftskrisen erging, die er als *„ungeahnte Schwierigkeiten"* und *„Entwicklungshemmungen"* charakterisiert.

[384] Angaben nach: Krause, Hartfrid, Revolution und Konterrevolution 1918/19 am Beispiel Hanau, Kronberg 1974, S. 12.

Vermutlich verursachten über die schlechte ökonomische Lage hinaus notwendige Sanierungsarbeiten weitere finanzielle Probleme, sodass das Klubhaus des Bürgervereins öfter auch als Versammlungsort anderer Hanauer Vereine diente und einzelne Räume für längere Zeit an andere Korporationen vermietet werden mussten.

Hinsichtlich der Mitgliederstruktur brachten Erster Weltkrieg und Republik keine gravierenden Veränderungen, ja man kann eher konstatieren, dass in dieser Beziehung alles beim Alten blieb: Das Mitgliederverzeichnis anlässlich des 100-jährigen Jubiläums, das am 12. November 1932 mit Ansprachen, Trinksprüchen, selbst verfassten Gedichten und einem bunten Abend begangen wurde,[385] liest sich wie ein Who's who der Hautevolee Hanaus und der näheren Umgebung. So erscheinen darin allein die Familiennamen Deines sechsmal, Illert viermal, Brüning und Heraeus jeweils dreimal und auch der Name Eberhard ist zweimal vermerkt. Auch Hanaus damaliger Oberbürgermeister Dr. Kurt Blaum (1884–1970) gehörte dem „Bürgerverein" an.[386]

Der „Bürgerverein zu Hanau e.V." zählte bei seinem 100-jährigen Jubiläum im Jahr 1932 203 ordentliche Mitglieder, darunter befand sich jedoch nur eine Frau. Tabelle 4 informiert darüber, welchen Berufen sie angehörten.

Tabelle 4: Berufe und Berufsgruppen im Bürgerverein

Berufe/Berufsgruppen	Anzahl
höhere Beamte	36
Unternehmer (zumeist Fabrikanten und Kaufleute)	114
freie Berufe (zumeist Ärzte und Anwälte)	36
Handwerker	5
sonstige akademische oder qualifizierte Berufe	7
sonstige oder ohne Angabe	5

Liest man in Fraebs Darstellung „zwischen den Zeilen", dann sind durchaus einige pessimistische Untertöne herauszuhören. Dies kann nicht sehr überraschen, denn im Jahr 1932 befand sich die Wirtschaft des Deutschen Reiches mit phasenweise gut sechs Millionen Arbeitslosen auf dem Höhepunkt der Depression (Welt-

---

[385] Hanauer Anzeiger vom 14. November 1932.
[386] Fraeb, Entstehung und Entwicklung, S. 41 ff.

wirtschaftskrise). Verbunden war diese an sich schon missliche Situation mit heftigsten Auseinandersetzungen der politischen Parteien und weitverbreiteter Perspektivlosigkeit. Trotzdem endet die Chronik optimistisch, weil der Autor im „Bürgerverein" „*keinen lebensmüden Greis*" erblickte, sondern vielmehr eine „*sturmerprobte*" und „*widerstandsfähige*" Vereinigung.

Doch es sollte ganz anders kommen. Nach der Machtübernahme der Nationalsozialisten Ende Januar 1933 erfolgte als eine der ersten Maßnahmen der neuen Herrscher die Gleichschaltung der Parteien, Verbände, Vereine und anderer Organisationen. In diesem Kontext passte ein elitärer „Bürgerverein" nicht zur staatlicherseits verordneten Weltanschauung einer vordergründig egalitären deutschen „Volksgemeinschaft". Folglich taufte man den „Bürgerverein zu Hanau" um und nannte ihn fortan „Volksgemeinschaft für Kunst und Heimatpflege". Im September 1936 wurde das vormalige Klubhaus des „Bürgervereins" „*auf entsprechenden Druck hin (...) der Stadt gegen Übernahme der darauf ruhenden Lasten zu Eigentum übertragen*". Wie so viele Gebäude in der Hanauer Innenstadt fiel es kurz vor Kriegsende den Bomben des britischen Fliegerangriffs vom 19. März 1945 zum Opfer.[387] Eine dem „Bürgerverein" vergleichbare Korporation hat sich nach 1945 in Hanau nicht wieder etablieren können.

Einkommen und Lebensstil

Zur Führung eines bürgerlichen Lebensstils bedarf es ausreichender finanzieller Möglichkeiten. Einen guten Hinweis auf das Einkommen und damit auf die denkbare Lebenssituation eines bestimmten Personenkreises gewährt der Einblick in die Steuerkataster. In Hanau gehörten 1873 die Geringverdienenden gar keiner oder der Steuerklasse 1 an. Je höher die Klasse, umso besser waren folglich die Vermögensverhältnisse. Demzufolge finden sich in den höchsten Kategorien (15, 16 und 17) einige Bijouteriefabrikanten, Kaufleute, Weinhändler und der Brauereibesitzer Nicolay.

Die Veranlagung der Gemeindeumlage der Stadt Hanau von 1873 verrät, dass der Justizrat Ludwig Eberhard gegenüber dem Vorjahr um eine Klasse nach oben, von 6 auf 7, veranschlagt wurde. Damit stand er aber keineswegs allein, denn viele

---

[387] Hanauer Anzeiger vom 6. Februar 1937 und Fraeb, Menschen und Schicksale, Nr. 4, S. 36.

„Verzeichnis von Veränderungen in den Ansätzen zur Gemeinde-Umlage für das Jahr 1873", danach stieg der Justizrat Eberhard gegenüber dem Vorjahr von der Steuerklasse 6 in die Steuerklasse 7 auf. Abbildung: Stadtarchiv Hanau.

Bürger des Hanauer Mittelstands oder des Wirtschaftsbürgertums erfuhren diese Höherstufung. Eberhard befand sich mit dieser Steuerklasse beispielsweise in Gesellschaft eines Apothekers, eines Drahtziehers und der Brüder Bracker, die hier nicht als Fabrikanten, sondern unter ihrem erlernten Beruf als „Mechaniker" firmierten. Andere in Hanau arbeitende Juristen wurden ebenfalls angesetzt. Zwei freiberufliche Rechtsanwälte und Notare rutschten von 3 auf 6, ein anderer von 10 auf 11 und ein Rechtsvertreter sogar von 11 auf 12. Bei den staatlich bediensteten Juristen stiegen ein Kreisgerichtsrat und ein Staatsanwalt von 4 auf 5. Bei den Amtsrichtern hingegen zeigt sich ein uneinheitliches Bild: Einer stieg von 2 auf 4, ein anderer von 5 auf 6 und ein dritter gar von 6 auf 8.

Die meisten Handwerker wie etwa Spengler, Maurer, Metzger oder Weißbinder rangierten in den Steuerklassen 2 und 3, allerdings gab es einige markante Ausreißer, in erster Linie nach oben. Einige wenige der seinerzeit in Hanau noch sehr häufigen Goldarbeiter waren der Steuerklasse 3 oder 4 zugeordnet, die Mehrheit von ihnen gehörte freilich entweder zur Kategorie 1 oder 2. Auch bei den zahlreichen Bijouteriefabrikanten ergibt sich kein einheitliches Bild, weil die Spannbreite der Veranschlagung bei dieser Berufsgruppe beträchtlich variierte.[388]

Justizrat Ludwig Eberhard befand sich mit der Einordnung in Steuerklasse 7 also im oberen Mittelfeld und hielt sich dort oder verbesserte sich möglicherweise sogar. Diese Vermutung legt eine Aussage Eberhards von November 1877 nah, in der er seine „*Geschäfte*" aufgrund einer guten Konjunktur als „*vermehrt*" bezeichnet, was gewiss mit einem höheren Einkommen verbunden war. Wobei einschränkend anzufügen ist, dass er negative Auswirkungen „*in Folge der Reichsjustizgesetze*" fürchtete.[389]

Doch diese Besorgnisse dürften die Auftragslage nicht oder kaum beeinträchtigt haben, denn seit April 1891 konnte Ludwig Eberhard einen zweiten Juristen in seiner Kanzlei in der Frankfurter Straße beschäftigen: seinen Sohn Carl. Allerdings muss an dieser Stelle offenbleiben, ob Ludwig Eberhard mit seinen fast 69 Jahren nach dem Eintritt seines Sohnes weiterhin noch mit ganzer Kraft als Rechtsanwalt tätig war. Sein Notariat übte er auf jeden Fall noch aus, denn Carl Eberhard konnte erst 1906 seinen Diensteid als Notar leisten.[390]

---

[388] Stadtarchiv Hanau: C1 481 Die Veranlagung der Gemeinde-Umlage 1872–1875. Vergleichbare Unterlagen aus späterer Zeit fielen Luftangriffen zum Opfer.
[389] Hessisches Staatsarchiv Marburg: 263 1393.
[390] Hessisches Staatsarchiv Marburg: 270 233.

Das häusliche Familienleben und der Arbeitsbereich des freiberuflichen Rechtsanwalts Ludwig Eberhard blieben also zumeist nicht nur inhaltlich, sondern gleichermaßen räumlich voneinander getrennt. Mithin entsprach er dem bis vor wenigen Jahrzehnten weithin vertrauten und akzeptierten Rollenverhalten von Mann und Frau, wonach der Vater außerhalb des Hauses dem Gelderwerb nachging, während die treu sorgende Ehefrau im Haus waltete und ihre Aufgaben in erster Linie in der Pflege des Haushalts und der Erziehung der Kinder sah. Die Art und Weise der *„Ausgestaltung der familiären Innenwelt"* durch die Ehefrau beruhte natürlich auf dem Einverständnis des Ehemanns, der in grundsätzlichen Fragen auch von Rechts wegen das entscheidende Wort sprechen konnte.[391]

Bei einer Sache hatten und haben die Ehefrauen allerdings ein ganz gewichtiges Wort mitzureden, nicht zuletzt weil die gesamten Vorbereitungen dafür zumeist auf ihren Schultern lasteten, nämlich bei der Planung und Organisation des Familienurlaubs.

In Bernhard Eberhards Autobiografie ist von einer derartigen Unternehmung allerdings nur einmal die Rede, nämlich von der bereits erwähnten Reise ins sächsische Malschwitz.[392] Ansonsten wissen wir nichts von Urlauben oder Ausflügen der Familie des Hanauer Oberbürgermeisters. Doch dabei ist wieder anzumerken, dass seine Nachkommen die eigentlichen Adressaten seiner Lebensbeschreibung waren, und die brauchten über derartige Fahrten nicht informiert zu werden, weil sie natürlich davon wussten oder selbst daran teilgenommen hatten.

Dagegen ersuchte der Rechtsanwalt und Notar Ludwig Eberhard bei der vorgesetzten Justizbehörde mehrfach um die Gewährung längerer Urlaube und Heilung versprechender Badekuren, die regelmäßig bewilligt wurden.[393] Wohin diese Reisen führten und inwieweit er sie allein oder gemeinsam mit seinen Angehörigen unternahm, geht aus den Archivalien leider nicht hervor.

---

[391] Weber-Kellermann, Die deutsche Familie, S. 104 ff.
[392] Eberhard, Aus meinem Leben, S. 61.
[393] Hessisches Staatsarchiv Marburg: 250 990. Dort sind mehrere Urlaubsanträge und Bitten Ludwig Eberhards um Urlaubsverlängerung gesammelt.

DIE JURISTEN DER HANAUER KANZLEI EBERHARD UND IHRE EHEFRAUEN

Tabelle 5: Geburts- und Todestag der Juristen und ihrer Ehefrauen[394]

Johann Bernhard Eberhard	Marie Anne Caroline Colin
* 6. April 1795 in Schlüchtern	* 3. Januar 1792 in Hanau
† 29. Februar 1860 in Hanau	† 3. September 1871 in Hanau

Ludwig Carl Eberhard	Friederike Marie Eleonore Schmedes
* 3. September 1822 in Hanau	* 4. März 1837 in Fulda
† 4. Januar 1903 in Hanau	† 4. September 1900 in Hanau

Carl Wilhelm Eberhard	Sofie Katherine Konradine Hildenbrand
* 25. Dezember 1862 in Fulda	* 23. August 1873 in Lindau
† 1. August 1937 in Hanau	† 10. November 1959 in Hanau

Dr. jur. Karl Ludwig Eberhard	Margarete Berta Madeleine Hölscher
* 5. März 1900 in Hanau	* 29. Mai 1903 in Gotha
† 25. April 1970 in Hanau	† 16. März 1984 in Hanau

Ulrike Marlis Eberhard	Dr. jur. Heinrich Arthur Pitt Ludwig
* 7. April 1935 in Frankfurt	* 7. August 1929 in Baden-Baden
† 11. August 1997 in Hanau	† 6. Juni 2014 in Hanau

[394] Zusammengestellt nach den Urkunden zum Ahnenpass Karl Ludwig Jakob Eberhard.

Auch Justizrat Carl Eberhard (1862–1937) hatte Wohnung und Arbeitsstelle voneinander getrennt. Privat wohnte er in der Hainstraße 14 (heute Eugen-Kaiser-Straße), seine Kanzlei befand sich in der damaligen Frankfurter Straße 23, nahe dem Frankfurter Tor. Mehrere Aufnahmen haben das repräsentative Haus in der Hainstraße zum Motiv, sowohl von innen als auch von außen. Von der Wohnung sind das Esszimmer, der Erker und der Salon fotografisch festgehalten. Die Bezeichnung „Salon" für einen der Räume klingt ambitionierter als „Wohnstube" und lässt die Vermutung zu, dass man dieses Zimmer außer bei Familienfeiern, wie etwa der Konfirmation von Karl Ludwig Eberhard 1914, noch für gesellschaftliche Einladungen nutzte. Obwohl die Fotos nur Teile der Räume zeigen, so vermitteln sie dennoch den Eindruck einer gewissen bürgerlichen Gediegenheit und eines vorhandenen Wohlstands. Einflüsse der seinerzeit in weiten Teilen des Bürgertums favorisierten Stilrichtung des Historismus sind bei den Möbeln nicht zu übersehen. Abbildung: Sammlung Andreas Ludwig.

Der Gebäudekomplex der Hanauer Justizbehörden in der Nußallee nach der Fertigstellung 1911. Rückwärtige Ansicht von der Katharina-Belgica-Straße. Abbildung: Landgericht Hanau.

Michael Müller (Hanau)

EINE HISTORISCHE TOPOGRAFIE DER JUSTIZ IN HANAU

Viele Standorte der Rechtsprechung

Nach den vorangegangenen tiefen und facettenreichen Einblicken in die Geschichte mag sich der Leser die Frage stellen, wo dies alles stattgefunden hat. Durch die Zerstörung der Stadt im März 1945 sind viele Orte aus dem Umfeld des Bernhard Eberhard verschwunden oder sehen heute ganz anders aus. Neben den erhaltenen Denkmälern dieser Zeit lässt sich einiges aus schriftlichen und bildlichen Quellen rekonstruieren.

Das Hanauer Justizzentrum an der Nussallee entstand als großes städtebauliches Projekt in der Gründerzeit. Das Baugebiet lag zwischen dem ehemaligen, 1829 abgerissenen Kanaltor und dem heute noch dort befindlichen Barockbau des Frankfurter Tores. Um die historische Entwicklung aufzuzeigen, die zu Beginn des 20. Jahrhunderts schließlich zur Ansiedlung der wichtigsten Justizbehörden an diesem vorstädtischen Areal führte, muss man zweigleisig fahren: Beginnend mit der Geschichte der Stadt Hanau muss überblicksweise dargelegt werden, welche Strukturen zuvor in den Städten Alt- und Neuhanau bestanden. Zugleich soll ein Versuch gewagt werden, die Geschichte und Topografie des Stadtviertels näher zu beleuchten.

Die daraus resultierende „historische Topografie der Hanauer Justizbehörden" gibt einen Einblick in die Entwicklung der Hanauer Justiz vom Mittelalter bis heute. Der Bau des Gerichtsgebäudes erscheint dabei als deutlicher Wendepunkt von den Strukturen des Alten Reichs zur heutigen Gerichtsorganisation. Auch wenn das Gebäude der Reichsbanknebenstelle zunächst einem anderen Zweck diente, ist es doch nicht aus diesem Komplex herauszutrennen, die spätere Umnutzung erscheint nach der Auflösung der gründerzeitlichen Strukturen geradezu als logischer Schritt.

Ansicht des Gerechtigkeitsbrunnens vor dem Altstädter Rathaus (Deutsches Goldschmiedehaus) nach der Restaurierung 2014. Abbildung: Michael Müller.

Zur Lokalisierung der Hanauer Justizbehörden im Alten Reich und in Kurhessen bis zum Organisationsedikt 1821

Seit der Gründung der Städte Alt- (Stadtrechte 1303) und Neuhanau (1597) gab es eine städtische Gerichtsbarkeit, die aber noch in keiner Weise von den Stadtverwaltungen getrennt war. Die höhere Justiz lag in den Händen des Landesherrn, bis 1736 der Grafen von Hanau-Münzenberg, dann der Landgrafen und späteren Kurfürsten von Hessen-Kassel. Beide Städte hatten eigene Stadträte beziehungsweise Magistrate und die aus den Reihen der Ratsmitglieder gewählten Bürgermeister. Die gräfliche Regierung ernannte für jede Stadt einen Schultheißen, der als Aufsichtsbeamter an den Sitzungen teilnahm, wobei der Schultheiß der Altstadt auch für das Umland (Amt Bücherthal) zuständig war. Die Aufgaben des Stadtgerichts übte der Schultheiß mit dem jeweiligen Bürgermeister und den Ratsherren als Schöffen aus.[1]

Das Altstädter Rathaus

Die Funktion der Rathäuser als Ort des althergebrachten Stadtgerichts ist am deutlichsten noch am Altstädter Rathaus, dem heutigen Goldschmiedehaus, ablesbar: An der südwestlichen Gebäudeecke ist noch heute eine Replik des Halseisens angebracht. Es diente als Pranger zur Vollstreckung von Ehren- und Prügelstrafen und als äußeres Zeichen der städtischen Gerichtsbarkeit. Vor dem Gebäude befindet sich der Gerechtigkeitsbrunnen von 1611 mit der Justitia, vermutlich ein Werk der Büdinger Bildhauerfamilie Büttner.[2] Der Brunnen wurde 1767 vom Platz entfernt und in die Fassade des Gebäudes integriert, bis er 1928 wieder auf dem Platz aufgestellt wurde. Sehenswert sind ferner die Reliefs der Konsolsteine am ehemals offenen Untergeschoss des Gebäudes mit spätmittelalterlicher Bildsprache und die am Treppenaufgang angebrachte Hanauer Elle (54,38 cm).

Diese heute noch sichtbaren Merkmale verweisen auf die Rolle des Altstädter Rathauses als Stadtgericht. Zuvor mag das ältere, gegenüberliegende Spielhaus diese Funktion erfüllt haben, dessen Erdgeschoss ebenfalls als offene Halle ausgeführt war.

---

[1] Meise, Eckhard, Das Altstädter Rathaus zu Hanau als Sitz des Kurfürstlichen Landgerichts (1822–1850), zugleich ein Beitrag zur Geschichte der Hanauer Behörden im Vormärz. In: Hanauer Geschichtsblätter, Band 30 (1988), S. 557–590, hier S. 567.

[2] Krumm, Carolin, Kulturdenkmäler in Hessen – Stadt Hanau, Hrsg.: Landesamt für Denkmalpflege Hessen, Wiesbaden 2006, S. 139 f.

Das Neustädter Rathaus

Der Sitz der entsprechenden Institutionen in der Neustadt war das nach der Stadtgründung um 1600 erst 1733 eingeweihte Neustädter Rathaus am Marktplatz. Auch hier weist bereits der Bauschmuck auf diese Funktion hin. So befindet sich im Dreiecksgiebel neben dem Wappen des Erbauers Graf Johann Reinhard III. (1665 – 1736) eine sitzende Justitia mit Waage und Zepter, zu ihren Füßen ein Adler mit Schwert (die Frauenfigur mit Fackel und Buch auf der gegenüberliegenden Seite symbolisiert den Frieden). Im Erdgeschoss war neben den Ratsstuben zusätzlich Raum für die Bürgerwacht. Anstelle des heutigen modernen Verwaltungsgebäudes befand sich hinter dem Rathaus zur Langstraße hin ein Hintergebäude mit Tordurchfahrt. In ihm waren die Ratsdienerwohnung, das Gefängnis und das Archiv untergebracht. Beim Abriss des Gebäudes in der Nachkriegszeit wurde der Wappenstein vom Torbogen geborgen und ins Historische Museum verbracht.[3]

Der Margarethenturm („Criminalturm") auf der Kinzigbrücke, weitere Stadttore und -türme

Einige Türme der Stadtbefestigung und besonders die Tore wurden aus praktischen Gründen in fast jeder mittelalterlichen Stadt als Gefängnis genutzt. Sehr prominente Beispiele hierfür haben bei Schriftstellern ihren Niederschlag gefunden, etwa die (für einen Ritter erniedrigende) Haft Götz von Berlichingens im Turm zu Heilbronn.[4] In Frankfurt diente der Alte Brückenturm als Gefängnis. Goethe berichtet in Dichtung und Wahrheit davon, dass die Schädel der drei Anführer des Fettmilch-Aufstands von 1616 noch 150 Jahre später dort zu sehen waren.[5] Ebenfalls aus Frankfurt berichtet die Sage vom „Neuner in der Wetterfahne" von der Nutzung des Eschenheimer Turms als Gefängnis.

In der mittelalterlichen Stadt Hanau wurde zunächst das Kinztor (auch Markttor) als Gefängnis genutzt. Die dorthin führende Marktgasse wurde auch als *„Gasse beim Gefangenenturm"* bezeichnet.[6] Die „Armesünderglocke" befand sich allerdings

---

[3] Wolf, Inge, Christian Ludwig Hermann – Baudirektor am Hanauer Hof. In: Hanauer Geschichtsblätter, Band 30, 1988, S. 445 – 555, hier: S. 458 – 463.
[4] Goethe, Johann Wolfgang von, Götz von Berlichingen, 5. Akt.
[5] Goethe, Johann Wolfgang von, Dichtung und Wahrheit, 4. Buch, Teil 1.
[6] Bott, Heinrich, Stadt und Festung Hanau (2). In: Hanauer Geschichtsblätter, Band 20. Hanau 1965, S. 115.

Idylle am Margarethenturm im Sommer 1826, Zeichnung aus dem Skizzenbuch des Kasseler Oberbaudirektors Julius Eugen Ruhl (1796–1871). Abbildung: Historisches Museum Hanau Schloss Philippsruhe/Hanauer Geschichtsverein 1844 e.V.

im Metzgertor am westlichen Ausgang der Stadt. Wie alle mittelalterlichen Stadttore verlor das Tor spätestens mit Errichtung der renaissancezeitlichen Altstadtbefestigung seine Funktion und wurde 1769 abgerissen.[7] Auf der 1556–1559 erbauten steinernen Kinzigbrücke vor dem Hospitaltor wurde 1616 zur Verstärkung der Befestigung ein Brückenturm erbaut, der sogenannte Margarethenturm. Er ist mit der Vorstadt auf vielen Stadtansichten zu sehen, die im Zusammenhang mit der Schlacht bei Hanau 1813 entstanden. Das Obergeschoss des Turmes enthielt bis zum Abriss 1829 das städtische Gefängnis, weshalb sich auch gelegentlich die Bezeichnung „Criminalturm" findet. Danach wurde es in das Bücherthaler Amtshaus am Johanneskirchplatz verlegt.[8] Ebenfalls bis in das Jahr 1829 wurde der Wasserturm des Hanauer Stadtschlosses als Militärgefängnis genutzt.[9]

---

[7] Schenk, Otto, Die alten Hanauer Stadttore. In: Hanau. Stadt und Land. Ein Heimatbuch für Schule und Haus. Hanau 1954, S. 356.
[8] Meise, Das Altstädter Rathaus, S. 575; Schenk, Die alten Hanauer Stadttore, S. 357.
[9] Krumm, Kulturdenkmäler in Hessen – Stadt Hanau, S. 272.

Die kurhessische und preußische Gerichtsorganisation im 19. Jahrhundert

Diese Strukturen hielten sich mit wenigen Änderungen bis ins Jahr 1821. Die napoleonische Zeit 1806–1813 kann hier ausgeklammert werden, da der zurückgekehrte Kurfürst Wilhelm I. (1743–1821) die alten Strukturen sehr rigoros wiederherstellte. Es sollte bis zu seinem Tod dauern, bis wesentliche Änderungen in der Verwaltung vollzogen werden konnten, die auch das Gerichtswesen grundlegend veränderten. Für die Bürger Hanaus mag die Aufhebung der Trennung von Alt- und Neustadt Hanau 1821 ein deutlicher Wendepunkt gewesen sein. Die Schultheißenämter beider Städte wurden aufgehoben. Erster gemeinsamer Bürgermeister wurde Georg Wilhelm Carl (* 1770), nach dessen Tod 1826 Bernhard Eberhard.

Mit dem sogenannten Organisationsedikt vom 29. Juni 1821 war aber gleichzeitig die Trennung von Justiz und Verwaltung in die Wege geleitet, die sich auch in der räumlichen Ausstattung der Justizbehörden alsbald bemerkbar machte. Die Gerichtsstruktur änderte sich nun grundlegend: Oberster Gerichtshof war das Oberappellationsgericht in Kassel. In den Provinzhauptstädten, zu denen auch Hanau nun zählte, befanden sich die Obergerichte als erste Instanz für Verfahren mit größerer Wichtigkeit beziehungsweise zweite Instanz für Revisionen. Das Hanauer Obergericht tagte im kurfürstlichen Stadtschloss. Die Untergerichte (später Landgerichte) umfassten die größeren Städte und deren Umland. Für kleinere Zivilstreitigkeiten, Polizeigerichtsbarkeit und Voruntersuchungen existierten Justizämter (die späteren Amtsgerichte).[10]

Das Bücherthaler Amtshaus

Die Strukturen des Alten Reiches blieben in der Verwaltung der Altstadt besonders lange lebendig. Der Schultheiß der Altstadt fungierte gleichzeitig als Amtmann für das Amt Bücherthal, den ursprünglichen Besitz der Herren von Hanau (etwa den südwestlichen Main-Kinzig-Kreis umfassend), in dessen Territorium die Stadtgründung erfolgte. 1724/1725 entstand am Johanneskirchplatz (Ecke Schulgasse) ein stattliches Verwaltungsgebäude. Nach dem Organisationsedikt beherbergte das Gebäude das Kreisamt und die reitende Gendarmerie, die zuvor im Fronhof stationiert war. Zu diesem Zweck enthielt es zahlreiche Stallungen. Zusätzlich wurde

---

[10] Meise, Das Altstädter Rathaus, S. 561–566.

1829 nach dem Abbruch des Margarethenturms im Bücherthaler Amtshaus ein Gefängnis eingerichtet.

Das Bücherthaler Amtshaus wurde bis zur Fertigstellung eines eigenen Justizgebäudes 1842 genutzt, anschließend von der Johanneskirchengemeinde erworben und für den Neubau einer Kirchendienerwohnung abgebrochen. Dieses bezeichnenderweise *Zum Landsäckel* genannte Gebäude wurde im Zweiten Weltkrieg zerstört.[11]

Das Landgericht im Altstädter Rathaus

Der neue Rat beider Städte entschied 1821, das nun nicht mehr für Ratssitzungen benötigte Altstädter Rathaus dem Landgericht zur Verfügung zu stellen. Das Gebäude war allerdings in einem sehr schlechten baulichen Zustand. Daraus entwickelte sich ein langwieriger Streit der Stadt mit dem kurhessischen Staat, der offenbar lange Jahre die vereinbarte Miete schuldig blieb. Die Stadtverwaltung konnte oder wollte unter diesen Umständen nicht für eine Renovierung aufkommen, sodass 1828 sogar die Verkehrssicherheit des Gebäudes im Zweifel stand. Schon sehr bald bemühte man sich deshalb, angemessenen Ersatz zu schaffen.[12]

Gerichtsgebäude Im Bangert

Im gräflichen Baumgarten, dem *Bangert*, wurde seit 1838 ein größeres Justizgebäude errichtet. Das Grundstück lag sehr nahe an der Altstadt und war so geräumig, dass hier eine Vielzahl von Justizbehörden Aufnahme fand. 1842 zogen die Polizei und Gendarmerie ein, 1843 begann die Nutzung als Gefängnis als Nachfolge des Bücherthaler Amtshauses. Das Obergericht wurde Ende 1848 vom Stadtschloss hierher verlegt.

Etwas komplizierter verlief der Umzug des Landgerichts: Mit dem *Gesetz über die Einrichtung der Gerichte und der Staatsbehörde bei den Gerichten* vom 31. Oktober

---

[11] Meise, Das Altstädter Rathaus, S. 575, Anm. 34; Hanauer Geschichtsverein (Hrsg.), 675 Jahre Altstadt Hanau. Festschrift zum Stadtjubiläum und Katalog zur Ausstellung im Historischen Museum der Stadt Hanau am Main, Hanau 1978, Kat.-Nr. 334; Bott, Heinrich, Die Altstadt Hanau. Ein Gedenkbuch zur 650-Jahr-Feier der Altstadt Hanau, Hrsg.: Hanauer Geschichtsverein, Hanau 1953, S. 135 f., Nr. 287.

[12] Zum Altstädter Rathaus als Gerichtssitz siehe ausführlich Meise, Das Altstädter Rathaus.

Eine historische Topografie der Justiz in Hanau

Luftbild vom Freiheitsplatz (um 1925) mit dem Stadttheater. Links unten ist der Komplex des alten Gerichtsgebäudes erkennbar, zu dem auch Stallungen für die Gendarmerie im Hofbereich gehörten. Abbildung: Medienzentrum Hanau.

1848 war die Aufhebung der Landgerichte und ihre Aufteilung in Justizämter angeordnet worden. Seit 1850 gab es in Hanau als Nachfolge des Landgerichts die Justizämter I und II. Für sie wurde im selben Jahr zunächst das Haus Paradeplatz Nr. 861 angemietet (Geburtshaus von Jacob und Wilhelm Grimm). Die Justizämter nahmen zwar dort ihre Arbeit auf, zogen allerdings schon im Dezember 1851 in das neue Justizgebäude Im Bangert.[13]

Dieses erste „Hanauer Justizzentrum" war ein frei stehender, lang gestreckter Bau mit drei Geschossen zwischen der ebenfalls in dieser Zeit errichteten katholischen Kirche und dem Paradeplatz. Im hinteren Bereich des Grundstücks befand sich ein *„Criminalgefängniß so wie eine Caserne für die Gensdarmerie mit Stallgebäuden für deren Pferde"*, wie der Hanauer Chronist Wilhelm Ziegler (1809–1878) berichtet.[14] Auf

---

[13] Meise, Das Altstädter Rathaus, S. 588.
[14] Zitiert nach: Meise, Das Altstädter Rathaus, S. 575, Anm. 34.
[15] Lesser, Felix, Die Gerichtsverfassung unserer Heimat im 19. Jahrhundert und das Landgericht Hanau. In: Hanau. Stadt und Land. Ein Heimatbuch für Schule und Haus, Hrsg.: Hanauer Geschichtsverein, Hanau 1954, S. 182.

einer Lithografie aus dem Jahr 1870, welche die Kirche zeigt, ist das Gerichtsgebäude im Hintergrund als langer Baukörper mit weißer Fassade und axialer Fensteranordnung zu erkennen. Das Gebäude wurde nach dem Umzug der Justizbehörden an die Nussallee von der Stadt genutzt, 1945 zerstört und nicht wieder aufgebaut.

In die Zeit des Gerichtsgebäudes Im Bangert fielen zwei Neuerungen. Mit dem Anschluss Kurhessens an Preußen 1866 wurde das Kasseler Oberappellationsgericht zum Appellationsgericht. Die Obergerichte wurden in Kreisgerichte umbenannt, denen die Amtsgerichte unterstanden. Mit Einführung der heute noch weitgehend bestehenden Gerichtsverfassung 1879 wurde in Kassel aus dem Appellationsgericht das Oberlandesgericht. Die Kreisgerichte wurden zu Landgerichten, wobei nun dem Hanauer Landgericht die Fuldaer Bezirke zugeschlagen wurden.[15]

Durch die Reform von 1879 entstand im Gerichtsgebäude Im Bangert Raumnot. Das Amtsgericht Hanau musste weichen und bezog für einige Jahre ein Gebäude am Neustädter Markt (Am Markt 18). Möglicherweise hat dies erste Überlegungen zu einem Neubau angestoßen.[16]

Das Justizgebäude und die Justizbehörden an der Nussallee – ein städtebauliches Großprojekt der Gründerzeit

Die Niederlegung der Befestigungsanlagen in napoleonischer Zeit hat in Hanau nicht gerade zu einem „Bauboom" geführt. So standen etwa die Stadttore noch bis in die 1820er-Jahre, der Schutt der abgetragenen Befestigungen türmte sich vielerorts zu Bergen und das frei werdende Gelände wurde in der Regel als Gartenland genutzt. Auch das „vorstädtische" Gelände der späteren Nussallee gehörte unter diesen Gegebenheiten nicht zu den begehrten Baugebieten, zudem lag es zwischen zwei Friedhöfen (dem „französischen" Friedhof der Wallonisch-Niederländischen Gemeinde vor dem heutigen Martin-Luther-Stift sowie dem „deutschen", vorwiegend von den Bewohnern der Altstadt genutzten Friedhof am Fischerhüttenweg) und der Kinzig. Die nördlich anschließende Vorstadt gehörte wie weite Teile der Altstadt eher zu den ärmlichen Wohnquartieren. Eine Beschreibung des Geländes bietet der Stadtrundgang des niederländischen Pfarrers Hebelius Potter (1768–1824) aus dem Jahr

---

[16] Scheuermann, Ulrich, Geschichte des Landgerichts Hanau. In: Neues Magazin für Hanauische Geschichte 2015, S. 117.

1810: „Wenn man (...) den Weg weitergeht, kommt man am Frankfurter Tor vorbei wieder an einen richtigen Außengraben, der mit schattigen Nuss- und Kastanienbäumen bedeckt ist. Durch größere Verschiedenheit werden die Ausblicke hier auch wieder interessanter. Zur Linken liegt ein kleiner, aber hübsch angelegter Garten, gegenüber einem Arm der Kinzig, die hier einen künstlichen Wasserfall bildet.

Rechts liegt der reformierte Kirchhof, ein sehr ausgedehntes Stück Land, der durch eine niedrige Mauer von dem Weg getrennt ist. Eine große Menge Grabdenkmäler, Säulen und Grabsteine verschieden an Schönheit und Wert findet man hier. Viele sind aber z.T. mit Gras überzogen, das ich auf diesem Friedhof zu einer erstaunlichen Höhe emporgeschossen fand. Da auf diesem ganzen Stück Land kein gebahnter Fußpfad ist und man sich überall durch das hohe Gras und die aufgeworfenen Grabhügel nur mit Mühe durcharbeiten kann, so macht dies eine Wanderung über den sonst so schönen und lehrreichen Friedhof nicht sehr behaglich. Es ist jammerschade, dass er nicht besser unterhalten wird.

Wenn man etwas weiter geht, kommt man zum lutherischen Friedhof, der in allem dem reformierten gleicht und daher keine besondere Beschreibung nötig macht. Zwischen beiden Friedhöfen stößt man wieder auf einige vortrefflich angelegte Gärten".[17]

Die beiden Friedhöfe wurden erst 1846 geschlossen, nachdem im selben Jahr die Belegung des neuen Hauptfriedhofs südöstlich der Stadt begonnen hatte. Das Gelände blieb aber über lange Perioden des 19. Jahrhunderts ein eher idyllischer Ort in der Art, wie Potter es 1810 beschrieb.[18] Wir können uns vorstellen, dass dieser fast verwunschene Ort vor den Toren der Stadt für die Stadtverwaltung eher ein großes Ärgernis darstellte. Auch fürchtete man die Vergiftung der privaten und öffentlichen Ziehbrunnen in der Stadt (das erste Hanauer Wasserwerk entstand erst 1889), da das Gelände im Überschwemmungsgebiet der Kinzig lag.

Im Jahr 1896 ging man schließlich mit großem Aufwand die Umwandlung der Friedhöfe in Parks an, wobei die Grabdenkmäler zu großen Teilen abgeräumt wurden. Wenige, kunsthistorisch bedeutsame Steine wurden in die Sammlung des Hanauer Geschichtsvereins verbracht, wo sie aber zu großen Teilen 1945 im Altstädter Rathaus verbrannten. Der Vergleich zweier Pläne vom Beginn des 20. Jahrhunderts zeigt die Auswirkung der Änderungen. Auf dem ersten erscheint als einziges Bauwerk eine Kinderschule, die Katharina-Belgica-Straße existierte noch nicht. Der Fischerhütten-

---

[17] Hanauer Geschichtsverein (Hrsg.), Mit Hebelius Potter rund um das alte Hanau – Eine Zeitreise zurück in das Jahr 1810 (Hanauer Historische Hefte, Band 1), Hanau 2010, S. 21.

[18] Meise, Eckhard, Hanaus alte Friedhöfe und die Sammlungen des Hanauer Geschichtsvereins. In: Neues Magazin für Hanauische Geschichte 2008, S. 3–70, hier: S. 8 f.

weg endet am Hochwasserdamm. Der zweite Plan zeigt die angelegten Promenaden auf den Friedhöfen. Die Anordnung der umgebenden Straßen sollte sich wenige Jahre später mit der grundlegenden Neugestaltung des Areals ergeben.[19]

Die Erbauung des Justizgebäudes

Der Neubau des heutigen Justizgebäudes ist außer durch einen älteren Aufsatz[20] in jüngerer Zeit durch zwei historische Beiträge zufriedenstellend aufgearbeitet worden.[21] Es genügt deshalb, den historischen Rahmen und die städtebauliche Bedeutung darzustellen. Die von Erhard Bus in diesem Band geschilderten historischen Umstände hatten Hanau verändert: Im Verlauf des 19. Jahrhunderts wurde aus einer Residenzstadt des Alten Reichs eine hessisch-preußische Industriestadt. Neben den teilweise angesprochenen Änderungen in Verwaltung und Justiz machte sich dies auch im Stadtbild bemerkbar. Mit dem Bau der Frankfurt-Hanauer Eisenbahn war Hanau über den heutigen Westbahnhof seit 1848 an die Eisenbahn angeschlossen. 1891 begann die Kanalisierung der Stadt,[22] 1902/1903 entstand nördlich der Vorstadt an der Hainstraße (heute Eugen-Kaiser-Straße) als weiterer kommunaler Baukomplex das Landratsamt.[23] Städtebaulich war das Areal westlich der Kernstadt zu dieser Zeit also in einem Wandel begriffen. Im Gegensatz zu den engen Straßen der Alt- und Neustadt war die Nussallee neben der Philippsruher Allee eine Straße mit repräsentativem Charakter. Setzt man diese Achse noch weiter nach Norden fort, muss wohl auch der 1891 begonnene Bau der Kasernen im Lamboygebiet[24] in die Betrachtung einbezogen werden. Diese Achse westlich der Stadt war gesäumt von öffentlichen Gebäuden, während die großen Industriebetriebe (Heraeus, Degussa, Dunlop) sich vorwiegend östlich der Kernstadt ansiedelten.

Die Begehrlichkeiten der Justiz nach einem größeren Gebäude bestanden spätestens seit dem Gesetz betreffend die Einrichtung der Oberlandesgerichte vom

---

[19] Meise, Hanaus alte Friedhöfe und die Sammlungen des Hanauer Geschichtsvereins, Pläne S. 13 und 19.
[20] Lesser, Die Gerichtsverfassung.
[21] Scheuermann, Geschichte des Landgerichts Hanau, S. 115–145; Kästner, Otto, Zur Architektur des Landgerichts Hanau. In: Neues Magazin für Hanauische Geschichte 2015, S. 146–155.
[22] Heilmann, Ulrike, Energie und Trinkwasser für Lebensqualität. Die Entwicklung der Stadtwerke Hanau. In: Hanauer Geschichtsblätter 36, Hanau 1998, S. 493.
[23] Krumm, Kulturdenkmäler in Hessen – Stadt Hanau, S. 185.
[24] Krumm, Kulturdenkmäler in Hessen – Stadt Hanau, S. 116 ff.

Das Haupttreppenhaus des Hanauer Justizgebäudes mit reichem Bauschmuck im Vorkriegszustand. Abbildung: Landgericht Hanau.

4. März 1878, wodurch das Landgericht Hanau geschaffen wurde. Nach einer Auseinandersetzung mit der Stadt Fulda über den Sitz dieses Gerichts wurden dem Landgericht die 22 Amtsgerichte Bergen, Bieber, Birstein, Burghaun, Eiterfeld, Fulda, Gelnhausen, Großenlüder, Hanau, Hilders, Hünfeld, Langenselbold, Meerholz, Neuhof, Orb, Salmünster, Schlüchtern, Schwarzenfels, Steinau, Wächtersbach, Weyhers und Windecken unterstellt.[25]

Die Vorbereitungen zu diesem Neubau zogen sich über einige Jahre hin, vielleicht diente die oben geschilderte Anlage des Parks als eine Art „Zwischenlösung". 1906 wurde ein Vertrag zwischen der Stadt und dem preußischen Justizfiskus geschlossen. Die Stadt verpflichtete sich, eine Fläche von 7.000 Quadratmeter des ehemaligen Friedhofs unentgeltlich als Bauplatz zur Verfügung zu stellen und den Rest als Park anzulegen. Gleichzeitig kaufte die Stadt das alte Justizgebäude Am Bangert für den doppelten Wert (300.000 M). Darin zeigte sich die Leistungsfähigkeit der aufstrebenden Industriestadt, deren Anstrengungen aus Sicht der Stadt notwendig waren, um das erneute Interesse Fuldas am Sitz des Landgerichts abzuweisen. Neu angelegt wurden dabei auch die Katharina-Belgica-Straße und der Fischerhüttenweg, um eine ideale Erschließung des großen Grundstücks zu ermöglichen. Zugleich konnten so weniger repräsentative Gebäude wie das Gefängnis abgewandt von der repräsentativen Nussallee entstehen.[26]

---

[25] Scheuermann, Geschichte des Landgerichts Hanau, S. 116.
[26] Scheuermann, Geschichte des Landgerichts Hanau, S. 120–122.

Ansicht des Strafkammersaals im zweiten Obergeschoss des Hanauer Gerichtsgebäudes im Zustand vor der Zerstörung. Abbildung: Landgericht Hanau.

Die Bedingungen zum Bau eines großen, repräsentativen Baukörpers sind im Schwemmland nahe der Kinzig schwierig. Um tragfähigen Grund zu erreichen, musste unter dem gesamten Gebäude ein drei Meter tiefes, gemauertes Fundament angelegt werden. Am aufgehenden Mauerwerk des letzten großen Justizbaus der wilhelminischen Zeit wurde nicht gespart. Dies zeigt sich in den zahlreichen Werksteinen aus Miltenberger Sandstein an der Fassade und im Inneren sowie den hölzernen Vertäfelungen der Inneneinrichtung, hier besonders des Schwurgerichtssaals, des Strafkammersaals und der Treppenhäuser. Durch die Zerstörung 1945 ist später vieles davon verloren gegangen. Am Freitag, dem 13. Oktober 1911 konnte das Gebäude nach langer Bauzeit schließlich mit einem Festakt im Schwurgerichtssaal eingeweiht werden.

Der Gebäudekomplex hat im Wesentlichen drei größere Umbauphasen erlebt, die erste mit dem Wiederaufbau nach dem Zweiten Weltkrieg in vereinfachten Formen. Das gleiche Schicksal ereilte zahlreiche historische Gebäude Hanaus wie die Rathäuser und das heutige Finanzamt, die Not der Zeit bedingte einen Verzicht auf den historischen Bauschmuck und die Wiederherstellung aufwendiger Inneneinrichtung. Das Gebäude besticht aber immer noch durch die Monumentalität der Fassade und einzelner Innenräume sowie die architektonisch ausgereifte Konzeption mit geschwungenem Ostflügel.

Ein weiterer Anbau am Fischerhüttenweg folgte ab 1964 und schließlich der Neubau des heutigen Justizzentrums anstelle des Gefängnisses mit Abriss des markanten Treppenturms in der Katharina-Belgica-Straße (fertiggestellt 2011). Erhalten blieb als wesentlicher Kern stets das gründerzeitliche Gerichtsgebäude – wenn auch mit wesentlichen Ergänzungen aus jüngerer Zeit. Diese Entwicklung ist parallel an vielen der öffentlichen Gebäude aus der Gründerzeit abzulesen, etwa am nahe gelegenen Kreisamt. Die monumentale Architektur dieser Bauwerke eignet sich eben nur mit Einschränkungen für eine moderne Nutzung.

Das ehemalige Reichsbankgebäude

Als weiteres öffentliches Bauwerk entstand im Jahr 1905 (Bauinschrift) vis-à-vis dem Landgericht eine Nebenstelle der Reichsbank. Der Bauantrag ist im Hanauer Stadtarchiv erhalten.[27] Architekt war der 1867 in Hanau geborene Emil Deines (verstorben nach 1929). Ein weiteres gut erhaltenes Kulturdenkmal dieses Architekten in Hanau ist die im Auftrag von Heraeus errichtete sehenswerte Arbeitersiedlung „Am Hasenpfad".[28] Deines war später in Karlsruhe tätig. Als stilistische Merkmale weist das Reichsbankgebäude eine Sandsteinverkleidung (darunter Ziegelmauerwerk), die ein Quadermauerwerk imitiert, Stichbogenfenster im Erdgeschoss und einen Hängeerker auf, die es als historisches Gebäude erscheinen lassen.[29]

Ursprünglich befand sich das Gebäude östlich des Stadtgrabens, dieser verlief also lange Zeit vor dem Haus, dessen Eingang nur über eine Brücke zu erreichen war. Hier hatte sich also noch ein Stück der von Hebelius Potter beschriebenen Idylle

---

[27] Stadtarchiv Hanau: D 6D 4875.
[28] Krumm, Kulturdenkmäler in Hessen – Stadt Hanau, S. 113.
[29] Krumm, Kulturdenkmäler in Hessen – Stadt Hanau, S. 256.

erhalten, die ein beliebtes Hanauer Postkartenmotiv war. Die Lage am Stadtgraben war dabei für Hanau nicht ungewöhnlich, denn dieser verlief entlang des heutigen Innenstadtrings bis in die Nachkriegszeit weitestgehend offen. An der Westseite der Stadt finden sich noch Hinweise darauf in einer alleinstehenden Brücke auf dem Grundstück der Kfz-Werkstatt Nussallee 20 und einem steinernen Brückengeländer am westlichen Ende der Heinrich-Bott-Straße. Vor der Erweiterung des St.-Vinzenz-Krankenhauses zur Nussallee wurde noch 2014 eine archäologische Untersuchung der Baugrube vorgenommen, da deren Erweiterungsbau den ehemaligen Stadtgraben überlagert. Zukünftige Baumaßnahmen müssen aus demselben Grund stets archäologisch begleitet werden. Der Graben verlief vor dem Gebäude Nussallee 24 etwa im Bereich des heutigen Pkw-Parkplatzes und folgt dann der Kurve in der Nussallee Richtung Kanaltorplatz.

Die Reichsbanknebenstelle in der Nussallee war in der Vorkriegszeit ein beliebtes Hanauer Postkartenmotiv. Deutlich zu erkennen der Stadtgraben vor dem Haus, das man über ein Brücke erreichte. Abbildung: Stadtarchiv Hanau.

In der unmittelbaren Nachkriegszeit gelangten die Einrichtungen der Reichsbank in den westlichen Besatzungszonen an die ab 1946 eingerichteten Landeszentralbanken.[30] Wie in den Hanauer Adressbüchern nachzulesen, verblieb die nun als „Landeszentralbank von Hessen, Zweigstelle Hanau" geführte Einrichtung bis 1979/1980 in dem Gebäude Nussallee 24. Dann bezog sie ein neues Gebäude in der Eugen-Kaiser-Straße 21, bis im Jahr 2007 auch dieser Standort geschlossen wurde.[31]

---

[30] Buchheim, Christoph, Die Errichtung der Bank deutscher Länder und die Währungsreform in Westdeutschland. In: Deutsche Bundesbank (Hrsg.), Fünfzig Jahre Deutsche Mark. Notenbank und Währung in Deutschland seit 1948, München 1998, S. 91–140, hier: S. 105 f.

[31] Sundermann, Detlef, Investor kauft alte Bank. „Bankraub" in der Bundesbank. In: Frankfurter Rundschau vom 19. September 2012.

Die Kanzlei Eberhard/Ludwig Wollweber Bansch

Der heutige Sitz der Kanzlei Ludwig Wollweber Bansch liegt – wie in den bisherigen Kapiteln dargestellt – im historisch gewachsenen Kerngebiet der Hanauer Justiz. Darüber hinaus ist er durch das architektonisch herausgehobene Gebäude mit eigener Historie und vor allem durch seine Nähe zum heutigen Justizzentrum und größeren Grünanlagen geradezu ideal. Im Folgenden soll der Versuch unternommen werden, die früheren Sitze der Kanzlei den oben aufgeführten historischen Orten der Hanauer Justiz gegenüberzustellen.

Tabelle 6: Der Sitz der Kanzlei von der Gründung bis zur Gegenwart[32]

Datum	Gebäude	Adresse	Kanzleivorsteher
Ab ca. 1850	Landgericht	Im Bangert	—
Bis 1879	Amtsgericht	Im Bangert	—
Ab 1879	Amtsgericht	Am Markt 20	—
Bis 1896		Paradeplatz 9	Ludwig Eberhard
Ab 1896		Frankfurter Straße 23 (Am Frankfurter Tor)	Ludwig und Carl Eberhard Ab 1925 Carl und Dr. Karl Ludwig Eberhard
Ab 1911	Landgericht und Amtsgericht	Nussallee	—
Ab 1948		Wilhelmstraße 10	Dr. Karl Ludwig Eberhard
Ab den späten 50er-Jahren		Römerstraße 2	Dr. Karl Ludwig Eberhard
Ab ca. 1965		Am Markt 17	Dr. Karl Ludwig Eberhard und Dr. Heinrich Ludwig
Ab 1977	Transchelhaus	Hospitalstraße 2	Dr. Heinrich Ludwig und Partner
Ab 1984	Family-Land	Kurt-Blaum-Platz 8	Dr. Heinrich Ludwig und Partner
Ab 1992		Nussallee 24	Dr. Heinrich Ludwig und Partner

[32] Die Angaben sind weitgehend aus den Adressbüchern der Stadt Hanau übernommen.

Es zeigt sich, dass die Vorgängerstandorte der Kanzlei schon aus ganz praktischen Gründen immer in direkter Nähe zu den Liegenschaften der Justiz angesiedelt waren. Neben einer repräsentativen Adresse bedurfte es in Zeiten, die über bedeutend weniger Kommunikationsmittel verfügten als die heute, besonders kurzer Wege zum Gericht. In der Frühzeit der Kanzlei erfüllten Adressen in der Neustadt diese beiden Zwecke. Doch schon zehn Jahre vor Baubeginn des Justizgebäudes orientierte sich die Kanzlei mit den Räumlichkeiten in der Frankfurter Straße (heute: „Am Frankfurter Tor") Richtung Nussallee. Freilich waren von hier die Gerichtsgebäude im Bangert und das Amtsgericht am Markt ebenso fußläufig zu erreichen wie von der vorigen Adresse am Paradeplatz. Im 20. Jahrhundert blieb dies mit Ausnahme der Zeit am Kurt-Blaum-Platz ähnlich. Während die heute innerhalb der Kernstadt gelegenen Kanzleien in ihrer Zeit sicher repräsentative Standorte darstellten, scheinen die Adressen in der Nachkriegszeit und in den 1970er- und 80er-Jahren eher zweckmäßig gewählt worden zu sein. Mit dem Bezug des historischen Gebäudes in der Nussallee 24 gelang es schließlich, beide Eigenschaften zu vereinen.

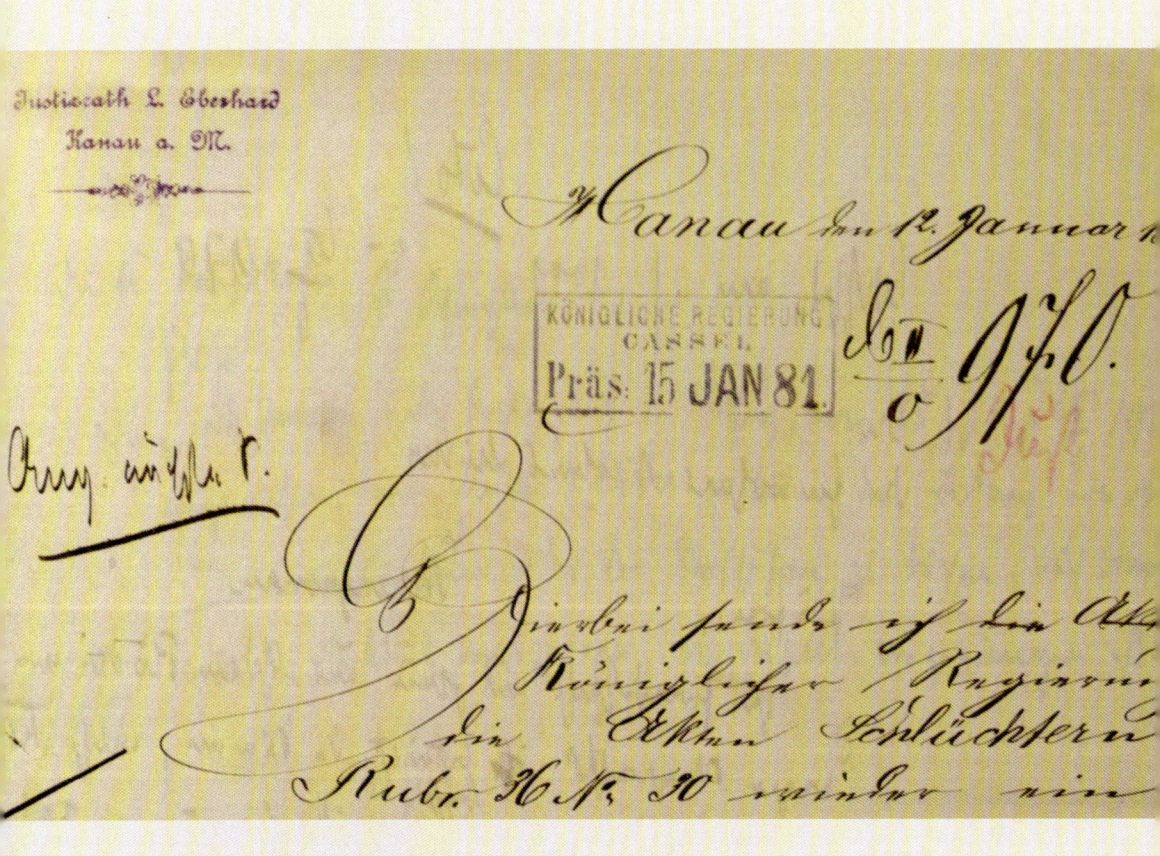

Der Beginn eines Schreibens von Justizrat Ludwig Eberhard an die „Königliche Regierung, Abtheilung für direkte Steuern, Domänen und Forsten zu Cassel" von 1881. Abbildung: Hessisches Staatsarchiv Marburg.

ANHANG

DOKUMENTE

1. Erwiderung auf Advokatenschmäh – um die Mitte des 19. Jahrhunderts

Mit Recht ist gesagt worden, daß vornehmlich die patriarchalisch-absolutistische Tendenz einer hartgesottenen Büreaukratie es sich zur Aufgabe gesetzt[1], den mehr naiven Vorurtheilen einer misera plebs contribuens[2] in der Anfeindung des Advocatenstandes den Rang streitig zu machen. ...

Daß eine und dieselbe Frage des materiellen oder des formellen Rechts in den verschiedenen Instanzen, die „zu den Gerichten und Rechten bestellt" sind, oft ebenso verschieden beantwortet und abgeurtheilt wird, daß der bürgerliche Prozeß im Allgemeinen ein Labyrinth geworden, in welchem unvorherzusehende oder gänzlich unberechenbare Förmlichkeiten und Ansichten den Faden der Ariadne nach einem unbekannten Ausgange leiten, ist Thatsache. Die Anwälte und hiermit die Clienten machen hierin täglich die betrübendsten Erfahrungen: Wenn man nun nach einem so schwankenden Kampfplatze dem Verfechter nichts desto weniger bei jeder Gelegenheit, pro und contra, den geläufigen Vorwurf des „Muthwillens", der „Frivolität" ins Gesicht schleudert, so ist dieß mehr als Geschmacks- oder Gewohnheitssache. Selbst der unfehlbare Pontifex Maximus der Justiz ... sollte sich doch menschlicherweise bescheiden, daß Irren – menschlich ist, und daß ein Mann, der in seinem öffentliche Berufe, die Klage oder die Vertheidigung zu führen,

---

[1] Daß dieselbe auch in anderen Staaten unseres weiteren Vaterlandes sich die nemliche Aufgabe gesetzt hat, und auch in neuester Zeit noch beharrlich verfolgt, bekundet ein an sämmtliche Procuratoren des Bezirks ergangener Erlass des herzoglich Nassauischen Hof- und Appellationsgericht zu Dillenburg vom 29. Sept. 1856 ad H. e. AG. Nr. 6683/(6603.), dessen Mittheilung wir uns nicht versagen können, da sowohl Styl als Inhalt jenen Producten einer längst hinter uns liegenden Zeit sich würdig anreihen: *„Die disciplinäre Aufsicht, welche die herzoglichen Hof- und Appellationsgerichte über die bei denselben angestellten Procuratoren, einschließlich der Procuratoren bei den Aemtern, welchen die Befugnis, bei den Obergerichten zu exhibiren, nicht zusteht, namens des mit der obersten Aufsicht über die Justizbehörden beauftragten Staatsministeriums zu führen haben, erstreckt sich eines Theils auf die pünktliches Erfüllung der für den besonderen Geschäftskreis der Procuratoren bestehenden Dienstvorschriften, anders Theils auf deren bürgerlichen Lebenswandel und ihr politisches Verhalten. Auch in der letzteren Beziehung haben die öffentlichen Anwälte in Folge der ihnen durch die landesherrliche Ernennung gewordene Stellung (!) sich tadellos zu benehmen; namentlich haben sie leichtsinniges Schuldenmachen, zur öffentlichen Kundbarkeit kommende Trunksucht, verbotenes Hazardspiel, überhaupt jede unsittliche der dienstlichen Würde zuwiderlaufende Aufführung und jede feinselige Parteinahme gegen die Staatsordnung oder die Staatsregierung (!) zu vermeiden."*

[2] Lateinisch für: das arme, Steuer zahlende Volk.

jedenfalls zu einer eigenen Meinung befähigt und berechtigt sein wird, auch im Irrthum, frei von knabenhafter Anwandlung, den Ernst der Sache und seines Amtes recht wohl vor Augen haben kann. Solche Vorwürfe und die hiermit verknüpften Strafaussprüche glänzen daher in der Regel weniger durch die Urbanität und Sorgfalt der Logik als durch die Rauheit einer apodistischen Abmachung, die, wenn sie zufällig neun- unter zehnmal gerecht wäre, doch durch diese einmalige Injurie dem System für immer den Stab bricht.

Eben deshalb beabsichtigten wir nicht so fast eine unerquickliche Betrachtung jenes Behagens, womit die Behörden in Zivilsachen (denn in Criminalsachen gewahrt man, Dank der Oeffentlichkeit, wenig oder nichts dergleichen) sich in dem überlieferten Geist und Style der Disciplinarvorschriften zu ergehen pflegen, als vielmehr die Constatirung der weit schlimmeren Thatsache, daß man in Mitte der Anwälte selbst jenem Geiste nicht selten entgegenkommt, indem man bei zweifelhaft (oder auch unzweifelhaft) scheinenden Proceßanträgen und Beschwerden in höheren Instanzen sich gegen allenfallsigen „Muthwillen" und gegen Frivolitätsstrafen hinter der Anführung eines höchst speciellen Auftrags des Vollmachtgebers zu assekuriren sucht. Dieß ist klärlich ein faux-pas, eine sich selbst strafende Selbstdemüthigung, ja geradezu eine Verkehrtheit.

Darum fragen wir: wenn die Emancipation von den mehrerwähnten Anrüchigkeitssatzungen und die Selbstdisciplinirung ein caeterum censeo der Standesbestrebung sein muß, so bleibt auch jeder Einzelne verpflichtet, dem Gegendrucke des Vorurtheils Trotz zu bieten – im Geiste und in der Wahrheit. Wir wollen keine einzelnen Berufsmohren weiß waschen; aber wer weiß ist und sein will, der soll sich auch nicht schwarz brennen lassen, und wer nicht mit der Selbstachtung beginnt, der kann am Ende auch keine Achtung vor Anderen erzwingen.

Zeitschrift des Anwaltvereins für Bayern, Bd. 1 (1861), S. 52 f. und 56 f.

2. Rudolf Gneist (1816–1895) zur „Freien Advocatur" in Preußen (1867), Auszug

Die Advocatur ist also kein Amt. Mit Beseitigung der unnatürlichen Ausdehnung der Amtsthätigkeit, mit Aufhebung der Inquisitionsmaxime im Strafprozesse, mit der Rückkehr der Verhandlungsmaxime im Civilprozesse, muß folgerecht der Amtscharacter endlich aufgehoben werden.

Eben so wenig ist aber die Advocatur ein *fungibeles Gewerbe*, keine *opera locari solita*, kein gewöhnliches Glied in der Kette der erwerbenden Arbeit. Dieser Auffassung steht entgegen ihre nothwendige Verbindung mit der Verwirklichung des Rechts als der höchsten Aufgabe des Staates. Darum kann ihre Thätigkeit nicht blos auf Angebot und Nachfrage beruhen. Der Advocat kann, soll und will nicht jede Sache übernehmen, nicht jede Arbeit nach Bestellung ausführen. Er ist und bleibt ein Diener des Rechtes, und dieser Dienst für eine höhere Idee legt ihm Vorbedingungen und Beschränkungen auf, die der fungiblen Arbeit fremd sind. Der Gelderwerb kann der Advocatur niemals Selbstzweck sein. Ueber dem Handwerke steht sie auch durch den Vorbesitz der vollen humanistischen Bildung.

Die Advocatur ist vielmehr, heute wie immer, eine freie Wissenschaft und Kunst, „so alt wie das Richteramt, so edel wie die Tugend, so nothwendig wie die Gerechtigkeit." Man mag diese *Phrase des alten Kanzlers* d'Aguesseu [sic][3] nicht lieben: aber im Wesentlichen ist sie doch wahr. Man mag den Advocaten mit Mittermaier bezeichnen als „*Rathgeber der Parteien, als Rathgeber* der Hülfsbedürftigen, als Vertreter der Bedrängten, als Controle der Richter, als ewig wachenden Beschützer der Unterdrückten, als Dolmetscher der Urtheile, als Gesetzeserklärer." Nie wird *man* das Ziel der Advocatur hoch genug stecken, wenn man tief durchdrungen ist von der Hoheit des Rechts, als der höchsten Verwirklichung der Staatsidee.

Diese hohe Qualifikation der geistigen Arbeit schließt aber in keiner Weise das Element der freien Mitbewerbung aus. Sie hat dies nicht nur mit dem Gewerbe gemein, (wo sie nicht im unmittelbaren Dienste des Staates gebunden erscheint): sondern sie erfordert dies Element des Ringens und des Wetteifers in noch erhöhtem Maaße gerade nach der Natur der geistigen Arbeit. Von der Seite des äußern Güterlebens enthält die Advocatur als „berufsmäßige Bewerthung geistiger Arbeit in der

---

[3] Gemeint ist offenbar Henri François d'Aguesseau (1668–1751). Er war erfolgreicher Kanzler von Frankreich unter Ludwig XIV. und damals einer der gelehrtesten Staatsmänner des Landes. Früh schon zeichnete er sich als Advokat und Redner aus. Er erstrebte eine grundlegende Reform der Gesetze und erhielt wegen seiner Fähigkeit und Bedeutung den Beinamen „Adler des Parlaments".

Führende Politiker der nationalliberalen Partei, Holzschnitt um 1878. Oben v. l.: Wilhelm Wehrenpfennig, Eduard Lasker, Heinrich von Treitschke, Johannes von Miquel; unten v. l.: Franz von Roggenbach, Karl Braun, Rudolf von Gneist, Ludwig Bamberger. Bemerkenswert ist, dass fast alle Abgebildeten Juristen sind, nämlich alle außer Wehrenpfennig (Theologe) und Treitschke (Historiker, der allerdings einen „Dr. iur." erworben hat). Die offenbar von jeher bis heute bestehende enge Verbindung von Recht und Politik wird hierin besonders augenfällig.
Abbildung: www.wikipedia.org

Absicht zu erwerben" auch die Seite des Gewerbes in sich. In tiefer Beziehung auf die äußeren Güter liegt kein Widerspruch gegen die Natur der geistigen Arbeit. Selbst in ihrer höchsten und heiligsten Erscheinung, in der mittelalterlichen Kirche, ist die Nothwendigkeit des Besitzerwerbes als Lebensbedingung der geistigen Berufe anerkannt, ohne welchen keine Selbstständigkeit, keine Ehre, keine Wirksamkeit innerhalb der besitzenden Classen zu finden wäre. Die Gründe der Nothwendigkeit des Wetteifers verdoppeln sich aber. Das geistige Leben verlangt, auch abgesehen vom Erwerb der Güter, die freie Mitbewerbung um ihrer selbst willen. In keinem Lande sollte man dies weniger verkennen, als in Deutschland, welches der freien Arbeit auf dem religiösen, sittlichen, Wissens-Gebiete seine Weltstellung verdankt. Was wären unsere Universitäten ohne diese Mitbewerbung? Was würden unsere vier Facultäten nach wenigen Jahrzehnten sein mit einem bloßen numerus clausus von „Staatsbedienten?" Der Richter und Advocat, der seine Wissenschaft aus der Universität, d. h. aus der freien Concurrenz auf dem universalsten Gebiete der geistigen Arbeit mitbringt, hätte nie vergessen sollen, daß kein Gebiet der Geistesthätigkeit ohne dies belebende Element besteht, und daß, wenn man die eine darauf angewiesene Hälfte des juristischen Berufes in die Stelle eines Lokalamts hineinzwängt, nothwendig auch die andere, dem unmittelbaren Dienste des Staates geweihte, verschoben, verzerrt und lahm gelegt wird.

Gneist, Rudolf, Freie Advocatur. Die erste Forderung aller Justizreform in Preußen (1867), S. 55 f.

3. Gesetz über die Zulassung zur Rechtsanwaltschaft vom 7. April 1933

Die Reichsregierung hat das folgende Gesetz[4] beschlossen, das hiermit verkündet wird:

§ 1 Die Zulassung von Rechtsanwälten, die im Sinne des Gesetzes zur Wiederherstellung des Berufsbeamtentums vom 7. April 1933 (Reichsgesetzbl. I S. 175) nicht arischer Abstammung sind, kann bis zum 30. September 1933 zurückgenommen werden.
Die Vorschrift des Abs. 1 gilt nicht für Rechtsanwälte, die bereits seit dem 1. August 1914 zugelassen sind oder im Weltkriege an der Front für das Deutsche Reich oder für seine Verbündeten gekämpft haben oder deren Väter oder Söhne im Weltkriege gefallen sind.

§ 2 Die Zulassung zur Rechtsanwaltschaft kann Personen, die im Sinne des Gesetzes zur Wiederherstellung des Berufsbeamtentums vom 7. April 1933 (Reichsgesetzbl. I S. 175) nicht arischer Abstammung sind, versagt werden, auch wenn

---

[4] Paragraf 1 Satz 1 des Gesetzes zur Behebung der Not von Volk und Reich („Ermächtigungsgesetz") vom 24. März 1933 (RGBl. I 1933, S. 141) lautet: *„Reichsgesetze können außer in dem in der Reichsverfassung vorgesehenen Verfahren auch durch die Reichsregierung beschlossen werden."*

die in der Rechtsanwaltsordnung hierfür vorgesehenen Gründe nicht vorliegen. Das gleiche gilt von der Zulassung eines der im § 1 Abs. 2 bezeichneten Rechtsanwälte bei einem anderen Gericht.

§ 3 Personen, die sich in kommunistischem Sinne betätigt haben, sind von der Zulassung zur Rechtsanwaltschaft ausgeschlossen. Bereits erteilte Zulassungen sind zurückzunehmen.

§ 4 Die Justizverwaltung kann gegen einen Rechtsanwalt bis zur Entscheidung darüber, ob von der Befugnis zur Zurücknahme der Zulassung gem. § 1 Abs. 1 oder § 3 Gebrauch gemacht wird, ein Vertretungsverbot erlassen. Auf das Vertretungsverbot finden die Vorschriften des § 91b Abs. 2 bis 4 der Rechtsanwaltsordnung (Reichsgesetzbl. 1933 I S. 120) entsprechende Anwendung.
Gegen Rechtsanwälte der in § 1 Abs. 2 bezeichneten Art ist das Vertretungsverbot nur zulässig, wenn es sich um die Anwendung des § 3 handelt.

§ 5 Die Zurücknahme der Zulassung zur Rechtsanwaltschaft gilt als wichtiger Grund zur Kündigung der von dem Rechtsanwalt als Dienstberechtigten abgeschlossenen Dienstverträge.

§ 6 Ist die Zulassung eines Rechtsanwalts auf Grund dieses Gesetzes zurückgenommen, so finden auf die Kündigung von Mietverhältnissen über Räume, die der Rechtsanwalt für sich oder seine Familie gemietete hatte, die Vorschriften des Gesetzes über das Kündigungsrecht der durch das Gesetz zur Wiederherstellung des Berufsbeamtentums betroffenen Personen vom 7. April 1933 (Reichsgesetzbl. I S. 187) entsprechende Anwendung. Das gleiche gilt für Angestellte von Rechtsanwälten, die dadurch stellungslos geworden sind, daß die Zulassung des Rechtsanwalts zurückgenommen oder gegen ihn ein Vertretungsverbot gem. § 4 erlassen ist.

Berlin, den 7. April 1933.

Der Reichskanzler
Adolf Hitler

Der Reichsminister der Justiz
Dr. Gürtner

Reichsgesetzblatt I 1933, S. 188

4. Bernhard Eberhards Bitte an die Regierung der Provinz Hanau vom August 1818

Kurfürstliche Hochpreißliche Regierung

Ich habe mich mit Maria Colin, Tochter des hiesigen Bijoutiers Carl Colin nach den Anlagen sub Nr. 1 et 2 mit Einwilligung der beiderseitigen nächsten Verwandten ehelich verlobt, und bitte Eure Hochpreißliche Regierung unterthänig:
Auf Ertheilung des landesherrlichen Consenses zu dieser ehelichen Verbindung allerhöchsten Orts gnädig anzutragen.

In tiefer Ehrfurcht beharret
Eurer Kurfürstlichen Regierung
Unterthäniger
Eberhard

Hessisches Staatsarchiv Marburg: Heiratsdispens für den Hofgerichtsprokurator Bernhard Eberhard zu Hanau, 1818.

5. Stellungnahme des Staatsanwalts Bernhard Eberhard zu einem Rechtsstreit vom 17. Juni 1824

Actum Hanau den 17. Juni 1824.

Der Staatsanwalt Eberhard erschien Namens des imploretischen Theils und gab in Gemäßheit des durch Erkenntniß kurfürstlichen Oberappellationsgerichts vom 17. Dezbr. v. J. bestätigten Vorbescheids vom 21. October 1821 zu vernehmen:
Die am 25. Dezbr. 1817 angestellte Klage wäre in Ansehung des Sachverhältnißes höchst mangelhaft, indem Implorant die in der Rinteler Gemarkung gelegenen zum fraglichen Erbleihgute gehörigen Ländereien und Wiesen nicht einmal nach ihrem Gehalte gehörig bezeichnet und sich überdies ohne den jährlichen Steuerbetrag zu benennen auf die allgemeine Behauptung beschränkt habe, daß die gedachten Ländereien und Wiesen gleich andern Gütern mit ordinären und extraordinären Abgaben beschwert worden seyen, auch eben so wenig darin bemerkt sey, von welchem Zeitpuncte an die behauptete Besteuerung stattgefunden habe.

Der Implorant habe bei dieser mangelhaften, unbestimmten und zu allgemeinen Darstellung des Sachverhältnißes seine Klage zur pertinenten Einlistung nicht qualificirt, es sey vielmehr die gehorsamste Bitte:

demselben mit dieser Klage wie angebracht abzuweisen und in alle Kosten zu verurtheilen,

wohl begründet:

Wie wenig der gemachte Anspruch an sich durch die Klage begründet worden sey, werde sich aus der nachstehenden wiewohl nur eventuellen Erklärung näher ergeben.

Daß die Erbleiheneuerung auf den Imploranten nach Inhalt des mit der Klage überreichten Erbleihebriefs stattgefunden habe, wurde diesseits nicht in Abrede gestellt.

Wenn aber auch hierin das fragliche Erbleihegut als steuerfrei bezeichnet sey, auch ein, die Erbleihherrschaft bindendes Versprechen, was man diesseits mit Beziehung auf die Eingabe vom 30. Sep. 1818 nicht einräumen, hieraus abgeleitet werden konnte, nicht weniger Implorant die vorgeschriebene Besteuerung wie ihm obliege, nachzuzeigen in Stande seyn sollte; so werde dennoch hierdurch allein der Anspruch auf Gewährleistung durch Berichtigung der bezahlten und noch zu bezahlenden Steuern an sich nicht begründet. Selbst unter den obigen Voraussetzungen würde nach Inhalt der dem hochverehrlichen Bescheide vom 21. Octbr. 1820 vorgesetzten Entscheidungsgründe nur Anspruch auf Entschädigung wegen nachheriger Besteuerungen nur dann stattfinden, wenn dargethan werden könnte, daß die Steuerfreiheit auf rechtl. Weise reincirt worden sey.

Diese habe aber Implorant weder behauptet, noch seinen Antrag, der in dem gegenwärtigen Verfahren nicht verändert werden könne, auf Entschädigung, vielmehr auf Bezahlung der Steuer gerichtet, ein Antrag, der auch nach den wie dem Erkenntniße Kurf. Obergerichts vom 17. Dezember 1823 vorgesetzten Entscheidungsgründen unter keiner Voraussetzung begründet sey.

Daß sodann schon zur Zeit des Erbleihe-Contracts die Steuerfreiheit nicht mehr bestanden habe, wäre von dem Imploranten eben so wenig behauptet worden, und wenn daher auch unter dieser Voraussetzung ein Anspruch auf Entschädigung stattfinden sollte, so könne doch in dem gegenwärtigen Verfahren hier auf keine Rücksicht genommen oder ein neuer von dem klagenden Theil nicht vorgebrachter Klagegrund unterstellt werden, um so weniger als die angestellte Klage, wie bemerkt, auf Entschädigung nicht gerichtet sey.

Auch bei jener Behauptung würde es jedenfalls auf die Zeit des ersten Abschlußes des Erbleihecontracts und nicht auf die Zeit der nach eingetretener Veränderung in der Hand des Erbständers erfolgte Erbleiheerneuerung oder der Ausfertigung des producirten Leihebriefs, der von der Erbleiheherrschaft einseitig nicht habe verändert werden dürfen, und da das Rechtsverhältniß des Erbbeständers zu der letzteren ohne anderweite Uebereinkunft durch jenen Contract bestimmt wurde, ankommen.

Daß aber zu jener Zeit die Steuerfreiheit des fragl. Guts nicht mehr bestanden haben werde, in omnem eventum [für alle Fälle, d. Verf.] in Abrede gestanden und eben so wenig könne dieses selbst von der Zeit, wo die gedachte Erbleiheerneuerung, worauf es jedoch, wie bemerkt, nicht ankomme, behauptet werden.

Eine bestimmte Erklärung über die Frage: ob und wie mit (unter andern in der Klage nicht enthaltenen Voraussetzungen) eine Entschädigung wegen nutzogener Steuerfreiheit, durch verhältnißmäßige Herabsetzung der Erbleihezinßen von dem Imploranten überhaupt verlangt, nur ob in dem vorliegenden Falle vermuthet werden könne, daß bei Abschluß des Erbleihecontracts nur der Bestimmung der Gegenleistung des Imploranten auf die Steuerfreiheit Rücksicht genommen worden sey, wäre bei der angeführten Unvollständigkeit der Klage nicht möglich und auch in dieser Hinsicht könne man daher die obige Bitte wiederholen.

Im Verhältniße zur Größe des fragl. Erbleiheguts, wäre übrigens der jährl. Erbleihzinß sehr unbedeutend und daher nicht anzunehmen, daß bei Bestimmung der Letzteren auf die Steuerfreiheit einige Rücksicht genommen worden sey.

Der Staatsanwalt glaube hiernach auch in der Sache selbst rechtlich gehorsamst bitten zu dürfen

den Imploranten mit seiner Durchaus grundlosen Klage ab- u. zur Ruhe zu verweisen und in alle Kosten zu verurtheilen.

Proc: Dr. Neustatel bat um Abschrift vorstehenden Recesses e.c.t.
Bescheid vom 19. Juni 1824
Actum 22. Juli 1824

Hessisches Staatsarchiv Marburg: 83 1586 Klage des evangelisch-lutherischen bzw. des evangelischen Konsistoriums, Bd. 3, 1817–1827.

6. Das Ultimatum der Hanauer an den Kurfürsten Friedrich Wilhelm I. von Hessen vom 9. März 1848

Die Volks-Kommission in Hanau an den Kurfürsten von Hessen, königl. Hoheit.

Durch die Proklamation Eurer königl. Hoheit vom 7. d. sind die Wünsche des Volkes nicht erfüllt und seine Bitten unvollständig gewährt worden. – Das Volk ist mißtrauisch gegen Euere königl. Hoheit selbst, und sieht in der unvollständigen Gewährung seiner Bitten eine Unaufrichtigkeit. Das Volk hat in der unvollständigen Gewährung seiner Bitten nichts gesehen, als die dringendste Aufforderung, sich noch enger zusammen zu schaaren und eine noch festere Haltung Euerer königl. Hoheit gegenüber einzunehmen.

Das Volk, welches wir meinen, ist nicht der vage Begriff mehr von ehedem, nein es sind Alle – Alle! Ja, königl. Hoheit, Alle! Auch das Militär hat sich für einstimmig erklärt!

Das Volk verlangt, was ihm gebührt. Es spricht den Willen aus, daß seine Zukunft besser seyn solle, als seine Vergangenheit, und dieser Wille ist unwiderstehlich. – Das Volk hat sich eine Kommission erwählt, und diese verlangt nun für es und Namens seiner:

1) Besetzung aller Ministerien, soweit diese nicht neuerdings geschehen ist, mit Männern, welche das Vertrauen des Volkes genießen.
2) Auflösung der wieder einberufenen Ständeversammlung und alsbaldige Berufung neu zu erwählender Stände.
3) Bewilligung vollständiger Preßfreiheit auf Grund der hierzu im § 95 der Verfassungsurkunde gewährten Zuständigkeit.
4) Vollständige Amnestie für alle seit dem Jahre 1830 begangenen politischen Vergehen.
5) Gewährung vollständiger Religions- und Gewissensfreiheit und deren Ausübung.
6) Hinwirkung bei dem deutschen Bund auf Bildung einer deutschen Volkskammer. Zurücknahme aller den Genuß verfassungsmäßiger Rechte, ganz insbesondere das Petitions-, Einigungs- und Versammlungsrecht beschränkenden Beschlüsse.
7) Die bestimmte Zusage, daß die bereits durch die Proklamation vom 7. d. zugesicherten und in Beziehung auf die ausgesprochenen Desiderien weiter erforderlichen Gesetzentwürfe der nächsten Ständeversammlung vorgelegt werden.
8) Entschließung Eurer königl. Hoheit, binnen drei Tagen von heute an, deren Verstreichen ohne Antwort als Ablehnung angesehen werden soll.

Anhang/Dokumente

Anhang/Dokumente

Begrüßung der Hanauer Abordnung, die nach dem „Hanauer Ultimatum" mit einem Teilerfolg am 12. März 1848 aus Kassel zurückkam, durch die Hanauer Bevölkerung auf dem Neustädter Markt, Lithografie. Abbildung: Hanauer Geschichtsverein 1844 e.V.

Jetzt ist die Stunde gekommen, wo Sie zu zeigen haben, königl. Hoheit, wie Sie es mit dem Volke meinen. Zögern Sie nicht einen Augenblick, zu gewähren, vollständig zu gewähren!

Besonnene Männer, königl. Hoheit, sagen Ihnen hier, daß die Aufregung einen furchtbaren Charakter angenommen hat.

Bewaffneter Zuzug aus den Nachbarstädten ist bereits vorhanden, schon wird man mit dem Gedanken einer Lostrennung vertraut, und kennt recht wohl das Gewicht der vollendeten Thatsachen.

Königl. Hoheit! gewähren Sie! Lenke Gott Ihr Herz. Hanau, den 9. März 1848.

Die Volkskommission.

Zitiert nach: Alfred Tapp, Hanau im Vormärz und in der Revolution von 1848–1849, Hanau 1976, S. 267 f. – Das „Hanauer Ultimatum" wurde auf dem Neustädter Marktplatz in Hanau einer großen Volksmenge verlesen. Zeitungen veröffentlichten es und es ging als Flugblatt von Hand zu Hand. Unterzeichner waren 24 Hanauer Bürger, darunter auch der Oberbürgermeister.

7. Zu Tod und Begräbnis von Bernhard Eberhard, 29. Februar und 2. März 1860

29. Februar Mittwoch. Heute Morgen starb nach längerem Leiden und zum größten Schmerz der hiesigen Einwohner Herr Staatsrath Johann Bernhard Eberhard in Folge einer Brustwassersucht im Alter von 64 J. 10 M. 24 T.

Herr Eberhard, der Sohn des als Prediger in Schlüchtern gestandenen Andreas Ludwig Eberhard wurde geb. 1796 d. 7. Apr. in Schlüchtern.

Seit dem Jahr 1828 als Bürgermeister der Stadt Hanau auf Lebenszeit ernannt (er war vorher Staatsanwalt) im Jahr 1832 als Oberbürgermeister, hat sich Eberhard um unsere Stadt große Verdienste erworben, namentlich wurde durch ihn ins Leben gerufen: eine geregelte Armenverwaltung (1830 Centralarmencommission), die Gründung einer Kleinkinderschule 1836 – die städtische Sparkasse, die Vereinigung der beiden Städte in Bezug einer gemeinschaftlichen Verwaltung p. 1837, Verbesserung und Vermehrung der städtischen Schulen und ihrer Lehrer, die Anlegung eines neuen Friedhofes 1844, Verbesserung und Einrichtung der Feuerlöschanstalt p. p.

Außerdem gehörte derselbe zu den Mitbegründern der Verfassungsurkunde von 1831. Bis zu seiner Ernennung als Vorstand des Ministeriums des Innern, 11. März 1848, war Eberhard bei allen Landtagen als Deputirter unserer Stadt gewählt, was er als solcher für das ganze Land gethan und geleistet hat, muß jeder treu und rechtlich denkender Unterthan anerkennen. Eberhard hat viel Gutes geleistet und in den verhängnisvollen Jahren 1848 und 1849 viel Schlimmes verhütet. In Anerkennung dessen verlieh ihm die Stadt Kassel am 10. Juni 1850 das Ehrenbürgerrecht, während demselben am 24. August 1831 die Bürgerkrone von Cybele [Kybele, griechische Göttin, in der Antike als große Göttermutter verehrt; d. Verf.] auf einem in vortrefflich kunstvoll gearbeiteten silbernen Becher von einer Deputation Hanauer Bürger in Anerkennung seiner vielen Verdienste, welcher er um die Stadt Hanau hat, überreicht wurde. Die Inschrift auf dem Deckelrand des Bechers heißt:

Die Stadt Hanau ihrem Bürgermeister Eberhard im Jahr 1831

Den Becher selbst ziert das vereinte Alt- und Neuhanauer Wappen, auf den Füßen die Genien der Freundschaft in fünf Figuren. – Wie dem Verstorbenen bei seiner Lebzeit die Liebe, Achtung und Freundschaft seiner hiesigen Mitbürger geworden, so zeigte sich auch bei seinem Ableben die aufrichtigste Theilnahme und alte Anhänglichkeit derselben, welche sich ganz besonders bei seinem Kirchenbegräbniß kund gab.

Freitag d. 2. März Nachmittags 4 Uhr fand unter dem Geläute der Glocken am Thurme der Marienkirche und unter großer Theilnahme seitens der hiesigen Civilbevölkerung (Militärpersonen waren nicht anwesend) das Kirchenbegräbniß auf hiesigem Friedhofe statt. Den Leichenzug bildeten 195 Personen, darunter der Oberbürgermeister der Stadt C. Cassian mit den Mitgliedern des Stadtrathes und des Bürgerausschusses, den Lehrern der städtischen Schulen, städtische Diener und nur wenige im Civilstaatsdienste Angestellten.

Am Grabe wurde von den Lehrern zweimal gesungen. Herr Metropolitan Faber aus Marköbel, Schwager des Verstorbenen, hielt eine Gedächtnisrede auf denselben, worin er die großen Verdienste, um die sich Eberhard, sowohl um Hanau als auch um das ganze Land so sehr verdient gemacht hat, in wahrheitstreuer Schilderung anführte und seinem herrlichen Charakter das Lob mitgab, dessen er sich erwarb. Nach dem Vorredner sprach der Geistliche der franz. Gemeinde, Herr Pfarrer Groß, welcher ebenfalls die Verdienste des Dahingeschiedenen hervorhob.

Ziegler'sche Chronik, Band 4, S. 169 f.

Anhang/Dokumente

8. Zur Versorgung österreichischer Truppen in Hanau am 9. Juli 1866

Vormittags 10 Uhr wurde ausgeschellt, daß heute gegen Mittag 7800 Mann österreichische Truppen, welche seit 10 Tagen im Freien campirt und nichts Warmes genossen hätten, hier eintreffen, und werden die Bewohner gebeten, dieselben mit einer kräftigen Suppe und Fleisch zu laben.

Es waren dieselben Truppen, welche gestern bei Langendiebach ein Lager aufgeschlagen hatten und die vergangene Nacht unter herabströmendem Regen im Freien lagen.

Gegen 12 Uhr trafen diese genannten Truppen, unter denen sich vielleicht die Hälfte Italiener befanden, hier ein und lagerten sich auf dem Neust. Markt und dem Paradeplatz. – Jetzt trat eine Scene ein, die zu schildern und mit Worten wieder zu geben die Feder des Chronisten versagt. Der Biedersinn von Hanaus Einwohnern hat heute einen Akt der Menschlichkeit und des Mitgefühls an diesen Kriegern geübt, wodurch sich dieselben sowohl in den Annalen von Hanaus Geschichte, als auch in jedem Herzen der Krieger, so lange sie leben ein bleibendes Denkmal errichtet haben. Es war die Gastfreundschaft und Theilnahme, welche alle Stände der Bewohner in so hohem Maße und mit so liebevoller Bereitwilligkeit, den Truppen bewiesen. Kaum, daß man von dem Einrücken der Truppen Nachricht erhalten, so beeilte man sich mit überstürzter Hast, die nöthigen Lebensmittel herbeizuschaffen, sie zu kochen und herzurichten. – Vor den Thüren wurden Tische mit Bänken, Stühlen p. aufgestellt. Kaum, daß das Commando zum Halt gegeben war, stürzten die Einwohner: Männer, Frauen und Kinder auf die Truppen los und führten diese companieweise in die einzelnen Straßen, wo man sich um sie

Der Hanauer Chronist Wilhelm Ziegler mit Ehefrau Susette und Tochter Emilie. Fotografie von 1861 in seiner Chronik. Abbildung: Stadtarchiv Hanau/Hanauer Geschichtsverein 1844 e.V.

riß. Manche Familie nahm 10, 20 bis 40 und 50 Mann in ihr Haus, wo selbst ihnen Speise, Trank und Cigarren, Wein, Kasten-Bier reichlich verabreicht wurde.

Viele hatten für 20, 30 und noch mehr Mann gekocht und konnten keinen Gast mehr bekommen, so schnell waren diese Tausende vergriffen.

(...)

O', es war eine hehre Stunde, die ein allgewaltiges Gefühl auf beiden Seiten erhob! Thränen des Mitleids für die Krieger – Thränen der Freude über das Benehmen Hanaus hochherziger Einwohner.

Nachmittags 2 Uhr marschierten diese Truppen wieder zurück nach Frankfurt zu. Bei ihrem Abmarsch brachten sie den Bewohnern wiederholte 1000stimmige Vivat.

Ziegler'sche Chronik, Band 5, S. 277 f.

9. Die Proklamierung der Besitzergreifung der kurhessischen Lande durch Preußen auf dem Neustädter Marktplatz am 8. Oktober 1866

Eine vorausgegangene öffentliche Einladung oder Bekanntmachung, außer an die Beamten des weltlichen und geistlichen Standes, an die Einwohner der Stadt hat nicht stattgefunden, und dennoch war vor dem Rathhause eine große Menge Volkes, meistenfalls aber nur aus dem Bürgerstande und der Schuljugend bestehend versammelt, welche mit Spannung dem Ausstecken der schwarz-weißen Fahne am Rathhause harrten.

Letztere wurde aufgezogen, nachdem Herr von Schremb das Patent die Besitznahme des vormaligen Kurfürstenthums Hessen betr. verlesen und somit dieser Act constatirt war. Mit ihrem Erscheinen war zugleich das Zeichen gegeben, daß auch die übrigen öffentlichen Gebäude flaggten und sah man die Nationalfahne am folgenden ausschließlich nur an Staatsgebäuden wehen, als am Consistorium, dem Polizeigebäude, an der Militärkaserne, dem Regierungsgebäude im Altstädter Schlosse, Rentereigebäude im ehemaligen Vieh- und Frohnhofe, Finanzkammer (Friedrichsbau), Leihhaus, Postgebäude mit 3 Fahnen, dem Justiz- und Obergerichtsgebäude mit 2 Fahnen, dem Zollamtsgebäude am Mainkanal, dem Bahnhofe.

Städtische Gebäude außer dem Neust. Rathhause waren nicht geflaggt, ebenso unterließ es die ganze Einwohnerschaft ihre Häuser zu flaggen. Großes Aufsehen dagegen machte die von dem ehemaligen hiesigen Lehrer und Cantor der wallonischen

Das Neustädter Rathaus gegen Ende des 19. Jahrhunderts (vor 1896). In dem Gebäude fand am 8. Oktober 1866 die Feierstunde mit der Verkündung der Annexion Kurhessens durch das Königreich Preußen statt. Auf dem Marktplatz hatten sich viele neugierige Bürgerinnen und Bürger eingefunden, um von der Zeremonie etwas mitzubekommen. Abbildung: Medienzentrum Hanau.

Kirchengemeinde A. H. Rüdiger, welcher seit kurzem aus dem kurhessischen Staatsverbande ausgetreten und als Schweizer Bürger hier domiciliert an seiner Wohnung in der Nürnbergerstraße von heute früh an ausgestreckte schwarz-roth-gelbe Fahne, was als Demonstration geltend von der Einwohnerschaft sehr mißbilligt wurde. Dagegen hat die vom Rathhaus wehende mit dem preußischen Adler versehene Fahne bei ihrem Erscheinen auf die Zuschauermenge manchen lächerlichen Eindruck gemacht und zu folgenden vom Chronisten selbst gehörten Äußerungen Veranlassung gegeben. Beim Aufhissen der Fahne war nämlich aus Versehen der Adler in seinem Fluge nach dem Rathhause, statt nach der versammelten Volksmenge auf dem Marktplatze, verkehrt. Dabei stand er auf dem Kopfe, statt in aufgerichteter Stellung, was die versammelte Volksmenge für ein böses Omen deutete und mit folgenden Witzen in ächt Hanauer Dialekt begrüßte, als: „Der Adler hat des Hamwieh (Heimweh)!" „Der weist (zeigt) uns den Arsch und scheist in die Luft!" „Der Adler ist ein Raubtier wie der Löb (Löwe), hawwe mer den Löb gefittert, kenne mer ach den Adler fittern!" u. dergl. mehr.

Daß vorstehende gemeinen Äußerungen nur aus dem Munde der niedrigsten Volksklasse fielen, sei hier als überflüssig bemerkt, denn im Ganzen war die Haltung der versammelten Volksmenge vor dem Rathhause eine sehr ruhige und musterhafte, die, als der Regierungspräsident im Saale auf Sn. Majestät den König Wilhelm ein dreifaches Hoch ausbrachte auch von ihr erwiedert wurde, wie sie dann auch die pr. Fahne bei deren Erscheinen auf dem Balkon mit einem lauten Hoch begrüßte. Daß sich indeß unter der Menge Mancher befand, welcher mit Wehmuth und Betrübniß von seinem angestammten Regentenhaus nun Abschied genommen hat und sich ängstlich und mit schwerem Herzen vom Alten trennt und der neuen Umgestaltung zuwendet, davon gab manches nasse Auge ein rührendes Zeugniß.

(...)

Mit Ausnahme der Geistlichkeit, welche bei der Feier in ihrem Ornate, Chorrock und Barett erschien, wohnten sämtliche Staatsdiener u. Beamten nur in dunkler Kleidung und Zilinder (schwarzer Hut) dem Acte bei. Nur der Pedell bei dem Obergericht Konrad Berger (Berschè), welcher als Portier vor dem Eingange zum Saale stand, war in seiner vollen Dienstkleidung mit dreieckigem Hute anwesend, und widerfuhr demselben bei seinem Herausgehen aus dem Rathhause große Ehre, indem viele, die ihn nicht persönlichen kannten, ihn für den Reg.Präsidenten von Schremb andere für den preuß. Civilgouverneur Herrn von Möller in Kassel hielten und anfangs denselben sehr ehrerbietig grüßten, dann aber, während man ihn erkannte und sich Stimmen hören ließen: „Es ist der Berschè!" von der Kinderschaar verfolgt und unter Lärmen bis an seine Wohnung begleitet.

Mit Berschè entfernte sich auch die versammelte Volksmenge vom Marktplatze, welche mit Unmuth, daß die erwartete Feier so einfach und geräuschlos vor sich ging, noch manche Äußerung fallen ließ, worin sie die Art und Weise wie dieser Act vollzogen wurde, mißbilligte. Man hoffte und erwartete nämlich, daß beide erwähnten Actenstücke, das Besitzergreifungspatent und die Königliche Proclamation an die Einwohner des vormaligen Kurfürstenthums Hessen vom Balkon des Rathhauses öffentlich mitgetheilt würden.

Dies geschah indeß nicht, sondern man vertheilte beide unter die Menge. Leider hatten die an den Straßenecken angeschlagenen Königl. Proclamationen das Schicksal, daß diese schon nach wenigen Stunden von Knaben größtentheils abgerissen waren. Es ist dies weniger, und das möchte auch bekannt sein, aus Böswilligkeit oder Geringachtung gegen die Behörde geschehen, sondern allein um in dem Besitz der Placate zu sein. Eine Demonstration kann dies Benehmen nicht genannt werden, denn diese Placate theilten das Loos aller ihrer Vorausgegangenen.

Ziegler'sche Chronik, 6. Band; S. 3 ff.

Blick auf die Hanauer Altstadt von Westen um 1900. Den unteren Teil der Ansichtskarte dominiert die Johanniskirche, während in der Bildmitte die weiträumige Anlage des Stadtschlosses beeindruckt. Abbildung: Sammlung Werner Kurz.

10. Friedensdankfeier in der Johanniskirche am 18. Juni 1871

In der durchaus gefüllten Johanniskirche begann der Gottesdienst mit einer von den Sängerinnen und Sängern des Oratorienvereins unter Leitung des Herrn Cantors Weikert vorgetragenen und von dem letztern componirten Jubel-Cantate, unter Begleitung des Orchesters des Instrumental-Vereins. Auf den gemischten Chor: „Frohlocket laut mit Jubelklang" etc. folgte das Baßduo: „Allmächtiger, Allgütiger, der du des stolzen Feindes Macht und Uebermuth zerstört', mit einfallendem Chor und Schluß des Solo: „Anbetend nahen wir, o Gott, vor deinem Himmelthrone", gesungen von Herrn Frank, sodann das Sopran-Solo: „Singt Halleluja, singt dem Herrn" u.s.w., gesungen von Frau Ott, sodann unter Betheiligung der ganzen Gemeinde der Choral. „Der Fried' ist nun geschlossen, Gott hat uns gnädig erhört" etc., ferner das Tenorsolo: „Fallt in Andacht vor Gott nieder", gesungen von Herrn Schlicher, und das Terzett mit Recitativ, gesungen von den Damen Ott, Grill und Pannot, worauf den Schluß dieses Theiles der Feier der wiederholte erste Chor machte. Aus dem nun folgenden regelmäßigen Gottesdienste heben wir besonders die Predigt des Herrn Metropolitan Fuchs hervor, die, so recht zu der Bedeutung des Tages passend, alle Herzen ergriff und auch in ihren Mahnungen gewiß nicht auf unfruchtbaren Boden gefallen ist. In rechter Ergreifung der Zeitereignisse, die uns seit dem letzten Jahrzehnt so gewaltig angerührt haben, wurden die ewigen Wechselbeziehungen zwischen dem Thun und Treiben der Menschen und dem gewaltig strafenden Ernst auf der einen und der gottergebenes Verhalten lohnenden Güte der göttlichen Vorsehung auf der andern Seite auch in Deutschlands jüngsten Geschicken eindringlichen vor Augen geführt. Lange ist wohl nicht in der Johanniskirche von so vielen Andächtigen und Gerührten das am Schluß des Gottesdienstes unter Musikbegleitung gesungenes Lied: „Nun danket Alle Gott!" emporgeklungen.

Hanauer Zeitung vom 19. Juni 1871.

11. Beurtheilung der vom Rechtskandidaten Ludwig Eberhard aus Hanau zur Sache Budde wider von Meibom angefertigten Probe-Relation vom Oktober 1845

Die äußere und innere Einrichtung der vorliegenden Relation, auf deren Anfertigung und Abschrift der Kandidat nur etwa 16 Stunden verwendet hat, entspricht den darüber bestehenden Vorschriften. Die Arbeit empfiehlt sich durch korrekte, präzise Schreibart.

In dem Vorworte wird die Frage, worauf es ankommt, richtig hervorgehoben, auch sind der Prozeßgeschichte die beiden unstreitigen Thatsachen vorausgeschult worden.

Der Akten-Extrakt beschränkt sich auf den wesentlichen Inhalt der Verhandlungssätze.

Bei der Beurtheilung der Formalien ist nichts zu erinnern. Die Prüfung der Sache selbst beschäftigt sich mit der Natur der angestellten Klage und hier untersucht der Kandidat mit Recht zuerst, ob sich der Klageanspruch auf ein Vertragsverhältniß zurückführen lasse. Abweichend vom Obergerichte, verneint er diese Frage, und man wird ihm hierin nur zustimmen können, wie denn auch das Oberappellationsgericht die Behauptung eines Vertrags-Verhältnisses in der Klage nicht gefunden hat. Sodann geht er davon aus, daß nur die Aquilische Klage den Verhandlungen zum Grunde liegen könne.

Ueber die Erfordernisse dieser Klage verbreitet er sich mit Umsicht und belegt die aufgestellten Sätze mit Stellen aus dem Corpus Juris. Mit Recht nimmt er an, daß diese Klage eine positive Handlung des Beschädigenden voraussetzte, daß sie aber schon dann stattfinde, wenn der Schaden durch eine solche Handlung auch nicht unmittelbar hervorgebracht, sondern nur veranlaßt worden sei, und gelangt zuletzt zu dem richtigen Resultate, daß die angestellte Klage durch die dafür angeführten Thatsachen nicht begründet werde.

Auch der dem Antrage entsprechende Bescheids-Entwurf ist als gelungen zu betrachten.

Das Prädikat: „Gut", auf dessen Ertheilung ich antrage, dürfte dieser Arbeit in vollem Maaße gebühren.

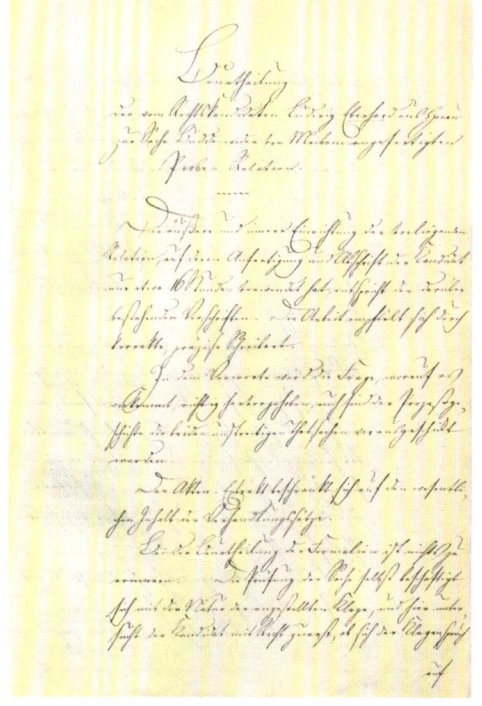

Erste Seite der Beurteilung durch die „juristische Examinations-Kommission" des kurhessischen Justizministeriums in Kassel vom Oktober 1845. Abbildung: Hessisches Staatsarchiv Marburg.

Hessisches Staatsarchiv Marburg: 250 990 [Personalakte] des Obergerichtsanwalts Johann Ludwig Eberhard zu Fulda, später Hanau.

12. Bericht des Hanauer Polizeidirektors zum Verhalten von Ludwig Eberhard vom 21. Januar 1854

In Gemäßheit des hohen Auftrags vom 13. dM: „Das dienstliche und außerdienstliche Verhalten des mit den Geschäften des Unterstaatsprocurators dahier beauftragten Obergerichtsreferendar Eberhard von hier betreffend" lege ich die befohlene Äußerung im Folgenden gehorsamst vor:

Der Obergerichtsreferendar Eberhard lebt sehr still und zurückgezogen und verkehrt außerdienstlich fast ausschließlich mit seinen nächsten Verwandten – den Mitgliedern seiner eigenen Familie, oder den Familien Lossow und Colin.

Ueber seine politischen Anschauungen spricht er sich – außer vielleicht in vertrauten Kreisen nicht aus. Es läßt sich daher nicht bestimmen, ob dieselben verschieden sind von denen seines Vaters oder nicht.

Wenn nicht bezweifelt werden kann, daß solche constitutioneller Natur sind, so steht ebenso fest, daß Eberhard im Privatleben niemals eine hoher Staatsregierung feindselige Gesinnung bethätigt hat.

Was sein dienstliches Verhalten anbelangt, so ist er ein ängstlich gewissenhafter Mann von weicher Natur, welche sich im Allgemeinen sehr zur Milde neigt.

Wahrnehmungen darüber, daß irgend welche politischen Anschauungen Einfluß auf seine Dienstführung geäußert hätten, habe ich nicht gemacht.

Hessisches Staatsarchiv Marburg: 250 990 [Personalakte] des Obergerichtsanwalts Johann Ludwig Eberhard zu Fulda, später Hanau.

13. Schreiben von Ludwig Eberhard an das kurfürstliche Justizministerium von Anfang 1864

An das Justizministerium!

Der Obergerichtsanwalt Eberhard zu Fulda wiederholt seine Bitte um Anstellung als Staatsanwalt und Obergerichtsanwalt bei dem neugebildeten Obergericht zu Hanau.

Die Verhältnisse, welche es mir persönlich und geschäftlich höchst zu erstrebenswerth machen, meinen Wohnsitz nach Hanau zu verlegen, dauern auch noch dem Inslebentreten der neuen Justizgesetze fort. Andererseits ist das Bedenken, welches mich abhalten müßte, diese Veränderung ohne Aussicht auf ein festes Einkommen zu erstreben, in verstärktem Maaße vorhanden, nachdem das neue Obergericht bereits seit einem Monate in Funktion und damit die Aussicht auf eine gute Praxis bei dem Obergericht selbst für mich deßhalb verschwunden ist, weil die Anwälte der Provinz, mit welchen ich in Verbindung stand, inzwischen ihre anderweiten Correspondenten in Hanau wohl sicher gemacht haben werden.

Ich erlaube mir hiernach die Bitte zu wiederholen

mich als Obergerichtsanwalt nach Hanau zu versetzen und mich zugleich zum Staatsanwalt für den Bezirk des dasigen Obergerichts zu bestellen, eventuell mich mit den Geschäften desselben gegen eine feste Vergütung zu beauftragen.

Hessisches Staatsarchiv Marburg: 250 990 [Personalakte] des Obergerichtsanwalts Johann Ludwig Eberhard zu Fulda, später Hanau.

14. Bitte des Obergerichtsanwalts Ludwig Eberhard um Anstellung als Notar vom August 1867

Königliches Justizministerium!

Der Obergerichtsanwalt Ludwig Eberhard zu Hanau bittet um Anstellung als Notar im Bezirk des Appellationsgerichts zu Cassel.

Nach bestandenem Universitäts- und Staatsexamen im November 1845 zum Referendar bei dem Obergericht zu Hanau bestellt, war ich bei diesem Gericht bis zum Herbste 1848 beschäftigt, wurde dann mit Aushülfe im Aktuariat des Justizamts Bockenheim und vom Februar 1849 an mit der Aushülfe in den Geschäften des Staatsprokurators bei dem gedachten Obergericht beauftragt, versah in Folge weiteren Auftrags vom März 1849 an beinahe zwei Jahre lang die Stelle des (Civil-) Staatsanwalts für den Bezirk desselben Obergerichts, wurde daneben im August 1850 zum Stellvertreter des Staatsprokurators bei demselben bestellt und versah diese Stelle noch bis zu der in Folge veränderter Organisation erfolgten Aufhebung des Obergerichts mit der Staatsprokuratur im November 1851.

Später mehrfach mit Vertretung des Staatsprokurators bei dem neugebildeten Criminalgericht zu Hanau beauftragt, wurde mir diese Stelle im Oktober 1852 auftragsweise übertragen, und ich blieb in dieser Funktion, bis im April 1854 ein Allerhöchster Beschluß meine Entlassung aus derselben befahl und auf Grund desselben das Kurfürstliche Justizministerium den mir ertheilten Auftrag zurückzog.

Daß nicht Unfähigkeit oder Unwürdigkeit die Ursache dieser Entlassung und meiner jahrelangen Uebergehung bei meinem Dienstalter und meiner Qualifikation entsprechenden Anstellungen im Staatsdienste war, wird königliches Justizministerium aus den anliegenden Zeugnissen ersehen. Es wird bei der Notariät der Verhältnisse im früheren Kurstaate zur Erklärung genügen, wenn ich bemerke, daß ich ein Sohn des früheren Vorstands des Ministeriums des Innern, Staatsraths Eberhard, bin.

Während ich schon im Begriffe war, auszuwandern, wurde ich unerwartet durch Rescript vom 9. September 1854 zum Obergerichtsanwalt bei dem Obergericht zu Fulda bestellt und als solcher Anfangs auch mit Unterstützung und Vertretung des Staatsanwalts daselbst beauftragt. Mit Mühe gelang es mir nach Wiederherstellung, des Obergerichts zu Hanau endlich, die Gestattung zur Verlegung meines Wohnsitzes in meine Vaterstadt zu erlangen.

Während meiner beinahe zweiundzwanzigjährigen Thätigkeit im Justizdienste glaube ich die wissenschaftliche und praktische Tüchtigkeit und die Charaktereigenschaften bewährt zu haben, welche zum Amte eines Notars erfordert werden müssen, einem Amte, welches früher in Hanau mein Vater und später der jetzt ebenfalls verstorbene Obergerichtsanwalt Hopf bekleideten.

In der Voraussetzung, daß die Anstellung von Notaren in der Industriestadt Hanau sich in Folge der neuen Justizorganisation als Bedürfniß herausstellen wird, erlaube ich mir hiernach die gehorsamste Bitte:

Mich zum Notar im Bezirke des Appellationsgerichts zu Cassel mit dem Wohnsitze in Hanau zu bestellen.

Ehrerbietigst
[Unterschrift]

Hessisches Staatsarchiv Marburg: 250 990 [Personalakte] des Obergerichtsanwalts Johann Ludwig Eberhard zu Fulda, später Hanau.

15: Gesuch des Justizrats Eberhard um Beauftragung des Gerichtsassessors Böhm zur Hilfeleistung und Vertretung vom November 1877

Seiner Hochwohlgeboren dem Ersten Präsidenten des Appellationsgerichts zu Cassel

 Herrn Dr. Luther
 Hochwohlgeboren zu Cassel
 Euer Hochwohlgeboren!

Betrifft: Gesuch des Justizraths Eberhard zu Hanau um Beauftragung des Gerichtsassessors Böhm zur Hülfeleistung und Vertretung bei ihm.
Erlaube ich mir Nachstehendes gehorsamst vorzustellen:
Schon seit vorigem Jahre hatten sich, wie ich glaube, in Folge vorübergehender Verhältnisse in Handel und Industrie, meine Geschäfte so vermehrt, daß eine Ueberlastung vorhanden war. Ich glaubte aber mit Rücksicht auf das voraussichtlich Vorübergehende dieser Ueberlastung und insbesondere auf die Ungewißheit meiner Zukunft, in Folge der Reichsjustizgesetze und der damit zusammenhängenden

Organisation es unterlassen zu müssen, mich der größeren Arbeitsmenge entsprechend einzurichten und hoffte, durch größere Anstrengung es möglich zu machen, in gewohnter Ordnung und Pünktlichkeit meine Geschäfte zu bewältigen. Indessen war mir dieß nicht vollständig gelungen, ich war vielmehr in Rückstand schon gekommen, als ich im Februar l. Js. an Ischias erkrankte und 6 Wochen lang mit sehr verminderter Arbeitsfähigkeit an das Zimmer gefesselt blieb. Ich hatte mich allmählich erhohlt und hoffte in den Gerichtsferien den aufgewachsenen Rückständen ganz Herr zu werden, als dieselbe Krankheit mich im Juli aufs Neue überfiel, mich über 4 Wochen lang ans Bett und bzw. Zimmer fesselte und mich dann zu einer dreiwöchigen Badekur in Wiesbaden nöthigte.

Während dieser Zeit habe ich wieder nur wenig arbeiten können und so fand ich bei meiner Rückkehr eine Menge von Rückständen und durch Verlegungen zusammengedrängter nicht länger aufzuschiebender Arbeiten vor. Der Andrang neuer nicht länger abzuweisender Geschäfte war zugleich ein besonders starker. Es ist mir unter diesen Umständen bis jetzt trotz größter und bei meinem zeitigen Gesundheitszustand übermäßiger Anstrengung nicht gelungen, die Rückstände zu bewältigen und ich bedarf dringend für einige Zeit einer Hülfe, um von meinen Clienten und mir erhebliche Nachtheile abzuwenden und meinen Ruf als ordentlicher prompter Anwalt aufrecht zu erhalten.

Herr Gerichtsassessor W. Boehm von hier, welcher zur Zeit bei dem Königlichen Amtsgericht zu Fulda Aushülfe leistet, hat sich auf meine Bitte erboten, mir dieselbe zu leisten. Er ist wie kein Anderer dazu im Stande, da er während seines Vorbereitungsdienstes bei mir längere Zeit gearbeitet hat und als geborener Hanauer die hiesigen Verhältnisse kennt.

Ich bitte hiernach gehorsamst:

denselben von dem Auftrag zur Hülfeleistung bei dem Königlichen Amtsgerichte zu Fulda zu entbinden und Vertretung bei mir für die Dauer wenigstens eines halben Jahres zu ermächtigen.

Ehrerbietigst
Euer Hochwohlgeboren gehorsamster
Eberhard, Justizrath

Hessisches Staatsarchiv Marburg: 263 1393 Rechtsanwalt und Notar Johann Louis Eberhard zu Hanau, Bd. 1, 1868–1879.

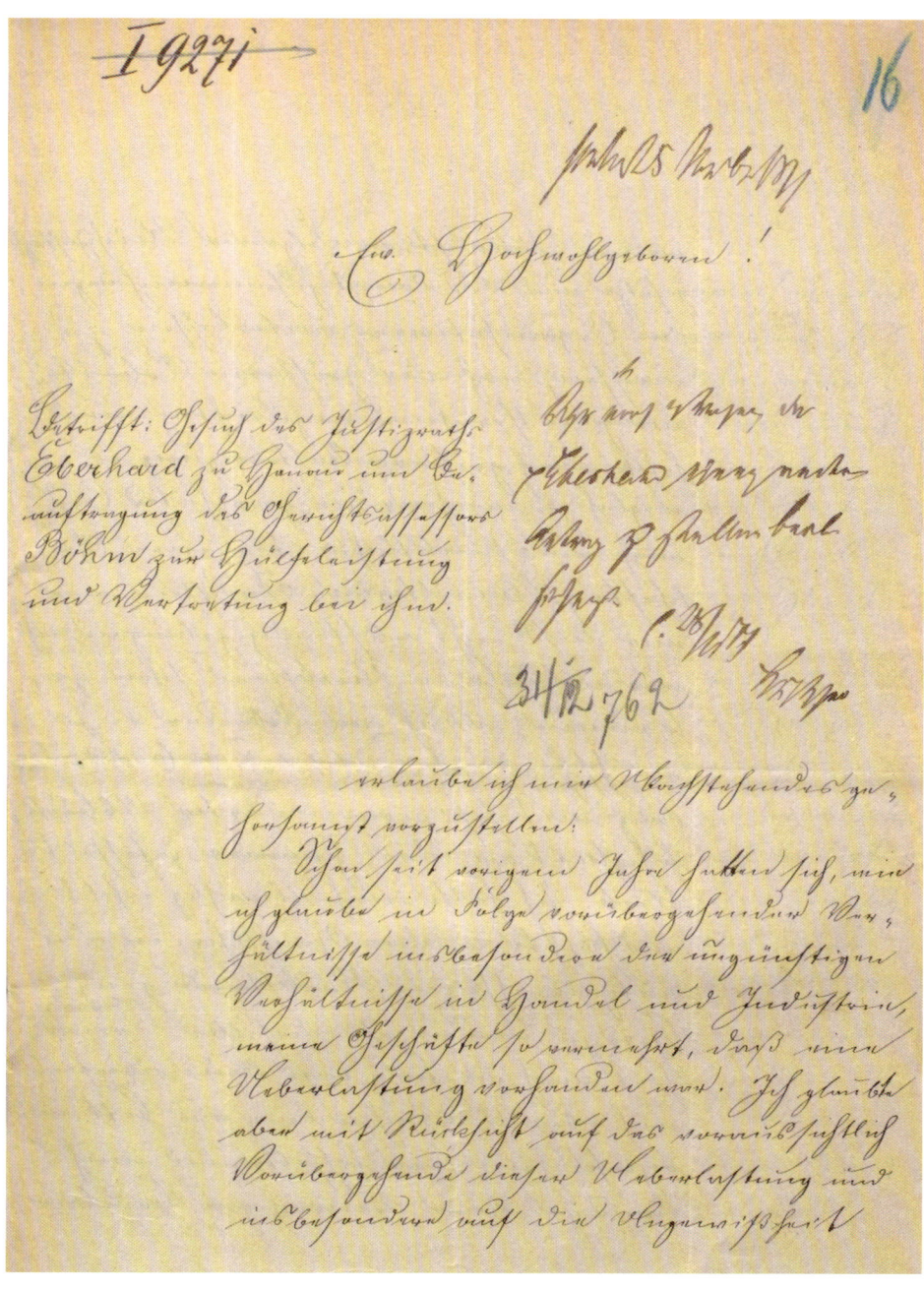

Gesuch des Justizrats Ludwig Eberhard um Beauftragung des Gerichtsassessors Böhm aus Hanau mit der Vertretung in seiner Kanzlei vom November 1877. Abbildung: Hessisches Staatsarchiv Marburg.

Die „Arche Noah" in der Französischen Allee um 1935. Das 1873 als repräsentatives und vielseitiges Klubhaus des Hanauer Bürgervereins eingeweihte Gebäude bot für die höheren Beamten, Unternehmer, Ärzte und Anwälte, die das Gros der Vereinsmitglieder stellten, vielerlei Unterhaltungsmöglichkeiten für unterschiedliche Formen der Zerstreuung.
Abbildung: Sammlung Werner Kurz.

16. Begriffserklärung „Bürger"

Bürger (von Burg). Zunächst in den Stadtstaaten der Antike (Polis) eine auf Grund ihrer Geburt mit politischer Entscheidungsgewalt ausgestattete Person. In den Städten Griechenlands sowie den Kolonien und Munizipien wurde durch sie ein vielschichtiges Selbstverwaltungssystem entwickelt. Der Zusammenbruch des röm. Reiches, d. h. vor allem seines Westteils, beeinträchtigte zwar die Bedeutung der Städte; sie blieben dennoch die Mittelpunkte der Gewerbetreibenden. Außerdem trat eine Reihe von adeligen Burgen aus dem Umkreis der Städte hinzu.

Die Bezeichnung Bürger stand demjenigen zu, der freier und vollberechtigter Einwohner einer Stadt war. Voraussetzung hierfür war der Besitz von Grund und Boden in der Stadt bzw. innerhalb deren Gemarkung (Pfahlbürger). Ihm stand entgegen der Unfreie, der Halbfreie und der Beisasse. Gegen eine Beeinträchtigung ihrer Freiheiten haben sich die B. stets gewehrt. Zu den bürgerl. Freiheiten gehörten insbes. die Freiheit von der Steuerpflicht und der Heerfahrt sowie der außerstädt. Gerichtsbarkeit. Auch Hörige (Hörigkeit) konnten Freie werden, wenn sie auf einen Aufenthalt von einem Jahr in einer Stadt zu verweisen vermochten; daher der Terminus: „Stadtluft macht frei". Mit dem Aufkommen zahlreicher Städte vor allem seit dem 12. Jh. trat zu dem Adel und den Bauern als ein neuer Stand der der Bürger. Innerhalb der Stadt selbst kam es in der Folge zu einer Ständegliederung in Patrizier, Gilden und Zünfte. Mit dem wirtschaftl. Erstarken der beiden letztgenannten Gruppen, die auch Spießbürger genannt wurden, da sie weitgehend mit Spießen bewaffnet waren, kommt es im 14. Jh. zu Kämpfen mit dem Patriziat um die Beteiligung am Stadtregiment. Während in den meisten Auseinandersetzungen die Gleichberechtigung erreicht werden kann, obsiegt in Nürnberg, Frankfurt sowie den Hansestädten das Patriziat. Die Entwicklung in den Städten war seit dem Hochmittelalter durch eine hohe Kultur gekennzeichnet, da der Absatz der Produktion gesichert und eine gleichmäßige Einkommensverteilung gewährleistet war. Das Erstarken des Fürstenstaats, eine Entwicklung, die sich bereits vom Mittelalter an abzuzeichnen begann, und die mit der Entdeckung der Neuen Welt (1492) erfolgende weitgehende Verlagerung des Handels nach Westeuropa leitet den Niedergang der Städte bzw. seines Bürgertums ein: der 30-jährige Krieg (1618–48) schließlich führt seine Verarmung herbei. Das bürgerl. Wirtschafts- und Kapitaldenken greift nunmehr, vor allem seit dem Zeitalter des Absolutismus, auf den Staat über. Anteil an der polit. Macht erreichen die Bürger in der Franz. Revolution (1789). Durch die Städteordnung des Frh. vom Stein (1757–1831) aus dem Jahre 1808 wird den Städten das Recht auf Selbstverwaltung eingeräumt. Die Umbildung des Staates zum Verfassungsstaat erreichen die Bürger (seit der Franz. Revolution gibt es den städtischen Bürger nicht mehr, sondern nur noch den Staatsbürger) durch die bürgerl. Revolutionen der Jahre 1830 und 1848.

Fuchs, Konrad/Heribert Raab, dtv Wörterbuch zur Geschichte, Bd. 1, 2. Auflage, München 1975, S. 139 f.

ABKÜRZUNGEN

+	die folgende [Seite]
++	die folgenden [Seiten]
*	geboren
†	gestorben
§	Paragraf
48er	Aktivist(en) der Revolution von 1848/1849
7. d.	7. des [Monats]
7. D. M.	7. des Monats
a. M.	am Main
a/M	am Main
Abs.	Absatz
Abt.	Abteilung
AG	Aktiengesellschaft
ALR	Allgemeines Landrecht für die preußischen Staaten
Anm.	Anmerkung
AnwBl.	Anwaltsblatt
Apr.	April
außerstädt.	außerstädtisch
B.	Bürger
B. Eb./B. E.	Bernhard Eberhard
BayObLG	Bayerisches Oberstes Landesgericht
Bd.	Band
Bearb.	Bearbeiter
bearb.	bearbeitet
Beschl.	Beschluss
betr.	betreffend
BGB	Bürgerliches Gesetzbuch
BGH	Bundesgerichtshof
BGHZ	Entscheidungssammlung des Bundesgerichtshofs in Zivilsachen
BNSDJ	Bund nationalsozialistischer deutscher Juristen
BORA	Beck'scher Online-Kommentar

BRAK-Mitt.	Mitteilungen der Bundesrechtsanwaltskammer
BRAO	Bundesrechtsanwaltsordnung
bürgerl.	bürgerlich
BVerfG	Bundesverfassungsgericht
BVerfGE	Entscheidung des Bundesverfassungsgerichts
BvR	Aktenzeichen für Verfassungsbeschwerden
bzw.	beziehungsweise
ca.	circa
CCBE	Rat der Anwaltschaften der Europäischen Gemeinschaft (Commission de Conseil des Barreaux européens)
CDU	Christlich Demokratische Union
cm	Zentimeter
Co.	Compagnie
d.	der, die, das
d. h.	das heißt
d. J.	dieses Jahres
d. M.	dieses Monats
d. Verf.	der Verfasser
DAV	Deutscher Anwaltverein
DDP	Deutsche Demokratische Partei
DDR	Deutsche Demokratische Republik
Degussa	Deutsche Gold- und Silberscheideanstalt
dergl.	dergleichen
ders.	derselbe
Dezbr.	Dezember
Diss.	Dissertation, Doktorarbeit
Diss. jur.	juristische Dissertation
DJ	Deutsche Justiz (Zeitschrift)
DNotZ	Deutsche Notarzeitschrift
DNVP	Deutschnationale Volkspartei
Dr.	Doktor

Dr. jur.	Doktor juris
DRK	Deutsches Rotes Kreuz
dt.	deutsch
dtv	Deutscher Taschenbuchverlag/dtv Verlagsgesellschaft
DVP	Deutsche Volkspartei
DWB	Deutsches Wörterbuch
e. V.	eingetragener Verein
e.c.t.	et cetera (und so weiter)
Eb.	Eberhard
EG	Europäische Gemeinschaft
erw.	erweitert(er)
etc.	et cetera
EuGH	Europäischer Gerichtshof
evang./evangel.	evangelisch
EWIV	Europäische wirtschaftliche Interessenvereinigung
f.	die folgende [Seite]
ff.	die folgenden [Seiten]
Ffm	Frankfurt am Main
fl.	Florin (Gulden)
FN./Fn.	Fußnote
fol.	Folgend(e)
fragl.	fraglich
Franz.	Französisch
Frh.	Freiherr
Friedr.	Friedrich
g	Gramm
GbR	Gesellschaft bürgerlichen Rechts
geb.	geboren
GG	Grundgesetz
GmbH	Gesellschaft mit beschränkter Haftung
h	Heller
Hr.	Herr
Hrsg.	Herausgeber

hrsg.	herausgegeben
HstAM	Hessisches Staatsarchiv Marburg
Inf. Reg	Infanterieregiment
insb.	insbesondere
J.	Jahr(e)
jährl.	jährlich
Jg.	Jahrgang
Jh.	Jahrhundert
Jhs.	Jahrhunderts
Jur.	Juris
JW	Juristische Wochenschrift
Kfz	Kraftfahrzeug
KG	Kommanditgesellschaft
königl.	königlich
Kr.	Kreis
Kr.	Kreuzer
L. E.	Ludwig Eberhard
l. Js.	letzten Jahres
Landgrafenstr.	Landgrafenstraße
latein.	lateinisch
li.	links
LLC	Limited Liability Company (Kapitalgesellschaft nach amerikanischem Recht, vergleichbar der GmbH)
LLP	Limited Liability Partnership (Personengesellschaft nach britischem/amerikanischem Recht, vergleichbar der KG)
LWB	Ludwig Wollweber Bansch
M.	Monate
mBH	mit beschränkter Haftung
N. F.	Neue Folge
N. N.	nomen nominandum (noch zu nennender Name)
ND	Nachdruck
Neust.	Neustadt
Neust.	Neustadt/Neustädter

NJ	Neue Justiz (Zeitschrift)
NJW	Neue Juristische Wochenschrift
Nr.	Nummer
NRW	Nordrhein-Westfalen
NS	Nationalsozialistische(r)
NSDAP	Nationalsozialistische Deutsche Arbeiterpartei
NZG	Neue Zeitschrift für Gesellschaftsrecht
o. J.	ohne Jahr
o. O.	ohne Ort
Octbr./Okt.	Oktober
OLG	Oberlandesgericht
pag.	Pagina (Seite)
PKW	Personenkraftwagen
polit.	politisch
pp.	perge, perge (und so weiter)
preuß., pr.	preußisch, preußische, preußischer
RAO	Rechtsanwaltsordnung
Red.	Redaktion
Reg.Präsident	Regierungspräsident
Reichsgesetzbl.	Reichsgesetzblatt
RGBl.	Reichsgesetzblatt
Rn.	Randnummer
RRAO	Reichs-Rechtsanwaltsordnung
S.	Seite
s. g.	sogenannte
s. o.	siehe oben
s. u.	siehe unten
SA	Sturmabteilung
SED	Sozialistische Einheitspartei Deutschland
Sept./Sep.	September
sic	so (sic erat scriptum – „so stand es geschrieben")
Slg.	Sammlung
Sn.	Seiner

Sp.	Spalte
SPD	Sozialdemokratische Partei Deutschlands
SS	Schutzstaffel
St.	Sankt
T.	Tage
u.	und
u. a.	unter anderem, und andere
u.s.w./usw.	und so weiter
UdSSR	Union der Sozialistischen Sowjetrepubliken
USA	United States of America
v.	von, vom
v. J.	vorigen Jahres
vgl.	vergleiche
W. C.	Wilhelm Carl
Wall.	Wallonisch
wirtschaftl.	wirtschaftlich
xr.	Kreuzer
z. B.	zum Beispiel
z. T.	zum Teil
ZRG GA	Zeitschrift der Savigny-Stiftung – Germanistische Abteilung

QUELLEN UND LITERATUR

Ausgewertete gedruckte und ungedruckte Quellen

Archiv der Wallonisch-Niederländischen Gemeinde – Evangelisch-Reformierte Kirche zu Hanau

Wallonische Kirche, Heiratsregister IV, 1815–1830.

Wallonische Kirche, Taufregister II, 1736–1830.

Hessisches Staatsarchiv Darmstadt

S 1 (Biografische Informationen).

E8A 352/4 Verzeichnis der Ämter, Orte, Häuser, Einwohner (Druck drei Exemplare, ein handschriftliches Exemplar), 1806.

Hessisches Staatsarchiv Marburg

Slg 1, 121i Selbstbiographie Bernhard Eberhard, Hanau 1853, zwei Hefte mit drei dazugehörigen Stücken, 1853.

81 B3/1/13 Erhöhung der Chausseegelder im Departement Hanau und Aufhebung der Chausseefronden und Wegebauredemptionsgelder, 1810–1821.

81 1088 Allerhöchste Verordnung über die Erhebung des Chausseegeldes, Bestrafung bei Verstößen und Befreiungen von der Erhebung 1817–1818.

83 1586 Klage des evangelisch-lutherischen bzw. des evangelischen Konsistoriums, Bd. 3, 1817–1827.

86 5914 Durch Verordnung vom 2. August 1817 genehmigter Chausseegeldtarif für die Provinz Hanau 1802–1817.

86 15202 Einquartierungen im Amt Bücherthal und Beschwerden über ungebührliches Benehmen der Soldaten, 1807–1813.

86 15684 Gesuch des Obersten Dressery um Verschonung der Ortschaften Wachenbuchen, Mittelbuchen, Bruchköbel, Nieder-Issigheim und Rossdorf

von Einquartierung Transporten, [etc] wegen gänzlicher Armuth dieser Orte, sowie wegen einer dort herrschenden Krankheit Vom 14. November 1813.

86 16738 Heiratsdispens für den Hofgerichtsprokurator Bernhard Eberhard zu Hanau, 1818.

86 25368 Protokoll des Fiskalrats Wörishoffer über die Besitzergreifung der Ämter Bücherthal, Windecken und Bergen, Eintrag vom 18. Mai 1810.

169 252 Prozeß des Forstfiskus gegen den Bauern Johannes Ziegler und den Schreiner Balthasar Grösch, beide zu Altengronau, wegen Triftrechts, Bd. 1, 1899–1901.

169 515 Prozeß der Gemeinde Breunings [Kr. Schlüchtern] gegen den Forstfiskus wegen Huterechts, Bd. 1, 1871–1874.

169 519 Prozeß der Bauern Müller und Röder zu Neuengronau [Kr. Schlüchtern] gegen Forstfiskus wegen Wegegerechtsame, Bd. 1, 1879–1880.

169 520 Prozeß der Gemeinde Marjoß [Kr. Schlüchtern] gegen Fiskus wegen Huterechts, 1877–1879.

169 1006 Prozeß der Gemeinde Bellings [Kr. Schlüchtern] wegen Huteberechtigung, 1871–1874.

180 979 Einschmuggeln fremden Salzes in das Amt Windecken, 1822.

180 1489 Feststellung der durchschnittlichen Einnahmen aus der Stadt Windecken, 1823.

250 990 [Personalakte] des Obergerichtsanwalts Johann Ludwig Eberhard zu Fulda, später Hanau.

263 1393: Rechtsanwalt und Notar Johann Louis Eberhard zu Hanau, Bd. 1, 1868–1879.

263 1394: Rechtsanwalt und Notar Johann Louis Eberhard zu Hanau, Bd. 2.

260 2501 Verhör zweier am Heldenberger Tor zu Windecken ohne Pässe verhafteter und deshalb als Kundschafter verdächtiger Burschen, 1792.

Anhang/Quellen und Literatur

Pfarrarchiv Kesselstadt

Protocollum der evang.reformierten Kirche zu Kesselstadt.

Sammlung Werner Kurz

Adressbuch der Stadt Hanau 1912.

Einwohnerbuch Landkreis Hanau 1929/30.

Sammlung Andreas Ludwig

Ahnenpaß Ulrike Marlis Eberhard.

„Arbeitszeugnis" des Fuldaer Obergerichtsdirektors Mackeldey u. A. von 1854 (Abschrift).

Nachschrift des Schreibens vom 9. März 1850.

Urkunden zum Ahnenpass Karl Ludwig Jakob Eberhard, Dr. jur. Rechtsanwalt + Notar, Hanau a/M Landgrafenstr.

Stadtarchiv Hanau

Adressbuch der Stadt Hanau: 1853, 1867, 1870, 1878/79, 1886/87, 1888/89, 1890/91, 1892/93, 1894/95, 1896, 1905, 1914, 1965, 1968, 1970, 1980, 1982, 1984, 1986, 1987/88, 1989, 1992 und 2007.

Adressbuch für Stadt und Landkreis Hanau: 1930 und 1950.

B2 183 Sitzungsprotokolle des Stadtrats.

B2 219/1 Protokolle und Beschlußbücher der Stadtverordnetenversammlung 1898.

C1 481 Die Veranlagung der Gemeinde-Umlage, 1872–1875.

C1 104 Handakten des Bürgermeisters Eberhard, in seiner Eigenschaft als Landtagsabgeordneter in Cassel. Berichte der Stadträthe und von Privatpersonen über die Ereignisse und Stimmungen in Hanau, 1830–1831.

D 6D 4875 Bauantrag Reichsbankgebäude, Nußallee 24.

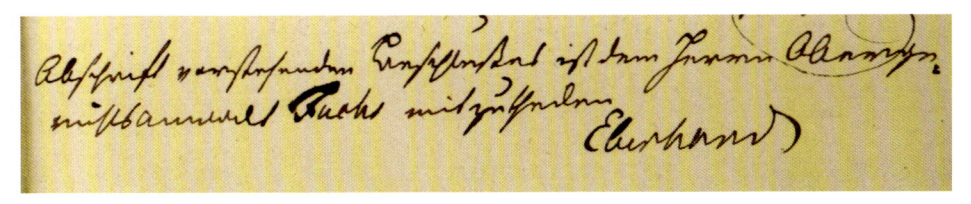

Handschriftliche Notiz und Unterschrift von Bernhard Eberhard vom Dezember 1827.
Abbildung: Hessisches Staatsarchiv Marburg.

E 3 Mittelbuchen VIII 3/10 Quartierliste von 1806 bis Ende November 1814, 1821.

Einwohnerbuch der Städte Hanau und Großauheim mit den Gemeinden Wolfgang und Hohe Tanne, Hanau 1965.

Hanauer Anzeiger vom 7. Februar 1822, 27. Mai 1886, 4. Juli 1887, 17. Februar 1902, 6. Januar 1903, 14. November 1932, 6. Februar 1937 und 27. April 1970.

Hanauer Neue Zeitung vom 22. Januar 1814.

Hanauer Zeitung vom 6. Juli 1866, 22. September 1870, 25. September 1870 und 19. Juni 1871.

Hessische Morgenzeitung (Kassel) vom 3. März 1860.

M499 K30 Dr. K. Siebert Memoiren.

Wochenblatt für die Provinz Hanau vom 7. Februar 1822, 24. Januar 1828, 15. April 1852, 2. Februar 1854, 9. Februar 1865 und 4. Januar 1866.

Hanauer privilegierte Wochennachricht vom 23. Januar 1817.

Stadtverwaltung Hanau

Gräberlisten des Hauptfriedhofs und des Friedhofs Kesselstadt.
Übersichtskarte von 1912.

Hanauer
Geschichtsblätter
Neue Folge Nr. 3/4

Festschrift
zum 75 jähr. Bestehen
des Hanauer Geschichtsvereins

Inhalt:
Hanauer Biographien aus drei Jahrhunderten
von Dr. Karl Siebert.
Zur 75 jähr. Gründungsfeier des Geschichtsvereins
von Prof. Ernst J. Zimmermann

Hanau 1919
Verlag des Hanauer Geschichtsvereins

Titelblatt von Band 3/4 der Hanauer Geschichtsblätter, das 1919 anlässlich des 75-jährigen Bestehens des Hanauer Geschichtsvereins erschien. Der Arzt und Kunsthistoriker Karl Siebert (1858–1933) hat darin zahlreiche Kurzbiografien über Hanauer Persönlichkeiten, darunter auch die über Bernhard Eberhard, verfasst. Abbildung: privat.

Quellensammlungen, Memoiren, Statistiken und Nachschlagewerke

Deutsches Wörterbuch (DWB), Band 11, Leipzig 1873, Sp. 2125 f. Begriff „Krawaller".

Eberhard, Bernhard, Aus meinem Leben. Erinnerungen des † Oberbürgermeisters von Hanau und Kurhessischen Staatsrates Bernhard Eberhard. In: Hanauer Geschichtsblätter Band 1, Hanau 1911, S. 1 ff.

Fuchs, Konrad/Heribert Raab, dtv Wörterbuch zur Geschichte, Bd. 1, 2. Auflage, München 1975.

Gräf, Holger Th./Lena Haunert (Hrsg.), Unter Canadiensern, Irokesen und Rebellen. Das Tagebuch des Hessen-Hanauer Jägers Philipp Jakob Hildebrandt aus den Jahren 1777–1781, Hanau, Marburg 2011 (Hanauer Geschichtsblätter, Band 46).

Hanau, Main-Kinzig-Kreis. In: Historisches Ortslexikon http://www.lagis hessen.de/de/subjects/idrec/sn/ol/id/12505 (Stand: 24. September 2015).

Haus-Ordnung des geselligen Bürgervereins zu Hanau, Hanau 1873.

Hessisches Statistisches Landesamt (Hrsg.), Die hessischen Landkreise und kreisfreien Städte, 3. Auflage, Wiesbaden 1967.

Hildebrand, Bruno, Statistische Mittheilungen über die volkswirthschaftlichen Zustände Kurhessens, Berlin 1853.

Historisches Gemeindeverzeichnis für Hessen: 1. Die Bevölkerung der Gemeinden 1834–1967, Hessisches Statistisches Landesamt, Wiesbaden 1968.

Hoppe, Martin, Hanauer Straßennamen, Hanau 1991.

http://dspace.ut.ee/bitstream/handle/10062/24860/g_1913.pdf?sequence=1.

http://geb.uni-giessen.de/geb/schriftenreihen?sr_id=6&la=de.

https://de.wikipedia.org/wiki/B%C3%BCrgertum.

https://de.wikipedia.org/wiki/Erkl%C3%A4rung_der_Menschen-_und_B%C3%BCrgerrechte

https://de.wikipedia.org/wiki/Gesetz_%C3%BCber_die_Zulassung_zur_Rechtsanwaltschaft.

https://de.wikipedia.org/wiki/Heraeus_(Unternehmen).

https://de.wikipedia.org/wiki/Kurhessische_Verfassung_von_1831.

https://de.wikipedia.org/wiki/Passavant#Frankfurter_Linie_.28Auswahl.29.

https://www.uni-marburg.de/uniarchiv/vorlesungsverzeichnisse.

Kössler, Franz, Register zu den Matrikeln und Inscriptionsbüchern der Universität Gießen WS 1807/08 – WS 1850 (Berichte und Arbeiten aus der Universitätsbibliothek Gießen 25), Gießen 1976.

Kunz, Rudolf (Bearb.), Wörterbuch für südhessische Heimat- und Familienforscher, Darmstadt 1995.

Kurhessischer Staats- und Adreßkalender für das Jahr 1818, Kassel 1818.

Oexle, Otto Gerhard/Werner Conze/Rudolph Walther, Stand, Klasse. In: Geschichtliche Grundbegriffe. Historisches Lexikon zur politisch-sozialen Sprache in Deutschland. Hrsg. von Otto Brunner/Werner Conze/Reinhart Koselleck, Band 6, Stuttgart 1990, S. 155 – 284.

Petersdorff, Hermann von, „Wilhelm II., Kurfürst von Hessen". In: Allgemeine Deutsche Biographie, hrsg. von der Historischen Kommission bei der Bayerischen Akademie der Wissenschaften, Band 43 (1898), S. 75 ff.

Pfarrergeschichte des Sprengels Hanau („Hanauer Union") bis 1969, nach Lorenz Kohlenbusch, bearb. von Max Aschkewitz, 1. Teil, Marburg 1984.

Rob, Klaus, Regierungsakten des Primatialstaates und des Großherzogtums Frankfurt: 1806 – 1813 (Quellen zu den Reformen der Rheinbundstaaten, Band 3), München 1995.

Sammlung von Gesetzen, Verordnungen, Ausschreiben und anderen allgemeinen Verfügungen für Kurhessen, 3. Band, Jahre 1820, 1821 und 1822, Kassel o. J.

Siebert, Karl, Hanauer Biographien aus drei Jahrhunderten. hrsg. zu seinem 75jährigen Bestehen vom Hanauer Geschichtsverein (Hanauer Geschichtsblätter, Band 3/4), Hanau 1919, S. 218 ff.

Ziegler, Johann Daniel Wilhelm, Chronik (Ziegler'sche Chronik), Hanau 1800 – 1877, Bände 1, 3, 4, 5, 6 und 7.

Literatur

Darstellungen zur Geschichte der Rechtsanwaltschaft (hauptsächlich seit Ende der napoleonischen Zeit)

Baier, Erich, Zur Eigenverantwortlichkeit der Mitglieder der Kollegien der Rechtsanwälte. In: Neue Justiz 1981, S. 544 ff.

Baumann, Annette, Advokaten und Prokuratoren am Reichskammergericht in Speyer (1495–1690). Berufswege in der Frühen Neuzeit. In: Zeitschrift der Savigny-Stiftung – Germanistische Abteilung 117 (2000), S. 550 ff.

Beck'scher Online-Kommentar BORA, Römermann, Volker (Hrsg.), 11. Edition, München 2016.

Bergmann, Siegfried/Kurt Hildebrandt, Aufgaben und Methoden der betrieblichen Rechtskontrolle. In: Neue Justiz 1982, S. 10 ff.

Blanke, Hermann-Josef (Hrsg.), Deutsche Verfassungen. Dokumente zu Vergangenheit und Gegenwart, Paderborn, München, Wien, Zürich 2003.

Brand, Peter-Andreas, Der Rechtsanwalt – ein gesellschaftliches Organ der sozialistischen Rechtspflege. Zur Stellung des Rechtsanwalts in der DDR. In: Anwaltsblatt 1985, S. 612–615.

Bruhn, Hans-Henning, Die Rechtsanwaltschaft in der DDR. Stellung und Aufgaben, Köln 1972.

Brunn, Hellmut/Kirn, Thomas, Rechtsanwälte, Linksanwälte, Frankfurt am Main 2004.

Busse, Felix, Deutsche Anwälte. Geschichte der deutschen Anwaltschaft 1945–2009, Bonn 2010.

Deppert, Katharina, Die Rechtsprechung des Senats für Anwaltssachen des Bundesgerichtshofs im Jahre 2004. In: Mitteilungen der Bundesrechtsanwaltskammer 2005, S. 206–212.

Deutsche Rechts- und Gerichtskarte. Mit einem Orientierungsheft neu herausgegeben und mit einer Einleitung von Diethelm Klippel, Goldbach 1996 (Nachdruck der Ausgabe von 1896).

Anhang/Quellen und Literatur

„Der Procurator", Holzschnitt von Jost Ammann (1539–1591) aus dem Ständebuch von 1568. Dort wird das Bild mit folgendem Text von Hans Sachs (1494–1576) begleitet:

Ich procurir vor dem Gericht,
Und offt ein böse sach verficht,
Durch Loic falsche list und renck
Durch auffzug auffsatz und einklenck,
Darmit ichs Recht auffziehen thu:
Schlecht aber zuletzt unglück zu
Daß mein Parthey ligt unterm gaul
Hab ich doch offt gfüllt beutl und maul.

(*Procurator* = Rechtsanwalt; *Loic* = Schlauheit, Logik; *renck* = Ränke; *auffzug* = Verzögerung, Aufschub; *auffsatz* = Verschlagenheit, Betrug; *einklenck* = juristischer Winkelzug; *auffziehen* = necken, an der Nase herumführen; *schlecht* = schlägt) Abbildung: www.wikipedia.org/wiki/Rechtsanwalt

Deutscher Juristinnenbund e.V. (Hrsg.), Juristinnen in Deutschland. Die Zeit von 1900 bis 2003 (Schriftenreihe Deutscher Juristinnenbund e.V. 1), 4. Auflage, Baden-Baden 2003.

Döhring, Erich, Geschichte der deutschen Rechtspflege seit 1500, Berlin 1953.

Dölemeyer, Barbara, Die Zulassung von Frauen zur Rechtsanwaltschaft im Nationalsozialismus und ihr Ausschluß in der NS-Zeit. In: Ascheri, Mario, u. a. (Hrsg.), „Ins Wasser geworfen und Ozeane durchquert". Festschrift für Knut Wolfgang Nörr, Köln, Weimar, Wien 2003, S. 151–164.

Douma, Eva, Deutsche Anwälte zwischen Demokratie und Diktatur, 1930–1955, Frankfurt am Main 1998.

Feuerich, Wilhelm/Dag Weyland (Hrsg.), Bundesrechtsanwaltsordnung, 2. Auflage 2016, zitiert: Bearbeiter, in: Feuerich/Weyland, Bundesrechtsanwaltsordnung.

Fichtmüller, Carl Peter, Liberalismus und Anwaltschaft im 19. Jahrhundert. In: Deutscher Anwaltverein (Hrsg.), Anwälte und ihre Geschichte. Zum 140. Gründungsjahr des Deutschen Anwaltvereins, Tübingen 2011, S. 91–122.

Freudentheil, Gottlieb Wilhelm, Die Justizvorlage und der Anwaltstag in Celle, Stade 1858.

Gneist, Rudolf, Freie Advocatur. Die erste Forderung aller Justizreform in Preußen, Berlin, Heidelberg 1867.

Hagenkötter, Andreas, Eine kleine Geschichte der deutschen Anwaltschaft. Zweiter Abschnitt: Von 1945 bis heute. In: DAV-Anwaltausbildung II (nähere Angaben unten bei dem Beitrag von Krach), S. 86 ff.

Hartung, Wolfgang (Hrsg.), Anwaltliche Berufsordnung. Fachanwaltsordnung, Europäische Berufsregeln – CCBE, Bundesrechtsanwaltsordnung (§§ 43–59 m BRAO), 3. Auflage, München 2006.

Hellwig, Hans-Jürgen, Der Rechtsanwalt – Organ der Rechtspflege oder Kaufmann. Nationale und internationale Entwicklungen in der Anwaltschaft. In: Anwaltsblatt 2004, S. 213–222.

Heusinger, Hans-Joachim, Anforderungen an die weitere Vervollkommnung der Rechtsarbeit in der Volkswirtschaft. In: Neue Justiz 1980, S. 242 ff.

Heusinger, Hans-Joachim, Neues Gesetz über die gesellschaftlichen Gerichte. Begründung des Gesetzesentwurfs in der Tagung der Volkskammer der DDR. In: Neue Justiz 1982, S. 146 f.

Hornig, Erich, Neue Vorschriften für den Rechtsanwaltsberuf. In: Deutsche Justiz 1943, S. 261 ff.

http://de.wikipedia.org/wiki/Erkl%C3%A4rung_der_Menschen-_und_B%C3%BCrgerrechte, abgerufen am 16. Mai 2014.

https://de.wikipedia.org/wiki/Reichsjustizgesetze, abgerufen am 21. Oktober 2015.

Huffmann, Helga, Kampf um freie Advokatur, Essen 1967.

Jaeger, Renate, Rechtsanwälte als Organ der Rechtspflege – Notwendig oder überflüssig? Bürde oder Schutz? In: Neue Juristische Wochenschrift 2004, S. 1-7.

Kannowski, Bernd, Zur Geschichte des Anwaltsberufs in Deutschland. In: Kayser, Hartmut-Emanuel (Hrsg.), Anwaltsberuf im Umbruch. Tendenzen in Deutschland und Brasilien (Schriftenreihe der Deutsch-Brasilianischen Juristenvereinigung 35), Aachen 2007, S. 43–67.

Kaup, Wolfgang, Als die Advokatur noch ein Männerberuf war. Frau Rechtsanwältin Sonja Uth setzt eigene Maßstäbe, in: Anwaltsverein für den Landgerichtsbezirk Aschaffenburg e.V. (Hrsg.), 1948–1998. 50 Jahre Anwaltsverein für den Landgerichtsbezirk Aschaffenburg e.V., Neustadt an der Aisch o. J., (S. 48–53).

Kißener, Michael, Personeller Neubeginn. Die Anfänge der badischen Justiz 1945/46. In: Gerhard, Pauli/Thomas Vormbaum (Hrsg.), Justiz und Nationalsozialismus – Kontinuität und Diskontinuität. Fachtagung in der Justizakademie des Landes NRW, Recklinghausen, am 19. und 20. November 2001 (Juristische Zeitgeschichte Abt. 2, Forum juristische Zeitgeschichte 14), Berlin 2003, S. 183 ff.

Klein, Susanne, Auf dem Weg zu einer freien Anwaltschaft. Die Entstehung der Rechtsanwaltsvereine am Beispiel des Advokatenvereins zu Hannover. In: Journal für juristische Zeitgeschichte 2010, S. 16–25.

Krach, Tillmann (Hrsg.), Anwaltsalltag in der DDR (Rechtsgeschichte und Rechtsgeschehen. Kleine Schriften 4), Münster (Westfalen) 2005.

Krach, Tillmann, Eine kleine Geschichte der deutschen Anwaltschaft. Erster Abschnitt: Von den Anfängen bis 1945. In: Deutscher Anwaltverein und Institut für juristische Weiterbildung der Fernuniversität Hagen (Hrsg.), DAV-Anwaltausbildung. Bd. 2: Die theoretische Ausbildung. Die Anwaltskanzlei, Bonn 2005, S. 51–85.

Krach, Tillmann, Jüdische Rechtsanwälte in Preußen. Über die Bedeutung der freien Advokatur und ihre Zerstörung durch den Nationalsozialismus, München 1991.

Krug, Günther, Die Advokat-Anwälte der Großherzoglich-Hessischen Provinzialhauptstadt Mainz. Geschichte der Mainzer Rechtsanwaltschaft von 1816 bis 1879 (Beihefte der Mainzer Zeitschrift 2), Mainz 1998.

Kühne, Jörg-Detlef, Umbruch der Anwaltschaft: Beginn der Selbstorganisation – Deutschland und Frankreich. In: Deutscher Anwaltverein (Hrsg.), Anwälte und ihre Geschichte. Zum 140. Gründungsjahr des Deutschen Anwaltvereins, Tübingen 2011, S. 123–140.

Lachenmaier, Dieter, Das Marketingkonzept einer Anwaltskanzlei. Vom Organ der Rechtspflege zum Dienstleistungsunternehmen. In: Anwaltsblatt 1998, S. 236–240.

Landau, Peter, Justiz und Rechtsanwaltschaft in der nationalsozialistischen Diktatur. In: Mitteilungen der Bundesrechtsanwaltskammer 2003, S. 110 ff.

Leitzen, Mario, Die Partnerschaftsgesellschaft mit beschränkter Berufshaftung. In: Deutsche Notarzeitschrift 2013, S. 596–602.

Lewald, Walter, Freiheit der Advokaten – die wir meinen. In: Neue Juristische Wochenschrift 1947, S. 2–4.

Lewinski, Kai von, Grundriss des anwaltlichen Berufsrechts (Berliner Schriften zum Anwaltsrecht 1), Baden-Baden 2006.

Meisel, Bernd Stefan, Geschichte der deutschen Wirtschaftsprüfer. Entstehungs- und Entwicklungsgeschichte vor dem Hintergrund einzel- und gesamtwirtschaftlicher Krisen, Köln 1992.

Mittelsteiner, Karl-Heinz (Hrsg.), Illustrierte Geschichte des steuerberatenden Berufes, Köln 1984.

Müller, Lothar, Die Freiheit der Advokatur. Ihre geschichtliche Entwicklung in Deutschland während der Neuzeit und ihre rechtliche Bedeutung in der Bundesrepublik Deutschland, Juristische Dissertation, Würzburg 1972.

N. N., Der deutsche Anwaltstag von 1844 und die damaligen Bestrebungen für nationale Reform der Gesetzgebung. In: Juristische Wochenschrift 1903, S. 208 f.

Oestmann, Peter, Rechtsvielfalt vor Gericht. Rechtsanwendung und Partikularrecht im Alten Reich (Rechtsprechung. Materialien und Studien 18), Frankfurt am Main 2002.

Ostler, Fritz, Die deutschen Rechtsanwälte 1871–1971, Essen 1971.

Paul, Wolf, Anwaltsberuf im Wandel. Rechtspflegeorgan oder Dienstleistungsgewerbe? Fakten und Überlegungen zur empirischen Verdeutlichung des Verhältnisses von Anwaltschaft und Gesellschaft in Deutschland. In: Kübler, Friedrich (Hrsg.), Anwaltsberuf im Wandel. Rechtspflegeorgan oder Dienstleistungsgewerbe. Verhandlungen der vereinigten Fachgruppen für Zivilrechtsvergleichung und für Grundlagenforschung anlässlich der Frankfurter Tagung für Rechtsvergleichung, Frankfurt am Main 1982, S. 11 ff.

Pausch, Alfons/Jutta Pausch, Kleine Weltgeschichte der Steuerzahler – Steueruntertanen, Steuerrebellen, Steuerbürger, Köln 1988.

Pöllath, Reinhard/Ingo Saenger (Hrsg.), 200 Jahre Wirtschaftsanwälte in Deutschland. Bearbeitet von Markus Heukamp, Baden-Baden 2009.

Prütting, Hanns, Anwaltliches Berufsrecht. In: Claus-Wilhelm Canaris (Hrsg.), 50 Jahre BGH – Festgabe aus der Wissenschaft (in vier Bänden), Bd. III, München 2000, S. 839 ff.

Rasor, Alexander, Vom Einzelanwalt zur überörtlichen Sozietät. In: Rechtsanwaltskammer Frankfurt am Main (Hrsg.), Rechtsanwälte und ihre Selbstverwaltung 1878–1998, Frankfurt am Main 1998, S. 171–207.

Redeker, Konrad, Rechtsanwaltschaft zwischen 1945 und 1995 – Ein Berufsstand im Wandel. In: Neue Juristische Wochenschrift 1995, S. 1241–1246.

Römermann, Volker, Entwicklungen und Tendenzen bei Anwaltsgesellschaften: Eine vergleichende Studie zu EWIV, Sozietät und Kapitalgesellschaft, Köln 1995.

Roth, Paul von/Meibom, Victor von, Kurhessisches Privatrecht, Marburg 1858.

Rüping, Hinrich, Die Beseitigung der freien Advokatur im Nationalsozialismus. In: Anwaltsblatt 2002, S. 615 ff.

Sahr, Siegfried, Eine weitere Etappe in der Arbeit der Konfliktkommissionen. In: Neue Justiz 1982, S. 151 ff.

Savigny, Friedrich Carl von, Vom Beruf unserer Zeit für Gesetzgebung und Rechtswissenschaft, Heidelberg 1814.

Scherner, Karl Otto, Advokaten, Revolutionäre, Anwälte. Die Geschichte der Mannheimer Anwaltschaft (Quellen und Darstellungen zur Mannheimer Stadtgeschichte 5), Sigmaringen 1997.

Schröder, Friedo, Die anwaltliche Tätigkeit während der nationalsozialistischen Herrschaft. Eine Analyse der anwaltlichen Argumentation in Zivilprozessen anhand der vorhandenen Prozeßakten der Landgerichte Frankenthal, Wiesbaden, Limburg und Frankfurt und der Handakten der jüdischen Konsulenten des OLG-Bezirks Frankfurt am Main (Rechtshistorische Reihe 235), Frankfurt am Main u. a. 2001.

Schubert, Werner, Die Rechtsanwaltsordnung 1878 bis 1936. In: Deutscher Anwaltverein (Hrsg.), Anwälte und ihre Geschichte, Tübingen 2011, S. 549–568.

Schubert, Werner (Hrsg.), Entstehung und Quellen der Rechtsanwaltsordnung von 1878 (Ius commune. Sonderhefte. Texte und Monographien 22), Frankfurt am Main 1985.

Schümann, Dietrich, Ein Beitrag zur Geschichte der mecklenburgischen Anwaltschaft (Schriftenreihe der Bundesrechtsanwaltskammer 11), München 2000, S. 20 ff.

Siegrist, Hannes, Advokat, Bürger und Staat: Sozialgeschichte der Rechtsanwälte in Deutschland, Italien und der Schweiz (18.–20. Jh.), Studien zur europäischen Rechtsgeschichte 80, zwei Halbbände, Frankfurt am Main 1996.

Thalheim, Karl, Die Einkommenslage der deutschen Rechtsanwälte. In: Juristische Wochenschrift 1931, S. 3497–3500.

Theisen, Frank, Zwischen Machtspruch und Unabhängigkeit. Kurhessische Rechtsprechung von 1821–1848 (Dissertationen zur Rechtsgeschichte 7), Köln, Weimar, Wien 1997.

Weißler, Adolf, Geschichte der Rechtsanwaltschaft, Leipzig 1905 (ND Frankfurt am Main 1967).

Wolff, Friedrich, Der Weg zur sozialistischen Rechtsanwaltschaft. In: Neue Justiz 1969, S. 615 ff.

Zweigert, Konrad/Hein Kötz, Einführung in die Rechtsvergleichung. I. Grundlagen, 2. Auflage, Tübingen 1984.

Zeitgenössische Darstellungen zur Geschichte Hanaus und seiner Umgebung

Arnd, Carl, Geschichte der Provinz Hanau und der unteren Maingegend, Hanau 1858.

Goethe, Johann Wolfgang von, Sämtliche Werke, Band 29, Reisen an Rhein, Main und Neckar, 1814 und 1815, München 1963.

Hanauer Geschichtsverein 1844 e.V. (Hrsg.), Mit Hebelius Potter rund um das alte Hanau: eine Zeitreise zurück in das Jahr 1810. (Hanauer Historische Hefte Band 1), Hanau 2010.

Hundeshagen, Johann B., Geographische Beschreibung der Grafschaft Hanau-Münzenberg, Hanau 1782.

Kopp, Johann Heinrich, Beobachtungen über den ansteckenden Typhus, welcher im Jahre 1813/14 in Hanau epidemisch war. In: Journal für die Praktische Heilkunde 38 (1814), S. 1 ff.

Kopp, Johann Heinrich, Topographie der Stadt Hanau in Beziehung auf den Gesundheits- und Krankheitszustand der Einwohner, Frankfurt am Main 1807.
Landau, Georg, Beschreibung des Kurfürstenthums Hessen, Kassel 1842 (Neudruck 2000).

"Beschießung der Stadt Hanau und die brennende Vorstadt", Gemälde von Conrad Westermayr (1765–1834). In der Nacht des 31. Oktober beschossen die Franzosen Hanau mit schwerer Artillerie, wodurch die Alliierten aus der Stadt vertrieben wurden. Napoleons Armee konnte daraufhin ungehindert an der Kinzigbrücke vorbei nach Westen marschieren. Durch das Bombardement gerieten Teile der Vorstadt, Gebäude am Paradeplatz (heute Freiheitsplatz) und in der Judengasse (seit 1898 Nordstraße) in Brand. Abbildung: Historisches Museum Hanau Schloss Philippsruhe / Hanauer Geschichtsverein 1844 e.V.

Leonhard, Carl Cäsar von, Geschichtliche Darstellung der Schlacht bei Hanau am 30. Oktober 1813 (Neudruck Hanau 1988).

Usener, Johann Heinrich, Cronick vom Amt Bornheimerberg angefangen 1796, bearbeitet von Walter Reul, Arbeitsgemeinschaft Heimatmuseum Frankfurt-Bergen-Enkheim e.V., 1998.

Wagner, J., Die Gerichte, Staats- und Kommunalverwaltungsbehörden in: Hanau. Stadt und Land und deren Umwandlungen in den Jahren 1801 bis 1911, Hanau 1911.

Winkopp, Peter Adolph, Versuch einer topographisch-statistischen Beschreibung des Großherzogthums Frankfurt, Weimar 1812.

Zeitschrift für die Provinz Hanau, hrsg. von Carl Arnd, Band 1 (1837).

Anhang / Quellen und Literatur

Neuere Darstellungen zur Geschichte Hanaus und seiner Umgebung

Ackermann, Jürgen, Die 1830er Krawalle im alten Kreis Gelnhausen. In: Mitteilungsblatt des Zentrums für Regionalgeschichte 23 (1998) 2, S. 1 ff.

Arndt, Jens, Die Hanauer Bürgergarde. In: Stadtzeit 1998, Geschichtsmagazin anläßlich des Jubiläums 150 Jahre Revolution und Turnbewegung 1848 – 1998, Hanau 1998, S. 73 ff.

Bohler, Karl Friedrich, Die Entwicklung der Sozialstruktur im ehemaligen Realteilungsgebiet der südöstlichen Rhein-Main-Ebene. In: Ders., Regionale Gesellschaftsentwicklung und Schichtungsmuster in Deutschland. Frankfurt am Main u. a. 1995, S. 199 ff.

Bott, Heinrich, Die Altstadt Hanau. Ein Gedenkbuch zur 650-Jahr-Feier der Altstadt Hanau. Hrsg.: Hanauer Geschichtsverein, Hanau 1953.

Bott, Heinrich, Gründung und Anfänge der Neustadt Hanau, 1596 – 1620, zwei Bände, Hanau 1970 und 1971 (Hanauer Geschichtsblätter, Bände 22 und 23).

Bott, Heinrich, Mittelalter. Eine kurze Territorialgeschichte des Kreises. In: Hanau – Stadt und Land. Ein Heimatbuch für Schule und Haus, hrsg. vom Hanauer Geschichtsverein mit Unterstützung der Stadt und des Kreises Hanau, Hanau 1954, S. 68 ff.

Bott, Heinrich, Stadt und Festung Hanau. In: Hanauer Geschichtsblätter, Band 20, Hanau 1965.

Brandt, Harm-Hinrich, Wirtschaft und Wirtschaftspolitik im Raum Hanau, Hanau 1963.

Brodt, Hans Peter, Volkskundliches aus Stadt und Landkreis Hanau. In: Hanau. Stadt und Land. Ein Heimatbuch für Schule und Haus, hrsg. vom Hanauer Geschichtsverein mit Unterstützung der Stadt und des Kreises Hanau, Hanau 1954, S. 301 f.

Bus, Erhard, „Die Einwohner daselben arbeiten sehr fleißig …" Ortschronik zur Geschichte Klein-Auheims anlässlich des 1200. Jahrestages der urkundlichen Ersterwähnung 2006, Hanau 2005.

Anhang / Quellen und Literatur

Fotografie des Hanauer Marktplatzes aus der Zeit vor der Errichtung des Brüder-Grimm-Nationaldenkmals im Jahr 1896. Offensichtlich an einem Markttag aufgenommen, denn man erkennt hinter gut gekleideten Bürgern Marktfrauen und -stände. Abbildung: Peters-Verlag Hanau.

Bus, Erhard, Epidemie und Euphorie – Hanau in den ersten Monaten nach der Schlacht vom 30. und 31. Oktober 1813. In: Hanau in der Epoche Napoleons. Zur Erinnerung an die Schlacht bei Hanau am 30. und 31. Oktober 1813 (Hanauer Geschichtsblätter, Band 47), Hanau 2014, S. 332 ff.

Bus, Erhard, Die Folgen des Großen Krieges – Der Westen der Grafschaft Hanau-Münzenberg nach dem Westfälischen Frieden. In: Hanauer Geschichtsverein (Hrsg.), Der Dreißigjährige Krieg in Hanau und Umgebung (Hanauer Geschichtsblätter, Band 45), Hanau 2011, S. 276 ff.

Bus, Erhard, Hanau unter französischer Herrschaft, 1806–1813. In: Hanau in der Epoche Napoleons. Zur Erinnerung an die Schlacht bei Hanau am 30. und 31. Oktober 1813 (Hanauer Geschichtsblätter, Band 47), Hanau 2014, S. 133 ff.

Bus, Erhard, Kriegspest nach der Schlacht bei Hanau. In: Stadtzeit Kesselstadt: 950 Jahre Ersterwähnung. Schlaglichter auf zwei Jahrtausende, Hrsg. v. Richard Schaffer-Hartmann im Auftrag der Stadt Hanau/des Hanauer Geschichtsvereins, Hanau 2009, S. 104 ff.

Bus, Erhard, Vom Großen Krieg bis zu Napoleon, 1618–1813. In: Stadtzeit Kesselstadt: 950 Jahre Ersterwähnung. Schlaglichter auf zwei Jahrtausende, Hrsg. v. Richard Schaffer-Hartmann im Auftrag der Stadt Hanau/des Hanauer Geschichtsvereins, Hanau 2009, S. 74 ff.

Bus, Erhard, Die Geschichte der Stadtsparkasse Hanau. In: „… diese mit Liebe gepflegte Anstalt …". Von der Lehn-Banco zur Sparkasse Hanau, 1738–2013, hrsg. aus Anlass des 275-jährigen Jubiläums vom Vorstand der Sparkasse Hanau, Hanau 2013, S. 136 ff.

Bus, Erhard, Nicht nur an Main und Kinzig. Ein Überblick zur Entwicklung des Territoriums der Herren und Grafen von Hanau vom Mittelalter bis ins 20. Jahrhundert. In: Stadtzeit 6, Hanau 2003, S. 20 ff.

Bus, Erhard, Die Nöte der Bauerndörfer um Hanau während der Napoleonischen Epoche. In: Hanau in der Epoche Napoleons. Zur Erinnerung an die Schlacht bei Hanau am 30. und 31. Oktober 1813 (Hanauer Geschichtsblätter, Band 47), Hanau 2014, S. 95 ff.

Crößmann, Christoph, Die Unruhen in Oberhessen im Herbste 1830, Darmstadt 1929.

Cramer, Claus/E. Schwab, Das Land an Main und Kinzig. Territorialgeschichte der Grafschaften Hanau-Münzenberg und Rieneck, der Freien Stadt Frankfurt und der Gerichte im Nordspessart (Maschinenschrift), Marburg 1945.

Dielmann, Karl, Vor 100 Jahren wurde Hanau preußisch. In: Hanauer Geschichtsblätter, Band 21 (1966), S. 202.

Dietrich, Reinhard, Die Landes-Verfaßung in dem Hanauischen. Die Stellung der Herren und Grafen in Hanau-Münzenberg aufgrund der archivalischen Quellen (Hanauer Geschichtsblätter, Band 34), Hanau 1996.

Dietrich, Reinhard/Wolfgang Birkenstock, Die kurhessische Verfassung von 1831. In: Hanauer Geschichtsblätter 29 (1985), S. 431–462.

Döhring, Arthur-Rolf, 550 Jahre Leben in Hanau, Hessen und auch im Hanau-Lichtenberger-Land, Hanau o. J.

Dommerich, Ferdinand August, Urkundliche Geschichte der allmählichen Vergrößerung der Grafschaft Hanau, Hanau 1860.

Dröse, Ruth (Hrsg.), Bürgertum zwischen zwei Revolutionen (1848–1918), Hanau 1992.

Emmel, Hermann, Die Schlacht bei Hanau am 30. und 31. Okt. 1813 in allgemeiner Darstellung und Einzelbildern, nach geschichtlichen Quellen und mündlicher Überlieferung, Hanau 1863.

Fischer, Volker, Stadt und Bürgertum in Kurhessen. Kommunalreform und Wandel der städtischen Gesellschaft 1814–1848, Kassel 2000.

Fraeb, Walter Martin, Entstehung und Entwicklung des Bürgervereins e.V. zu Hanau, Hanau 1932.

Fraeb, Walter Martin, Menschen und Schicksale der Hanauer „Arche Noah". Die Geschichte eines Trümmerhauses. In: Neues Magazin für Hanauische Geschichte 1 (1949/50), Nr. 1, S. 8; Nr. 2, S. 1 ff.; Nr. 3, S. 1 ff., und Nr. 4, S. 33 ff.

Geisel, Karl, Die Hanauer Turnerwehr. Ihr Einsatz in der badischen Mairevolution von 1849 und der Turnerprozeß, Hanau 1974 (Hanauer Geschichtsblätter, Band 24).

Gessner, Dieter, Bürgerliche Identität und Stadtgesellschaft in der ersten Hälfte des 19. Jahrhunderts – das Beispiel Hanau. In: Neues Magazin für Hanauische Geschichte 2008, S. 88 ff.

Gessner, Dieter, Voraussetzungen und Formen der frühen Industrialisierung im Rhein-Main-Raum (1815–1866). In: 100 Jahre Technische Hochschule Darmstadt, Jahrbuch 1976/1977.

Gniss, Daniela, Heraeus – ein Familienunternehmen seit 1851. Die Entwicklung des Unternehmens im Wirtschaftsraum Hanau, Hanau 2001.

Anhang/Quellen und Literatur

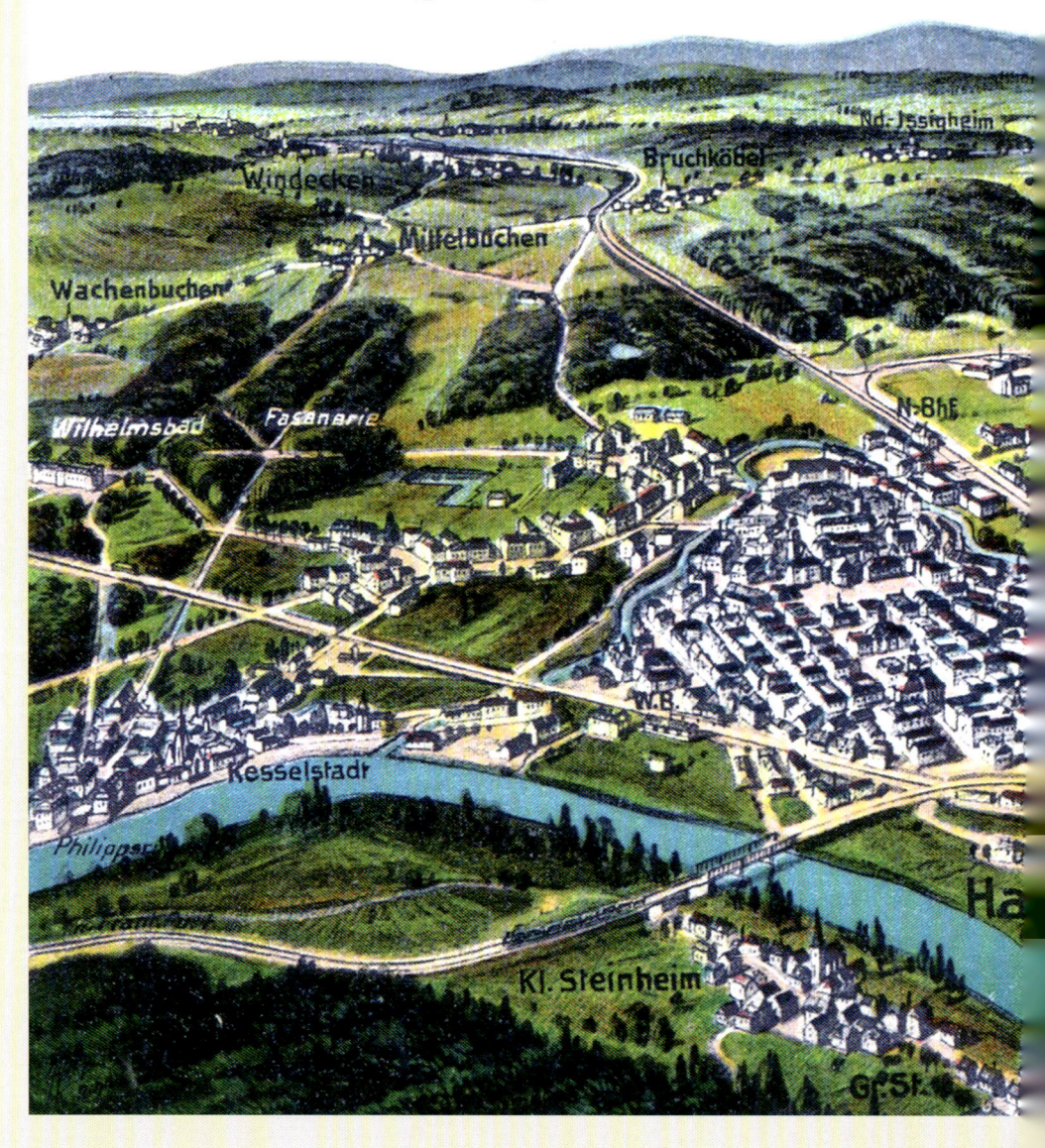

Anhang/Quellen und Literatur

Ansichtskarte von Hanau und Umgebung um 1900. Der aufmerksame Betrachter nimmt einige markante Veränderungen im Stadtbild seit 1866 wahr: im Osten Hanaus sind Kasernen entstanden und südlich davon moderne Fabriken. Abbildung: Sammlung Werner Kurz.

Hanauer Geschichtsverein 1844 e.V. (Hrsg.), Der Dreißigjährige Krieg in Hanau und Umgebung (Hanauer Geschichtsblätter, Band 45), Hanau 2011.

Hanauer Geschichtsverein 1844 e.V. (Hrsg.), Hanau in der Epoche Napoleons. Zur Erinnerung an die Schlacht bei Hanau am 30. und 31. Oktober 1813 (Hanauer Geschichtsblätter, Band 47), Hanau 2014.

Hanauer Geschichtsverein 1844 e.V. (Hrsg.), 675 Jahre Altstadt Hanau. Festschrift zum Stadtjubiläum und Katalog zur Ausstellung im Historischen Museum der Stadt Hanau am Main, Hanau 1978.

Hanauer Geschichtsverein 1844 e.V. (Hrsg.), Nachrichten aus einer unruhigen Zeit. Hanau in den ersten Jahrzehnten des 19. Jahrhunderts (Hanauer Geschichtsblätter, Band 50), Hanau 2016.

Heiler, Carl, Aus dem Hanauer Krawalljahr 1830. In: Hanauisches Magazin. Monatsblätter für Heimatkunde Nr. 8/9, S. 57 ff., und Nr. 10, S. 73 ff.

Heilmann, Ulrike, Energie und Trinkwasser für Lebensqualität. Die Entwicklung der Stadtwerke Hanau, in: Hanauer Geschichtsblätter 36, Hanau 1998.

Heitzenröder, Wolfram, Die Arbeiterbewegung in Hanau und Umgebung 1848 bis 1878, Hanau 2002.

Henß, Carl (Hrsg.), Die Hanauer Union – Festschrift zur Jahrhundertfeier der evangelisch-unierten Kirchengemeinschaft im Konsistorialbezirk Cassel am 28. Mai 1918, Hanau 1918.

Historisches Museum Hanau (Hrsg.), Hanau im Vormärz und in der Revolution 1848/49 (Ausstellungskatalog), Hanau 1980.

Hoppe, Martin, „Ein treuer Ekkehard der Hanauer Geschichtsschreibung", der Musiklehrer und Chronist Wilhelm Ziegler. In: Stadtzeit 2003. 700 Jahre Stadtrechte, 400 Jahre Judenstättigkeit, Hanau 2003, S. 213–216.

Kästner, Otto, Zur Architektur des Landgerichts Hanau. In: Neues Magazin für Hanauische Geschichte 2015.

Kolb, Antonia, Privatbriefe der Hanauer Familien Leisler und Brandt zur napoleonischen Zeit. In: Hanauer Geschichtsverein 1844 e.V. (Hrsg.), Hanau in der Epoche Napoleons. Zur Erinnerung an die Schlacht bei Hanau am 30. und 31. Oktober 1813 (Hanauer Geschichtsblätter, Band 47), Hanau 2014, S. 295 ff.

Krumm, Carolin, Kulturdenkmäler in Hessen – Stadt Hanau, Hrsg.: Landesamt für Denkmalpflege Hessen, Wiesbaden 2006.

Kurt, Alfred, Wahlen und Wähler im Wahlkreis Offenbach. Eine historisch-statistische Untersuchung zur politischen Struktur der Stadt und des Landkreises Offenbach im Wandel der letzten anderthalb Jahrhunderte, Offenbach 1966.

Kurz, Werner, „Jetzt bitte stillhalten!" Hanau und die Photographie 1839 bis 1914, Hanau 2015.

Kurz, Werner, Diese mit Liebe gepflegte Anstalt … Oberbürgermeister Bernhard Eberhard und die Idee einer städtischen Sparkasse. In: Unser Geld. Vom römischen Denar zum Euro, 2000 Jahre Geldgeschichte, hrsg. von der Sparkasse Hanau, Hanau 2001 (Stadtzeit 4), S. 61 ff.

Kurz, Werner, Die Sparkasse der Niederländischen Diakonie. In: „… diese mit Liebe gepflegte Anstalt …". Von der Lehn-Banco zur Sparkasse Hanau, 1738 – 2013, hrsg. aus Anlass des 275-jährigen Jubiläums vom Vorstand der Sparkasse Hanau, Hanau 2013, S. 128 ff.

Lapp, Heinrich, Das Fürstentum Hanau vor und unter der französischen Herrschaft in den Jahren 1806 – 1810 (Hanauer Geschichtsblätter, Band 12), Hanau 1936.

Lesser, Felix, Die Gerichtsverfassung unserer Heimat im 19. Jahrhundert und das Landgericht Hanau. In: Hanau. Stadt und Land. Ein Heimatbuch für Schule und Haus, hrsg. vom Hanauer Geschichtsverein mit Unterstützung der Stadt und des Kreises Hanau, Hanau 1954, S. 181 ff.

Lossow, Christian Heinrich, Eine Hanauer Ahnenliste. In: Hanauisches Magazin. Monatsblätter für Heimatkunde, Jg. 14, Nr. 11/12 (1935), S. 81 – 90 und 5 – 16.

Matthes, J., Von der Revolution in Langendiebach und Umgebung 1848. In: Hanauisches Magazin 9 (1927), S. 65 ff.

Meise, Eckhard, Das Altstädter Rathaus zu Hanau als Sitz des Kurfürstlichen Landgerichts (1822–1850), zugleich ein Beitrag zur Geschichte der Hanauer Behörden im Vormärz. In: Hanauer Geschichtsblätter, Band 30 (1988), S. 557–590.

Meise, Eckhard, Der Dreißigjährige Krieg und Hanau. In: Auswirkungen einer Stadtgründung, hrsg. vom Magistrat der Stadt Hanau, Hanau 1997, S. 86–121.

Meise, Eckhard, Der Weg der Hanauer Juden zur bürgerlichen Rechtsgleichheit. In: Stadtzeit 2003. 700 Jahre Stadtrechte, 400 Jahre Judenstättigkeit, Hanau 2003, S. 243 f.

Meise, Eckhard, Hanaus alte Friedhöfe und die Sammlungen des Hanauer Geschichtsvereins. In: Neues Magazin für Hanauische Geschichte 2008, S. 3–70.

Merk, Anton/Richard Schaffer (Red.), Hanau im Vormärz und in der Revolution 1848/49, Hanau 1980, S. 78 ff.

Möller, Hans, Geschichte und Geschichten aus Schlüchtern. Ausschnitte aus 1250 Jahren Stadtgeschichte, Hanau 1994.

Müller, Hermann, Die Schlacht bei Hanau 30. und 31. Oktober 1813 und ihre Vorgeschichte (Hanauer Geschichtsblätter, Band 2), Hanau 1913.

Pfarrergeschichte des Sprengels Hanau („Hanauer Union") bis 1968, nach Lorenz Kohlenbusch, bearb. von Max Aschkewitz, 2. Teil, Marburg 1984.

Picard, Tobias, Die Schlacht bei Hanau und Bayerns Ausdehnung an Main und Kinzig. In: Hanauer Geschichtsverein 1844 e.V. (Hrsg.), Hanau in der Epoche Napoleons. Zur Erinnerung an die Schlacht bei Hanau am 30. und 31. Oktober 1813 (Hanauer Geschichtsblätter, Band 47), Hanau 2014, S. 216 ff.

Praesent, Wilhelm, Historische Ecken in Schlüchtern, o. O., o. J.

Praesent, Wilhelm, Schlüchterner Gestalten aus sieben Jahrhunderten, Schlüchtern 1978.

Praesent, Wilhelm/Bernd Ullrich, Das ehemalige Benediktiner-Kloster Schlüchtern. Eine Kurzfassung zur Geschichte und heutigen Nutzung, Schlüchtern 2011.

Racky, Albrecht, Der Sturm auf das Zollhaus. In: Chronik Heldenbergen, hrsg. von der Stadt Nidderau, Nidderau 1989, S. 289 ff.

Rauch, Günter, Die Vereinigung der Altstadt und der Neustadt Hanau. In: 150 Jahre Revolution und Turnerbewegung. Hanau 1848–1998, Hanau 1998, S. 25 ff.

Schaffer-Hartmann, Richard, Die Zerstörung der Maut in Hanau. Die Hanauer Krawalle. In: Stadtzeit 1998. Geschichtsmagazin anlässlich des Jubiläums 150 Jahre Revolution und Turnerbewegung Hanau 1848–1998, Hanau 1998, S. 58 ff.

Schaffer-Hartmann, Richard, Das Hanauer Ultimatum. In: Stadtzeit 1998. Geschichtsmagazin anlässlich des Jubiläums 150 Jahre Revolution und Turnerbewegung Hanau 1848–1998, Hanau 1998, S. 86 ff.

Schenk, Otto, Die „Strafbayern" in Hanau. In: Hanau. Stadt und Land. Ein Heimatbuch für Schule und Haus, hrsg. vom Hanauer Geschichtsverein mit Unterstützung der Stadt und des Kreises Hanau, Hanau 1954, S. 382 f.

Schenk, Otto, Die alten Hanauer Stadttore. In: Hanau. Stadt und Land. Ein Heimatbuch für Schule und Haus, hrsg. vom Hanauer Geschichtsverein mit Unterstützung der Stadt und des Kreises Hanau, Hanau 1954, S. 356 f.

Scheuermann, Ulrich, Geschichte des Landgerichts Hanau. In: Neues Magazin für Hanauische Geschichte 2015, S. 115 ff.

Schneider, Ina, Die Arche Noah" und ihre Bewohner. In: Auswirkungen einer Stadtgründung, hrsg. vom Magistrat der Stadt Hanau, Hanau 1997, S. 122 ff.

Schühle, Dieter, Neue Hanauer Biographien I. In: Neues Magazin für Hanauische Geschichte 7 (1979–1983), S. 24 ff.

Schumacher, Ralf, Die politische Integration des Fürstentums Hanau in das Großherzogtum Frankfurt. In: Hanauer Geschichtsverein 1844 e.V. (Hrsg.), Hanau in der Epoche Napoleons. Zur Erinnerung an die Schlacht bei Hanau am 30. und 31. Oktober 1813 (Hanauer Geschichtsblätter, Band 47), Hanau 2014, S. 137–186.

Seier, Hellmut, Hanau und Kurhessen im Spiegel des Vormärz und seines Geschichtsbewußtseins. Zur 150-Jahr-Feier des Hanauer Geschichtsvereins. In: Hessisches Jahrbuch für Landesgeschichte 45 (1985), S. 129 ff.

Seier, Hellmut, Modernisierung und Integration in Kurhessen 1803–1866: In: Heinemeyer, Walter (Hrsg.), Das Werden Hessens, Marburg 1986 (Veröffentlichungen der Historischen Kommission für Hessen, Band 50), S. 431 ff.

Semmel, Heinrich Georg, Die Bauernaufstände der kurhessischen Provinz Hanau und der großherzoglichen Provinz Oberhessen im September 1830. In: Merk, Anton/Richard Schaffer (Red.), Hanau im Vormärz und in der Revolution 1848/49, Hanau 1980, S. 78 ff.

Stadt Schlüchtern (Hrsg.), 1000 Jahre Schlüchtern, 993–1993. Ein historisches Lesebuch. Nachdruck früherer Forschungen zur Geschichte der Siedlung und Stadt, überarbeitet von Otto Rabenstein, Schlüchtern 1993.

Tapp, Alfred, Hanau im Vormärz und in der Revolution von 1848–1849. Ein Beitrag zur Geschichte des Kurfürstentums Hessen (Hanauer Geschichtsblätter, Band 26), Hanau 1976.

Wettengel, Michael, Die Revolution von 1848/49 im Rhein-Main-Raum, Wiesbaden 1989.

Wolf, Inge, Christian Ludwig Hermann – Baudirektor am Hanauer Hof. In: Hanauer Geschichtsblätter Band 30, 1988, S. 445–555.

Zimmermann, Ernst J., Hanau. Stadt und Land. Kulturgeschichte und Chronik einer fränkisch-wetterauischen Stadt und ehemaligen Grafschaft, 2., erweiterte Auflage, Hanau 1919, Neudruck Hanau 1978.

Allgemeine Darstellungen und einzelne historische Aspekte

Aretin, Karl Otto von, Carl von Dalberg. Staatsmann und Bischof in schwierigen Zeiten. In: Spies, Hans-Bernd (Hrsg.), Carl von Dalberg 1744–1817. Beiträge zu seiner Biographie, Aschaffenburg 1994.

Arndt, Marco, Kriegs- und Militärwesen. In: Handbuch der hessischen Geschichte, Band 1: Bevölkerung, Wirtschaft und Staat in Hessen 1806–1945, hrsg. von Winfried Speitkamp, Marburg 2010, S. 293 ff.

Arndt, Marco, Militär und Staat in Kurhessen 1813–1866. Das Offizierskorps im Spannungsfeld zwischen Monarchischem Prinzip und liberaler Bürgerwelt, Darmstadt, Marburg 1996.

Die Deutsche Nationalversammlung von 1848 in der Frankfurter Paulskirche mit der Germania, dem Symbolbild Deutschlands, über dem Rednerpult, zeitgenössische Lithografie. Abbildung: www.wikipedia.org

Auerbach, Inge, Die Hessen in Amerika, 1776–1783, Marburg 1996.

Behringer, Wolfgang, Kulturgeschichte des Klimas. Von der Eiszeit bis zur globalen Erwärmung, 4. Auflage, München 2014.

Bergeron, Louis/François Furet, Europa im Zeitalter der europäischen Revolutionen (Fischer Weltgeschichte, Band 26), Frankfurt am Main 1981.

Bethke, Gerd S., Territorialveränderungen im Rhein-Main-Gebiet seit 1787. In: Rad und Sparren. Zeitschrift des Historischen Vereins Rhein-Main-Taunus e.V., 16 (1988), S. 3–34.

Bezzel, Oskar, Geschichte des königlich bayerischen Heeres von 1825 mit 1866, 7. Band, München 1931, S. 187 ff.

Biermer, Magnus, Die Rechtsschule in Wetzlar. Ein Beitrag zur deutschen Universitätsgeschichte, Mitteilungen des Oberhessischen Geschichtsvereins N. F. 12 (1903), S. 103–112.

Bilz, Wolfram, Die Großherzogtümer Würzburg und Frankfurt. Ein Vergleich, Würzburg 1968.

Budde, Gunilla, Blütezeit des Bürgertums im langen 19. Jahrhundert, Darmstadt 2009.

Bullik, Manfred, Staat und Gesellschaft im hessischen Vormärz. Wahlrecht, Wahlen und öffentliche Meinung in Kurhessen 1830–1848, Köln, Wien 1972.

Clark, Christopher, Preußen. Aufstieg und Niedergang, 1600–1947, München 2007.

Clark, Christopher, Die Schlafwandler. Wie Europa in den Ersten Weltkrieg zog, München 2013.

Clark, Christopher, Wilhelm II. Die Herrschaft des letzten deutschen Kaisers, München 2008.

Cowles, Virginia, Wilhelm der Kaiser, Frankfurt 1965.

Dann, Otto, Nation und Nationalismus in Deutschland 1770–1990, München 1993.

Darmstädter, Paul, Das Großherzogtum Frankfurt: Ein Kulturbild aus der Rheinbundzeit, Frankfurt am Main 1901.

Engelberg, Ernst, Bismarck, 2 Bände, Berlin 1987–1990.

Fehrenbach, Elisabeth, Vom Ancien Régime zum Wiener Kongreß, München 1981.

Fleck, Peter, Agrarreformen in Hessen-Darmstadt. Agrarverfassung, Reformdiskussion und Grundlastenablösung (1770–1860), Darmstadt, Marburg 1982.

Fesser, Gerd, 1813. Die Völkerschlacht bei Leipzig, Jena, Quedlinburg, Leipzig 2013.

Franz, Eckart G., „Einigkeit und Recht und Freiheit". Forderungen und „Errungenschaften" der 48er Revolution in Hessen. In: Böhme, Klaus/Bernd Heidenreich (Hrsg.), „Einigkeit und Recht und Freiheit". Die Revolution von 1848/49 im Bundesland Hessen, Opladen, Wiesbaden 1999, S. 9 ff.

Franz, Eckart G./Fritz Kallenberg/Peter Fleck, Großherzogtum Hessen, 1806–1918. In: Handbuch der hessischen Geschichte, hrsg. von Walter Heinemeyer, 2. Teilband des 4. Bands, Marburg 2003.

Furet, François/Denis Richet, Die Französische Revolution, dt. München 1981.

Gall, Lothar, Bismarck. Der weiße Revolutionär, 2. Auflage, Berlin 2002.

Gall, Lothar, Bürgertum in Deutschland, Berlin 1989.

Gall, Lothar, Stadt und Bürgertum im 19. Jahrhundert, München 1990.

Gall, Lothar/Andreas Schulz, Wissenskommunikation im 19. Jahrhundert, Stuttgart 2003.

Glaser, Rüdiger, Klimageschichte Mitteleuropas. 1000 Jahre Wetter, Klima, Katastrophen. Mit Prognosen für das 21. Jahrhundert, 2. Auflage, Darmstadt 2008.

Grothe, Ewald, Hassenpflug und die Revolution. Zu Weltanschauung und Politik eines kurhessischen Hochkonservativen. In: Winfried Speitkamp (Hrsg.), Staat, Gesellschaft, Wissenschaft. Beiträge zur modernen hessischen Geschichte, Marburg 1994 (Veröffentlichungen der Historischen Kommission für Hessen, Band 55), S. 53 ff.

Ders., Ludwig Hassenpflug – der „Teufel der Reaction". In: Ders. (Hrsg.), Konservative deutsche Politiker im 19. Jahrhundert, Marburg 2010, S. 68 ff.

Hahn, Hans-Werner, Geschichte des Deutschen Zollvereins, Göttingen 1984.

Hahn, Hans-Werner, Der hessische Wirtschaftsraum im 19. Jahrhundert. In: Heinemeyer, Walter (Hrsg.), Das Werden Hessens, Marburg 1986, S. 389 ff.

Haltern, Utz, Die Gesellschaft der Bürger. In: Geschichte und Gegenwart 19 (1993), S. 100–134.

Hardtwig, Wolfgang (Hrsg.), Revolution in Deutschland und Europa 1848/49, Göttingen 1998.

Hein, Dieter, Formen gesellschaftlicher Wissenspopularisierung: Die bürgerliche Vereinskultur. In: Gall, Lothar/Andreas Schulz, Wissenskommunikation im 19. Jahrhundert, Stuttgart 2003, S. 147 ff.

Hein, Dieter, Die Revolution von 1848/49, München 1998.

Hein, Nils, Der Staat Karl Theodor von Dalbergs: Theoretischer Führungsanspruch und politische Ohnmacht im Alten Reich und im Rheinbund (1802 bis 1813), Frankfurt am Main 1996.

Hömig, Herbert, Carl Theodor von Dalberg: Staatsmann und Kirchenfürst im Schatten Napoleons, Paderborn 2011, S. 471–530.

Jung, Irene, Wetzlar. Eine kleine Stadtgeschichte, Erfurt 2010.

Kapp, Friedrich, Der Soldatenhandel deutscher Fürsten nach Amerika (1775 bis 1783), Berlin 1864.

Kaschuba, Wolfgang, Lebenswelt und Kultur der unterbürgerlichen Schichten im 19. und 20. Jahrhundert, München 1990.

Klein, Thomas, Hessen, Provinz Hessen-Nassau und Fürstentum/Freistaat Waldeck-Pyrmont 1866–1945. In: Heinemeyer, Walter (Hrsg.), Das Werden Hessens, Marburg 1986, S. 565 ff.

Klueting, Harm, Dalbergs Großherzogtum Frankfurt – ein napoleonischer Modellstaat? Zu den rheinbündischen Reformen im Fürstentum Aschaffenburg und im Großherzogtum Frankfurt. In: Aschaffenburger Jahrbuch für Geschichte, Landeskunde und Kunst des Untermaingebietes 11/12 (1988), S. 359 ff.

Knobel, Enno, Die Hessische Rechtspartei. Konservative Opposition gegen das Bismarckreich (Diss.), Frankfurt am Main 1975.

Kocka, Jürgen (Hrsg.), Bürger und Bürgerlichkeit im 19. Jahrhundert, Göttingen 1987.

Kolb, Eberhard, Der Kriegsausbruch 1870: Politische Entscheidungsprozesse und Verantwortlichkeiten in der Julikrise 1870, Göttingen 1970.

Krockow, Christian von, Bismarck. Eine Biographie, Stuttgart 1997.

Kühn, Joachim, Das Ende einer Dynastie, Berlin 1929.

Langewiesche, Dieter (Hrsg.), Die Revolutionen von 1848 in der europäischen Geschichte. Ergebnisse und Nachwirkungen, München 2000.

Langewiesche, Dieter (Hrsg.), Die deutsche Revolution von 1848/49, Darmstadt 1983.

Lefèbvre, Georges, 1789. Das Jahr der Revolution, dt. München 1989.

Leineweber, Anton, Zur Geschichte der Laubenheimer Schule. In: Ortsverwaltung Mainz-Laubenheim (Hrsg.), Laubenheimer Chronik, 1988 (erw. Nachdruck von 1972).

Lepsius, Mario Rainer, Bürgertum als Gegenstand der Sozialgeschichte. In: Schieder, Wolfgang/Volker Sellin (Hrsg.), Sozialgeschichte in Deutschland, Band 4, Göttingen 1987, S. 61–80.

Losch, Philipp, Geschichte des Kurfürstentums Hessen 1803 bis 1866, Marburg 1922.

Losch, Philipp. Kurfürst Wilhelm I., Landgraf von Hessen. Ein Fürstenbild aus der Zopfzeit, Marburg 1923.

Losch, Philipp, Soldatenhandel. Mit einem Verzeichnis der Hessen-Kasselischen Subsidienverträge und einer Bibliographie, Kassel 1933, Nachdruck 1974.

Lutz, Heinrich, Zwischen Habsburg und Preußen. Deutschland 1815–1866, Berlin 1985.

Marschalck, Peter, Bevölkerungsgeschichte Deutschlands im 19. und 20. Jahrhundert, Frankfurt 1984.

Meinecke, Friedrich, Weltbürgertum und Nationalstaat. Studien zur Genesis des deutschen Nationalstaates, München 1907.

Mohn, Heinrich, Die Revolution von 1848 erreichte auch Hailer. In: Gelnhäuser Heimat-Jahrbuch 1999, S. 37 ff.

Mommsen, Wolfgang J., 1848. Die ungewollte Revolution. Die revolutionären Bewegungen in Europa 1830–1849, Frankfurt am Main 2000.

Müller, Jürgen, Der Deutsche Bund 1815–1866, München 2006.

Nipperdey, Thomas, Deutsche Geschichte 1800–1866. Bürgerwelt und starker Staat, München 1983.

Nipperdey, Thomas, Deutsche Geschichte 1866–1918, Band 1: Arbeitswelt und Bürgergeist, München 1990.

Nipperdey, Thomas, Deutsche Geschichte 1866–1918, Band 2: Machtstaat vor der Demokratie, München 1992.

Platthaus, Andreas, 1813. Die Völkerschlacht und das Ende der Alten Welt, Berlin 2013.

Ritter, Gerhard A. (Hrsg.), Die deutschen Parteien vor 1918, Köln 1973.

Rob, Klaus, Karl Theodor von Dalberg (1744–1817). Eine politische Biographie für die Jahre 1744–1806, Frankfurt am Main 1984.

Röhl, John C. G., Kaiser, Hof und Staat. Wilhelm II. und die deutsche Politik, 3. Auflage, München 1988.

Schäfer, Michael, Geschichte des Bürgertums. Eine Einführung, Köln, Weimar, Wien 2009.

Schieder, Theodor/Ernst Deuerlein (Hrsg.), Reichsgründung 1870/71. Tatsachen, Kontroversen, Interpretationen, Stuttgart 1970.

Schulin, Ernst, Die Französische Revolution, 4. Auflage, München 2004.

Schulz, Andreas, Lebenswelt und Kultur des Bürgertums im 19. und 20. Jahrhundert, München 2005.

Siemann, Wolfram, Die deutsche Revolution von 1848/49, Frankfurt am Main 1985.

Soboul, Albert, Die Große Französische Revolution, dt. 2. Auflage, Frankfurt am Main 1977.

Spieß, Hans-Bernd, Von Kurmainz zum Königreich Bayern. Änderungen der territorialen und landesherrlichen Verhältnisse im Raum Aschaffenburg 1803–1816. In: Mitteilungen aus dem Stadt- und Stiftsarchiv Aschaffenburg, 2 (1987–1989), S. 263–287.

Stürmer, Michael, Das ruhelose Reich. Deutschland 1866–1918, Berlin 1983.

Sundermann, Detlef, Investor kauft alte Bank. „Bankraub" in der Bundesbank. In: Frankfurter Rundschau vom 19. September 2012.

Thamer, Hans-Ulrich, Die Französische Revolution, 3. Auflage, München 2009.

Thamer, Hans-Ulrich, Die Völkerschlacht bei Leipzig. Europas Kampf gegen Napoleon, München 2013.

Treue, Wilhelm, Geschichte einer Hamburgischen Anwaltssozietät. Von der Gründung der Kanzlei im Jahre 1822 bis zur Gegenwart, Stuttgart 1986.

Ullrich, Volker, Die nervöse Großmacht 1871–1918. Aufstieg und Untergang des deutschen Kaiserreichs, Frankfurt am Main 1999.

Valentin, Veit, Geschichte der deutschen Revolution 1848–1849, 2 Bände, Berlin 1930/31 (Neudruck Frankfurt am Main 1977).

Weber-Kellermann, Ingeborg, Die deutsche Familie. Versuch einer Sozialgeschichte, Frankfurt 1974.

Wehler, Hans-Ulrich, Deutsche Gesellschaftsgeschichte, Band 2: Von der Reformära bis zur industriellen und politischen „Deutschen Doppelrevolution" 1815–1845/49, München 1987.

Wehler, Hans-Ulrich, Deutsche Gesellschaftsgeschichte, Band 3: Von der „Deutschen Doppelrevolution" bis zum Beginn des Ersten Weltkrieges 1849–1914, München 1995.

Wehler, Hans-Ulrich, Das Deutsche Kaiserreich 1871–1918, Göttingen 1973.

Weis, Eberhard, Der Durchbruch des Bürgertums 1776–1847, Frankfurt, Berlin, Wien 1982.

Willms, Johannes, Bismarck. Dämon der Deutschen. Anmerkungen zu einer Legende, München 1997.

Winkler, Heinrich August, Der lange Weg nach Westen, Band 1. Deutsche Geschichte vom Ende des Alten Reiches bis zum Untergang der Weimarer Republik, 1806–1933, München 2000.

Wollstein, Günter, Deutsche Geschichte 1848/49. Gescheiterte Revolution in Mitteleuropa, Stuttgart 1986.

Wunder, Heide, Die bäuerliche Gemeinde in Deutschland, Göttingen 1986.

Zamoyski, Adam, 1812. Napoleons Feldzug in Russland, München 2012.

Zentralverlag der NSDAP (Hrsg.), Reden des Führers am Parteitag der Ehre, 3. Auflage, München 1936.

Anhang/Quellen und Literatur

Die Kostenrechnung von Ludwig Eberhard vom 21. Mai 1880 an die Königliche Regierung, Abt. Domänen und Forsten in Kassel in Höhe von 31,60 Mark für die Rechtsvertretung des Forstfiskus bei der Berufungsverhandlung „wegen Wegegerechtigkeit" vor der zweiten Instanz, der Zivilkammer des Landgerichts in Hanau. Abbildung: Hessisches Staatsarchiv Marburg.

DIE AUTOREN

Erhard Bus, geboren 1953 in Windecken, arbeitet als freiberuflicher Historiker. Zu den Schwerpunkten seiner Arbeit gehören die Entwicklung inhaltlicher Vorgaben für Museen, die Erstellung von Orts- und Unternehmenschroniken, die Abfassung von Beiträgen zur Lokal- und Regionalgeschichte, die Beratung von Kommunen und Unternehmen sowie die Durchführung von Vorträgen zu historischen Themen.

Bus kuratierte die Dauerausstellung zur Jagdgeschichte im Museum Jagdschloss Kranichstein sowie die Sonderausstellungen „Kesselstadt – Vom Kastell zum Stadtteil" und „Die Franzosen kommen. Hanau in der Zeit Napoleons 1806 – 1813" im Historischen Museum Hanau Schloss Philippsruhe. Er verfasste u. a. Darstellungen zur Geschichte der Sparkasse Hanau, der Kreissparkasse Gelnhausen, des Deutschen Roten Kreuzes in Hanau und Gelnhausen, des Arbeiter-Samariter-Bundes Mittelhessen sowie die Ortschroniken von Kleinostheim und Klein-Auheim.

Bernd Kannowski, geboren 1968 in Frankfurt am Main, ist Professor für Rechtsgeschichte und Bürgerliches Recht an der Universität Bayreuth. Zuvor war er nach einem Jurastudium in Frankfurt und Keele (England) seit 2000 Rechtsanwalt in Frankfurt, danach seit 2007 Inhaber des Lehrstuhls für Deutsche Rechtsgeschichte und Bürgerliches Recht an der Universität Freiburg, bis er 2012 nach Bayreuth wechselte.

Seine Tätigkeitsschwerpunkte liegen für das geltende Recht im allgemeinen Zivilrecht, für die Rechtsgeschichte auf dem deutschen und europäischen Mittelalter. Kannowski ist Autor mehrerer wissenschaftlicher Veröffentlichungen zur Anwalts- und Notargeschichte.

Michael Müller, geboren 1974 in Frankfurt am Main, ist promovierter Archäologe mit dem Fachgebiet römische Provinzen und stellvertretender Vorsitzender des Hanauer Geschichtsvereins 1844 e.V. Als Freiberufler arbeitet er auf Ausgrabungen im Rhein-Main-Gebiet, in der Wetterau und Unterfranken quer durch alle Epochen. In Hanau leitete er zuletzt 2013/2014 die Grabungen in der spätmittelalterlichen Klosterruine St. Wolfgang in der Bulau.

Müller ist vor allem durch seine Führungen zur lokalen Geschichte in Kooperation mit den Museen der Stadt Hanau und dem Geschichtsverein bekannt. Neben seiner wissenschaftlichen Publikationstätigkeit verfasste er mehr als 200 historisch-archäologische Artikel in der Online-Enzyklopädie Wikipedia.